Die Küche in Spanien und Portugal

Internationale Speisekarte

Die Küche in Spanien und Portugal

von

Peter S. Feibleman

und der Redaktion der

TIME-LIFE-Bücher

photographiert von Dmitri Kessel

und Brian Seed

Unipart-Verlag, Stuttgart

DER AUTOR: Peter S. Feibleman aus New Orleans hat Romane und Bühnenstücke sowie Drehbücher für den Film und das Fernsehen verfaßt. Zu seinen Büchern gehören *A Place without Twilight* und *The Daughters of Necessity*. Sein Stück *Tiger Tiger Burning Bright* wurde 1962 am Broadway aufgeführt. Er hat 10 Jahre in Spanien gelebt und bei der Vorbereitung für dieses Buch die ganze Iberische Halbinsel durchreist.

DIE PHOTOGRAPHEN: Die Aufnahmen in diesem Buch über Spanien und Portugal stammen von Dmitri Kessel *(ganz links)* und Brian Seed *(links)*. Kessel ist LIFE-Photograph mit Sitz in Paris, der in seiner langen Laufbahn durch eine Reihe ausgezeichneter Bildberichte hervorgetreten ist. Seed ist freiberuflicher Photograph mit Sitz in London, dessen Bilder in TIME, LIFE und SPORTS ILLUSTRATED sowie in einigen englischen Publikationen erschienen. Die Atelieraufnahmen für das Buch wurden in der Testküche der INTERNATIONALEN SPEISEKARTE von Fred Eng und Arie deZanger angefertigt.

DER REDAKTIONELLE MITARBEITER: Der inzwischen verstorbene Michael Field *(ganz links)* gehörte zu Amerikas führenden Experten auf kulinarischem Gebiet. Unter seiner Leitung wurden die in diesem Buch enthaltenen Rezepte getestet, bearbeitet und geschrieben. Während der Vorbereitung für dieses Buch reiste er durch Spanien und Portugal. Zu seinen Büchern zählen *Michael Field's Cooking School* und *Michael Field's Culinary Classics and Improvisations*.

BERATENDE MITARBEITER: Shirley Sarvis *(links)*, die bei der Zusammenstellung der portugiesischen Rezepte als Beraterin mitwirkte, ist die Autorin des Kochbuchs *A Taste of Portugal*. Die spanischen Rezepte dieses Buches wurden beigesteuert und getestet von Señor und Señora Alberto Heras vom Spanischen Pavillon in New York, Señora Anita Perez Heras vom Restaurant Casa Felix in Madrid, Paul Betancourt vom Restaurant Chateau Madrid in New York und Josefina Yanguas vom Café Pamplona und Restaurant Iruña in Cambridge, Massachusetts.

DER FACHLICHE BEARBEITER DER DEUTSCHEN AUSGABE: Holger Hofmann *(links)* ist Herausgeber des Pressedienstes *Freude am Essen*, der monatlich an Zeitungen und Zeitschriften im deutschen Sprachgebiet verschickt wird. Seit 1960 arbeitet er als kulinarischer Fachjournalist und Kolumnist in verschiedenen Medien. Er betätigte sich als Fernsehkoch und Moderator großer gastronomischer Veranstaltungen. Regelmäßig schreibt Hofmann Rezepte in der Zeitschrift *Madame* und ist als Autor und Verlagsberater für die Zeitschrift *Feinschmecker* tätig. Unter anderem erschienen von ihm die Bücher *Der perfekte Gastgeber, Mixen mit und ohne Alkohol, Mixen als Hobby* und *Exotische Früchte und Gemüse*.

EINBAND: Huhn, Hummer, Krabben, Muscheln, Erbsen und Safranreis verbinden sich zur *paella,* Spaniens berühmtestem Gericht *(Register der Rezepte)*.

Aus dem Englischen übertragen von Maria Poelchau

Authorized German edition © 1970 Time-Life International (Nederland) B. V.
Original U. S. English language edition © 1969 Time-Life Books Inc.
All rights reserved.
Genehmigte deutschsprachige Lizenzausgabe
für den Unipart-Verlag GmbH, Remseck bei Stuttgart, 1984
ISBN 3 8122 0150 X

Vorliegende Ausgabe darf ohne vorherige schriftliche Genehmigung des
Verlages weder ganz noch auszugsweise nachgedruckt, in einem Wiedergabesystem gespeichert oder auf elektronischem, photomechanischem oder
irgendeinem anderen Weg reproduziert werden. Ausgenommen sind lediglich
kurze Zitate innerhalb einer Rezension des Werkes.

Inhalt

	Einführung	6
I	Die Kochkunst des Volkes	8
II	Das Land des Don Quijote	19
III	Die leichte Hand andalusischer Köche	45
IV	Spanische Levante, Heimat der Paella	69
V	Katalonien: Alles zu seiner Zeit	85
VI	Meister im Umgang mit Saucen	103
VII	Köstliche Speisen von Land und Meer	127
VIII	Portugal: Der rauhe Norden	145
IX	Lissabon und der sanfte Süden	173
Anhang	*Register der Rezepte*	202
	Allgemeines Register	204
	Quellennachweis der Abbildungen und Danksagungen	208

Das Rezeptheft, das diesem Bande beiliegt, ist zum praktischen Gebrauch in der Küche bestimmt. Es enthält außer den 66 hier abgedruckten Rezepten 39 weitere. Das Heft hat einen abwaschbaren Einband und einen Spiralrücken, so daß man es aufgeschlagen auf den Tisch stellen oder legen kann.

Eine alte Liebe zur iberischen Küche

Als ich Spanien 1950 zum erstenmal besuchte, wußte ich sehr wenig über das Land und beschäftigte mich auch nicht viel mit ihm, abgesehen von einer gewissermaßen neugierigen und durch keine Sachkenntnis getrübten Sehnsucht nach Flamenco-Tänzen und -Musik, einem Haß auf das spanische Faschistenregime, einer Vorliebe für die Sprache und einem unklaren Interesse an Land und Leuten. Ich war zwanzig Jahre alt: jung genug, um zu glauben, daß selbst ein kurzer Aufenthalt in fremder Umgebung das, was ich für meine Lebensform hielt, ändern könne, und alt genug, um es besser zu wissen. Ich hatte mir vorgenommen, nach Spanien zu fahren, um selber herauszufinden, „wie es wirklich ist". Die Reise sollte einen Monat dauern. Ich blieb acht Jahre.

Anfang 1950 ging es an Spaniens Südküste, einem Landstrich mit kleinen Fischerdörfern und ohne richtige Hotels, träge und gemächlich zu. Ich blieb mehrere Monate dort und wohnte in zwei damals unbekannten Küstenstädten sowie in Sevilla; dann zog ich nach Madrid, weil ich durch einen glücklichen Zufall einen Job als Schauspieler in einem spanischen Film bekam.

Es war nicht schwer gewesen, diesen Job in Madrid zu finden. Viele katholische spanische Schauspieler der fünfziger Jahre färbten ihr Haar blond und spielten Amerikaner, deshalb war es für einen amerikanischen Juden leicht, Spanier zu spielen oder vielmehr spanische Rollen zu bekommen, vorausgesetzt, daß er überhaupt darstellen konnte. Ich konnte es nicht, aber das merkte niemand. Die meisten spanischen Filme wurden damals ohne Ton gedreht und erst nachträglich synchronisiert. Vom *Aussehen* her war ich der Richtige, um jenen gewissen Typ des melancholisch-muskulösen Jugendlichen zu mimen – das heißt, ich sah meistens so aus, als ob ich schliefe –, und bis ich sicher war, spanisch ohne Akzent zu sprechen, täuschte ich (nur ein paar Monate lang) Kehlkopfentzündung vor, und ein anderer Schauspieler mußte mir seine Stimme leihen. Auf diese Weise vernahm das Publikum nie meine eigene Stimme, was – wie sich herausstellte – nur gut war. Ich verdiente meinen Lebensunterhalt mit der Schauspielerei, wenn man es so bezeichnen will, und der einzige Haken an der Sache war, daß ich in Hörweite anderer Leute nie englisch sprechen konnte, weil ich sonst meinen Job verloren hätte. Damals war es Ausländern nicht gestattet, spanische Rollen zu übernehmen. Ich brauchte das Geld, Spielen an sich interessierte mich kaum, denn ich war im Grunde kein Schauspieler. Ich war Schriftsteller oder hielt mich dafür oder wollte jedenfalls einer werden, aber ich glaubte, daß ich nahezu 80 werden würde, bevor es mir gelänge, einen Roman zu vollenden, der auch nur mir gefiele, geschweige einem Verleger. Ich war, wie sich herausstellen sollte, 26, als das passierte, aber zwischen meinem 20. und 26. Lebensjahr „trat ich auf", sprach kein Englisch, hatte nur spanische Freunde, die fast alle das Regime haßten wie ich, und von denen viele versuchten, es aktiv zu bekämpfen. Ich lebte wie ein Spanier in einer spanischen Familie, schrieb nachts heimlich in englischer Sprache und verwahrte das Ergebnis gut verschlossen in einer Schublade. Wenn Außenaufnahmen es erforderten, zuweilen auch an Wochenenden und in den Ferien, hielt ich mich außerhalb Madrids auf oder reiste nach Portugal, aber sonst hatte ich meinen festen Wohnsitz in dieser Stadt. Obwohl alle diese Umstände mehr oder weniger zufällig eingetreten waren, bildeten sie wohl die beste Voraussetzung, um Spanien und spanische Verhältnisse von innen kennenzulernen. Seit dieser Zeit ist das Land für mich eine Art Heimat geworden.

Ich erinnere mich genau an meine erste spanische Mahlzeit im Kreise der Familie, bei der ich wohnte. Ich war gewillt, ohne Kommentar und ohne Extrawünsche alles mitzuessen, was sie aß, und hatte dauernd Angst, irgend jemand könnte merken, wie fremd mir meine Umgebung in Wirklichkeit erschien. Am ersten Tag, um ungefähr 15 Uhr, nahm ich mit der Familie in einer weißgekachelten Küche Platz, in der sich ein schwarzer Kohlenherd, ein langer weißer Tisch und ein Papagei in einem Käfig befanden, der besser spanisch sprach als ich. Die Hausfrau stellte einen mit einer dünnen, dampfenden Flüssigkeit gefüllten Suppenteller vor mich hin, die stark nach Olivenöl und Meeresgetier roch. In der Mitte schwamm ein mit Mehl bestreuter, gebackener Fisch – ein ganzer Fisch –, der seinen Schwanz mit dem Maul gefaßt hielt. Als die Frau den Teller mit einer drehenden Bewegung absetzte, sah es so aus, als ob der Fisch langsam seine Kreise in der Brühe zog. Die Hausfrau saß mir gegenüber und beobachtete mich, und ich hatte keine Zeit, mir eine Ausrede auszudenken, um nicht anfangen zu müssen. Ich probierte einen Löffel Suppe. Sie schmeckte auf eine eigentümliche und köstliche Weise scharf und kräftig – und ganz hervorragend. Ich versuchte, nicht mehr als nötig auf den entgräteten, schwimmenden Fisch in der Mitte zu starren, und irgendwie kam er mir so bei der zehnten Runde fast wie ein Freund vor. Ich löffelte die Suppe aus und bat – zu meinem eigenen größten Erstaunen – um mehr. Es folgte ein Reisgericht mit Huhn und grünen Paprikaschoten, das scharf und nach Knoblauch schmeckte; auch davon nahm ich ein zweites Mal. Dazu gab es einen guten trockenen Rotwein und zum Nachtisch geschälte, in Scheiben zerlegte, saftige Orangen aus Valencia, die mit Zucker bestreut und mit einem Schuß Curaçao Triple Sec versehen waren. Außerdem wurde frischer weißer Ziegenkäse gereicht, dem ein tiefer, feuchter Geschmack wie verborgener Schimmel anhaftete und der mit einer dünnen Schicht von zähflüssigem wilden Honig bedeckt war. Anschließend gab es Kaffee. Als das Mahl beendet war, wußte ich, daß es mir in Zukunft nicht schwerfallen würde, an spanischem Essen Gefallen zu finden.

Was ich nicht wußte: Gegen Ende jenes Jahres sollte ich die spanische und portugiesische Küche in einem Maße schätzen lernen, daß ich sie für den Rest meines Lebens nur ungern längere Zeit entbehren mochte. Wer sich erst einmal an die kräuterfrische Reichhaltigkeit und Vielfalt der landesüblichen Nahrung gewöhnt hat, die in kleinen braunen Steingutkasserollen zubereitet, angerichtet und aus diesen verzehrt wird, und die ganze Skala iberischer Meeresfrüchte probiert hat, wird die Alltagskost anderer Länder im Vergleich dazu merkwürdig farblos, ein bißchen künstlich und eher langweilig finden. Die Liebhaber der spanischen und portugiesischen Küche finden in ihr eine kernige Robustheit, die zugleich lebhafter ist und vollkommener befriedigt als die Küche irgendeines anderen Landes. Wir, die wir sie liebengelernt haben, möchten sie nie mehr vergessen. Wir kommen aus allen Schichten, allen Himmels- und Geschmacksrichtungen.

Wir scheinen überhaupt nur eines gemeinsam zu haben: daß wir nicht in der Lage sind, unsere Vorliebe sachlich und überzeugend begründen zu können. Fragen Sie einen Berliner, der zu uns gehört, warum ihm die iberische Küche so gut gefällt, und er wird irgend etwas von Kochen in der Kasserolle stammeln und das Thema wechseln. Fragen Sie einen Pariser, und er wird mit den Achseln zucken, erröten und sich abwenden. In beiden Augenpaaren werden Sie das Eingeständnis einer Schuld lesen. Die Liebhaber der iberischen Kochkunst benehmen sich aus unerfindlichen Gründen so, als hafte ihrer Liebe zumindest etwas Verbotenes, möglicherweise Gesetzwidriges und ganz gewiß Unmoralisches an. Wir können nicht genau erklären, warum wir uns in sie verliebt haben – wir mögen einfach auf die Dauer nichts anderes essen. Wir halten es mit unserer Zuneigung, für die wir keine Gründe angeben, wie ein Junggeselle, der nicht über seine ständige Gefährtin spricht; es ist ein zu privates Thema, und wer die Liebe nicht teilt, wird sie ohnehin nicht verstehen. Darum sagen wir meistens nicht, warum wir lieben; wir tun es eben. Dieses Buch versucht, das Warum zu erklären.

— *Peter S. Feibleman*

I

Die Kochkunst des Volkes

Irgendwo auf der Iberischen Halbinsel, die in das Mittelmeer, den Golf von Biskaya und den Atlantik vorstößt, verläßt ein Zug einen Bahnhof. In einem Abteil des staubigen Dritter-Klasse-Wagens sitzt eine Bäuerin in einfachem schwarzen Kleid und schwarzen Strümpfen auf einer der beiden harten Holzbänke, auf denen jeweils noch vier weitere Personen Platz genommen haben. In einem großen schwarzen Beutel trägt sie ein dickes, goldgelbes Kartoffelomelett *(Register der Rezepte)*; drei oder vier *bocadillos*, mit dünn geschnittenem, gekochtem Kalbfleisch belegte Brötchen; mehrere kleine krosse Brotlaibe; ein Stück scharfen gelben Schafs- oder Ziegenkäse; ein paar saftige, reife Orangen und Äpfel und eine Flasche leichten trockenen Rotwein. Während der Zug offenes Land gewinnt und die Stunden verrinnen, öffnet die Frau ihren vollgestopften Beutel und fängt an, Proviant für ihren Mann und ihre beiden hungrigen Kinder hervorzuholen. Aber bevor sie die Ihren versorgt, wendet sie sich den anderen Leuten im Abteil zu und fragt jeden der Reihe nach, ob er oder sie an dem Mahl teilnehmen möchte. Jeder einzelne lehnt in aller Förmlichkeit dankend ab und wünscht der Frau und ihrer Familie eine gesegnete Mahlzeit. Ohne sich entmutigen zu lassen, fährt die Bäuerin fort, jedem ein kleines Kalbs-*bocadillo*, vielleicht auch eine Ecke des nahrhaften Bauernomeletts oder etwas Wein und Käse anzubieten – bis sie selber überzeugt ist, daß die Fremden genug zu essen haben und wirklich nicht hungrig sind. Erst dann teilt sie ihrer eigenen Familie aus, und während der Wagen durch das felsige Land rattert und rüttelt, verzehren sie gemeinsam bedächtig ihr Mahl.

Am anderen Ende des Zuges vergewissert sich eine elegante junge Herzogin, die erster Klasse reist und in einem gepolsterten Sessel des luxuriösen, mit weißen Tischdecken und Servietten ausgestatteten Speisewagens sitzt, daß Gefährten und Gefolge vom Kellner bedient werden. Dann bestellt sie für sich ein Menü, das gegrillte Mittelmeer-Seezunge, danach knusprig gebratenes Rebhuhn mit kleinen gerösteten Zwiebeln, in Scheiben

Eine reichhaltige Auswahl iberischer Meeresfrüchte liegt vor der Kulisse der spanischen Atlantikküste in der Nähe der Stadt Bayona, wenige Kilometer nördlich der portugiesischen Grenze. Frische Garnelen, Langusten, Hummer, Sardinen, Taschenkrebse, Seespinnen, Polypen und verschiedene Muschelarten wie die im Korb und auf dem Netz gegenüber gehören zu den Attraktionen vornehmer Hotels, zu denen das luxuriöse Parador Nacional Conde de Gondomar *(Hintergrund)* zählt.

geschnittenen Mohrrüben und neuen Kartoffeln und zum Abschluß Kaffee umfaßt. Die Herzogin achtet, während sie ißt, auf ihre Begleiter, um sich davon zu überzeugen, daß niemandem etwas fehlt. Wie die Bauersfrau ißt sie langsam und mit Bedacht, ihre Haltung drückt ein stolzes Bewußtsein ihrer Individualität aus, verbunden mit einem tiefverwurzelten Verantwortungsgefühl für andere. Keiner der beiden Frauen, weder der Aristokratin noch der Bäuerin, würde es einfallen, einen Bissen zum Munde zu führen, ohne sich zuerst zu vergewissern, daß die anderen in ihrer Umgebung schon versorgt sind. Diese beiden Frauen würden einander respektieren, wenn sie sich begegnen sollten, denn jede würde in der anderen gewisse ihr ähnliche Züge und Merkmale anerkennen, wie sie auch beide auf Frauen der aufstrebenden Mittelklasse Spaniens und Portugals, die womöglich in ihren Eßgewohnheiten keine Rücksicht auf andere nehmen und deren Mangel an höflichen Manieren viel zu wünschen übrigläßt, ziemlich kritisch herabsehen würden.

Aber es gibt noch eine Gemeinsamkeit zwischen den beiden Frauen: die Art der Nahrung, die sie essen, und ihre Zubereitungsweise. Wie groß der Unterschied zwischen ihren Mahlzeiten auch erscheinen mag, ihre kulinarische Wurzel ist dieselbe. Ob die iberische Nahrung, sei sie spanischer oder portugiesischer Herkunft, des armen Mannes Küche oder des Reichen Eßtisch ziert, ist sie von Natur *del pueblo* (Nahrung des einfachen Volkes). Es handelt sich bei ihr niemals um klassische Kochkunst im Sinne der *grande cuisine,* und sie gehört auf eine durchaus persönliche Weise dem ganzen Volk. Manche ihrer Eigenschaften hängen unverkennbar mit diesen Menschen und ihrem Land zusammen – der Iberischen Halbinsel.

Die Küche der Iberischen Halbinsel besteht wie ihre Bevölkerung aus einer Mischung vieler Bestandteile. Die Zusammensetzung ist manchmal kompliziert, aber die Zutaten sind unverfälscht und niemals so stark gewürzt, daß sie die im Grunde einfachen Geschmackskomponenten verändern. Die iberische Kost hat eine natürliche Kraft, und ihre Feinheit liegt in der Kombination der Zutaten, der eigentlichen Grundmischung. Sie ist stark und zart, obwohl manchmal streng, wie in gewissen spanischen Gerichten, aber sie kann auch fröhlich und geradezu überladen sein, wie in einigen portugiesischen Speisen. Dennoch ist sie immer durch und durch iberisch, und wer sie einmal kennengelernt hat, wird sie kaum mit irgend etwas anderem verwechseln können.

Iberische Kost ist leicht zu erkennen. Sie sieht gewöhnlich schlicht aus und regt den Appetit auf die denkbar einfachste Weise an. Sie ist nur selten übertrieben dekoriert – das berühmteste spanische Gericht, die kunstvoll zubereitete *paella (Register der Rezepte),* bildet innerhalb der Iberischen Halbinsel eine Ausnahme von der Regel –; sie ist frisch und beruht eher auf der richtigen Verbindung guter Zutaten als auf Beigaben, die ihren Geschmack oder ihr Äußeres verändern können. Eine der falschen Beschuldigungen, die gegen spanisches Essen vorgebracht werden, besagt, es „brenne" auf der Zunge und sei übermäßig gewürzt. Das Gegenteil kommt der Wahrheit näher. Die Spanier scheuen eher vor scharf gewürzten Speisen zurück; die mexikanischen Chillies-Schoten sind dem spanischen Gaumen verhaßt. Es gehört zu den Widersprüchen Spaniens, daß ein Land, welches zusammen mit Portugal für die Verbreitung von Pfeffer und anderen Gewürzen in der westlichen Welt so stark verantwortlich ist, eine Kochkunst pflegt, die so *wenig* Gewürz verwendet. Für die portugiesische Küche trifft das nicht im gleichen Maße zu; sie benutzt zuweilen eine Unzahl von Würzkombinationen, und in dieser Tatsache liegt der grundsätzliche Unterschied zwischen beiden Küchen – die beide wesentliche Bestandteile des iberischen Ganzen bilden.

Portugal ist das Land der Entdecker, und diese Tradition hat sich in seiner Küche fortgesetzt. Der elegante „echte Portugiese", dem man bei einem offiziellen „echt portugiesischen" Abendessen begegnet, hat vermutlich ein paar indische, südafrikanische oder südamerikanische Vorfahren, und diese Ursprünge wird auch das Diner verraten. Es sei daran erinnert, daß Amerika seine Entdeckung einem Zufall verdankt. Das eigentliche Ziel, das Kolumbus – ebenso wie Magalhães und Vasco da Gama – verfolgte, war ein Gewürz-Handelsweg nach dem Osten. Vor einigen Jahrhunderten, als Gewürze noch außer zur Anreicherung der Speisen als Konservierungsmittel der Nahrung dienten, hatten sie einen ungeheuren finanziellen Wert.

Die portugiesische Küche ist heutzutage nicht nur kräftiger gewürzt als die spanische – die Verwendung von Sahne und Butter macht sie auch schwerer. Einheimische Ernährungsvorurteile haben überdies den Gebrauch völlig neuer Aromen aus Angola, Moçambique, Indien, Brasilien und anderen Gebieten nicht verhindert. Kurz, die portugiesische Kochkunst treibt üppige, manchmal exotische Blüten, sie hat sich die Eroberungen des Mutterlandes in entlegenen Gegenden zunutze gemacht, um eine Vielfalt unbekannter Geschmacksqualitäten einzuführen und auszuprobieren. Einige Ergebnisse haben die einheimischen Gerichte in einem Maße ausgeschmückt, das einem Spanier fast aufdringlich erschiene.

Bis vor verhältnismäßig kurzer Zeit gehörte Portugal wie die beiden Kastilien, Aragonien und León zu Spaniens mittelalterlichen Königreichen. Von Anfang an haben die Bewohner der Pyrenäenhalbinsel Vorfahren wie Eroberer miteinander geteilt. Die Iberer, die, wie es heißt, ursprünglich aus Afrika eindrangen, wurden im Lauf der Jahrhunderte von Wellen anderer Stämme und Kulturen überschwemmt. Kelten, Phönizier, Griechen, Karthager, Römer, Westgoten, Moslems, Flamen, Franzosen, Deutsche, Engländer und schließlich Amerikaner – sie alle fühlten sich zu diesem Land mit seinen herrlichen Küsten hingezogen, das insgesamt von mehr Gebirgsketten zerteilt und durchzogen wird als jedes andere europäische Land und dessen durchschnittliche Höhe nur von der Schweiz übertroffen wird. Mit dem Verkehr gab es hier stets Schwierigkeiten. Noch immer bedeutet Reisen in Spanien und Portugal häufig ein Problem, selbst ein zehn oder fünfzehn Kilometer weiter Ausflug von einem Pueblo zum nächsten. Die Geographie, die Topographie und das ungleichmäßige Klima üben auf alle Lebensverhältnisse der Pyrenäenhalbinsel ihren Einfluß aus und damit auch auf die Nahrungsmittel und das Essen. In diesem durch Fremdinvasionen und Gebirgszüge gleichermaßen zerrissenen Land war es der einzelne, der überlebte. Er überlebte durch einen gewissermaßen fanatischen Stolz. Er lernte allmählich, sich unabhängig von einem Kollektiv durchzusetzen; es war sicherer, auf eigenen Beinen zu stehen. Hierin liegt ein entscheidender Grund für den im Herzen des iberischen Volkes verankerten Stolz auf die Individualität.

Heute hält jedes Gebiet der Halbinsel inbrünstig an der ihm eigenen Kochweise fest, was sogar so weit geht, daß ein und dasselbe Grundgericht verschiedene Namen erhält. In Cervantes' berühmten Roman *Don Quijote* kommt ein köstliches, gekochtes Abendessen vor, *olla podrida,* wörtlich „verdorbener Topf". Dieses Gericht ist die Wurzel des *cocido madrileño* (aus Madrid, *Register der Rezepte),* des *cocido andaluz* (aus Andalusien) der *escudella i carn d'olla* (aus Katalonien), des *pote gallego* (aus Galicien) und des *pote canario* (von den Kanarischen Inseln) – ganz zu schweigen vom *cozido portuguêsa* im Schwesterland und, nur um die Dinge noch mehr zu verwirren, dem *puchero* (Eintopf) in weiten Teilen des übrigen Spanien. In jedem Gebiet werden die Zutaten geringfügig verändert, was im allgemeinen mit den jeweiligen örtlichen Gegebenheiten des Marktes zusammenhängt oder einmal zusammenhing. Doch wird jede Variation des Muttergerichts in „ausländischen" Gebieten, die das gleiche Essen auf ihre eigene Weise zubereiten, ignoriert und oftmals lächerlich gemacht. Die Katalanen zum Beispiel finden die Idee, einen *cocido* nach der Art der Andalusier zu kochen, zum Totlachen, wohingegen einige Andalusier den Gedanken, die Bestandteile eines Gerichts getrennt zu servieren, wie es *andere* Andalusier tun, als eine Art Entweihung empfinden. Stammesunterschiede haben sich auf der Halbinsel durch die Jahrhunderte fortgesetzt und zeichnen sich heute in den unterschiedlichen Formen der Nahrungszubereitung sichtbarer ab denn je zuvor, wie jeder Fremde, der diesem Teil der Welt einen auch nur kurzen Besuch abstattet, erkennen wird.

Ein Besuch aber, wie immer er geartet sein mag, ist notwendig, um das zu verstehen und um spanisches und portugiesisches Essen schätzenzulernen. Wenn ein Ausländer sich vorzustellen versucht, wie Spanien ist, denkt er im allgemeinen nur an Andalusien – an fruchtbare rote Erde, die mit wilden Blumen, Kräutern und Gewürzen übersät ist, an einen sonnigen Landstrich, wo Flamenco getanzt und gesungen wird und wo, wie die Spanier selber sagen, eine einfache Gartennelke einen Duft verströmt, der den der Rosen in anderen Gegenden übertrifft. Ist Spanien wirklich so? Oder ist es mehr wie Kastilien, Don Quijotes tafelflache, dürre Ebene isolierten Landlebens, harter, purpurner Sonnenuntergänge und staubtrockner Träume? Ist Valencia an der spanischen Levante, die Stadt der Orangenblüten, das Gebiet der Reisbauern, das Land der berühmten *paella,* Spanien? Oder ist es das kühle, geschäftstüchtige, eher europäische Katalonien mit seinem *sardana* genannten eigenen Volkstanz, seiner eigenen romanischen Sprache, Literatur und Küche? Wenn wir Spanien sagen, meinen wir dann Aragonien, dessen leichtfüßiger Volkstanz, die *jota,* sich von der *sardana* ebenso unterscheidet wie vom Flamenco? Oder meinen wir das Land der Basken, Heimstätte eines Volkes der wirklich großen Köche, eines Volkes, das weder seinen eigenen Ursprung kennt noch den der Sprache, die es spricht, noch den seiner kriegerischen Tänze? Und wie verhält es sich mit Galicien – feucht, üppig, grün, Hauptgebiet der Meeresfrüchte und als Königreich Mutterland Portugals? Schließlich Portugal selbst – heiter, hell, gefühlvoll und sorglos –, wie steht dieses Land heute zu Spanien? Können all diese verschiedenen Völker, all diese verschiedenen Landstriche überhaupt etwas gemeinsam haben?

Was ihre Küche betrifft, so fällt die Antwort auf diese Frage ziemlich leicht. Der Gebrauch von bestimmten Zutaten, wie Olivenöl, Knoblauch und Petersilie, ist allgemein üblich. Auch Mandeln kommen, sowohl roh wie verarbeitet, häufig vor, ebenso Eier und Süßspeisen aus Eigelb. Das Angebot an Fischen und Krustentieren aus zwei Meeren und einem Ozean ist überall auf der Iberischen Halbinsel umfangreicher und sensationeller als irgendwo sonst auf der Welt. Und gewisse Verfahrensweisen wie das langsame Garen von Speisen, die man in Steingutschüsseln über der Flamme hin und her schiebt und kaum rührt, werden allgemein angewandt.

Die regionalen Verschiedenheiten im Bereich der Tafelfreuden sind jedoch für jeden, der sich in der iberischen Küche versuchen will, ebenso wichtig wie die Ähnlichkeiten. Diese Unterschiede kann man leicht feststellen, wenn man reist, denn die Iberische Halbinsel teilt sich übersichtlich in mehrere kulinarische Zonen auf *(siehe Karte).* In Mittelspanien haben die Jagd und das Braten den Vorrang. Andalusiens Stärke liegt im Fritieren und in seiner hervorragenden, *gazpacho* genannten kalten Suppe *(Register der Rezepte).* An der mittleren Ostküste liegt das Reisgebiet; darüber beginnt die Region der Saucen, die nach Westen durch die großartige Küche der Basken zum Golf von Biskaya und seinen Meeresfrüchten führt und herunter durch die fröhliche, farbig funkelnde Küche Portugals.

Dieses Buch unternimmt einen gastronomischen Streifzug durch das weite Reich iberischer Kochkunst. Wir werden sehen, was jede Region zu bieten hat, welches ihre besten Gerichte sind, wie und wann sie zubereitet und serviert werden und wie sie mit der Religion, den Volkstänzen, den Fiestas und anderen Aspekten des Lebens zusammenhängen. Wir werden in Mittelspanien, in Madrid und den umliegenden Provinzen, beginnen und in einer langen, durchgezogenen Spirale, die gegen den Uhrzeigersinn verläuft, nach Süden durch das Gebiet von Extremadura nach Andalusien reisen; dann wenden wir uns zur spanischen Levante, von dort nach Norden bis zu den Pyrenäen und weiter in Richtung Nordwesten bis nach Galicien, von wo wir südwärts nach Portugal gelangen. Und wir werden auf unserer kulinarischen Reise erkennen, daß die iberische Küche im Grunde nur die Summe all ihrer Teile ist.

Die Regionen und Provinzen der Iberischen Halbinsel

Spanien gliedert sich in 13 Regionen (große Schrift auf der Karte oben), deren Grenzen sich etwa mit denen seiner ehemaligen Königreiche und Stammesgebiete decken. Viele dieser Regionen – wie Kastilien, Aragonien und Navarra – haben ihre alten Namen beibehalten. Die Regionen unterteilen sich in 47 Provinzen, von denen die meisten dieselben Namen wie ihre Hauptstädte tragen (kleine Schrift auf der Karte). Ausnahmen bilden Navarra mit der Hauptstadt Pamplona und die drei baskischen Provinzen – Alava, Guipúzcoa und Vizcaya. Portugal zerfällt geographisch in den bergigen, bisweilen feuchten Norden und den milden, trockenen Süden. Diese beiden Gebiete gliedern sich in 11 Provinzen (kleine Kursivschrift auf der Karte). Bei der Vorarbeit zu diesem Buch trat der Autor Peter Feibleman seine Reise in Madrid an. Von dort fuhr er südwestwärts durch Extremadura nach Andalusien, dann im umgekehrten Uhrzeigersinn durch die spanische Levante, Katalonien, die baskischen Provinzen, Asturien und Galicien und zum Schluß in Schlangenlinien von Norden nach Süden durch die Provinzen Portugals.

KAPITEL I REZEPTE

Die Rezepte dieses Kapitels sollen einige der grundlegenden Ähnlichkeiten und Verschiedenheiten zwischen der spanischen und portugiesischen Küche verdeutlichen. Sowohl die „ervilhas guisadas à portuguêsa" (unten) wie auch die spanischen „huevos a la flamenca" (folgende Seiten) werden mit Eiern und frischen Gemüsen zubereitet. Doch bezieht das portugiesische Gericht aus einem Küchenkraut – cilantro – sein charakteristisches Aroma, während das spanische Gericht auf einer typischen, raffiniert gewürzten Grundsauce beruht, die „sofrito" heißt.

Ervilhas Guisadas à Portuguêsa
ERBSEN NACH PORTUGIESISCHER ART

Für 2 bis 4 Personen

30 g Butter
75 g feingehackte Zwiebeln
¾ Tasse Hühnerbouillon
1,5 kg gekochte, frische grüne Erbsen oder 3 Pakete zu 300 g tiefgefrorene Erbsen, gründlich aufgetaut, aber nicht gekocht
¼ Tasse feingehackte krause Petersilie
¼ Tasse feingehackter *cilantro*, ersatzweise glatte Petersilie
½ TL Zucker
Salz
Frisch gemahlener schwarzer Pfeffer
125 g *linguiça* oder *chorizo* oder andere knoblauchhaltige geräucherte Schweinewurst, in ½ cm dicke Scheiben geschnitten
4 Eier

In einer schweren Pfanne von 25 cm Durchmesser oder einer flachen, feuerfesten Kasserolle bei mäßiger Hitze die Butter zergehen lassen. Wenn sich der Schaum gelegt hat, die Zwiebeln hinzufügen und unter häufigem Rühren 8 bis 10 Minuten anbraten, bis sie leicht gebräunt sind. Bouillon, frisch gekochte oder tiefgefrorene Erbsen, Petersilie, *cilantro*, Zucker, ¼ TL Salz und eine Prise gemahlenen Pfeffer einrühren und die Wurstscheiben leicht überlappend um den Rand der Pfanne legen. Bei starker Hitze zum Kochen bringen, dann auf schwache Hitze schalten und 5 Minuten zugedeckt ziehen lassen.

1 Ei in eine Untertasse schlagen und, indem man den Teller nahe an die Pfanne hält, das Ei auf die Erbsen gleiten lassen. Auf diese Art ein Ei nach dem anderen einzeln in die Pfanne geben und die Eier voneinander getrennt halten. Leicht mit Salz und Pfeffer bestreuen. Die Pfanne zudecken und noch 3 bis 4 Minuten erhitzen, bis sich auf den Eigelb ein undurchsichtiger Schleier gebildet hat und die Eiweiße fest sind. Sofort in der Pfanne anrichten.

Broa
PORTUGIESISCHES MAISBROT

Für einen runden Brotlaib von 25 cm Durchmesser

225 g gelbes Maismehl, feingemahlen
1½ TL Salz
¼ l kochendes Wasser
1 EL und 1 TL Olivenöl
1 Paket Trockenhefe
¼ Tasse lauwarmes Wasser (zwischen 42° und 46°)
250 bis 300 g Weizenmehl

In eine große Rührschüssel 150 g Maismehl, Salz und kochendes Wasser geben und kräftig glattrühren. 1 EL Olivenöl hineinrühren, dann auf lauwarm abkühlen lassen. In einer kleinen Schüssel die Hefe und den Zucker über das lauwarme Wasser streuen. 2 bis 3 Minuten stehenlassen, dann verrühren, bis sich die Hefe völlig aufgelöst hat. Die Schüssel 8 bis 10 Minuten, bzw. bis sich die Hefe verdoppelt hat, an einen warmen, vor Zugluft geschützten Platz stellen (z. B. in einen abgeschalteten Backofen).

Die Hefe in die Maismehlmischung rühren und allmählich die restlichen 75 g Maismehl sowie 150 g vom Weizenmehl hinzufügen. Den Teig zu einer Kugel zusammenfassen, in eine Schüssel legen und ein Tuch darüberbreiten. 30 Minuten, oder bis sich sein Volumen verdoppelt hat, an einen vor Zugluft geschützten Platz stellen.

Mit einem Backpinsel den Boden und die Seiten einer Backform von 25 cm Durchmesser mit dem restlichen 1 TL Olivenöl bestreichen. Den Teig auf ein leicht bemehltes Brett gegen und mit der Faust flachschlagen. Beim Auskneten 5 Minuten lang mit dem Handballen mehrmals nach vorn durchdrücken und zurückschlagen. Unterdessen nach und nach bis zu 150 g Weizenmehl hineinarbeiten, so daß der Teig fest, aber nicht steif wird. Zu einem runden, flachen Laib zurechtklopfen und formen und in die eingefettete Form legen. Ein Handtuch darüberbreiten und 30 Minuten, bzw. bis sich das Volumen abermals verdoppelt hat, an einen vor Zugluft geschützten Platz stellen.

Den Ofen auf 175° vorwärmen. Das Brot auf dem mittleren Einschub 40 Minuten backen, oder bis die Oberseite goldgelb ist. Zum Auskühlen auf ein Drahtgestell setzen. Broa wird zu *ervilhas guisadas à portuguêsa (oben)* oder zu *caldo verde (Register der Rezepte)* gereicht.

In Portugals *ervilhas guisadas à portuguêsa* werden Erbsen, Eier und Wurst mit frischem Koriander *(unten rechts)* gewürzt.

Der *sofrito* für *huevos a la flamenca* (rechts, Rezept unten) gehört zu den Varianten einer beliebten Grundsauce. Gemüse, Fleisch und Kräuter werden zu einer saucenartigen Mischung verkocht *(ganz links)*; dann gibt man den *sofrito* in eine Backform. Die Eier werden darübergeschlagen und Erbsen, Spargel und Pimiento hinzugefügt.

Huevos a la Flamenca
SPIEGELEIER IM GEMÜSEBETT

Für 6 Personen

SOFRITO
250 g Tomaten
¼ Tasse Olivenöl
75 g feingehackte Zwiebeln
1 EL feingehackter Knoblauch
1 kleine rote oder grüne Paprikaschote, geschält, Mark und Kerne entfernt und feingehackt
60 g feingewürfelter *serrano*-Schinken, ersatzweise ein anderer magerer Räucherschinken
1 *chorizo,* in ½ cm dicke Scheiben geschnitten, ersatzweise 100 g andere knoblauchhaltige geräucherte harte Schweinewurst
1 EL feingehackte Petersilie
1 kleines Lorbeerblatt
1 TL Salz
¼ TL frisch gemahlener schwarzer Pfeffer
⅓ Tasse Wasser

EIER
2 TL Olivenöl
6 Eier
250 g heiße, gekochte frische oder tiefgefrorene Erbsen
6 heiße, gekochte frische oder konservierte grüne Spargelspitzen, 7 bis 10 cm lang
6 bis 8 Streifen abgetropfter Dosenpimiento, je etwa 7 cm lang und ½ cm breit
3 EL heller trockener Sherry
Petersiliensträußchen (nach Belieben)

ANMERKUNG: *Sofrito* (was „leicht geröstet" heißt) ist eine Grundsauce, die in der spanischen Küche vielfach Verwendung findet. Eine Variante liefert die Grundsauce für *huevos a la flamenca,* aber *sofrito* kommt in vielen Abwandlungen und zahlreichen Gerichten vor. Jeder *sofrito* wird mit Zwiebeln oder Knoblauch oder mit beiden zubereitet; viele enthalten freilich auch Tomaten, Pfeffer- und Paprikaschoten, Petersilie und Fleisch (z. B. Schinken oder Wurst); manche werden mit gemahlenen Mandeln, durch ein Sieb gestrichenem hartgekochten Eigelb oder sogar Brotkrumen angedickt. Wie immer die Zutaten, sie werden im allgemeinen gehackt und in Olivenöl geschmort.

SOFRITO: Die Tomaten in einen Topf mit kochendem Wasser geben und etwa 10 Sekunden sprudelnd kochen lassen. Mit kaltem Wasser abschrecken und mit einem kleinen scharfen Messer häuten. Die Fruchtstiele herausschneiden, dann die Tomaten quer halbieren. Die Hälften vorsichtig drücken, um die Kerne und den Saft zu entfernen, und dann so klein wie möglich hacken.

In einer schweren Pfanne von 25 bis 30 cm Durchmesser das Öl bei mäßiger Temperatur erhitzen, bis sich ein leichter Rauch bildet. Zwiebeln, Knoblauch und die gehackte Paprikaschote hinzufügen und unter häufigem Rühren 5 Minuten schmoren, bzw. bis die Gemüse weich, aber nicht braun geworden sind.

Schinken und Wurst hineingeben, dann Tomaten, gehackte Petersilie, Lorbeerblatt, Salz, Pfeffer und Wasser hinzufügen und bis zum Siedepunkt erhitzen. Unbedeckt schmoren lassen, bis fast die ganze Flüssigkeit in der Pfanne eingekocht und die Mischung dickflüssig genug ist, um in einem Löffel die Form zu behalten. Beiseite stellen.

EIER: Den Ofen auf 200° vorwärmen. Mit einem Teigpinsel Boden und Seiten einer 25 mal 25 cm großen und 5 cm hohen feuerfesten Form mit den 2 TL Öl bestreichen. Das Lorbeerblatt herausnehmen und den *sofrito* gleichmäßig in der Form verteilen. Die Eier nacheinander darüberschlagen und dabei so anordnen, daß sie im Kreis auf dem *sofrito* liegen. Oder die Eier einzeln auf eine Untertasse schlagen und dann behutsam in die Form mit dem *sofrito* gleiten lassen.

Die Erbsen in drei oder vier Häufchen und den Spargel in Reihen nebeneinander auf dem *sofrito* anordnen, die Pimiento-Streifen dekorativ darüberlegen. Sherry über die Eier und das Gemüse träufeln, zudecken und auf dem mittleren Rost im Ofen 20 Minuten backen, oder bis sich ein undurchsichtiger Schleier auf den Eigelben gebildet hat und die Eiweiße fest sind. Mit Petersilie garnieren und sofort servieren.

WIE MAN PAPRIKASCHOTEN SCHÄLT: Die Paprikaschote auf eine langstielige Gabel spießen und über einer Gasflamme wenden, bis die Haut Blasen wirft und sich dunkel verfärbt. Oder sie auf einem Backblech 7 cm vom Feuer entfernt 5 Minuten rösten und dabei drehen, damit sie gleichmäßig bräunt. Die Schote in ein feuchtes Tuch einwickeln, ein paar Minuten liegenlassen, dann mit dem Tuch abreiben, bis sich die Haut löst. Den Fruchtstiel und das weiße Mark herausschneiden und die Kerne entfernen.

In Spaniens *huevos a la flamenca* werden Erbsen, Eier, Spargel und rote Paprikaschoten über einer Grundsauce gebacken.

II

Das Land des Don Quijote

„In einem Dorfe von La Mancha, an dessen Namen ich mich nicht erinnern kann, lebte unlängst ein Edler, der eine Lanze und einen alten Schild besaß, einen dürren Klepper und einen Jagdhund. Eine *olla,* mehr von Rind- als Hammelfleisch, des Abends gewöhnlich kalte Küche, des Sonnabends arme Ritter und Freitags Linsen, Sonntags aber einige gebratene Tauben zur Zugabe, verzehrten drei Viertel seiner Einnahme."

So beginnt ein großer Roman über einen Mann, der in Mittelspanien lebte: Don Quijote de La Mancha. Der Roman beschreibt ihn und seine Nachfahren genau. Seine beiden Lebensstützen, die Lanze und die *olla,* der Topf, in dem seine Nahrung zubereitet wird – sein Ideal und sein Essen –, haben sich seit dem 16. Jahrhundert nicht wesentlich geändert. Der heutige Herr aus Mittelspanien gleicht ihm in vieler Hinsicht, und sein wöchentlicher Speiseplan ähnelt den obenerwähnten Mahlzeiten noch nach 400 Jahren. Die Moden um den Mann aus La Mancha mögen sich häufig und drastisch wandeln: Er hat sich nie dem landläufigen Geschmack gebeugt. Er ißt heute, um Kraft für Träume von gestern zu gewinnen. Nahrung für den Magen ist nur eine andere Form von Nahrung für die Phantasie, und wenn es überhaupt ein Morgen gibt, dann ist es ein Zufall, aber man muß aufpassen. Solche Zufälle kommen täglich vor.

Ob heute, morgen oder übermorgen – eine eigentümliche Logik durchwaltet die gesamte spanische Kochkunst; wenn auch Don Quijote nicht immer daran dachte, sein schlauer Gefährte Sancho Pansa wußte es sehr wohl. In Zentralspanien hat die Ernährung in erster Linie die Aufgabe, einen Mann warm und bei Kräften zu halten, ihn vor kaltem Wetter und vor der dürren Härte des Landes, das er bewohnt, zu schützen, damit er ungehindert leben und träumen – oder seine Träume verwirklichen – kann, wie es ihm gefällt. Das Leben ist hier nicht leicht: „Neun Monate Winter und drei Monate die Hölle", sagen die Bewohner von Alt- und Neukastilien, den Gebieten im Herzen Spaniens *(Karte, Seite 13).* Die beiden

Gegen Windmühlen wie diese, die über der rauhen und baumlosen Landschaft in La Mancha einsam Wache steht, kämpfte der fahrende Ritter Don Quijote. Einst zum Mahlen von Weizen – dem Hauptprodukt des Gebiets – verwendet, werden die Windmühlen von La Mancha heute als ehrwürdige Zeugen der Vergangenheit zum Entzücken der Touristen erhalten.

Kastilien tragen ihren Namen nach den vielen Kastellen, die innerhalb ihrer Grenzen als Bollwerke gegen die Mauren errichtet wurden, doch besitzt das Land in seinen Gebirgszügen, darunter die Sierra Morena, die Sierra de Gredos und die Sierra de Guadalupe, auch einen natürlichen Schutz. Die Täler in dieser Gebirgslandschaft sind größtenteils rauh und abweisend, Bäume gibt es kaum, Findlinge kommen zahlreich vor. Wer Mittelspanien besucht – vor allem auf dem direkten Weg nach Madrid –, nimmt oft gar nicht wahr, wie hart das Leben in diesem Teil der Welt sein kann. Die Stadt ist sowohl geographisches wie kulinarisches Zentrum Spaniens. Landstraßen und Nebenwege führen von hier aus wie die Speichen eines Rades in alle Richtungen. Über diese Straßen kommen Nahrungsmittel – frische Meerestiere, Gemüse, Brot und Wein – aus anderen Gebieten Spaniens in die Hauptstadt, die zum Entzücken des Touristen auch Restaurants anderer Provinzen zu ihren Attraktionen zählt. Wenn Spanien eine nationale Küche hat, dann findet man sie hier, denn Madrid ist der Schmelztiegel des Landes.

In den fünfziger Jahren habe ich fünf Jahre lang in Madrid gelebt. Während der ersten sechs Monate wußte ich gar nicht recht, welches Landesgericht ich gerade aß, aus welcher Gegend es stammte und warum. Aber als ich schließlich wegzog, hatte ich mich so an die Vielseitigkeit der Kost im Zentrum des spanischen Hochlands gewöhnt, daß ich jede andere Küche im Vergleich dazu ein bißchen fade fand. Damals war Madrid, obwohl es stetig wuchs, eine verhältnismäßig kleine Stadt. Ich hatte eine Wohnung mit einer Aussicht, an die ich mich noch erinnere, wenn ich an die Stadt zurückdenke: Man blickte auf die anderen Gebäude wie von einem Wolkenkratzer herab.

Die Sherry-Farbe der Mauern wurde im Lauf des sich neigenden Tages von den heraufziehenden Schatten abgeschält; eine Stadt aus Bernstein, die immer wie in Sonnenuntergangslicht getaucht schien, bis der plötzliche Sturm Tausender von Spatzen unter den Dachrinnen das wirkliche Tagesende anzeigte. Widerstrebend gab ich die Wohnung auf, bevor ich Madrid verließ, denn sie lag zu weit außerhalb im Randgebiet der Stadt.

Letzten Herbst kehrte ich nach Madrid zurück. Als ich der Stadt entgegenfuhr, dachte ich zuerst, ich sei falsch abgebogen und an einem ganz anderen Ort gelandet. Der Lärm der Motoren, das Gewoge hastender Menschen und der brausende Verkehr zwischen den neuen Hochhäusern drohte, die Zufahrtstraße zu verschlingen. Meine alte Wohnung im „Randgebiet" war nirgends zu sehen; sie liegt nach heutigen Begriffen im „Stadtzentrum".

Ich hielt an und ging in eine Bar, um ein Glas Wein und mit Anschovis gefüllte Oliven, eine spanische Spezialität, zu mir zu nehmen; ich wollte mir der Tatsache bewußt werden, daß ich wirklich in der spanischen Hauptstadt war. Der unverwechselbare Geruch von schwarzem Tabak, Oliven und altem Wein stieg von dem blanken neuen Pflaster empor wie ein Vorgeschmack der nahrhaften Küche, die dem Volk von Madrid die Kraft gab, diese Stadt zu errichten und weiter an ihr zu bauen. Ich trank zwei Gläser trockenen Rotwein zu den scharfen, saftigen Oliven und aß eine ganze Schale frischer, trocken gerösteter Mandeln, eine weitverbreitete, appetitanregende Vorspeise, die gut zu Oliven paßt. Dann setzte ich mich wieder in meinen Wagen, kurbelte die Fenster herunter und fuhr durch die von Gerüchen schwere Luft zu einem Hotel.

Am ersten Tag meiner Rückkehr besuchte ich einen alten Freund, einen kastilischen Feinschmecker, der mit seiner großen Familie in einem typischen Haus des alten Viertels von Madrid wohnt. Hier ist es dunkel und kühl, Schatten verschwimmen in Schatten, und ein unergründliches, trübes Licht verliert sich im Stein. Die Gebäude machen den Eindruck, als ob sie aus der Erde gerissen und dann vergessen worden wären. Ich hatte mich zum Mittagessen um 14 Uhr eingefunden; um diese Tageszeit muß man in einigen Gegenden Madrids beim Betreten eines Gebäudes einige Augenblicke innehalten, um seine Augen an das plötzliche Fehlen des Lichts zu gewöhnen. Als ich in der Dunkelheit auf einen klappernden Fahrstuhl wartete, den ich hören, aber nicht sehen konnte, nahm ich ein Gemisch vertrauter Düfte wahr. Aus der *portería,* der Wohnung des Hausmeisters, drangen die dünnen, beißenden Schwaden einer *sopa de ajo,* der Madrider Knoblauchsuppe, zu mir herüber, die sich mit dem Geruch von reinem, heißen Olivenöl und gebratener Petersilie verbanden, und von irgendwoher kam der Duft eines schmorenden *sofrito,* einer Grundsauce aus Olivenöl, Zwiebeln, Knoblauch, Petersilie und kleingeschnittenen Tomaten. Als der Aufzug hielt, stieg ich ein, und der Eisenkäfig schaukelte und rasselte geräuschvoll durch die Dunkelheit und die sich verstärkenden Gerüche der kastilischen Küche nach oben.

Wie die meisten Wohnungen des alten Madrid bestand auch die meines Gastgebers aus vielen kleinen Zimmern, die sich um die Haupthalle reihten, welche direkt von der Eingangstür in die Küche führte. Als die Eingangstür geöffnet wurde, wußte ich, daß es zum Mittagessen *cocido* geben würde, ein schmackhaftes, aus Gemüse, Schweine- und Rindfleisch, Schinkenknochen und *chorizo* (einer beliebten spanischen Wurst) bestehendes Gericht, das nach alter Tradition in drei Gängen serviert wird. *Cocido madrileño (Register der Rezepte)* gehört zu den Genüssen, die die Reichhaltigkeit und Kraft der mittelspanischen Küche am besten demonstrieren. Die Leute in Madrid sagen, daß sein Geruch in die Wände der Häuser eindringe und die Familie warm und bei Laune halte. Das erscheint einem durchaus glaubhaft, wenn man ein Privathaus betritt, wo gerade ein gehaltvoller *cocido* zubereitet wird. Der Duft, der einen unvermittelt begrüßt, scheint alle einfachen Speisen der Welt in einem einzigen dampfenden Kessel zu versammeln.

Als wir im Wohnzimmer saßen und auf den *cocido* warteten, kam die Frau des Gastgebers mit einem Tablett herein, auf dem eine Flasche ausgezeichneter trockener Rotwein, ein Teller mit aufgeschnittener *chorizo* und ein weiterer mit winzigen arabischen Schisch-Kebabs auf bleistiftlangen Spießen standen. Die kalten *chorizo*-Scheiben hatten ein scharfes, kräftiges Aroma und hinterließen, im Verein mit dem Wein genossen, einen nußartigen, herben Geschmack auf der Zunge. Die Schisch-Kebabs waren so heiß, daß sie mit Vorsicht gegessen werden mußten; die kleinen Kalbfleischstückchen hatten in einer Weißwein-Marinade mit Salz und Knoblauch, Petersilie, Paprika und einer Prise Cayennepfeffer gelegen, bevor sie über Kohlenfeuer gegrillt wurden.

Schließlich verkündete die Gastgeberin, daß der *cocido* fertig sei. Der Hausherr zog mit den vier Kindern und mir ins Speisezimmer, wo wir uns um einen reichgeschmückten dunklen Tisch setzten, in dessen Mitte ein großes Feld freigelassen war, das bald durch eine Reihe von Kasserollen gefüllt werden sollte, die in genau festgelegter Folge serviert wurden. Nacheinander brachte die Hausfrau voller Stolz die drei verschiedenen Gänge des *cocido* herein. Zuerst reichte sie die durchgeseihte Bouillon, der sie feine Nudeln beigegeben hatte. Sie war dünn wie eine Brühe, aber nahrhaft wie ein Eintopfgericht. Als wir diese verzehrt hatten und die Suppenschalen abgeräumt waren, kam sie mit einer dampfenden Schüssel voll Kichererbsen, Salzkartoffeln und wohlriechendem Kohl zurück, die dem *cocido* in den letzten Minuten seiner Zubereitung hinzugefügt worden waren. Alle diese Gemüse bewahrten das volle Aroma der Fleischsäfte; der Kohl bildete von seiner Beschaffenheit her einen guten Gegensatz zu den mehligen Kartoffeln und Bohnen. In Kastilien merkt man sehr bald, daß die Zusammensetzung der Speisen nach ihrer Beschaffenheit ebenso wichtig ist wie die Geschmackskomposition. Nach dem Gemüse wurde der dritte Gang gebracht. Diese Schüssel enthielt kleine Rindfleischstücke, *chorizo,* gepökeltes Schweinefleisch, Schweineschulter und Fleischklößchen. Während wir den Fleischgang aßen, erinnerte mich der Gastgeber daran, daß die drei Gänge des *cocido madrileño* in Kastilien *sota, caballo* und *rey* (Bube, Dame, König unseres Spielkartensystems) genannt werden, denn der *cocido* soll im Verlauf der Mahlzeit an Vornehmheit gewinnen. Die dampfende Bouillon hat den Zweck, den Magen zu wärmen und den Appetit und den Gaumen auf das Kommende vorzubereiten. Der zweite

Knoblauchsuppe *(sopa de ajo)* kennzeichnet in ihrer Einfachheit die mittelspanische Küche. Nur Knoblauchzehen und Brot, zusammen mit Olivenöl gebräunt, bilden die Grundlage des Gerichts. Dann werden diese Zutaten in Wasser gekocht, und zuletzt kommt das Ei hinein. Bei dem hier gezeigten Beispiel wurde das Ei in der Suppe pochiert, in anderen Fällen wird es hingegen roh in die Suppe eingerührt *(Register der Rezepte).*

Der *cocido madrileño* des berühmten Restaurants Valentín in Madrid enthält eine Vielzahl verschiedener Fleischsorten. Die obige Abbildung zeigt sie: Huhn, Rind, Kalb, Knochenmark, *chorizo* (Wurst), einen Schinkenknochen, Blutwurst, frisches und gesalzenes Schweinefett. Kichererbsen *(Mitte)*, die zu jedem *cocido madrileño* gehören, müssen vor der Verwendung über Nacht eingeweicht werden.

Gang sättigt teilweise, hat aber auch die Aufgabe, weiter anzuregen. Der dritte Gang erfüllt das Versprechen der beiden vorangegangenen.

Mitten im letzten Gang zog der Hausherr die Augenbrauen hoch, neigte den Kopf zur Seite, lächelte bedächtig und nickte seiner Frau kurz zustimmend zu – wie ein mittelalterlicher König, der das Geschenk eines Vasallen anzunehmen geruht. „Ein wirklich vollendeter *cocido*", sagte er, während er das Rindfleisch zerschnitt, „ist ebenso schwer zu finden wie drei gute *toreros* an einem einzigen Stierkampf-Nachmittag." Hocherfreut ging die Hausfrau in die Küche zurück, um die letzte Kasserolle noch einmal aufzufüllen.

Wie die meisten spanischen Gerichte sollte der *cocido* stets in Verbindung mit frischem, krossem Brot verzehrt werden. Fast überall in Spanien genießt das Brot eine beinahe ans Mystische grenzende Verehrung. Wenn es kein frisches Brot gibt, können Spanier so ärgerlich werden, daß sie die Beherrschung und den Appetit verlieren. Zusammen mit jedem Gang hatte meine Gastgeberin ein neues Stück vom krossen, warmen, ofenfrischen Laib hereingebracht. Als eines der Kinder einen Brocken auf den Boden fallen ließ, gab ihm die Mutter einen Klaps auf die Hand, hob das Brot auf, küßte es schnell und warf es dann widerwillig fort. „Brot war die Speise des Herrn Jesus", sagte sie. Sie unterließ es, hinzuzufügen, daß die Hungerjahre nach dem Bürgerkrieg jeden Spanier gelehrt hatten, den wahren Wert des Brotes zu erkennen. Das kastilische Brot, das uns gereicht wurde, hat eine besonders harte Kruste und paßt ideal zu einer nahrhaften, reichhaltigen Speise wie dem *cocido*. „Einstippen ist erlaubt, Manschen ist ratsam, Auftunken ist lebensnotwendig", ließ mein Gastgeber sich vernehmen, während er sich aus der Schüssel zum Schluß der Mahlzeit eine letzte

Portion Fleisch auffüllte. Sodann zerquetschte er ein Stück fettes Fleisch mit einem Brocken trockenem Brot, bis das Fett nicht mehr sichtbar und nur noch die Brotkruste trocken war.

Der *cocido madrileño,* den wir gegessen hatten, ist die Verkörperung des Schmelztiegels Madrid, eine Synthese aller *cocidos* aus den anderen spanischen Gebieten. Alle diese Gerichte sind Abkömmlinge von Don Quijotes *olla podrida,* dem ursprünglichen „verdorbenen Topf", einem Eintopf, der seinerseits auf das alte jüdische Gericht *adafina* zurückgeht, ein Essen, das stundenlang kochen muß. Die *adafina* besteht aus Huhn oder Rindfleisch, Gemüsen und hartgekochten Eiern. (Sie wird noch heute in Algier, Tanger und anderen nordafrikanischen Städten gegessen.) Als zur Zeit der Inquisition die mittelspanischen Provinzen sich zu Stützpunkten des Christentums entwickelten und die Verbraucher gezwungen waren, ihre religiöse Überzeugung sichtbar zu demonstrieren, wurden die Eier in der *adafina* durch große Mengen Schweinefleisch und Schweinefett ersetzt. Im Gegensatz zu den Mauren und Juden, die aus religiösen Gründen kein Schweinefleisch essen durften, konnte ein „echter" Christ, bekehrt oder in der Wiege getauft, Schweinefleisch essen, – was er auch einmal am Tag und vorzugsweise in der Öffentlichkeit tat. Selbst zu Hause ließ er sich nicht ertappen, denn jeder, der ihn unerwartet besuchte, um an seinem *cocido* teilzunehmen, konnte an dem darin enthaltenen Schweinefleisch deutlich erkennen, daß dies das Haus eines „Rechtgläubigen" war. Wenn Schinken und Würste, die über dem Kopf des Gastes schwer von der Decke hingen, ihn nicht überzeugten, dann tat es der *cocido.* Ironischerweise galt ausgerechnet dieser aus der jüdischen Küche übernommene *cocido* als *das* Gericht in Madrid, durch das man sich sofort als Christ ausweisen konnte.

Nach alter Tradition wird der *cocido madrileño* in drei Gängen serviert: Suppe, Gemüse, dann Fleisch. Das Valentín bietet zu dem Gemüse- und Fleischgang drei Arten von Saucen – Tomaten-, Kümmel- und Minzsauce *(von links nach rechts in den Näpfen in der Mitte).* Zur Suppe reicht das Restaurant einen Weißwein *(im braunen Krug oben rechts),* zu Gemüse und Fleisch einen Rotwein *(im Glas).*

Heute kann man den *cocido madrileño* den wirtschaftlichen Möglichkeiten eines jeden Haushalts anpassen. Er ist des reichen wie des armen Mannes Nahrung. Er kann einfach aus einem Topf Kichererbsen bestehen, die mit irgendeiner Sorte Fleisch zusammengekocht werden, oder nur aus Fett, Kartoffeln und Gemüse. Er kann auch so viel mehr umfassen, daß er wie ein völlig anderes Gericht wirkt.

Ein weiterer Grund für die dauernde Beliebtheit des *cocido* in Madrid liegt darin, daß er während des Kochens nur wenig Aufmerksamkeit erfordert. Die Hausfrau kann morgens die meisten Zutaten zusammen in den Topf geben und sich dann anderen Dingen zuwenden. Weitere Bestandteile können je nach Bedarf hinzugefügt werden, doch braucht man sich um den *cocido* nicht viel zu kümmern, wie jede Madriderin bestätigen wird. Wenn das Gericht fertig ist, schiebt sie den Topf auf den rückwärtigen Teil des Herdes, wo er warm bleibt, bis der Zeitpunkt für die Mahlzeit gekommen ist.

Der einzige Nachteil eines *cocido* besteht, wie meine Gastgeberin mir versicherte, darin, daß er einen Tag im voraus geplant werden muß, damit man die Kichererbsen rechtzeitig einweichen kann, um sie mürbe werden zu lassen. Die Kichererbse, die von den Karthagern über Málaga und Cádiz nach Spanien eingeführt wurde, spielt in der iberischen Küche eine große Rolle. Sie muß jedoch stets eingeweicht werden, was für viele Frauen, deren Männer es nicht lernen, einen *cocido* am Abend vorher zu bestellen, eine Plage bedeutet. „Männer", so sagte meine Gastgeberin nach dem Mittagessen traurig, „sind eine Menschenrasse, die nicht weiß, was sie essen will, bevor sie essen will."

Es gibt so viele regionale Variationen des *cocido,* daß man ein Buch damit füllen könnte. Diese Vielfalt ist durch eine Reihe von Zutaten entstanden, die je nach den örtlichen Gegebenheiten außerhalb des zentralspanischen Hochlandes beigesteuert wurden. Nach dem *cocido madrileño* dürfen drei Versionen als repräsentativ gelten. Der katalanische *cocido* (im katalanischen Dialekt *escudella i carn d'olla* genannt) nutzt die landeseigenen Bohnen und Würste; zu den letzteren gehört die katalanische *botifarra* (Blutwurst), die hier süßer ist als in anderen Gebieten. Manchmal wird Ochsenschwanz verwendet, Reis kann hinzugefügt werden, und gewöhnlich faßt man hier die drei Gänge des *cocido* in einem zusammen. In Andalusien setzten die Mauren dem *cocido* als schmückendes Beiwerk Safran zu, ebenso Paprika, grüne Bohnen, eine andere Sorte Kohl und manchmal Minze. Viele Andalusier lassen, wiederum wegen ihres maurischen Erbes, Schweinefleisch weg. Der andalusische *cocido* ist darum lebhaft gewürzt und leicht verdaulich. Das heiße Klima in diesem Teil Spaniens verträgt sich nicht mit schwerer Kost. In Galicien, das am entgegengesetzten Ende der Pyrenäenhalbinsel am Atlantik liegt, heißt der *cocido pote gallego* (galicischer Topf). Hier gehört Schweinefleisch unbedingt dazu, ebenso weiße Rüben oder Rübenkraut, verschiedene Sorten Bohnen und oft Schweineschmalz, doch wird Olivenöl – ein wesentlicher Bestandteil der meisten spanischen Gerichte – manchmal weggelassen. Nirgendwo berührt Galicien das Mittelmeer; seine Bevölkerung hat ein ganz anderes Temperament, und seine Köche können es sich leisten, auf mediterrane Notwendigkeiten wie Olivenöl zu verzichten.

Von allen *cocidos* ist jedoch die für das zentralspanische Hochland charakteristische Version immer noch die beste. Sie ist so reichhaltig und sättigend, daß man annehmen möchte, sie könne den Appetit eines Madriders für gute 24 Stunden befriedigen. Das ist nicht der Fall. In Madrid gibt es ein Sprichwort, demzufolge das spanische Volk „den ganzen Tag und die halbe Nacht" ißt. Das trifft geradezu schlagend auf die Bevölkerung Mittel- und Nordspaniens zu. Der Appetit der Kastilier wird nur durch den der Basken übertroffen, wie wir noch sehen werden. In Madrid gibt es offiziell fünf Mahlzeiten, aber das sind nur konventionelle Erfordernisse, traditionelle und zweckdienliche Akte in dem Drama, das Leben heißt. Vom Schauspieler wird erwartet, daß er auch ein bißchen improvisiert.

Die erste richtige Mahlzeit, das Frühstück oder *desayuno,* ist nicht beeindruckend; wie einem großen Berufsschauspieler gefällt es dem kastilischen

Koch, den ersten Auftritt einfach zu gestalten und bescheiden anzufangen, damit er sich im Verlauf der Handlung steigern kann. *Desayuno* besteht normalerweise aus Kaffee, manchmal Schokolade, mit einem Brötchen und Marmelade oder einem dünnen, heißen Gebäck, das *churro* heißt. *(Register der Rezepte.)*

Für die arbeitende Bevölkerung, die früh aufsteht, folgt in Madrid und Umgebung eine zweite Mahlzeit mit dem Namen *las onces* (Plural der Zahl elf) oder *almuerzo* (zweites Frühstück), die gegen 11 Uhr vormittags eingenommen wird. Um diese Zeit ist der Magen erwacht, er fordert mehr Beachtung und bekommt sie – Würstchen vom Grill, Tomaten mit Brot, gebackenen Tintenfisch, Omelett. Die Auswahl hängt ab vom persönlichen Geschmack und von der Provinz, in der man sich aufhält.

Mittagszeit ist in Spanien von 14 bis 15 Uhr, und gegen 14.30 Uhr wird die *comida* eingenommen, die wichtigste Mahlzeit des Tages. Die Notwendigkeit einer Nachmittagsruhe wird ersichtlich, wenn wir die Gänge der Mittags-*comida* eines wohlhabenden Kastiliers betrachten.

Er beginnt vielleicht mit einem Salat, der in Spanien eher vor als nach dem Hauptgang gereicht wird. In beiden Kastilien kann Salat frische Gemüse, wie Zwiebeln, Bohnen, Erbsen, junge Artischockenherzen und ein oder zwei Stangen weißen Spargel, enthalten. Weil Salat als *entremés* oder Vorgericht gilt, können eine Menge Wurstscheiben, Fleisch, Dosenfisch und Oliven hinzukommen. Alle Teile werden auf ovalen Tellern gesondert, aber gleichzeitig serviert. Das bekommt der Gast in Madrid, wenn er in einem Restaurant *entremeses* als ersten Gang bestellt. Wenn er einfach gewöhnlichen Salat fordert, werden ihm Salat und Tomaten gereicht. Öl und Essig kommen in Glasfläschchen mit engen Tüllen auf den Tisch und werden direkt auf den Salat gegossen, bevor man ihn unter Zugabe einer Prise Salz ißt. Viele Kastilier nehmen nur Salz und Öl zum Salat und gar keinen Essig; wenn Essig verwendet wird, dann immer sehr sparsam. Ein kastilisches Sprichwort sagt, daß eine gute Salatsauce „für das Öl einen Verschwender, für den Essig einen Geizhals und für das Mischen des Ganzen einen Verrückten" erfordere.

Anstelle des *entremés* wählt der Madrider, wenn das Wetter nicht zu warm ist, möglicherweise eine *sopa de ajo (Register der Rezepte)*, heiße Knoblauchsuppe, ein weiteres Nationalgericht, das mindestens ebenso viele Varianten aufweist, wie es in Spanien Gebiete gibt. Madrids *sopa de ajo* stellt wie sein *cocido* die klassische Version dar; sie ist die einfachste, und ich mag sie am liebsten. Sie wird aus Knoblauch, Weißbrotscheiben und Gemüsepaprikaschoten, die leicht in Olivenöl angebraten werden, zubereitet. Wasser kommt hinzu, und dann schwimmen Eier oder Eidotter in dem Gebräu, bis sie halb gar sind. Die Eier können auch später hineingerührt werden. Der Geschmack ist durchaus nicht streng, sondern sehr angenehm. Wie gewöhnlich wird das Gericht außerhalb Madrids von Abweichungen unterwandert: Im Norden fügt man eventuell Kümmel oder Petersilie bei, in den Küstenprovinzen gewöhnlich Fisch oder Krustentiere und zuweilen auch geriebene Mandeln.

Die Hauptsache bleibt, daß die *sopa de ajo* nach dem schmeckt, was sie ist – Knoblauchsuppe. Das mag der Grund dafür sein, daß die meisten Leute die einfache, unveränderte Form vorziehen, die in Mittelspanien üblich ist. Sie dient als hervorragendes Bindeglied zwischen einem kühlen, knusprigen Salat und dem Hauptgang der Mahlzeit.

Nach der Suppe oder dem *entremés* wendet sich der Madrider in aller Ruhe dem nächsten Gang seiner Mittags-*comida* zu, der aus Fisch, vielleicht Forelle oder Lachs aus den Bergbächen in der Umgebung von Madrid, kroß gegrillt und dampfend heiß serviert, bestehen mag. Diesem Bedürfnis kommt eine Lachsbank in der Hauptstadt entgegen, bei der Sportangler ihren Fang deponieren können. Die Bank säubert den Fang, friert ihn ein oder räuchert ihn, je nach Wunsch des Besitzers, und wenn er ein Pfund für die Mittagstafel abhebt, trägt der Kassierer einen entsprechenden Vermerk auf seinem Konto ein. Der Fischgang beim Mittagessen kann auch

Fortsetzung Seite 28

Im El Gran Corrillo, einer beliebten Madrider Bar, treffen die Gäste am frühen Abend ihre Wahl unter den aufgereihten *tapas*.

Vorspeisen für einen Imbiß-Abend

Abends kehren die Madrider gern in Bars und Cafés ein, um einen Drink, meist Sherry, und eine Auswahl der verlockenden Häppchen, *tapas* genannt, zu sich zu nehmen. Das Wort *tapa* bedeutet Deckel; die ersten *tapas* waren Brotstücke, mit denen man Weingläser bedeckte, um die Fliegen fernzuhalten. Heute sind *tapas* Vorspeisen, die allerdings hier in einer Reichhaltigkeit vorkommen, die andere Länder nicht kennen. Eine Bar bietet 32 Arten – eine nicht ungewöhnliche Anzahl –, die von Aalen bis zu Omeletts reichen. Diese Kleingerichte erfreuen sich so großer Beliebtheit, daß sich zur tapa-Zeit in den Bars und Cafés von Madrid – und anderen Städten, zu denen der gesellige Brauch vorgedrungen ist – die Gäste drängen. Manche widmen den ganzen Abend solchen Vorgerichten und verzichten auf das Nachtmahl.

Die Vielfalt der *tapas*, die allabendlich der Corrillo de Ayala, eine andere beliebte Bar in Madrid, anbietet, zeigt die Auslage von 32 Gerichten unten links; sie umfaßt:

1 Schinkenstücke, mit Pfefferschoten garniert
2 Schweinefleisch mit einer Sauce aus Olivenöl, Knoblauch, Essig und Gewürzen
3 Weiße Bohnen in Essigsauce mit Petersilie, Zwiebeln und Pfefferschoten
4 Gekochte Kartoffeln, mit Petersilie, Mayonnaise und Knoblauch garniert
5 Saubohnen mit Schinken und Wurst
6 Kartoffelomelett
7 Champignons, mit Knoblauch und Petersilie garniert
8 Fisch in Cognacsauce mit Garnelenfleisch, Karotten und Gewürz
9 Gebratene Nieren in Weißweinsauce mit Zwiebeln, Erbsen und Pfefferschoten
10 Garnelen in heißem Olivenöl mit Knoblauch, Petersilie und gehackten roten Pfefferschoten
11 Hühnerlebern in Fleischsauce mit Ei
12 Klippfisch in Tomatensauce, mit Pimientos garniert
13 Gemischte Krustentiere mit hartgekochten Eiern
14 Fleischklöße in Sauce mit Erbsen
15 Pfefferschoten mit Knoblauch
16 Marinierte schwarze Oliven mit Zwiebeln und Oregano
17 Fritierte Brotkrümel
18 Klippfisch, mit Knoblauch und Cayennepfeffer geschmort
19 Thunfischpasteten
20 Gebratene grüne Paprikaschoten mit roter Wurst
21 Sauer eingelegter Blumenkohl
22 Geschmorte Wachteln
23 Geschmorte Kaldaunen
24 Schnecken in pikanter Sauce
25 Marinierte rote Beten
26 Schweinsfüße in einer Sauce aus Tomaten, Olivenöl, Zwiebeln und Knoblauch
27 Grüne Paprikaschoten, mit kleingehacktem Kalbfleisch gefüllt, in Fleischsauce
28 Glasaale, in Öl gekocht, mit einer Cayennepfefferschote garniert
29 Muscheln *à la marinera* mit Petersilie
30 Kleine Tintenfische „in ihrer Tinte"
31 Geschmortes Huhn mit gekochten Kartoffeln und Champignons
32 Geschmortes Rebhuhn

aus einer dicken Scheibe Seehecht bestehen, die im Ofen in einer kleinen Auflaufform gebacken und in dieser auch serviert wird, wobei man den Saft mit Weißwein versetzt und um den Fisch herum anrichtet, so daß er in einer brodelnden, aromatischen Sauce ruht. Zur Weihnachtszeit ißt man in Madrid *besugo,* Meerbrasse, die zu dieser Jahreszeit besonders reichlich vorhanden und sehr beliebt ist. Zum *besugo* gibt es häufig Rotkohl mit einer gehaltvollen Mandel-Sahne-Sauce, als Getränk dazu trockenen Weißwein oder Sekt. Das Rotkohlgericht heißt *lombarda de San Isidro* nach dem heiligen Isidorus, dem Schutzheiligen von Madrid.

Anstelle des Fischgangs kann sich der Madrider auch für Fleisch entscheiden oder für Wild, falls er oder seine Freunde kurz zuvor Gelegenheit hatten, zur Jagd zu gehen. Im ersten Fall käme alles mögliche, vom Kalbsbraten bis zu Schweine- und Lammfleisch, in Frage, im zweiten vielleicht Taube oder Rebhuhn in der Kasserolle oder gefüllter Fasan, je nachdem welches Wild Schußzeit hat. Die Skala der Möglichkeiten umfaßt auch Wildschwein und anderes Wildbret. Wild ist in ganz Neukastilien beliebt, wie wir noch sehen werden, wenn wir die Madrid umgebenden ländlichen Gegenden behandeln. Es wird in dieser mittelspanischen Region, deren kühles Klima kräftige Kost erfordert, in einer dicken, dunklen Sauce zubereitet.

Wenn der hungrige Madrider seinen Fleischgang beendet hat, geht er zum Nachtisch über: Hier stehen unter anderem *flan,* Karamelpudding, eine dicke Scheibe vom scharfen Käse aus Burgos oder auch Reispudding mit einer Haube aus gebranntem Zimt zur Auswahl. Falls er für eine dieser Nachspeisen schon zu gesättigt ist, kann er *fruta del tiempo,* Obst der Jahreszeit, bestellen. Die schönsten Früchte sind die *fresones,* die großen Gartenerdbeeren, und *fresas,* die kleineren und herberen Walderdbeeren. Zu beiden Sorten paßt Schlagsahne, aber noch besser schmecken sie, wenn sie mit frisch ausgepreßtem Saft von Apfelsinen aus Valencia übergossen werden.

Die *comida* schließt mit Kaffee ab, der nach dem Nachtisch gereicht wird, nie mit diesem zusammen. Zum Essen gibt es Wein – oft zuerst weißen, dann roten –, zum Kaffee manchmal Weinbrand.

Die Arbeiterbevölkerung von Madrid muß sich in ihrer täglichen *comida* einschränken; die meisten Angehörigen dieser Schicht sind weit ärmer, als die Regierung zugibt. Sie essen vielleicht eine *sopa de ajo,* weil sie ohne Fleisch zubereitet wird; nahrhafter aber ist eine dicke Linsensuppe. In diesem Gericht kann Fleisch durch Schweinehachsen oder Kalbsknochen ersetzt werden, die ihm Fleischaroma und Gehalt verleihen: Don Quijotes Freitags-Linsengericht bewahrt die Menschen im Inneren Spaniens auch heute noch vor dem Hungertod. Wenn frischer Salat nicht zu haben ist, und für die Armen ist er oft nicht zu haben, kann man eine dicke Scheibe rohe Zwiebel zu den Linsen essen. Das paßt so gut zusammen, daß ich diese Kombination schon in vornehmen Restaurants zum Entsetzen der Oberkellner bestellt habe. Als Ersatz für Fleisch oder Fisch dient in mittellosen Haushalten auch ein aus grünen Bohnen, jungen Artischocken, Kohl oder sonstigem Gemüse der Jahreszeit gemischtes Gericht. Das Gemüse wird erst gekocht und dann kurz in heißem Öl mit Knoblauch geschwenkt. In ärmeren Familien gibt es statt Frischfisch oft Klippfisch, der auf verschiedene Weisen zubereitet werden kann, von denen die volkstümlichste eine Art Eintopf mit in Scheiben geschnittenen Kartoffeln ist.

Wo jedoch Geld und Lebensmittel im Überfluß vorhanden sind, präsentiert sich die Mittags-*comida* ausnahmslos als ein reichhaltiges und ausgedehntes Mahl. In Madrid schließen wie überall in Spanien die Geschäfte nachmittags für drei Stunden, um den Menschen Gelegenheit zu geben, dieses Mahl zu verzehren und hinterher zur Erholung ein Schläfchen zu halten, das den Körper auf die zweite Hälfte des Tages vorbereitet. Bis zu diesem Zeitpunkt haben wir von den offiziellen Mahlzeiten erst drei absolviert. Es folgen noch zwei.

Um 15 oder 16 Uhr erwacht wieder alles zum Leben, und vor 18 Uhr denkt niemand ans Essen. Selbst diese Zeit gilt noch als angebrochener

Nachmittag. Es ist die Stunde der *merienda,* der vorletzten Mahlzeit, die normalerweise nur aus Kaffee und Kuchen besteht – Keksen, Obsttorten, Sahnegebäck oder blattartig geschichteten Honigdesserts, ein Erbe der Mauren. Wenn aber in Spanien Besuch kommt, dann wächst sich jede Mahlzeit zu einem regelrechten Essen aus, ganz gleich zu welcher Stunde. Die *merienda* umfaßt dann auch Fleischpasteten, Geflügel oder sogar Fisch.

In Madrid hören die meisten Menschen um 19.30 Uhr mit der Arbeit auf. Das Abendessen, die *cena,* wird zwischen 22 Uhr und Mitternacht eingenommen. Es wird gewöhnlich als leichte Mahlzeit bezeichnet, was durchaus glaubwürdig erscheint, es sei denn, man befindet sich zufällig in einem Restaurant und sieht, wie sich die Leute auf eine Reihe von Gängen stürzen, die nur um eine Spur weniger eindrucksvoll sind als die der *comida.* Das erklärt sich wiederum aus der Tatsache, daß Leute, die abends in ein Restaurant gehen, oft Gastgeber oder Gäste sind, so daß die leichteste Mahlzeit den Glanz üppiger Geselligkeit annimmt. Allein zu Hause eingenommen, besteht die *cena* vielleicht einfach aus Suppe und einem Omelett; oder aus Spargeln mit Mayonnaise, Vinaigrette oder zerlassener Butter und einem Fischgericht wie Seehecht in Béchamelsauce, mit geriebenem Käse überbacken.

Das Fassungsvermögen des Madriders erweist sich letztlich nicht an den herkömmlichen Mahlzeiten, die er verzehrt, sondern an den kleinen Happen, die er zwischendurch zu sich nimmt. Er läßt hier und da gern einen Gang der *comida* oder *cena* aus, wenn ihm ein Gang in die Stadt vor einer der beiden oder vor beiden Mahlzeiten vorteilhafter erscheint. Der kleine Imbiß erfreut sich besonders in Mittelspanien großer Beliebtheit. Wenn die eisigen Winterwinde heulend aus dem Guadarrama-Gebirge herabstürzen, mit Schnee und Frost im Gefolge, wartet man nicht, bis die Zeit zum Essen und Trinken gekommen ist; es ist immer Zeit. Dieses Bedürfnis zu stillen, gibt es einen weitverbreiteten Brauch in Madrid, den sogenannten *chateo,* eine Art rituellen Imbiß mit Wein. *Chato* bedeutet stupsnasig, und ein *chateo* ist ein Streifzug durch die alten Lokale der Stadt, wo man Wein aus stupsnasigen Gläsern trinkt und dazu *tapas* – vorspeisenähnliche Gerichte – ißt. Spanien bietet eine enorme Auswahl an *tapas,* und die meisten kann man in Madrid finden. Man nimmt sie stehend in einer der Bars der Stadt um die Stunde vor dem Mittag- oder Abendessen zu sich. Wenn man in einer Bar ein Glas Wein bestellt, bekommt man gleichzeitig einen kleinen ovalen Teller mit kalten gekochten Meeresfrüchten, Mandeln, Oliven oder Anschovis. Am besten aber ist es, wenn man mit ein paar Freunden regelrecht auf Jagd nach guten *tapas* geht – wenn man einen *chateo* unternimmt.

Ich habe ein Stammlokal für *tapas,* einen kleinen, dunklen Raum in einer engen Straße in der Nähe des Platzes Puerta del Sol (Sonnentor), den die Regierung für den genauen geographischen Mittelpunkt Spaniens hält. Dieses Lokal hält stets ungefähr 50 *tapas* vorrätig, von denen fünf jede Woche wechseln. Es ist innen dunkelblau und weiß gekachelt; Sägemehl bedeckt den Boden zum Tresen hin, um die Schalen von Garnelen und anderen Meerestieren aufzufangen. Ein Verzeichnis der *tapas* ist mit dicker weißer Farbe außen auf die Fenster und innen auf die Spiegel gemalt. Beim Eingang steht ein Koch vor einem dauernd heiß gehaltenen Backblech, immer bereit, nahezu alles und jedes daraufzuwerfen oder eine Portion aus einer riesigen, dampfenden Kasserolle herauszufischen. Wenn man das kleine Lokal betritt, schlägt einem der Geruch von abgestandenem Wein und Rindfleisch aus dem Sägemehl, von Knoblauch, Petersilie und heißen Saucen, brutzelndem Fleisch und Meeresfrüchten auf dem Blech, von gekochten Krustentieren auf überhäuften Platten und von marinierten Meerestieren in Schüsseln wie eine alles verschlingende Woge entgegen. Fünf Minuten später riecht man nur noch das, was man selber ißt. Ich habe eine Vorliebe für gegrillte Kalbsnieren mit gehackter frischer Petersilie und Knoblauchscheibchen, etwas Öl, Zitronensaft und Salz. Garnelen schmecken gut, wenn sie, lediglich mit grobem Salz bestreut, auf dem heißen Blech geröstet werden. Vom Salz dringt nur wenig in die Schale ein, und

Fortsetzung Seite 32

In Madrid wird ein bescheidener Vogel auf edle Art angerichtet

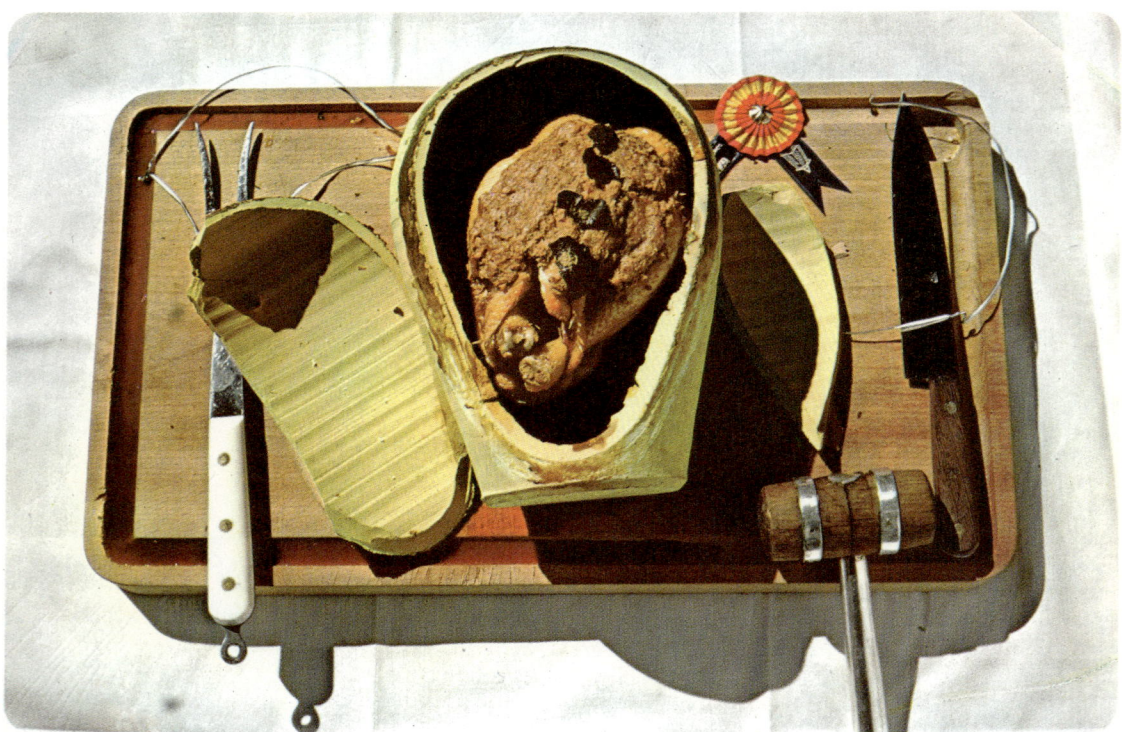

Wenn Sie in dem eleganten Madrider Restaurant La Puerta de Moros *pollo puerta de moros* bestellen, bringt der Kellner einen versiegelten, sarkophagartigen Tontopf, der mit einer Rosette in den spanischen Nationalfarben geschmückt ist *(oben)*. Zu Messer und Gabel, die auf Ihrem Platz liegen, reicht er Ihnen einen Hammer. Er dient dazu – wie es die Herzogin von Medina Sidonia auf der gegenüberliegenden Seite dem Autor Peter Feibleman vorführt –, den Topf aufzuschlagen. Eine Überraschung kommt zum Vorschein: ein gebackenes Huhn *(unten)*, mit Thymian gewürzt, mit Cognac übergossen und mit Gänseleberpastete und Trüffeln bedeckt.

wenn sie genügend abgekühlt sind, daß man sie herauslösen kann, dampfen sie noch, und das Fleisch ist zart und lieblich. Champignons ergeben köstliche *tapas,* besonders wenn sie, abwechselnd mit Würfeln von *jamón serrano* (in den Bergen hergestellter Schinken) auf Spießchen gezogen, über Kohlenfeuer oder auf einem Backblech gegrillt, mit dickflüssiger *ali-oli*-Sauce *(Register der Rezepte)* bestrichen und mit gehackter Petersilie und Selleriesalz bestreut werden. Und herrlich sind *callos a la madrileña:* Kaldaunen, die stundenlang in einer gehaltvollen Tomatensauce mit *chorizo,* Schinken, *morcilla* (Blutwurst), Zwiebeln, Mohrrüben, Knoblauch, Pfeffer und Salz, Paprika, Öl, Weißwein, Porree und vielleicht Nelken und Schweineschmalz leise kochen. Es steht noch eine Vielzahl anderer *tapas* zur Auswahl; das Angebot umfaßt alle auf der Iberischen Halbinsel erhältlichen Fleisch-, Fisch-, Krustentier- und Gemüsesorten.

Wer in Madrid besonders lange aufbleibt, nimmt einen *churro,* den wir schon als Frühstücksspeise erwähnten, als Nachtimbiß zu sich. *Churros* werden in Töpfen mit siedendem Öl auf offener Straße zubereitet und verkauft. Die *churro*-Händler drücken aus einer Düse Teig in dünnen, geriffelten, nußbraunen Schleifen in das Öl. Fünf oder sechs dieser Schleifen werden mit schmiegsamem grünen Bast zusammengebunden; man nimmt sie gewöhnlich mit in ein Café, wo man sie zu dickflüssiger, heißer Schokolade ißt.

Der Reisende, der die ländlichen Gegenden Mittelspaniens im Umkreis von Madrid aufsucht, wird die Fülle und Vielfalt des Wildbrets als das eindrucksvollste Merkmal der dortigen Küche empfinden. In der Ebene von Ciudad Real zum Beispiel, südöstlich der Hauptstadt, wimmelt es von Wachteln, Rebhühnern, Kaninchen, wilden Truthähnen, Fasanen und Wasservögeln. In den gebirgigen Teilen dieses Landstrichs gibt es einen reichen Bestand an Wildschweinen, Hirschen, Rehen und Bergziegen. Die

Olivenbäume stehen in Reih und Glied auf einem Hügel im mittelspanischen Hochland bei Toledo. Von der Natur mit Widerstandskraft gegen die extremen Witterungsverhältnisse von Dürre und Kälte ausgestattet, liefern die Bäume dieses Gebiets einen Großteil des spanischen Olivenöls, eine wesentliche Zutat der einheimischen Küche.

Flüsse bieten Forelle, Barsch, Karpfen, Barbe, Hecht und andere Fischarten. Die entsprechenden Gerichte werden alle auf die für das mittelspanische Hochland typische nahrhafte Weise zubereitet, aber zuerst muß das Wild oder der Fisch gefangen werden, und das Geschäft des Jägers wird ebenso hoch bewertet wie das der großen kastilischen Köche. Das gilt besonders für die Wildschweinjagd.

Die Jagd auf das Wildschwein ist ein Ritual, das, wenn überhaupt, nach allen Regeln der Kunst ausgeübt werden muß; es ist eine Angelegenheit, die nicht dem Zufall überlassen werden darf. Das Wildschwein, das aussieht, als sei es nur zum Sitzen und Schnauben geschaffen, bewegt sich mit einer unglaublichen Behendigkeit und Schnelligkeit. Es ist massig und schwarz, und sein Körper erscheint im Vergleich zu seinem mächtigen Kopf unverhältnismäßig klein. Das Tier greift jeden vermeintlichen Feind an, die langen gebogenen Hauer des Ebers wirken tödlich. Eine scheinbar sanfte, stöbernde Bewegung seines schweren Kopfes nach links oder rechts – ähnlich einem Schwan, der seinen Hals wendet – vermag wie eine Rasierklinge die derben Stiefel eines Jägers aufzuschlitzen. Ein Mensch kann durch ein Wildschwein leicht einen Arm oder ein Bein verlieren, ein Jagdhund kann von ihm in Stücke gerissen werden. Heutzutage werden diese Tiere in einigen Gegenden Spaniens wie im Mittelalter zu Pferde und lieber mit der Lanze als mit dem Gewehr gejagt. Das hört sich ungefähtlich an, ist es aber nicht. Ein einziger Lanzenstoß tötet das Wildschwein fast nie, oft verletzt er das Tier nicht einmal ernstlich. Nach einem Stoß schon muß der Jäger vom Pferd springen und das Werk mit einem Messer vollenden. Er darf nicht auf dem Pferd bleiben, und er darf keine Büchse benutzen. Beides gilt als unsportlich, zumindest würde er ein Feigling genannt werden, und ein Kastilier legt sehr viel Wert auf den Eindruck, den er in den Augen seiner Freunde macht.

Aus den meisten Ferkeln, die hier auf dem Madrider Markt geprüft werden, entsteht eine bevorzugte Delikatesse der mittelspanischen Hochebene – *cochinillo asado* (gebratenes Spanferkel). Die Schweinchen werden im Alter von etwa drei Wochen geschlachtet und in Holzfeueröfen gebraten. Jedes wiegt ungefähr 2,5 Kilogramm, genug für vier Personen.

Es ist gefährlich, vom Pferd zu steigen und ein verletztes Wildschwein zu töten. Dem Jäger stehen nur seine Hunde bei, die das Wildschwein aufspüren und stellen, aber nicht berühren dürfen. Das ist Sache des Menschen. Das Wildschwein hat vielleicht nur eine unerhebliche Fleischwunde davongetragen, die seine Beweglichkeit nicht beeinträchtigt, aber es in rasende Wut versetzt. Einmal stieg ich bei einer Jagd hinter einem Jäger vom Pferd, der ein Wildschwein verletzt hatte. Es war ein kühler Morgen, und ich stand im hohen Gras, zündete mir eine Zigarette an und hob den Weinschlauch; ich drückte ihn am unteren Ende zusammen, so daß der wärmende Rotwein in weitem Bogen hervorschoß und sich im Wind zu einem Sprühregen verteilte, den ich mit dem Mund nicht auffangen konnte. Einer der anderen Jäger lachte und ritt zu mir, um mir zu zeigen, wie man es macht; er stellte sich gegen den Wind, und sobald ein schwerer Windstoß kam, senkte er den Weinschlauch und hielt ihn nahe an sein Gesicht, so daß ihm der Strahl in den Mund und gegen die Zähne spritzte. Während er mir das zeigte, drang ein Geräusch wie ferner Donner an mein Ohr, und das hohe Gras vor mir teilte sich, wie von einer Sense niedergemäht, und ich hörte ein tiefes, leises Grunzen. Ich weiß nicht, wie viele Menschen schon von einem Wildschwein auf einen Baum getrieben worden sind, ich jedenfalls gehöre zu diesem Verein. Ohne Weinschlauch, aber mit Stiefeln und Gewehr, einem Stück Manchego-Käse, einem frischen Laib Brot sowie Tabak und Streichhölzern schwang ich mich mühelos ins Geäst. Als ich hinterher behauptete, ich hätte noch niemals irgend etwas gesehen, daß sich mit solcher Geschwindigkeit bewegte wie dieses Wildschwein, meinten meine Freunde, ich hätte mich eben selber nicht gesehen.

Nachdem das Wildschwein getötet war, ließen wir uns am Abhang nieder, entzündeten ein Feuer aus Holz und Thymianzweigen und stellten

eine Bratpfanne darauf. Wildschwein ergibt ein sehr gutes Essen, kräftig, nicht fett und ohne das penetrante Wildaroma; der dunkle Wildschweinschinken hat einen besonderen Geschmack, ebenso wie marinierter oder geschmorter Wildschweinkopf. Aber das erfordert Zeit; der Schinken und das Fleisch müssen abhängen, um zu reifen. Glücklicherweise hatte einer der Jäger ein paar kleine Flußbarsche von einem Fischer gekauft, dem wir unterwegs begegnet waren; ein anderer hatte einen Beutel mit grobkörnigem Salz und ein Stück Schinkenspeck dabei. Er erhitzte die Pfanne, rieb sie mit etwas Speck aus und ließ die Fettschicht fast vollständig wegbrennen. Dann warfen wir die mit Salz bestreuten Flußbarsche hinein, brieten sie auf beiden Seiten und häuteten sie ab. Wir aßen sie ganz, indem wir sie an Kopf und Schwanz zwischen beiden Händen hielten und das weiße, dampfende Fleisch mit den Zähnen abnagten. In der kalten Morgenluft verbreitete das Feuer einen so intensiven Thymiangeruch, daß wir ihn zu schmecken vermeinten, obwohl der Fisch ohne Thymian gebraten war. Kastilische Jäger wissen, daß der Duft frischer, brennender Kräuter, wenn er die Zubereitung und den Genuß einer Speise begleitet, dem Geschmack eine weitere Dimension hinzufügt. In ganz Spanien hat der Geruchssinn einen wesentlichen Anteil an der Kochkunst.

Obgleich wir an jenem Tag kein Wildschweinfleisch aßen, schätzt man es in Mittelspanien, wenn es richtig abgehangen und zubereitet wird, so hoch, daß man das Tier manchmal mit Hausschweinen kreuzt. Solche Kreuzungen sind allerdings weniger eine Sache der Planung als eine Sache des Abwartens und der Geduld.

Gewisse Don Juans unter den Wildschweinen machen sich nämlich zuweilen nachts mit ihren großen Köpfen und kleinen Körpern auf den Weg zu umliegenden Gehöften, um ihren rosigen, plumpen, domestizierten Kusinen mit den großen Körpern und kleinen Köpfen ihre Gunst zu schenken. Der Nachwuchs hat gewöhnlich einen kleinen Körper, einen großen Kopf, unbrauchbare Hauer und schwarz-rosa oder schwarz-weiße Streifen. Das ausgewachsene Tier der Mischrasse ergibt hervorragendes Fleisch. Zu diesem Zweck werden über Nacht Stalltüren gelegentlich offengelassen. Die Nachbarn überhören höflich das verliebte Quieken und Grunzen in der Dunkelheit. Der Braten, der wenige Monate später auf den Tisch kommt, wird als reiche Entschädigung für die schlaflose Nacht angesehen.

Die ländliche Küche Neukastiliens zeichnet sich nicht nur durch Wildbret aus, sondern auch durch eine Reihe von Gerichten aus frischem Gemüse, denen kleine Mengen Schinken und manchmal frische Eier beigefügt werden, um den Nährwert der einfachen Kost zu erhöhen. La Mancha insbesondere hat zu dem mittelspanischen Schmelztiegel einige hervorragende Beispiele kraftvoller Nahrung beigesteuert. Zu diesen Gemüsegerichten gehört der prachtvolle *pisto manchego (Register der Rezepte)*. Er kann aus vielen Zutaten zubereitet werden, doch enthält der *pisto*, den ich bevorzuge, feingehackte, angebratene Zwiebeln, Auberginen, jungen Kürbis, grüne Paprikaschoten und Tomaten sowie Schinkenstückchen und Eier, die in das Gemüse gerührt werden. Als Beilage zu einfachem, gebratenem Fleisch schmeckt er vorzüglich.

Im Norden des mittelspanischen Hochlands stellen Altkastilien und das benachbarte León eine weitere Nahrung, die den Menschen Widerstandskraft gegen die gewalttätigen Elemente der Erde und des Himmels verleiht. Den hohen Nährwert, den Neukastilien aus Eintopfspeisen und Gerichten wie dem *cocido* bezieht, liefert Altkastilien sowohl in dieser Form wie in einer weiteren – gebratenem Fleisch. Wie das Schmoren oder Kochen zielt das Braten auf ein bestimmtes Ergebnis ab: auf eine Ernährung, die genügend Kraft gibt, die Strenge des Winters zu überstehen, und die Fähigkeit, auf einem Boden zu existieren, den Frost oder Hitze das ganze Jahr hindurch ausdörren und zerfurchen.

In Spanien kann man Delikatessen wie Spanferkel- oder Milchlammbraten am besten in Segovia und Arévalo essen. Die Tiere werden in einem viel früheren Lebensalter geschlachtet als in den meisten anderen west-

Dieses Wildschwein malte ein Künstler der Steinzeit vor 12000 bis 17000 Jahren an eine Decke der Höhlen von Altamira in Nordspanien. Auch heute noch streift dieses Tier durch die Wälder von Alt- und Neukastilien und andere Landstriche der Iberischen Halbinsel. Eng verwandt mit dem saftigen Hausschwein *(gegenüber)*, liefert das angriffslustige Wildschwein mageres und aromatisches Fleisch, das jedoch nicht zu stark nach Wild schmeckt.

Einwohnerinnen von Consuegra zeigen frisch geerntete Blumenkohlpflanzen.

lichen Ländern (ebenso auch Kälber, was der Grund dafür ist, daß es nur wenig Rindfleisch in Spanien gibt). Das Spanferkel, das auf Gütern und in Dörfern Altkastiliens gezüchtet wird, schmeckt nach Gerste und einem Hauch von Thymian und anderen wilden Kräutern, die das Mutterschwein gefressen hat.

Das Ferkel selbst kennt überhaupt keine Nahrung außer Milch; es wird drei oder vier Wochen nach der Geburt geschlachtet. Der Herd, den man zum Braten benutzt, ist ein tiefer und ziemlich breiter Backofen; das Feuer wird lange vor Gebrauch entzündet. Über und unter das der Länge nach aufgeschnittene Schwein verteilt man gehackte Petersilie, manchmal ein paar Thymianzweige sowie kleingeschnittene Knoblauchzehen und Zwiebeln, gelegentlich wird ein Lorbeerblatt hinzugefügt. Das Schwein wird in eine Steingutform gelegt und auf einer langen Backschaufel, wie man sie für schwere, runde Brotlaibe benutzt, in den Ofen geschoben. Während des Bräunens wendet man das Ferkel und bestreicht es mehrfach – oft mit Hilfe einer Vogelfeder. Die Haut wird durchstochen, damit das Fett abfließen kann, das sogleich entfernt wird. Das Ergebnis ist so knusprig und zart, daß einem fast aller gewöhnliche Schweinebraten vergleichsweise zäh vorkommt. Im Gasthof Casa Cándido in Segovia, der unter dem alten, die Stadt beherrschenden Aquädukt liegt, kommt das gebratene Spanferkel *en su punto* auf den Tisch – bis zum genau richtigen Zeitpunkt gebraten und knisternd vor Hitze.

Gibt man Zweifel an seiner Knusprigkeit und Zartheit zu erkennen, wird der Kellner sein Messer beiseite legen und das Schwein mit einem Teller zerschneiden. Die Außenseite ist trocken, aber das Fleisch ist saftig, hell und zerschmilzt auf der Zunge; es schmeckt süß bis herb und hinterläßt keine Fettschicht am Gaumen. Milchlamm wird fast genauso zubereitet, und wer aus einem Teil der Welt kommt, wo als Lamm noch bezeichnet wird, was die Spanier schon Hammel nennen würden, wird den Geschmack vermutlich nicht sofort erkennen können. Es ist zarter als der des deutschen Lamms, ergibt mehr eßbares Fleisch und hat keinen scharfen Geruch.

Man kann die mittelspanische Küche nicht richtig beurteilen ohne einen Besuch in Extremadura, dem Gebiet, das an Portugal grenzt und sich bis nach Westandalusien erstreckt. Neben anderen Speisen stellt Extremadura wohl den besten *chorizo* in ganz Spanien her. Auf dem Lande und in den weitverstreuten Dörfern dieses großen Gebiets leben Menschen und Tiere noch in pittoresker Gemeinschaft.

Jeder Bauer und Dorfbewohner besitzt mindestens ein Schwein. Die meisten haben sogar mehrere. In Extremadura gibt es Eicheln in Hülle und Fülle, und die Schweine streunen in den Dörfern und in der Umgebung frei umher. Tagsüber gehen sie auf Nahrungssuche nach Eicheln, und bei Sonnenuntergang kehren sie alle von selbst und ungefähr zur gleichen Zeit in den Stall zurück.

Viele Schweine in Extremadura sind dem heiligen Antonius geweiht; an seinem Namenstag im Januar besprengt man die Ferkel mit Weihwasser, damit sie fett werden, und schlachtet ihre gesegneten und schon gemästeten Väter. Kurz nach der Schlachtung werden die *chorizos* zubereitet, und bei dieser Gelegenheit gibt es ein Gericht, das *la prueba* heißt. Es ist womöglich das beste Gericht Extremaduras, gewiß das reichhaltigste, und leider bekommt man es fast nie in Restaurants. *La prueba* ist eine Familienangelegenheit. Der Name bedeutet „die Probe". Man probiert die Zutaten, die bald darauf zu *chorizo* verarbeitet werden – Schweinefleischstücke, leuchtendroten Paprika, Knoblauch und Gewürze, Kräuter und andere Würzmittel, die lange zusammen gekocht werden –, bevor man sie in Darmhaut stopft und zum Räuchern aufhängt. Familie und Freunde versammeln sich zu diesem Anlaß in der Küche, die durch das Holzfeuer im Herd erwärmt wird; ein Topf mit den leuchtendroten, brutzelnden Schweinefleischstücken – ihretwegen wird die Mischung probiert – kommt in die Mitte des Tisches.

Jeder der Gäste erhält ein großes Glas Rotwein und einen langen Holzlöffel, und dann langt jeder zu und gibt sein Urteil ab. La *prueba* gehört zu den Gerichten, die so lecker aussehen, daß man meint, man könne den Topf allein aufessen. Das kann man auch, aber wie ich aus Erfahrung weiß, sollte man es lieber nicht tun. Es schmeckt würzig und scharf und besser, als wenn die Zutaten schon zu *chorizo* verarbeitet worden sind, und wie alle mittelspanischen Gerichte ist es sehr nahrhaft. Aber selbst die Leute aus Extremadura gehen mit Vorsicht daran. Wer sich an *la prueba* überißt, so sagen sie, der leidet noch bis zur *prueba* des nächsten Jahres an Magenbeschwerden.

Wenn man im Frühling durch Extremadura gen Süden nach Sevilla fährt, sieht man am Straßenrand Jungen und Mädchen große Bündel des schlanken wilden Spargels verkaufen. Er hat eine tiefgrüne Farbe, ist viel dünner als der fleischige weiße Gartenspargel und so lieblich im Geschmack, daß es sich lohnt, seinetwegen anzuhalten. Beim Weiterfahren scheint es, als richteten sich die verkrümmten, knorrigen Olivenbäume, die sich in Kastilien am ausgedörrten Boden festklammern, als gelte es ihr Leben, allmählich auf und öffneten ihre Blätter mit den silbrig schimmernden Unterseiten im ersten lauen Wind.

An einem Straßenrand nahe Sevilla bietet ein unternehmungslustiger Junge wilden Spargel für 50 Peseten (2,85 DM) pro Bund an. Die dünnen grünen Schößlinge werden manchmal gekocht und mit Butter oder einer Sauce gegessen, häufiger jedoch verwenden die Spanier sie als Füllung in Omeletts.

Diese Schafe außerhalb der Stadtmauern von Avila in Altkastilien werfen zu Beginn des Frühlings ihre Lämmer, eine beliebte Delikatesse dieses Gebiets. Das Heideland im Norden der zentralspanischen Hochebene läßt wegen des dürren Bodens eine Bebauung nicht zu, kann jedoch große Schafherden ernähren, die auf rauhen Bergweiden und mit kärglichem Sommerfutter ihr Auskommen finden. Die Lämmer, die hier viel jünger geschlachtet werden als in den meisten anderen Ländern (im Alter von etwa zwei Wochen), haben ungewöhnlich zartes Fleisch, das zum Ruf Mittelspaniens als „Land des Bratens" beigetragen hat. Die turmbewehrte Mauer im Hintergrund, die Avila umgibt, hat ihre eigene Berühmtheit. Mit ihren 88 Türmen aus dem 11. Jahrhundert gehört sie zu den am besten erhaltenen mittelalterlichen Festungswällen in Europa.

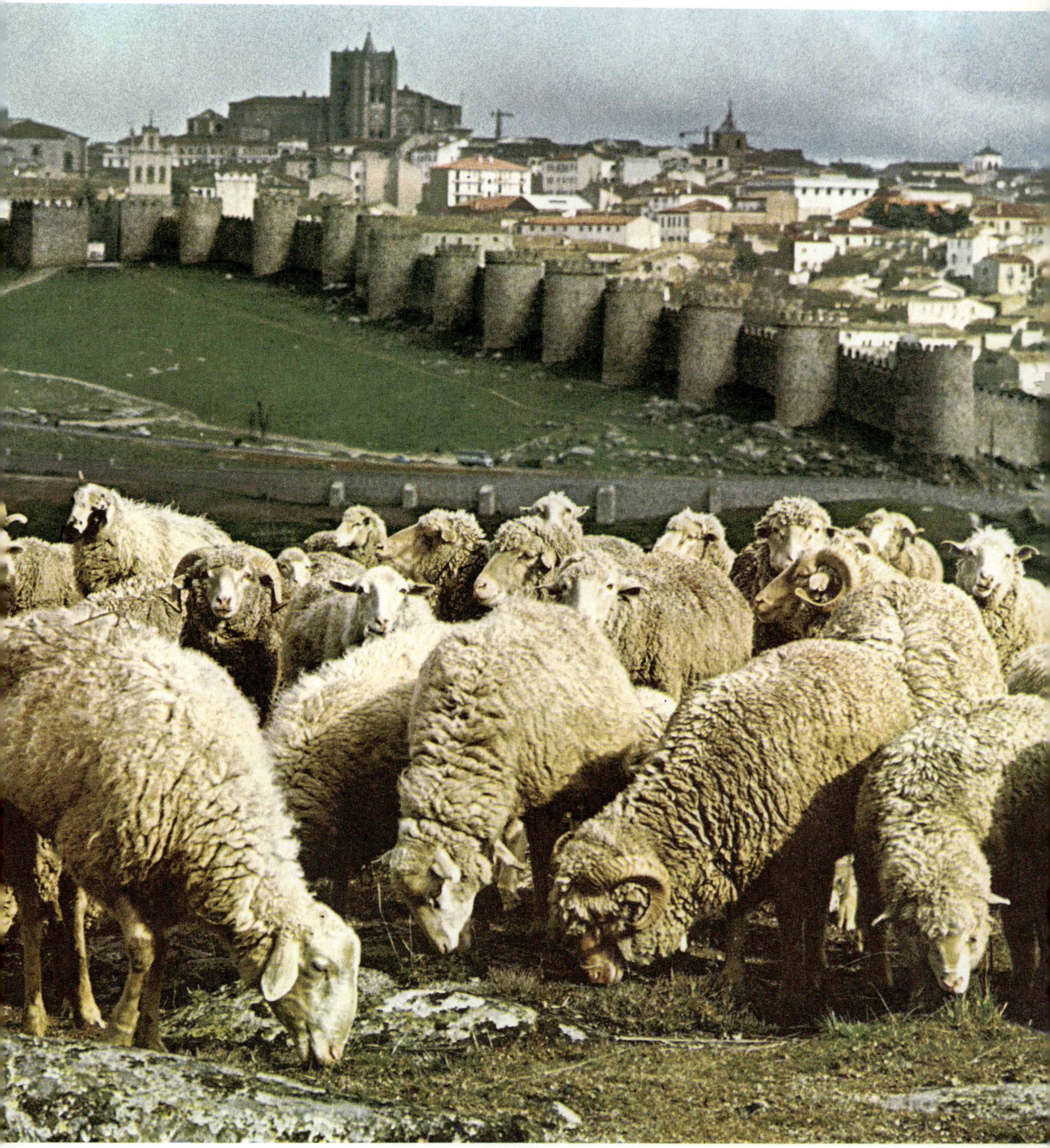

KAPITEL II REZEPTE

Sopa de Ajo
KNOBLAUCHSUPPE

Für 6 bis 8 Personen

- ⅛ l Olivenöl
- 2 EL feingehackter Knoblauch
- 3 Tassen grobe Weißbrotkrumen, ohne Kruste (vom Meterbrot)
- 1 TL Rosenpaprika
- 1½ l Wasser
- ¼ TL Cayennepfeffer
- 1 TL Salz
- 2 Eier, leicht geschlagen
- 1 EL feingehackte Petersilie (nach Belieben)

In einem schweren, 3 bis 4 l fassenden Kochtopf das Olivenöl bei schwacher Temperatur erhitzen. Den Knoblauch hineingeben. Unter häufigem Rühren anbraten, bzw. bis der Knoblauch weich, aber nicht braun ist. Die Brotkrumen hinzufügen und bei mäßiger Hitze rösten, bis das Brot goldgelb ist. Darauf achten, daß es nicht anbrennt. Zuerst Paprika, dann Wasser, Cayennepfeffer und Salz hinzugeben und aufkochen lassen. Die Hitze stark reduzieren und unbedeckt 30 Minuten schwach kochen lassen.

Mit einem großen Holzlöffel die Suppe so lange schlagen, bis sich das Brot ganz aufgelöst hat. Dann unter ständigem Rühren langsam die geschlagenen Eier hineingießen. Einen Augenblick lang ziehen lassen (die Suppe darf keinesfalls kochen, sonst gerinnt sie) und abschmecken. Die Suppe muß stark gewürzt sein; erscheint sie zu milde, noch Salz und Cayennepfeffer hinzufügen. Die Suppe in eine vorgewärmte Terrine oder einzelne Suppenteller füllen und sofort anrichten, falls gewünscht, mit feingehackter Petersilie garniert.

Cocido Madrileño
GEMISCHTER FLEISCHTOPF

Für 6 bis 8 Personen

- 250 g getrocknete Kichererbsen (*garbanzos*)
- 5½ l Wasser
- Ein Suppenhuhn (2,5 bis 3 kg)
- 1 kg magere frische Rinderbrust
- 500 g *serrano*-Schinken ohne Knochen oder anderer magerer Räucherschinken
- 250 g frisch gepökelter Schweinespeck ohne Schwarte
- 1 geschälte große Zwiebel
- 2 mittelgroße Mohrrüben, geputzt
- 2 mittelgroße Stangen Porree, einschließlich 5 cm der grünen Spitzen
- 1 EL feingehackter Knoblauch
- 1 kleines Lorbeerblatt
- 4 Stiele Petersilie
- ½ TL frisch gemahlener schwarzer Pfeffer
- 6 *chorizos*, ersatzweise 500 g andere knoblauchhaltige geräucherte harte Schweinewurst
- 1 kg Weißkohl, geputzt, der Länge nach in 6 keilförmige Stücke geschnitten, ohne Strunk
- 6 geschälte Kartoffeln

Einen Tag vorher die Kichererbsen in einem Sieb oder Durchschlag unter fließendem kalten Wasser gründlich waschen, dann mit 2 l kaltem Wasser in einer 10 bis 12 l fassenden Kasserolle quellen lassen. Das Wasser muß die Erbsen 2 bis 3 cm hoch bedecken; wenn nötig, mehr Wasser zugeben. Die Kichererbsen bei Zimmertemperatur mindestens 12 Stunden einweichen.

Die Erbsen in einem Sieb oder Durchschlag abtropfen lassen und in die Kasserolle zurückgeben. 5½ l frisches kaltes Wasser, das Suppenhuhn und die Rinderbrust dazutun und bei starker Hitze zum Kochen bringen, unterdessen den sich bildenden Schaum abschöpfen. Die Hitze reduzieren und teilweise bedeckt 1½ Stunden schwach kochen. Dann Schinken, den Speck, Zwiebel, Mohrrüben, Porree, Knoblauch, Lorbeerblatt, Petersilie und schwarzen Pfeffer hinzufügen und halb bedeckt weitere 30 Minuten sanft kochen lassen.

Unterdessen die Würste in eine Pfanne von 25 bis 30 cm Durchmesser geben und mit der Spitze eines scharfen kleinen Messers an zwei oder drei Stellen in sie hineinstechen. Genügend Wasser auffüllen, um sie vollständig zu bedecken, und bei mäßiger Hitze zum Kochen bringen. Die Hitze reduzieren und unbedeckt 5 Minuten ziehen lassen, dann das Kochwasser abgießen und die Würste in die Kasserolle geben. Nun auch den Kohl und die Kartoffeln hinzufügen und teilweise bedeckt 30 Minuten schwach kochen lassen, oder bis alle Fleischsorten, Gemüse und Kichererbsen weich sind.

Zum Anrichten Huhn und Fleisch auf ein Tranchierbrett legen. Mit einem Schaumlöffel das Gemüse aus der Brühe nehmen, auf einer großen Platte appetitlich anrichten und die Kichererbsen in der Mitte aufhäufen. Das Huhn in Portionsstücke zerlegen und die Rinderbrust, den Schinken und das gepökelte Schweinefleisch in ½ cm dicke Scheiben schneiden. Huhn und Fleisch auf einer anderen vorgewärmten Platte anrichten und alle *chorizos* ringsherum gruppieren.

Traditionsgemäß wird die Brühe als erster Gang allein serviert, oft mit vorher gekochten Fadennudeln (die *cabello de ángel*, Engelshaar, heißen). Dann folgen nacheinander die Platten mit Gemüse und Fleisch.

Perdices Estofadas
GESCHMORTE REBHÜHNER IN WEISSWEIN

Die Rebhühner unter fließendem kalten Wasser waschen und mit Küchenkrepp gründlich abtrocknen. Innen und außen mit reichlich Salz und etwas Pfeffer bestreuen, dann jeden Vogel in Mehl wenden und überflüssiges Mehl abschütteln.

In einer schweren, 1½ bis 2 l fassenden Kasserolle den Speck in Olivenöl bei mäßiger Hitze unter gelegentlichem Rühren braten, bis er goldgelb ist. Mit einem Schaumlöffel die Würfel herausnehmen und zum Abtropfen auf Küchenkrepp legen.

Das in der Kasserolle verbliebene Fett stark erhitzen, bis es brutzelt. Die Rebhühner hineingeben und auf allen Seiten goldbraun braten, wobei man sie mit einer Zange wendet und die Hitze so reguliert, daß sie schnell und gleichmäßig bräunen, ohne anzubrennen. Die Vögel anschließend auf einen Teller legen.

Das Fett aus der Kasserolle abgießen und statt dessen Wein und Wasser hineintun. Bei starker Hitze zum Kochen bringen und unterdessen den an Boden und Seiten der Kasserolle haftenden Bratensatz daruntermengen.

Die Rebhühner und den Speck in die Kasserolle zurückgeben und Knoblauch, Gewürznelken sowie Lorbeerblatt hinzufügen. Die Kasserolle gut zudecken und bei schwacher Hitze 30 Minuten ohne Unterbrechung leicht kochen lassen. Zwiebeln, Kartoffeln und Mohrrüben hineingeben, wieder zudecken und weitere 15 Minuten garen. Dann die Erbsen hinzufügen und zugedeckt noch weitere 5 Minuten köcheln, bis die Rebhühner und alle Gemüse weich sind. Mit Petersilie garnieren und sofort in der Kasserolle anrichten oder die Rebhühner und das Gemüse auf eine vorgewärmte Platte legen.

Für 2 Personen

2 bratfertige Rebhühner zu je 500 g
1½ TL Salz
¼ TL frisch gemahlener schwarzer Pfeffer
75 g Mehl
2 Scheiben magerer Speck, grobgewürfelt
2 EL Olivenöl
⅛ l trockener Weißwein
¼ l Wasser
1 kleine ganze Knoblauchzwiebel, von Wurzelfasern und der trockenen Außenhaut befreit, aber nicht geschält oder in einzelne Zehen zerlegt
2 Gewürznelken
1 kleines Lorbeerblatt
6 bis 8 geschälte weiße Zwiebeln, je etwa 2½ cm im Durchmesser
300 g Kartoffeln, geschält und in 2½ cm große Würfel geschnitten
3 mittelgroße Mohrrüben, geputzt und in 2 bis 3 cm lange Stücke geschnitten
125 g frische Erbsen oder gründlich aufgetaute tiefgefrorene Erbsen
1 EL feingehackte Petersilie

Pollo en Pepitoria
GESCHMORTES HUHN IN WEISSWEINSAUCE MIT MANDELN

Das Huhn mit Küchenkrepp gründlich abtrocknen. Mit reichlich Salz und einer Prise weißem Pfeffer bestreuen, die Stücke in Mehl wälzen und überflüssiges Mehl abschütteln. In einer schweren Pfanne von 25 bis 30 cm Durchmesser das Olivenöl erhitzen, bis sich ein leichter Rauch bildet. 3 oder 4 Hühnerteile gleichzeitig bräunen, wobei man mit der Haut nach unten beginnt, die Stücke mit einer Zange wendet und die Temperatur so reguliert, daß sie schnell und gleichmäßig goldbraun werden, ohne anzubrennen. In eine schwere, 4 bis 6 l fassende Kasserolle geben.

Bis auf 2 EL alles Fett aus der Pfanne abgießen und die Zwiebeln hineintun. Unter häufigem Rühren bei mäßiger Hitze 5 Minuten schmoren, oder bis sie weich und glasig, aber nicht braun sind. Die Zwiebeln über die Hühnerstücke in der Kasserolle verteilen und Petersilie sowie Lorbeerblatt hinzufügen. Wein und Wasser dazugießen und bei starker Hitze zum Kochen bringen. Auf niedrige Hitze schalten und gut zugedeckt ohne Unterbrechung 20 Minuten schwach kochen lassen.

In einem Mörser mit einem Stößel oder mit dem Rücken eines Holzlöffels die gemahlenen Mandeln, Eigelbe, Knoblauch und Safran zu einer glatten Paste zerdrücken. Mit ¼ Tasse von der Flüssigkeit in der Kasserolle verdünnen und die Mischung allmählich in die siedende Kochflüssigkeit einrühren. Wieder zudecken und weitere 10 Minuten auf dem Herd lassen, bis das Huhn weich ist. Mit einer Zange die Stücke auf eine tiefe, vorgewärmte Platte legen und lose mit Alufolie bedecken, damit sie warm bleiben.

Die Flüssigkeit bei starker Hitze aufwallen lassen und unbedeckt auf etwa die Hälfte einkochen, bzw. bis die Sauce die gewünschte Geschmackskonzentration erreicht hat. Abschmecken und über das Huhn gießen. Sofort anrichten, eventuell als Beilage dazu heißen, gekochten Reis reichen.

Für 4 bis 6 Personen

Ein Brathuhn (2 bis 2,5 kg), in 6 bis 8 Portionen zerteilt
Salz
Weißer Pfeffer
150 g Mehl
⅛ l Olivenöl
300 g feingehackte Zwiebeln
1 EL feingehackte Petersilie
1 großes Lorbeerblatt
¼ l trockener Weißwein
½ l Wasser
35 g blanchierte gemahlene Mandeln
2 hartgekochte Eigelb
1 EL feingehackter Knoblauch
⅛ TL Safranpulver oder zu Pulver verriebene Safranfäden

In La Mancha wird frisches Gemüse mit Olivenöl zu einer Art Püree, dem klassischen Gemüsegericht *pisto manchego (Rezept gegenüber)*, verkocht. In alle *pistos* gehören Tomaten und Paprikaschoten hinein. Die rechts abgebildete komplizierte Version enthält Zucchini-Mus sowie Zwiebeln und als Garnierung hartgekochte Eier.

Für 12 bis 15 Stück

½ l Wasser
1 TL Salz
300 g Mehl
Pflanzenöl oder Backfett zum Ausbacken
Zucker

Churros Madrileños
SPANISCHE FETTKUCHEN

In einem 2 bis 3 l fassenden Kochtopf Wasser und Salz bei großer Hitze zum Kochen bringen. Sofort den Topf von der Kochstelle nehmen und das Mehl auf einmal hineinschütten. Mit einem Holzlöffel kräftig durchschlagen, bis aus der Mischung eine dicke, breiförmige Masse entsteht, die sich von der Topfwandung ablöst. Auf Zimmertemperatur abkühlen lassen.

In einer Friteuse oder schweren Pfanne 5 bis 8 cm Öl oder Backfett auf etwa 200° erhitzen (bis knapp zum Rauchpunkt).

Die Hälfte des Teigs in eine große, metallene Kuchenspritze mit Sterntülle füllen und drei oder vier 15 cm lange Teigstränge direkt in das heiße Fett drücken, wobei man die Stränge mit einem kleinen Messer während des Herauspressens abschneidet. Die Teigstücke unter gelegentlichem Wenden 5 bis 8 Minuten ausbacken, oder bis sie auf beiden Seiten schön goldbraun sind. Mit einer Küchenzange die gebräunten Küchlein auf eine doppelte Lage Küchenkrepp legen und abtropfen lassen, während der Rest ausgebacken wird.

Das Fettgebäck warm servieren. Kurz vor dem Anrichten mit reichlich Zucker bestreuen.

ANMERKUNG: Den *churro*-Teig nicht mit Gewalt in einen Spritzsack füllen – die Mischung ist so steif, daß sie mit einer Kuchenspritze oder – wenn aufzutreiben – mit einem der in Spanien verwendeten Spezialgeräte für *churros* geformt werden muß.

Pisto Manchego
SCHMORGEMÜSE

In einer schweren Pfanne von 30 cm Durchmesser das Olivenöl bei starker Temperatur erhitzen, bis sich ein leichter Rauch bildet. Zwiebeln, Zucchini, Paprikaschoten und Salz hineingeben, verrühren. Die Pfanne zudecken und auf die niedrigste Flamme schalten. Etwa 40 Minuten schmoren, bis die Gemüse weich sind. Gelegentlich umrühren.

Unterdessen die Tomaten in einen 1 bis 1½ l fassenden Topf geben und bei mäßiger Hitze zum Kochen bringen. Die Tomaten verrühren und gegen die Wandung des Topfes drücken. Unbedeckt brodelnd kochen lassen, bis fast die ganze Flüssigkeit eingekocht und ein dickes, glattes Püree entstanden ist.

Das Tomatenpüree mit dem Gemüse vermischen. Das geschlagene Ei unter ständigem Rühren dazugießen. 10 Sekunden ziehen lassen, aber nicht kochen. Abschmecken und sofort anrichten. Eventuell mit dem hartgekochten Ei garnieren. *Pisto* wird gewöhnlich als Beigabe zu gebratenem Fleisch gereicht.

Für 4 Personen

⅓ Tasse Olivenöl
450 g grobgehackte Zwiebeln
2 mittelgroße Zucchini, gebürstet und in ½ cm große Würfel geschnitten
2 große grüne Paprikaschoten, Rippchen und Kerne entfernt, grobgehackt
2 TL Salz
500 g mittelgroße Tomaten, geschält, entkernt und grobgehackt *(siehe huevos a la flamenca, Seite 16)*
1 Ei, leicht geschlagen
1 hartgekochtes Ei, das Eiweiß der Länge nach in ½ cm breite Streifen geschnitten und das Eigelb zerkrümelt (nach Belieben)

Judías Verdes con Salsa de Tomates
GRÜNE BOHNEN IN TOMATENSAUCE

In einem schweren, 3 bis 4 l fassenden Topf 2 l Wasser mit dem Salz bei starker Hitze zum Kochen bringen. Jeweils eine Handvoll Bohnen hineingeben. Wieder aufkochen und bei mäßiger Hitze unbedeckt 10 bis 15 Minuten auf dem Herd halten, bis die Bohnen gerade weich sind. In einem Sieb oder Durchschlag abtropfen lassen und beiseite stellen.

Das Olivenöl in einer schweren Pfanne von 25 bis 30 cm Durchmesser erhitzen, bis sich ein leichter Rauch bildet. Zwiebeln und Knoblauch hinzufügen und bei mäßiger Hitze unter häufigem Rühren 5 Minuten lang schmoren, bis die Zwiebeln weich und glasig, aber nicht braun sind. Tomaten, Petersilie, Zucker und eine Prise Pfeffer dazugeben, aufkochen lassen und unbedeckt so lange kochen, bis fast die ganze Flüssigkeit verdampft und die Mischung dickflüssig genug ist, um in einem Löffel die Form zu behalten.

Die Bohnen hinzufügen und 1 oder 2 Minuten, bis sie gut durchwärmt sind, schwach kochen lassen. Abschmecken und sofort in einer vorgewärmten Schüssel anrichten.

Für 4 Personen

1 TL Salz
500 g frische grüne Bohnen, geputzt und in 5 cm lange Stücke geschnitten
2 EL Olivenöl
40 g feingehackte Zwiebeln
1 TL feingehackter Knoblauch
500 g mittelgroße Tomaten, geschält, entkernt und feingehackt *(siehe huevos a la flamenca, Seite 16)*
1 EL feingehackte Petersilie
2 TL Zucker
Frisch gemahlener schwarzer Pfeffer

Leche Frita
GEBRATENE PUDDINGWÜRFEL

In einem 1½ bis 2 l fassenden Kochtopf die Maisstärke mit ¼ l Milch verrühren, bis sich die Stärke völlig aufgelöst hat. Die restliche Milch und 120 g Zucker hineinrühren. Bei starker Hitze unter ständigem Rühren kochen lassen, bis die Puddingmischung eindickt. Den Pudding in eine flache, 20 bis 25 cm große, viereckige Schüssel gießen, mit einem Spachtel gleichmäßig verstreichen und mindestens 4 Stunden, oder bis er fest ist, in den Kühlschrank stellen.

Mit einem in heißes Wasser eingetauchten Messer den Pudding in 3 bis 4 cm große Quadrate schneiden. Die Quadrate erst in die geschlagenen Eier tauchen, dann in den Brotkrumen wenden und auf ein Wachspapier legen. In einer schweren Pfanne von 25 bis 30 cm Durchmesser die Butter im Öl bei mäßiger Hitze zergehen lassen. Wenn der Schaum sich zu legen beginnt, 6 oder 8 Puddingvierecke hineingeben und auf jeder Seite 2 Minuten bräunen, wobei man sie vorsichtig mit einem großen Metallspachtel umdreht. Auf eine vorgewärmte Platte legen und mit einer Mischung aus dem restlichen Zucker und dem Zimt bestreuen. Heiß auftragen.

Für 6 bis 8 Personen

60 g Maisstärke
¾ l Milch
150 g Zucker
2 Eier, leicht geschlagen
1 Tasse frische Weißbrotkrumen (vom Meterbrot), ohne Kruste gut zerkleinert
60 g Butter
2 EL Oliven- oder Pflanzenöl
1 TL Zimt

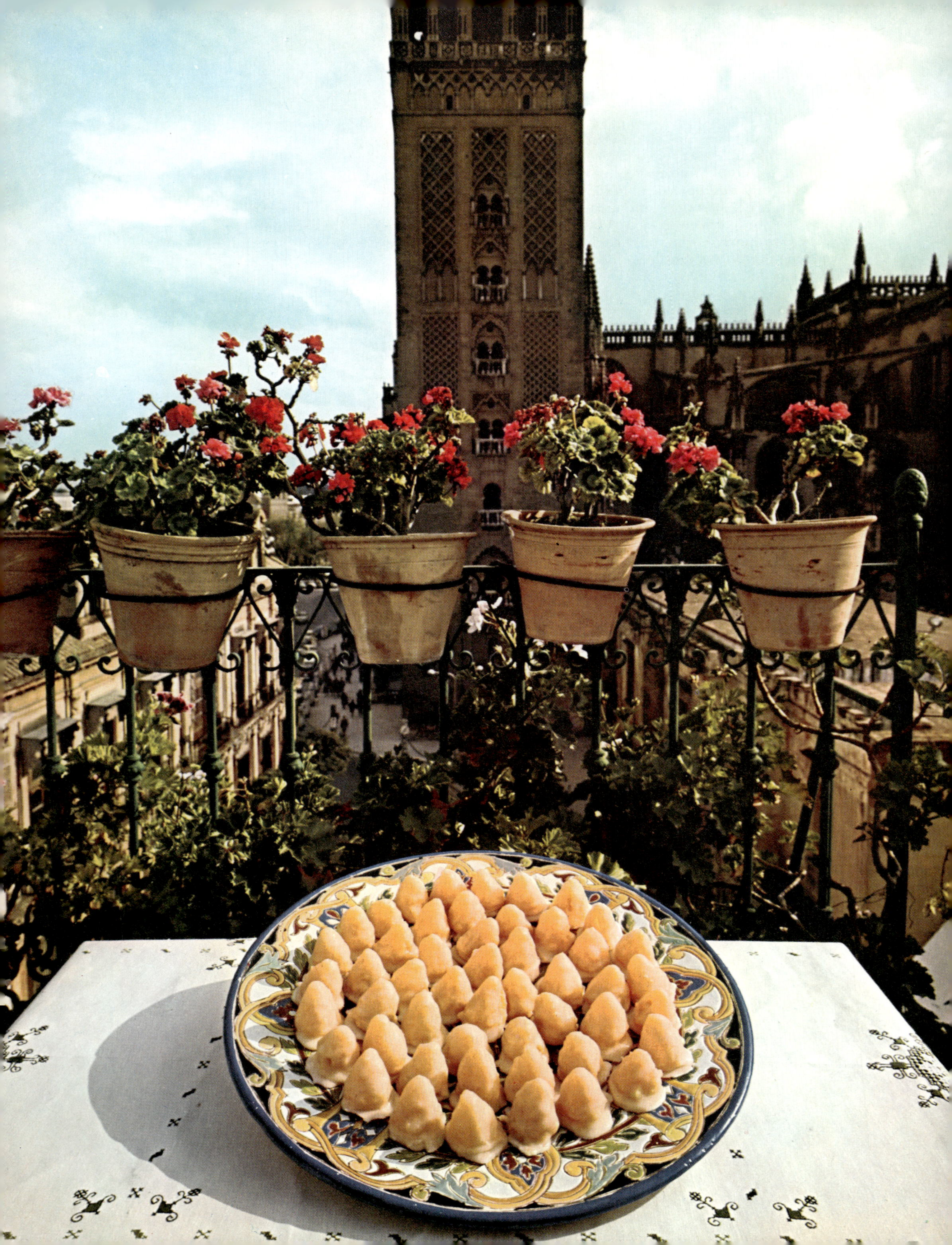

III

Die leichte Hand andalusischer Köche

Wie Sevillas mit Gitterwerk verzierte Giralda aus dem 12. Jahrhundert eines der großartigsten Denkmäler maurischer Architektur in Spanien darstellt, so gehört auch dies auf einem Balkon gegenüber dem Turm dargestellte Konfekt zu den erfreulichen Reminiszenzen der Maurenherrschaft. Es heißt *yemas de San Leandro* und zählt zu den vielen Süßigkeiten maurischen Ursprungs in Sevilla, die heute von Nonnen in einem nahe gelegenen Kloster hergestellt werden. Das Rezept, das auf Eigelb und Zucker beruht, halten die Nonnen allerdings geheim.

Andalusien, jene acht Provinzen, die den spanischen Landbesitz der Moslems im Südzipfel der Iberischen Halbinsel ausmachten, nimmt seine Besucher in einem Sturm, der am ehesten als sinnlicher Überfall zu bezeichnen ist. Der Angriff der Farben und Gerüche überwältigt; er trübt die Augen und betäubt den Geist. Als ich Anfang 1950 nach Sevilla kam, erwartete ich eine sanfte südliche Variante Mittelspaniens. Zuerst war ich geblendet. Ich bog zu Fuß in eine Straße ein und blieb in der wirbelnden Helligkeit stehen. Das grelle Licht flimmerte. Die sonnenträchtige Luft, beladen mit dem Duft von Oliven, schweren Blüten, in Öl gebratenem Fisch, Tomaten, Bitterorangen- und Limonenhainen, Tabak, Zimt, Gewürznelke, den Ausdünstungen fauligen Flußwassers und dem scharfen, durchdringenden Geruch von Meerestieren, gemischt mit Bootsteer und dem verbrannten Geruch der Erde selbst, läßt sich nicht definieren oder erschöpfend beschreiben.

Ich saß in einem staubigen Lokal im Freien in der Nähe des Flusses im Schatten einer mit Bougainvillea bewachsenen Gitterwand, die von einer Woge aus Jasmin gekrönt wurde, und aß einen Teller mit großen Garnelen, deren rosa Farbe die Assoziation sehr langsamer Sonnenuntergänge hervorrief. Es war Juni, und die Hitze brannte in der Stadt. Das Atmen fiel schwer, und Sevilla war wie eine riesige, die Sonne umschließende Staubkugel. Sevilla hat einen Flußhafen am Guadalquivir, es ist keine Seehafenstadt, und die tiefgefrorenen, gekochten Garnelen waren per Schiff vom Mittelmeer heraufgebracht worden. Sie waren nicht mehlig oder zäh, wie es große Krustentiere manchmal sind, und hatten einen ausgeprägten und lieblichen Meeresgeschmack. In der Luft Andalusiens wirkt irgend etwas wie eine Chemikalie, die die Sinne schärft. Dieses gewisse Etwas verleitete die mohammedanischen Völker der Wüsten Nordafrikas, „Al Andalus" zu besiedeln, eine Stätte, wo sie ein Leben der „Sinnlichkeit und Muße" führen konnten. In Sevilla spürt man sogleich die Lockung, die sie nach

Spanien zog und dort acht Jahrhunderte lang festhielt; man fühlt das Aufblühen des eigenen Körpers. Ich erinnere mich, wie ich unter der Schaumkrone der strahlenden Blumen saß und in der brodelnden Hitze den gedämpften Klang von Kastagnetten in Kinderhand vernahm, der aus einem entfernten Hof wie das Ausschütten von Muscheln im Meer herüberschwebte. Eine Woche später mietete ich ein Haus, das um einen in der Mitte liegenden *patio* gebaut war, in dem ein weißer, nicht mehr benutzter Brunnen stand und das laute Tröpfeln eines defekten Wasserhahns ein hartes Echo in den oberen Galerien hervorrief. Die Mauern waren weiß gekalkt, und man konnte es nicht aushalten, irgend etwas längere Zeit anzusehen. Andalusische Häuser sind so angelegt, daß sie im Sommer im Zentrum Kühle und im Winter Wärme bieten. Ich wurde nach drinnen und über einen engen Treppenaufgang in ein Zimmer im zweiten Stock geführt. Auf einer Terrasse vor dem Hauptwohnzimmer neben meinem Schlafzimmer stand eine große, mit Flüssigkeit gefüllte Tonschale, halb in der Sonne und halb im Schatten, wie eine Miniatur-Arena. Das Hausmädchen, das mich hereingeführt hatte, blieb lang genug, um die Schale ganz in den Schatten auf der anderen Seite der Terrasse zu schieben. „Es ist 3 Uhr", sagte sie, indem sie die Schale und den Schatten über der Terrasse betrachtete, als ob sie eine Sonnenuhr abläse. Sie meinte, daß es Essenszeit sei. Ich war überhaupt nicht hungrig, aber sehr durstig, und das sagte ich. Sie schloß die Tür zur Terrasse, um die Hitze fernzuhalten. Während ich auspackte, brachte sie ein paar Stückchen Eis aus der Küche und legte sie in die Schale draußen; dann kam sie mit einem Krug Weißwein, holte die Schale von der Terrasse herein und füllte mit einem Teil ihres Inhalts eine Suppentasse. Ich setzte mich, um die Suppe zu probieren. Gehört hatte ich zwar schon von der dünnen, staubfarbenen Flüssigkeit da vor mir, aber ich hatte sie noch nie gekostet. Auf der Suppe schwammen in kleine Würfel geschnittene Tomate, Gurke und grüne Paprikaschote, und sie duftete wie ein mit Knoblauch angemachter frischer Sommersalat. Sie heißt *gazpacho (Register der Rezepte)*, und was der *cocido* für Mittelspanien, das ist sie für Andalusien.

Ich kostete einen Löffel. Die Flüssigkeit war nicht eiskalt, nur kühl, aber durstlöschend. Sie schmeckte nach eisgekühltem Gemüse, Weinessig, Öl und Wasser, nach Knoblauch und einem Hauch Brot, und sie hatte den leisen Nachgeschmack des erdkühlen Tons der Schale. (Der Name *gazpacho* leitet sich her aus dem arabischen Begriff für „eingeweichtes Brot".) Ich bat das Hausmädchen, sie stehenzulassen, und aß ungefähr ein Fünftel davon auf. Die feingeschnittene Gurke obenauf war frisch und fest, und die Paprikaschoten-Stücke waren immer noch knusprig und leuchtend grün. Die Suppe war eine vollständige leichte Mahlzeit, das einzige Essen überhaupt, das in dieser Hitze in Frage kam, das einzige, das man trinken mochte. Leichtigkeit war das Gebot der Stunde.

Wenn es überhaupt ein Schlüsselwort für die andalusische Küche gibt, dann ist es dieses: Leichtigkeit. Die Spanier sind ein wetterbewußtes Volk. In den brennendheißen, sonnengleißenden Städten Andalusiens muß das Essen so weitgehend von aller Schwere befreit und so leicht verdaulich sein, daß es kaum noch wie Essen aussieht. Flüssigkeit muß durststillend wirken und Salz enthalten, um das durch die Poren der Haut ausgeschiedene Salz zu ersetzen. *Gazpacho* entspricht all diesen Erfordernissen; sie ist typisch für die Fähigkeit des Andalusiers, ein Essen anzurichten, das sich mehr als ein Ergebnis der *gracia* des Kochs, seiner gelassenen Geschicklichkeit oder Intelligenz, erweist als der Zutaten, die er verwendet. Die Nahrung des Andalusiers muß sich wie seine beschwingte Laune irgendwie unter der lastenden südlichen Sonne behaupten, ohne zu verkümmern. Sie scheint ein Gemisch aus nichts zu sein – „ein bißchen hiervon, ein bißchen davon", lautet die Antwort, wenn man fragt, woraus sie besteht, denn andalusische Gerichte vertragen ebensowenig wie andalusische Scherze eine schwerfällige Untersuchung. Man soll das Ergebnis genießen, ohne zu wissen warum. „Was wollen Sie denn sonst essen?" fragt der Koch.

Schwere, heiße Saucen passen während der meisten Zeit des Jahres nicht in dies Klima, auch keine Braten oder nahrhafte Eintopfgerichte. Das gebratene Spanferkel des zentralspanischen Hochlands ist dem hitzebewußten Körper und dem islamisch orientierten Geist des Andalusiers zuwider; wenige Gerichte im Süden enthalten größere Mengen Schweinefleisch. Die üppige Schwermut der kastilischen Küche weicht hier einer luftigen Anmut. Die Zutaten der andalusischen Speisen wirken in ihrer Einfachheit und ihren geringen Quantitäten beinahe kindlich; aber sie werden so zusammengestellt, daß sie jedem Gericht einen gewissermaßen gewichtlosen Zauber verleihen.

Das beste Beispiel für solche Magie ist *gazpacho;* es lohnt sich, in Sevilla ihre Zubereitung zu beobachten – sei es auch nur, weil sie so einfach ist, daß man sich wundert, warum andere heiße Länder sie nicht als ein Nationalgericht übernommen haben. Für *gazpacho* werden Tomaten, Knoblauch, Öl, Salz und ein paar rindenlose Stücke aus der Mitte eines frischgebackenen Brotes in einem Mörser mit einem Stößel vermengt. Die Masse wird in eine Tonschale gegeben. Weitere Tomaten und vielleicht etwas grüne Paprikaschote werden in dem Mörser zerdrückt und hinzugefügt, zuweilen auch Pimientos. Wasser und etwas Weinessig kommen hinzu, die Suppe wird sodann mit kleingeschnittenem Gemüse – Gurken, Pfeffer- oder Paprikaschoten und gelegentlich hartgekochten Eiern – garniert. Man läßt die *gazpacho* eine Weile in der Schale stehen, damit sich ihr eigener Geschmack mit dem Duft und dem tiefen, erdigen Aroma des kühlen Tons verbinden kann; sie wird in den Schatten gestellt und entsprechend der Bewegung des Schattens im Lauf des Tages weitergerückt. Einige Leute versehen die Suppe mit ihren eigenen Zutaten, von gerösteten Weißbrotscheiben bis zu frischen, entsteinten Kirschen. Wer sich an der kalten Flüssigkeit gern zu jeder Tagesstunde labt, gibt Eisstückchen hinein. Wie in Spanien allgemein üblich, variiert das Gericht von Stadt zu Stadt – angefangen bei Jerez de la Frontera, wo rohe, gehackte Zwiebeln hinzugefügt werden, über Sanlúcar de Barrameda, wo manchmal Mayonnaise dazugehört und alle Zutaten zerdrückt und durch ein Sieb gestrichen werden, bis zu Málaga, wo *gazpacho* den Namen *ajo blanco con uvas* trägt (weißer Knoblauch mit Weintrauben) und eine Grundlage aus Mandeln hat. Es gibt sogar eine heiße Winterversion der *gazpacho* aus der Provinz Cádiz, die einfach *ajo* (Knoblauch) heißt und eine Art Brotsuppe ist. Aber es ist die Stadt Sevilla, die die anspruchslose Sommer-*gazpacho* weltberühmt gemacht hat, indem sie das einfachste und schwereloseste Rezept beibehielt und die Zubereitungsart auf den jeweils modernsten Stand brachte.

Sevilla verfügt über ein besonderes Talent, alte, vergessene Gewohnheiten zu übernehmen, sich diese zuerst mit Anmut und Leichtigkeit zu eigen zu machen und ihnen dann bei gleichzeitiger Anpassung an moderne Maßstäbe zu allgemeiner Beliebtheit zu verhelfen. Eine zweite Sommer-*gazpacho* verdankt ihr Entstehen dieser Begabung, das sehr Alte mit dem sehr Neuen zu vereinen. (*Gazpacho* ist keinesfalls ein neues Gericht; sie wird in griechischer und römischer Literatur als „trinkbare Nahrung" erwähnt und kommt im Alten und im Neuen Testament vor.)

Während meines ersten Sommers in Sevilla wurde die Stadt von der Seuche der elektrischen Eiscremebereiter ergriffen. Das erste Vorzeichen, ein zylindrisches, braunes Paket, traf an einem Spätnachmittag ein und wurde argwöhnisch durch die Geranien an den Balkons beäugt, als der Postbote es die Straße herauf zu einem der neuen Hotels trug. Eine Zeitlang blieb es dann unbeachtet. Aber das verführerische Geräusch, das abends aus der Hotelküche drang, ließ sich schwer überhören. Die mechanische Sirene sang mit schmeichlerischer Stimme, und Mitte August etwa mußte jeder unbedingt eine haben. Während die Ausländer, die in Sevilla lebten, antike andalusische Möbel sammelten, stellten Andalusier moderne Eisschränke in ihren Wohnzimmern auf und verwahrten neue Eiscrememaschinen wie Heiligtümer. Das Dienstmädchen des Hauses, in dem ich wohnte, betete um eine Eismaschine, und die Köchin ging zur Kirche und

Eine Terrine mit *gaz pacho,* Südspaniens mit Recht berühmt kalter Gemüsesuppe, steht hier auf einem Terrassentisch des Restaurants Rio Grande in Sevilla. Die Beilagen in den Schalen ringsherum bestehen aus einigen in der Suppe enthaltenen Zutaten. In Uhrzeigerrichtung, beim Schöpflöffel angefangen: Brotwürfel, gehacktes Ei, Zwiebeln, Tomaten, Gurke und rote und grüne Paprikaschoten. Je nach Geschmack fügt man hiervon etwas beim Essen der *gaz pacho* hinzu.

versprach der Jungfrau von Macarena fünf Kerzen, wenn sie ihr bis Oktober eine besorgen würde. In den heißen, lebhaften Straßen verbanden sich die Septemberklänge von Gesang und Kastagnetten mit dem fröhlichen Geräusch atonalen Surrens. In vielen Häusern Sevillas, der Heimat Don Juans, gab es keine Gitarren, aber alle hatten eine Eiscrememaschine. Im Besitz ihrer neuen Apparate, erfanden die Sevillaner eine köstliche und sehr dickflüssige *gaz pacho* und hinterließen ein hervorragendes neues Rezept, bevor sie der ganzen Sache überdrüssig wurden und zu ihrem ursprünglichen Gericht zurückkehrten. Die neue, dicke *gaz pacho,* die sich wegen ihrer Konsistenz besser kühlen läßt, wird heutzutage in Sevilla oft zusammen mit der älteren Version gereicht. Trotz ihrer Dickflüssigkeit bleibt sie ein leichtes Sommergericht, denn die Andalusier haben eine erstaunliche Fähigkeit, Speisen auf alle mögliche Weise zu variieren, ohne daß sie schwer oder zu nahrhaft geraten.

Ebenfalls in Sevilla, aber auch in Cádiz und Málaga, trifft man auf ein weiteres hervorstechendes Beispiel für die leichte Hand der andalusischen Köche: das Backen von Fisch im Fettbad. In anderen Ländern gelten Fettbadgerichte als schwer und werden als erstes von einem Diätplan gestrichen, der Leichtverdaulichkeit in jeglicher Form vorsieht. Nicht so in

Andalusien, das vom übrigen Spanien als das Gebiet fritierter Speisen bezeichnet wird. Was die Andalusier anstellen, daß ihre Fritiergerichte so leicht ausfallen, ist wiederum eine Art kulinarische Magie. Sie verwenden nur das beste Olivenöl, aber keinerlei geheimnisvolle Zutaten, und es heißt, man könne einem Andalusier den ganzen Tag beim Ausbacken von Fisch zuschauen und doch nicht herausfinden, wie er es macht. Versuchen Sie es mal. Gehen Sie die Calle Sierpes entlang, eine breite, verkehrslose Straße in Sevilla, die mit einer Plane zum Schutz gegen die Sonne überdacht ist – die Plane wird von Zeit zu Zeit befeuchtet, um die drückende Sommerluft aufzufrischen. Sierpes ist eine Art Einkaufsbasar und Treffpunkt für die Stadtbewohner. An den Seitenstraßen befinden sich Stände, wo Fisch in Öl gebacken und verkauft wird. Der Gedanke, unter der Sommersonne ein heißes, im Fettbad gebackenes Mahl zu sich zu nehmen, erscheint denen, die nicht daran gewöhnt sind, merkwürdig. Beobachten Sie jedoch den Mann gleich im ersten Stand, an dem Sie vorbeikommen. Hinter ihm steht ein tiefer Bottich mit heißem Öl, neben ihm das vorbereitete Mehl und vor ihm das ausgebreitete Sortiment an rohen Fischen. Bestellen Sie eine Auswahl bei ihm, und er wird leuchtendrosa Meerbarben, Seezungen, frische Sardinen und andere Fische im Mehl wenden und sie dann sanft in das glänzende Öl gleiten lassen. Sind Sie ein Mann, wird er Ihnen Witze erzählen, sind Sie eine Frau, wird er Ihnen Komplimente machen.

Er weiß, wann der Fisch hinter ihm gar ist, und er wird ihn herausholen und abtropfen lassen, während er aus braunem Papier eine Tüte zum Mitnehmen rollt. Er wird Sie beobachten, während Sie den Fisch zur Calle Sierpes zurücktragen, warten, während Sie warten, bis er so weit abgekühlt ist, daß Sie ihn anfassen können, und seinen Blick auf Ihrem Hinterkopf ruhen lassen, während Sie ihn probieren. Der Fisch, gleich welcher Sorte, wird so knusprig sein, daß Sie die Hand unter den Mund halten müssen, um die Splitterteilchen aufzufangen, die beim Hineinbeißen abbröckeln. Er wird im Geschmack und im Fleisch zarter sein und viel leichter als alle Fritiergerichte, die Sie bisher gegessen haben. Sie können ihn ins nächste Lokal oder Café mitnehmen, sich hinsetzen und dazu ein oder zwei Glas trockenen weißen *fino* bestellen. Wie drückend das Wetter auch sein mag – Sie werden den Fisch in der Papiertüte aufessen, denn nun erscheint er Ihnen schon als vollkommene Speise für heiße Tage.

Im Sommer läßt sich der Andalusier nur selten zu einer richtigen Mahlzeit nieder. Man ißt sozusagen unauffällig, während sich der Tag langsam durch die Glut dahinschleppt, und das Leben wird unterdessen behutsam angefaßt. Der heißen Stunden sind viele, und der andalusische Mann sitzt gern mit seinen Freunden zusammen, plaudert träge und ißt ein bißchen von diesem, ein bißchen von jenem. Er wählt vermutlich Fisch oder Krustentiere, denn sobald man sich außerhalb Mittelspaniens befindet, sind Meerestiere die beste Kost, unübertrefflich an Frische, Fülle und Vielfalt. Ausgezeichnet passen ein paar Langusten oder einige *langostinos,* hummerkrabbenähnliche Krustentiere, auch vielleicht rohe Austern oder Muscheln mit frisch ausgepreßtem Zitronensaft oder eine Untertasse voll gekochter Flußkrebse. Vielleicht bevorzugt der Andalusier eine kleine Kasserolle mit *huevos a la flamenca (Register der Rezepte),* ein aus Sevilla stammendes Gericht, das aus gebackenen Eiern mit „nur ein bißchen Gemüse", wie frischen Gartenerbsen, Spargelspitzen, Tomaten, Pimientos, Paprikaschoten und ein paar grünen Bohnen, sowie ein oder zwei Scheiben *chorizo* und Schinken und vielleicht ein oder zwei Tropfen Sherry besteht. Bis zum frühen Nachmittag hat der Sevillaner genug gegessen und ausreichend Weißwein getrunken, um seine Schritte in eines der Cafés an der Calle Sierpes zu lenken. Die lange Reihe der Schaufenster wird von Sesseln gesäumt, wo er im Schatten eines Gebäudes eine Tasse gesüßten Kaffee trinken, eine Zigarre rauchen und die umherschlendernden schwitzenden Touristen beobachten kann, die ihrerseits ihn beobachten. Zur heißesten Tageszeit geht er nach Hause, um hinter geschlossenen, befeuchteten grünen Fensterläden zu schlafen. Die Straßen von Sevilla liegen während der Nachmittagsstunden wie ausgestorben da. An einem Werktag kehrt er um etwa 16 Uhr ins Büro zurück. Um 18 Uhr nimmt er einen Imbiß zu sich, vielleicht ein Stück Gebäck oder eine Süßspeise und danach einen Schluck Wein. Gegen 20 Uhr geht er wieder nach Hause, und später verspürt er eventuell Verlangen nach einem Sherry und einem Tintenfischgericht *a la andaluza,* ein Terminus, der im allgemeinen besagt, daß die betreffende Speise in einer leichten, würzigen Sauce aus Tomaten und Pimientos schwach gekocht wird. Er mag nichts Schweres, an einem Abendessen liegt ihm nichts, denn ernsthafte Mahlzeiten sind den kurzen Wintermonaten vorbehalten, es sei denn, man bewirtet seine Freunde. Hier im Süden besteht das Leben aus einer Reihe von leichten *tapas;* unterdessen sammelt der andalusische Mann Energie für die vielen Feiertage und Feste, die er in einer einzigen langen Kraftprobe durchstehen muß, ob er es nun mag oder nicht.

Die Karwoche gehört zu den aufwendigsten spanischen Festen überhaupt; sie wird im ganzen Land gefeiert, aber nirgends so wie im Süden, und nirgendwo im Süden so wie in Sevilla. Es ist die Zeit katholischer Prozessionen, maurischer Süßigkeiten, andalusischen Essens einschließlich Kaffee, Schokolade, *anís* und anderer alkoholischer Getränke, eine Phase, in der der Sevillaner buchstäblich die ganze Nacht aufbleibt, ißt und trinkt und das Gewoge um sich herum beobachtet. Wenn er das Glück hat, in einer Wohnung mit Balkon zu leben, die an einer Straße liegt, auf der eine Prozession vorbeizieht, lädt er seine Freunde zum Zuschauen ein – oder sie kommen uneingeladen –, und seine Frau muß Essen, Wein und Schnaps für einmal um die Uhr bereitstellen, denn die Gäste erscheinen vor dem Umzug und bleiben da, wenn er vorüber ist. Es gibt dann Würstchen und warme Gerichte, wie zum Beispiel *menudos a la gitanilla* (Kalbsbrieschen nach Zigeunerart), die in einer Sauce aus Zwiebeln und Kichererbsen langsam gegart wurden – ein Gericht, das in Triana, dem vom Hauptteil der Stadt durch den Guadalquivir getrennten Zigeunerviertel Sevillas erfunden wurde. Vielleicht gibt es Hase aus der Kasserolle, im Gegensatz zu den mit schwerverdaulichem Schwein und anderen Fleischsorten beladenen Schmorgerichten des zentralspanischen Hochlands, durch Gemüse und eine leichte, mit Wein abgeschmeckte Bratensauce aufgelockert. Möglicherweise reicht man auch in Scheiben geschnittene, zarte Kalbsnieren, die leicht angebraten und in trockenem Sherry geschwenkt werden *(Register der Rezepte)* und dadurch den schnell sich verflüchtigenden Geschmack dieses Weins annehmen. Platten mit kalten gekochten Schalentieren stehen neben einer Schüssel mit *ensalada sevillana,* dem für Sevilla typischen Salat, der seinen lebhaften Geschmack lediglich einer Kombination von Eskariol und entsteinten, kleinen grünen Oliven sowie etwas frischem Estragon in der Sauce verdankt. Am einen Ende des Tisches sind neben den Schnäpsen und Likören das Karwochen-Gebäck und andere Alltags-Süßigkeiten aufgestellt, deren Rezepte von den Mauren überliefert und von den Nonnen katholischer Klöster durch die Jahrhunderte sorgfältig gehütet wurden. Die Andalusier hegen eine beinahe orientalische Vorliebe für Süßes. Ihre maurischen, arabischen und jüdischen Nachspeisen sind bei weitem die besten in Spanien: *tortas de aceite (Register der Rezepte),* mit Olivenöl, Sesamsamen und *anís* zubereitete Kuchen; *cortados rellenos de cidra,* kleine rechteckige, mit gesüßtem Kürbispüree gefüllte Törtchen; *torteras,* große runde Kuchen, die Zimt und Kürbis enthalten und mit Puderzucker überstreut sind, zählen zu den typischsten. Man verwendet für dieses blätterteigartige Gebäck und diese weindurchtränkten Kuchen Mehl, Zucker, Butter, Öl, Zimt, Gewürznelke, Honig oder einen herbsüßen Sirup aus Äpfeln, Kürbis, Wein sowie dem Saft und Fruchtfleisch von Zitronen und Bitterorangen. Sie belasten den Magen nicht im geringsten, und ihr Geschmack, der Inbegriff der Süße, vermeidet schwerfällige Überladenheit. Zuweilen umrahmt man sie dekorativ mit *yemas de San Leandro,* Süßigkeiten aus Eigelb, die die Nonnen des nahen Klosters San Leandro zubereiten, deren Rezepte wie die frommen Schwestern selbst von Klostermauern geschützt werden. Die Eidotter werden durch nadelöhrgroße Öffnungen auf kochenden Sirup gegossen, dann werden die Fäden zu „Engelshaar"-Strähnen zusammengefaßt und zum Abkühlen gewickelt; das Ergebnis ist delikat und so süß, daß die Zähne weh tun. Womöglich steht in der Mitte, umgeben von all den *yemas* und dem Backwerk, ein rundes Marzipangebilde, spinnewebartig von geometrischen Figuren überzogen, die daran erinnern, daß der Koran die Darstellung der menschlichen Gestalt verbietet.

In Sevilla ist die Karwoche eine Woche der Konkurrenzkämpfe. Jede Gastgeberin versucht, in der Qualität der gereichten Speisen und in der Eleganz ihrer Aufmachung ihre Nachbarin zu überbieten. In den Straßen der Stadt wetteifert die prächtige, juwelengeschmückte Jungfrau von Macarena in ihrer weiten, goldverzierten Schleppe mit der armen Zigeuner-Jungfrau von Esperanza aus der Kirche jenseits des Guadalquivir, die fast aller Edelsteine entbehrt und deren Schleppe nicht golddurchwirkt, sondern mit Blumen bestickt ist. Die *cofradías* oder Bruderschaften jeder Kirche tragen die Figuren von Christus und der Jungfrau Maria durch die Stadt, deren schmerzverzerrte Gesichter fast ausnahmslos gleich alt aussehen, als stellten sie nicht Mutter und Sohn, sondern Ehemann und Ehefrau dar. Ihnen folgen barfüßige Büßer, die Kreuze tragen und an den Fesseln Ketten hinter sich herziehen; einige haben ihren Rücken entblößt und halten Geißeln in der Hand. Die Mitglieder jeder Bruderschaft gehen vor und hinter ihrer Trage her, sie sind in die langen, feierlichen Kapuzengewänder der Inquisition gehüllt, führen Kerzen und Weihrauch mit sich und streuen gelegentlich Rosmarinzweige auf den Pfad der Jungfrau. Ich sah einmal, wie die Bruderschaften zweier rivalisierender Jungfrauen zur gleichen Zeit auf demselben Platz ankamen. Die darauffolgende Auseinandersetzung – in der man zu klären versuchte, welche Jungfrau den Platz als erste überqueren sollte – klang alles andere als ehrfürchtig.

In der heidnischen Raserei der Feiern zu Ehren der Karwoche vergessen die Häupter der Bruderschaften leicht, daß jede Figur dieselbe Muttergottes darstellt, und es kann durchaus vorkommen, daß sie die Allerheiligste Jungfrau der anderen mit Namen belegen, die sie am nächsten Morgen vor ihren Ehefrauen nicht zu wiederholen wagen. Die Zuschauer auf den Balkons und an den Straßen singen zu Ehren der Jungfrau Schmerzens- und Schmeichellieder, die sogenannten *saetas,* Pfeile oder Gesänge, die in den Himmel geschossen werden. Die Männer mit den Tragen legen eine Pause ein und schaukeln die Muttergottesfiguren von einer Seite zur anderen, während ein Sänger die Lobpreisung beendet. Dann stimmen die Scharen an der Spitze die Trauermelodie der Karwoche an, und die Prozessionen ziehen weiter. Die Menschen auf den Balkons trinken mit feuchten Augen *anís* oder Weinbrand und essen die letzten Stückchen des leichten Gebäcks in der schweren Nachtluft, die erfüllt ist mit dem Duft von Weihrauch, zertretenem Rosmarin und Kerzenqualm. Auf den Straßen darunter sitzen andere an Tischen und betrachten den Sonnenuntergang, während sie an ihrer Schokolade nippen und *buñuelos de viento,* Windbeutel, essen, die wie gewichtlose Luftblasen sind und aus einem Teig gemacht werden, der dem der Madrider *churros* sehr ähnelt. Es heißt, die Sevillaner beherrschten die Kunst des Backens im Fettbad so hervorragend, daß sie sogar Luft auf diese Weise zubereiten könnten.

In Andalusien folgt der Karwoche eine Ruhewoche oder mehr, in der man sich erholt und die Straßen für die *Feria* säubert, den Jahrmarkt, der in Städten, Ortschaften und Dörfern als eine Art Gegengift zur vergangenen schmerzvollen Kreuzigungsprozession gefeiert wird. Im Süden muß alles, von der Speise bis zum Fest, mit einer leichten, heiteren Melodie ausklingen. Es lohnt sich, die berühmte *Feria* von Sevilla anzusehen, aber ich fahre während der Jahrmarktszeit lieber flußabwärts in eine Stadt, wo in später Nacht der *cante jondo,* der tiefe Flamencogesang, dargeboten wird. In Sanlúcar de Barrameda an der Mündung des Guadalquivir ist alles, Flamencolieder, Weine und Essen, großartig.

Besuchen Sie Sanlúcar um 4 Uhr morgens. Eine staubige Taverne in der Nähe des Hafens. Über dem Wasser, schmutzig und grell, der Mond, und aus offenen Flaschen der penetrante Geruch von trockenem *manzanilla*-Sherry, der hier und da vergossen ist und auf den durch die feuchte Meeresluft verzogenen Tischen verdunstet. Schwaden von Wein, Gestank des dreckigen, versickernden Flusses und der herbfrische Wind von der See. Ein paar Dutzend Leute, die zu arm sind, um den Jahrmarkt von Sevilla zu besuchen, sitzen an Tischen, trinken *manzanilla* und langen in einen Topf mit winzigen gekochten Tintenfischen und Saubohnen, die nach offenem Meer und warmem Land schmecken. Ein Teller mit gebackenen Tintenfischringen und ein anderer mit kalten, saftigen Kalbfleischrouladen aus dünnen Scheiben. Draußen das Geräusch des Flusses auf dem Sand, und dann beginnt das durchdringende, tiefe, kehlige Wimmern des Flamenco-Sängers – fast ein Schrei –, bricht ab, beginnt von neuem und geht über in ein hartes, mißtönendes, aus den Eingeweiden hervorbrechendes Klagelied. Eine Gitarre begleitet den Sänger, dessen Gesicht und Stimme Leid und dann Qual, Freude im Schmerz, Pein in der Verzückung ausdrücken. Das ist *cante jondo*, die Klage eines unterjochten Volkes, das Christus und Mohammed liebt und den Gott des Zorns, die Klage eines verlorenen Landes: Spanien.

Es gibt mehr Wein und einen Teller mit roh eingelegten Fischfilets, die mit feingehackter frischer Petersilie und Knoblauch bestreut sind, ferner eine Platte mit herrlichen kleinen Muscheln, die lebend auf ein Backblech geworfen wurden, um im eigenen Saft zu dünsten, und eine tiefe Untertasse mit Häppchen von gekochtem weißen Fisch, Pimientos, Eiern und rohen, purpurfarbenen Zwiebeln, alle in Weinessig und Öl mariniert. Es folgen weitere Gerichte, mehr Wein und Gesang, bis der *manzanilla* dem Sänger zu Kopf steigt und seiner Musik eine überirdische Heiterkeit verleiht. Der tiefe Gesang weicht einem *bulerías* genannten leichten Zigeunerrhythmus. Eine alte Frau steht auf, hebt die Arme, erstarrt, durchbricht die Erstarrung und bewegt sich ruckweise vorwärts, dreht sich zu den Klängen der Musik, scherzt mit dem Sänger, tanzt mit der beherrschten, hohen Intelligenz der *bailadora,* der Gitarrentänzerin, die nur Andalusien hervorbringt und die wie wirklich großer alter Wein keinen Export verträgt. Der echte Flamenco wird von keiner Volkskunst der Erde übertroffen. Er hat Anmut, wie das andalusische Essen. Er scheint in seiner Tiefe, seiner Leichtigkeit und Eindrucksmächtigkeit die Grenzen des Möglichen zu sprengen; es gibt kein Gefühl, das er nicht in sich birgt, denn sein Spielraum ist der des Universums.

Wenn der Tag über der im Morgenlicht weißen Mündung des Flusses aufgeht, enden Gesang und Tanz in Sanlúcar. Die Leute gehen fort, nicht um zu schlafen, sondern um Kaffee, Zuckergebäck und vielleicht einen Schluck *anís* zu sich zu nehmen und dann zu arbeiten. Im Sommer sind hier die Tage lang, und in einer Hafenstadt beginnt die Arbeit früh. Die Fischer sind vor Morgengrauen unterwegs. Einige kehren zurück, um ihren Fang auf einem Pier an der Flußgrenze der Stadt zu versteigern.

Die Auktion der Fischer beginnt damit, daß man jeden Fang vom anderen trennt und die Fische in dunkle Holzkästen sortiert, die auf dem nassen Pier aufgereiht stehen. Es gibt Kästen voll von 2 bis 3 cm langen *chanquetes,* eine Art Sprotte aus den Gewässern bei Málaga, und andere mit *boquerones,* Anschovis. Es gibt Sardinen, lebende Hummer, braune Muscheln und fast durchsichtige Tintenfische in allen Größen. Und weiter sieht man knorrig wirkende, grüne und rosenrote Polypen sowie hundert verschiedene Sorten von Fischen und Krustentieren, die in den atlantischen Gewässern des Golfs von Cádiz bis hinunter zur Straße von Gibraltar und weiter nach Algeciras in den wärmeren Gewässern des Mittelmeers gefangen wurden. Haie, die zu groß für die Kästen sind, liegen mit stumpfen Augen und entblößten Zähnen in Reihen dazwischen, und dem nun schon glitschigen Pier entströmen die vielen Meeresgerüche von Lebendigem und Totem – Schuppen und Jod, Seetang und Sand. Der Auktionator stellt seinen Fuß auf einen

In einem lustig ausgeschmückten Planwagen machen sich Wallfahrer aus Sevilla auf den Weg zum Schrein der Jungfrau von El Rocío. Der in diesem Kapitel geschilderten Pilgerreise schließen sich Menschen aus ganz Westandalusien an.

Kasten mit mittelgroßen rosa Meerbarben und intoniert eine Preisliste von sehr hoch bis niedrig, bis jemand die Hand hebt oder seine Zustimmung grunzt. Die Einkäufer sind keine Hausfrauen, weil es sich hier um eine Engrosversteigerung handelt. Es sind lauter Inhaber von Marktständen oder Fischmarktleiter und die Küchenchefs der Restaurants und Hotels in dieser und der Nachbarprovinz. Sobald jemand einen großen Kasten en gros gekauft hat, kann sich eine Hausfrau an ihn wenden und ein halbes oder viertel Kilo erstehen. Viele Frauen kaufen hier ein, weil die Preise sogar noch billiger sind als auf dem ein paar Schritte entfernten Nachmittagsmarkt der Stadt. Sie beobachten die Versteigerung genau und merken sich die Preise, damit sie später über die Gewinnspanne verhandeln können. Manche bringen ihre Kinder mit, kleine Jungen und Mädchen, die anscheinend ziellos umherwandern, aber genau zugucken, wenn Muscheln in Kästen geschüttet werden, und sorgfältig die wenigen aufsammeln, die über den Rand fallen. Eine Handvoll genügt schon, um sie der Mutter zu bringen, die die Markttasche öffnet, ohne hinzuschauen, wie ihr Kind sich nähert und die Muscheln hineingleiten läßt. Die Mutter scheint kaum darauf zu achten, was ihr Kind tut. Aber fünf oder sechs Muscheln, drei Krabben, die außerhalb einer Kiste „gefunden" werden, die Köpfe von ein paar *langostinos,* der Kopf oder Rumpf eines Fisches, die beim Zusammenstoßen zweier Kästen abbrechen – und schon gibt es am Nachmittag eine großartige Fischsuppe.

Die Fischsuppe der armen Leute in Sanlúcar ist wie ein zarter Meeresextrakt, eine Art Bouillon aus Meerestieren, in der die Zutaten so lange gekocht werden, bis nur noch Schalen und Gräten übrigbleiben. Man benutzt dazu nur wenig Gewürz, vielleicht bloß ein Lorbeerblatt und ein bißchen Salz. Zu Beginn wird aus der Brühe eine klare Flüssigkeit etwa von der Konzentration und Duftstärke eines guten Parfums gewonnen. Manchmal kocht man darin auch Flußfische und Krebse, so daß die eingedickte Suppe die Elemente von Fluß und Ozean in sich vereint. Man kann sie sogar an den heißesten Tagen trinken, weil sie ohne die geringste Schwere ist, gleichgültig wieviel Fisch sie enthält. Eine Schale dieser Suppe und eine halbe Flasche kühler, trockener *manzanilla* aus den Kellereien von Sanlúcar, wo er auf Flaschen gezogen wird – und man fühlt sich nach dem Essen leichter als zuvor. Dies ist womöglich die wichtigste Funktion der andalusischen Küche, und die Weine des Gebiets sind dazu ausersehen, einzig diesem Zweck zu dienen.

In Andalusien bevorzugt man häufig Weißweine, einschließlich Sherry, als Tischgetränk, während in Mittelspanien im allgemeinen Rotweine den Vorrang haben. Alle Weißweine – der *manzanilla* von Sanlúcar, die *finos olorosos* des in der Nähe gelegenen El Puerto de Santa María, die berühmteren Sherry-Sorten aus Jerez de la Frontera und die *blancos de pasto* aus Chiclana de la Frontera – kann man kurz vor Pfingsten zusammen mit einer großen Auswahl der besten andalusischen Bauernspeisen unweit des kleinen Wallfahrtsorts El Rocío in der Provinz Huelva genießen, die von der Provinz Cádiz durch den Guadalquivir getrennt wird. Wer die ländliche Küche Andalusiens kennenlernen möchte, geht am besten nach El Rocío.

Die jährliche Pfingstpilgerfahrt zum Schrein der Jungfrau von El Rocío ist ein glanzvolles Ereignis. Karawanen machen sich aus Städten und Dörfern der Nachbarprovinzen auf und treffen in der kleinen Stadt in Huelva zusammen. Ich reiste von Sanlúcar mit einer Karawane ab, die an einem frühen Sonntagmorgen in der ersten Juniwoche vom Hof des langen, eleganten Palastes der Herzogin von Medina Sidonia hoch über dem Dorf aufbrach. Der Palast gehört der Familie Medina Sidonia seit dem 14. Jahrhundert und ist nun im Besitz der jungen Herzogin. Luisa Isabel Alvarez de Toledo y Maura, Herzogin von Medina Sidonia, auch als die Demokratische Herzogin bekannt, ist mit 33 Jahren eine der umstrittensten Figuren des Landes. Inhaberin eines der ältesten spanischen Titel, ist sie das einzige Mitglied der spanischen Aristokratie, das es gewagt hat, die Franco-Diktatur zu kritisieren – mit dem Ergebnis, daß sie vom Reisepaß bis zur

Obhut über ihre Kinder alles verlor. Anfang 1969 wurde sie wegen des von ihr verfaßten Romans *Der Streik,* der das Franco-Regime kritisch behandelt, zu einem Jahr Gefängnis verurteilt. Diese mutige Frau bekämpft gleichermaßen den Faschismus und den Kommunismus und ist der Liebling der Arbeiter von Sanlúcar. Viele von ihnen kamen an diesem Tag zum Schloß, um sie nach El Rocío zu begleiten. 28 von uns unternahmen die Wallfahrt zu Pferde, die Männer in der Kleidung der andalusischen Reiter, mit enganliegenden, gestreiften Reithosen und -stiefeln, kurzen, hochgeschlossenen Jacken und flachen grauen Hüten. Viele trugen Frauen hinter sich auf dem Sattel, jede Frau saß quer zum Pferderücken, den rechten Arm fest um die Taille des Reiters geschlungen, mit in Höhe der Fesseln unterhalb des linken Pferdehinterschenkels gekreuzten Füßen. Sie waren in die leuchtenden Pastellfarben der andalusischen Festtagstracht mit dem engen Mieder und dem sinnlich weiten Volantrock gehüllt. Die Pferde trappelten im weißen Schloßhof, und die Herzogin lief die Freitreppe herunter uns entgegen, sie sah jung aus, klein und sehr schmal, und ihre Aufmachung verriet, daß sie wie die Männer allein zu Pferde sitzen würde. Sie bot uns dampfenden Kaffee, *anís* und Weinkuchen an, stieg dann auf und ritt mit uns herunter; das Klappern der Pferdehufe auf dem Kopfsteinpflaster hallte durch das frühmorgendlich schläfrige Dorf, als wir den Weg zum Fluß nahe dem Hafen von Sanlúcar einschlugen.

Ein Planwagen mit Proviant erwartete uns, und ein weiterer, der mit blauem und silbernem Papier ausgeschmückt war und in Weiß darauf das Bild der Jungfrau zeigte, stand daneben. Der Morgen war frisch, und von der See her wehte ein scharfer, salziger Wind. Pferde scheuten am Wasser, und die Leute von Sanlúcar kamen herbei und winkten zum Abschied, als die Karawanen über den Fluß setzten. Einige hatten Weinflaschen und Teller mit Garnelen mitgebracht, um sie den Reitern anzubieten; andere tanzten leichte, kunstlose *sevillanas* auf dem Sand, während Pferde und Wagen auf Lastkähne geladen wurden. *Sevillanas* werden paarweise getanzt, entweder von einem Mann und einer Frau oder von zwei Frauen, man tanzt vier vorgeschriebene *coplas* oder Strophen. Sie werden auch gesungen und, wenn vorhanden, von einer Gitarre begleitet, wenn nicht, von lautem Händeklatschen. Wir konnten sie noch hören, als sich der Kahn in den von einer Brise bewegten Fluß hinausschob und auf das westliche Ufer zusteuerte. Der Reiter neben mir war ein Feldarbeiter, ein Mann mit einem von der Sonne dunkelverbrannten Gesicht, braun und schimmernd in der Dämmerung, und vor ihm stand die Herzogin. Es gibt keine Klassenunterschiede auf der Wallfahrt nach Rocío; alle bekommen das gleiche zu essen und zu trinken, denn einen höheren Rang hat nur die Jungfrau inne.

Vom offenen Ozean zu unserer Linken zog ein feiner, kühler Nebel herüber, und eine Frau von einem der Wagen reichte ein Stück Schinken, einen Kanten Brot und einen zum Bersten gefüllten Weinschlauch weiter. Der Lastkahn schaukelte, und die Wagen rasselten, als wir uns der Mitte des Flusses näherten, und der Wind vom Ozean blies nun kräftig und scharf; ich aß vom Schinken und Brot und trank etwas Wein. Serrano-Schinken, der dem *prosciutto* ähnelt, wird im Schnee einer der Gebirgszüge der Sierra Morena zur Reifung gebracht. Man schneidet ihn in dickere Scheiben als den *prosciutto,* und in seiner Süße übertrifft er alle Schinken der Welt. Der beste Schinken Spaniens ist der *serrano*-Schinken aus Jabugo in Huelva, 80 Kilometer vom Ziel unserer Reise entfernt; er wird überall auf der Iberischen Halbinsel gegessen. Die dicken Stücke zerbröckeln förmlich beim Kauen und sind in ihrer salzigen Lieblichkeit unglaublich wohlschmeckend. Aber selbst das Aroma des Jabugo-Schinkens gewinnt noch, wenn man den Guadalquivir in der frischen, schnellen Brise dort überquert, wo der Gischt des Ozeans sich mit dem Wasser des Flusses mischt. Auf dem Boot wurden Schinken, Würste und Wein an alle Reiter und an die Kahnführer verteilt. Von meinem Platz aus konnte ich die leeren Strände von Huelva vor uns liegen sehen und hinter uns die sich hochaufreckende weiße Stadt Sanlúcar, gekrönt von dem roten Maurenschloß und dem glänzenden Palast der Medina Sidonia. Der Geschmack des Schinkens und des Weins auf dem Kahn und der Anblick der Häuser, des Schlosses und des Palastes, die immer mehr zusammenschrumpften, werden sich vermutlich nicht sehr geändert haben seit dem Tage, da Kolumbus in derselben Hafenstadt, Sanlúcar de Barrameda, für seine dritte Reise Segel setzte

Die Pferde wieherten, kurz bevor der schlingernde Kahn landete, und ein paar Reiter am Bug fingen an, gegen den Rhythmus des Flusses und der See in einem selbsterfundenen Takt laut in die Hände zu klatschen und zu singen. Dann bahnten sich die Pferde durch die niedrige Brandung ihren Weg an den Strand von Huelva und galoppierten durch den Pulversand bis zum Grasrand hinauf. Die Wagen wurden von Maultieren gezogen, und während sie auf den Strand aufsetzten, trugen einige Frauen vorsichtig die vollen Töpfe und Kasserollen mit Essen an Land. Dann kletterten sie in die Wagen zurück, und die Karawane setzte sich landeinwärts in Bewegung. Zuerst schlug sie einen Bogen um das sumpfige Gelände, dann zog sie geradewegs auf das Marschland von Huelva zu, das unter den Namen Las Marismas bekannt ist.

Fünf bis sechs anstrengende Reitstunden waren noch durchzustehen, ehe wir eine einigermaßen trockene Gegend erreichen würden, wo wir eine Pause für das zweite Frühstück einlegen konnten, und nun ritt ein Mann an der Karawane entlang und reichte uns offene Weinschläuche, Teller mit gebratenem Fisch und einen Topf mit winzigen Muscheln, die wie Austern aussahen und *ostiones* heißen. Sie kommen nur in der Provinz Cádiz vor und sind zäh, wenn man sie nicht kocht, aber zart und meereswürzig, wenn man sie in Weißwein mit Tomaten, Pimientos, Zwiebeln und Lorbeerblatt gart. Im Topf standen mehrere Löffel, und die Reiter langten zu, denn Nahrungsmittel, die Gefahr liefen, unter der Sonne zu verderben, mußten jetzt gegessen werden. Die Leute tranken in langen Zügen aus den Weinschläuchen, die sie hoch in die Luft hielten, so daß der Bernsteinglanz des Weißweins im Tageslicht in ein kräftiges Gold überwechselte. Zur Linken der Karawane erhob sich mit lautem Flügelschlagen ein großer rosa Flamingo. Der Reiter mit dem Proviant warf mir den letzten Weinschlauch zu und wies mich an, nicht abzusteigen, bevor wir einen trockenen Lagerplatz auf sicherem Boden erreicht hatten.

Reiten unter der Sonne macht durstig, und eine Menge Wein wurde getrunken, während wir die Wagen mit dem Bildnis der Jungfrau und den Lebensmitteln um die Flächen mit dunklem Wasser und hellerem Treibsand herum- und in den Coto Doñana, einen der größten Wildschutzparks Europas, hineinführten. Über uns flogen Ketten von Wildenten dahin, und hoch oben ließ sich ein Adler von der Luftströmung tragen, fast reglos schwebte er vor dem intensiven Blau des Himmels. Ich ritt eine Weile an der Spitze und sah, wie sich das Gras vor uns im Winde bog. Ein paar Reiter jagten singend und lachend in schnellem Galopp an mir vorbei, einer von ihnen kaute an einem Laib Brot, der mit rohen, in Öl eingeweichten Paprikaschoten gefüllt war. Gegen Mittag wurden wir alle hungrig, aber wir ritten weiter in das Marschland hinein, ein bißchen schwindlig von Sonne und Wein und dem Schwanken der Pferde im tiefen Boden.

Um 3 Uhr nachmittags erreichten wir eine ehemalige Lichtung, in die inzwischen Wasser eingesickert war, so daß sie kaum Platz für ein halbes Dutzend Leute bot. Einige Frauen aus dem Proviantwagen stiegen aus und brachten uns Schalen mit ziegelrot-weißer Mandel-*gazpacho,* einen Teller, auf dem mit gegrilltem, dünnem Kalbfleisch belegte Brötchen und panierte Koteletts lagen, und eine Platte mit grünen Paprikaschoten, die am Morgen über Kohlenfeuer gegrillt und dann geschält und gesalzen worden waren. Es gab kalte, knusprige Brathühnchen und einen in Weißwein gedünsteten Hühnereintopf. Die Paprikaschoten waren noch warm von der Hitze im Wageninneren, aber sie schmeckten erfrischend, und da sie salzig waren, vertrugen sie sich gut mit noch mehr Wein. Die meisten aßen zu Pferde und reichten die Speisen weiter. Es war nun nicht mehr der Marschboden, sondern die Wirkung des *manzanilla* in der glühenden Hitze,

55

die das Stehen zu einem Problem machte. Ich tunkte einen Löffel in die köstliche dünne Weinsauce des Hühnereintopfes und legte ein Stück vom dunklen Fleisch auf einen Kanten Brot. Das Fleisch hatte sich mit dem Geschmack des Sherry und des Lorbeerblatts vollgesogen und verbreitete einen pikanten, delikaten Duft; die Marschluft hatte uns hungrig gemacht, aber wir hielten uns nach dem Essen nicht lange auf und ritten weiter.

Vor Einbruch des endlos blauen andalusischen Zwielichts waren wir an Hochwildrudeln und starken, schönen Hirschen mit hochausladendem Geweih vorbeigekommen, und gegen Ende des Tages näherten wir uns einem undeutlichen Gebilde am Horizont, das sich schnell als eine Herde von Wildpferden entpuppte. Ein paar Reiter jagten sie mit lauten Rufen, aber die Wildpferde waren schneller als die zahmen und lösten sich wie blauer Rauch im dunkler werdenden Marschland auf. Die Reiter wurden wieder hungrig, aber vor dem Sinken der Nacht gab es keinen sicheren Rastplatz für uns. Und so zog die Karawane weiter. In der Ferne wurden drei dunkle Flecke sichtbar, die zu groß waren, als daß sie hätten Pferde sein können. Ich heftete meinen Blick auf sie, aber sie bewegten sich nicht. Dann hörte ich einen Mann laut rufen und sah gerade noch rechtzeitig zu meiner Linken, wie ein Pferd abdrehte und mehrere Reiter der jungen Herzogin folgten, die plötzlich auf die entfernten dunklen Flecke zu ritt. Ihr Pferd flog über die Marschweide, und ich erkannte, wie die Flecke vor ihr jäh in Bewegung gerieten und nach rechts liefen. Es waren Stiere. Der Ostrand der Marsch ist kein Reservat, aber ein *criadero,* ein Zuchtgebiet für tapfere Stiere, die später überall in Spanien in die Arenen geschickt werden. Die Stiere in der Marsch allein zu verfolgen, ist riskant. Das Pferd kann stürzen, oder die Stiere können sich tückisch gegen den Reiter wenden. Die Herzogin jagte, mit dem flachen Ostwind im Rücken, drei von ihnen in gefährlichem Spiel zu einem weit entfernten Fluß. Mehrere Reiter setzten hinter ihr her, und einige vergaßen dabei, daß Frauen hinter ihnen saßen, Schreie wurden laut, schlammbespritzte Pferde bäumten sich auf, und ein paar Augenblicke lang ertönten Lachsalven in der feuchten Luft. Das Jagen von Stieren ist, außerhalb wie innerhalb der Arena, eine spanische Nationalbeschäftigung, sei es als Sport, Zeitvertreib oder Kunst; selten wird sie so anmutig und geistreich wie im Süden ausgeübt. In Andalusien besitzt eine große Reiterin, ebenso wie ein großer Koch, eine natürliche Leichtigkeit und eigentümliche Gelöstheit und Einfachheit, die für einen Beobachter etwas Wunderbares haben. Eine halbe Stunde lang trieb die winzige, jugendliche, knabenhafte Gestalt weit vor den anderen Reitern wie der Endpunkt einer unsichtbaren Peitsche die gewaltigen schwarzen Stiere gelassen nach rechts oder links, wie es ihr gerade einfiel, und bevor sie sie in Ruhe ließ, preschte sie einmal mitten durch sie hindurch, um dann allein zurückzureiten und sich der Karawane lächelnd wieder anzuschließen. Die Luft begann sich abzukühlen, und das Zwielicht vertiefte sich, als wir die Marsch verließen.

Nahe dem Schloß Santa Ana im Coto Doñana, wo wir unser Lager für die Nacht aufschlugen, wurden Feuer entzündet, und die Frauen im zweiten Wagen wärmten in aller Eile den Hühnereintopf wieder auf und bereiteten neues Essen zu. Zwei große Stücke Fleisch, die in einer Weinmarinade gelegen hatten, wurden gesalzen und auf Spießen über dem Feuer gedreht, wobei man sie so schnell briet, daß der Saft sich innen sammelte. Die Leute schnitten sich dünne Stücke ab, die außen braun und innen purpurrot waren, und aßen sie mit Brot, Tomaten und papierdünnen Scheiben roher, purpurfarbener Zwiebeln. Das weindurchtränkte Fleisch hatte ein kräftiges Aroma und lag leicht und saftig auf den vom Feuer gewärmten Zwiebelscheiben und Brotkrusten, und die Tomaten waren süß und prall. Der Eintopf war immer noch einfach gewürzt, aber durch das Aufwärmen hatte sich sein lebhafter Geschmack intensiviert. Nichts war aufbewahrt worden, was tagsüber hätte verderben können. Eine der Frauen hatte im Wagen ein paar Eier in einer Schüssel mit eisgekühltem Wasser. Sie schlug sie in einer trockenen Schüssel auf, schälte Kartoffeln und schnitt sie in eine heiße,

Andalusiens Geschenke an die Welt

Händeklatschen und Gitarrenklänge begleiten den andalusischen Flamenco, dessen stampfender Rhythmus überall Freunde findet – Mariquilla *(unten)* aus Granada führt ihn im Chateau Madrid in New York vor. Internationaler Beliebtheit erfreut sich heute auch der andalusische Wein, der goldgelbe Sherry *(folgende Seiten)*, der in unseren Tagen die ganze Welt erobert hat.

Außerhalb Spaniens wird Sherry zuweilen als Getränk für alte Damen und pensionierte Herren in der Polsterwelt der Clubs betrachtet oder mißachtet. Der Wein bekam seinen Namen von Engländern, die das Wort Jerez (der volle Name lautet Jerez de la Frontera nach der andalusischen Stadt, wo Sherry hergestellt wird) nicht besser aussprechen konnten. In seinem Heimatland ist Sherry ein Allerweltsgetränk. In einfachen Bars wie der unten abgebildeten zapft man ihn vom Faß, in eleganteren Lokalen *(gegenüber)* serviert man ihn mit *tapas,* wie Krustentieren, Kartoffelchips und Oliven.

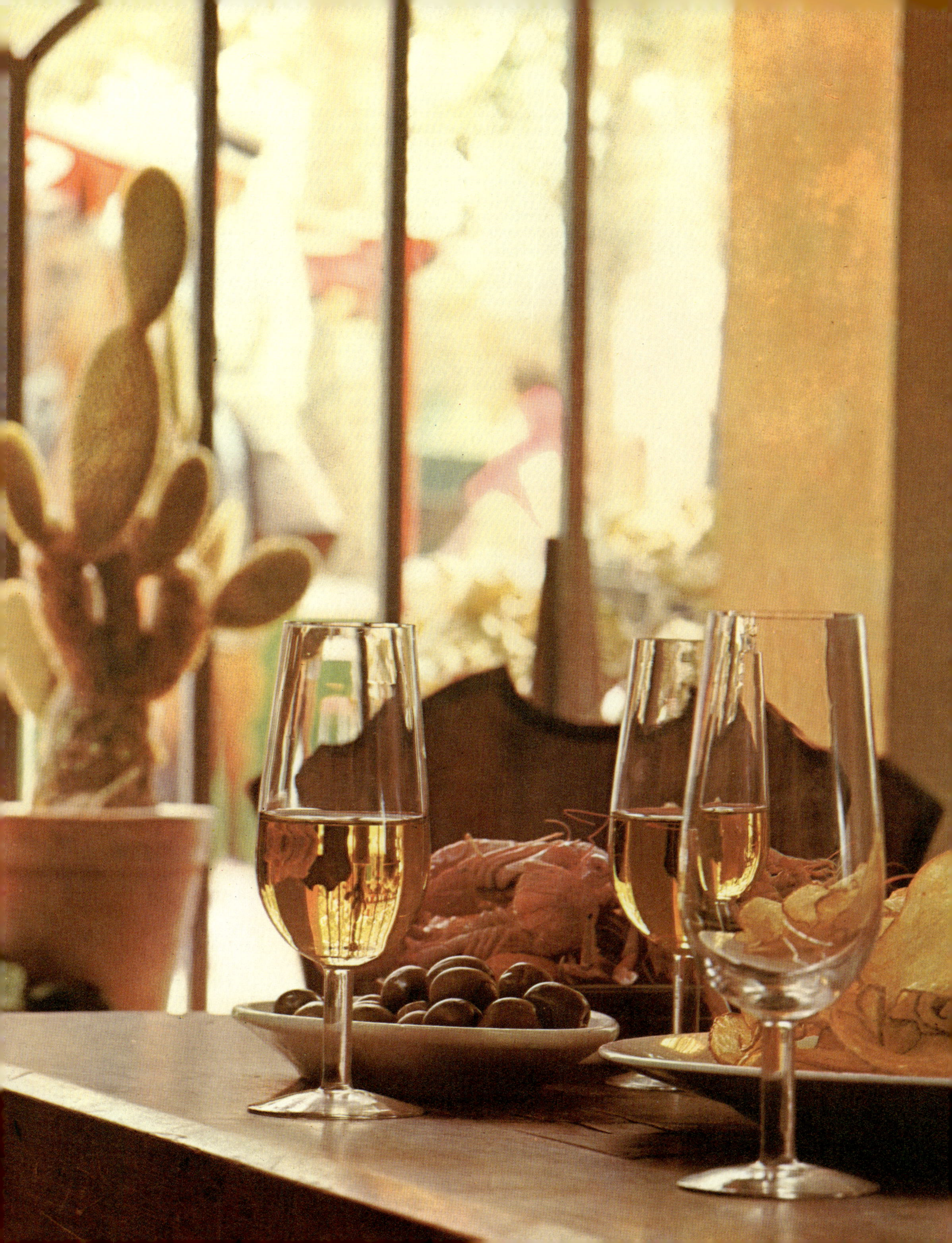

mit etwas Öl eingefettete Pfanne. Während die Kartoffeln auf dem Feuer brutzelten, quirlte sie die Eier mit einer Gabel; dann salzte sie sie, goß sie in die Bratpfanne und bedeckte die Mischung so lange mit einem Teller, bis sie auf einer Seite gebräunt war. Sie kehrte die Pfanne über dem Feuer geschickt mit der Oberseite nach unten, fing das halbfertige Kartoffelomelett – in Spanien heißt es *tortilla de patatas (Register der Rezepte)* – mit dem Teller auf, drehte es um und ließ es wieder in die Bratpfanne gleiten. Das Kartoffelomelett dampfte in der kühlen Nacht, und sein Duft mischte sich mit dem der anderen Speisen; als es gar war, wurde es wie eine Torte vom Mittelpunkt aus in keilförmige Stücke aufgeschnitten und an die verteilt, die am hungrigsten waren. Die Frauen vom Wagen machten schnell noch ein zweites Omelett, das diesmal mit Zwiebelscheiben gefüllt wurde. Ob man sie sofort heiß oder später kalt aß, die Omeletts waren leicht und frisch wie die Abendluft. Für den Fall, daß es im Lauf der Nacht kalt werden würde, gab es eine Kasserolle mit einer heißen Winter-*gazpacho* und gebratenen Sardinen, die auf einer Schicht roter Paprikaschoten lagen. Ein Korb mit blaßrosa Aprikosen, reifen japanischen Pflaumen von den Bäumen in Sanlúcar, Apfelsinen und sonnendurchwärmten Äpfeln lockte als Nachtisch. Das Abendessen war wahrhaftig ein leichtes Festmahl, und man führte es sich langsam zu Gemüte, ließ die Speisen zusammen mit dem Wein auf der Zunge zergehen, und viele streckten sich gleich dort zum Schlafen aus, wo sie gegessen hatten.

Die Sonne stand schon hoch, als wir am nächsten Morgen El Rocío erreichten. Ich konnte mich nicht erinnern, je so durstig gewesen zu sein. Hunderte von Menschen gingen, tanzten und ritten singend um die kleine Kirche mit dem Schrein herum, bis die trockene Erde sich in einer Staubwolke über dem Getümmel der Körper erhob. Ich wanderte im Staub umher, bis ich einen Mann fand, der eine Flasche leichten Rotwein in einen blau-grün gemusterten Keramikkrug entleerte und stand wartend dabei, während er ein paar Orangen wusch, sie zerteilte und in den Wein gab und Zitronenscheiben, ein Stück Zucker, einen kräftigen Schuß Weinbrand und schließlich eine kleine Flasche Sodawasser und etwas Eis hinzufügte. Er mischte das Ganze tüchtig mit einem Holzlöffel, zerdrückte dabei einige Früchte und reichte mir dann ein volles Glas. Die blutrote *sangría (Register der Rezepte)* bildet die Ausnahme in diesem Land des Weißweins, aber sie ist das kühlendste Sommergetränk, das ich kenne, und gehört zu denen, die den Durst am besten löschen. Sie ist fruchtig und leicht und liegt spritzig auf der Zunge. Sie braucht nicht stark zu sein und kann je nach der Zuckermenge, die man verwendet, süß oder trocken zubereitet werden. Sie verträgt alle Fruchtsorten und viele Liköre, darunter Cointreau, Orangen- oder andere Obstliköre. Je einfacher, desto besser, ist die Regel in Spanien, und die anspruchslose *sangría,* die ich in El Rocío trank, war die beste, die ich je gekostet habe. Sie war in den folgenden sechs heißen Tagen unser Leib- und Magengetränk.

Das Singen und Tanzen zu Gitarren, Rohrflöten und Trommeln dauerte bis zum folgenden Sonntag. Man schlief unter den Wagen oder auf den Feldern und in den umliegenden Dörfern, und als die Figur der Jungfrau schließlich herausgetragen wurde, geriet das gesamte, vom Wein, von der Sonne und der Fiesta trunkene Pilgerlager in fieberhafte Erregung. Einen Augenblick herrschte Stille, als sie in ihrem vergoldeten Schrein erschien, hochaufgerichtet, mit bleichem Gesicht, finster und traurig, und dann brach ein langer, zitternder Schrei aus der Menge hervor, während die Menschen übereinander hinwegkletterten, -sprangen, -stürzten und die Arme ausstreckten, um ihren Rocksaum oder den Boden der Trage zu berühren. Schüsseln mit Essen und Krüge mit Wein wurden zertrampelt, Teller zerbrachen im Staub, und die Wallfahrt erreichte ihren Höhepunkt mit dem Geschrei der vom Taumel ergriffenen Menschen – „*Viva la Virgen del Rocío ... Viva! ...*" –, das bis zum Morgen durch die Nacht hallte. Beim Hellerwerden verebbte die Stimmung, und jeder Wagen machte sich leer und traurig auf die Heimreise.

Wir nahmen den langen Weg, der in Windungen um die Stände von Huelva herum bergabführt, und hielten an, um Sherry zu kaufen und im Sand Wildenten über offenem Feuer zu braten. Während die Enten brutzelten, ritt einer der Reiter in ein Fischerdorf, um frische Sardinen zu holen. Wir schnitten auf einem Feld lange Rohrschäfte ab und spalteten sie bis zur Hälfte auf. Dann taten wir die Sardinen quer in die aufgeschnittenen Rohre und steckten die Schäfte tief in den Sand, so daß sie sich in einem Winkel über das Feuer neigten, bis die Sardinen, die ihr Fett in die hochleckenden Flammen verspritzten, gar waren. Wir aßen sie mit den Fingern, zwei Bisse von jeder Seite des Fisches. In der klaren Meeresluft schmeckten sie pikant und frisch, und der dann folgende trockene Sherry und die dampfenden Stücke der zarten Ente mit der knusprigen Haut ergaben eine Mahlzeit, die trotz aller Saucen, Gewürze und Kräuter der Welt nicht hätte besser sein können. Das Wesen Andalusiens hat etwas von der Einfachheit und dem Zauber dieses Mahls.

Von der Wallfahrt nach Sanlúcar zurückgekommen, fuhr ich durch unzählige kleine Städte in grüner und brauner Hügellandschaft nach Osten. Einen Nachmittag lang blieb ich in Córdoba, um mir den Bau anzusehen, den ich in Andalusien am meisten schätze, die Mezquita, eine maurische Moschee aus dem 8. Jahrhundert. Sie ist eine grandiose Fontäne hoher, zierlicher Säulen aus Onyx, Jaspis, Marmor und Granit, die das Licht unter der getönten Zedernholzdecke in einen Regenbogen von Farben bricht. Das leichteste und luftigste Bauwerk, das sich denken läßt. Links hinter der Mezquita liegt ein so kleines Restaurant, daß man es leicht übersieht, wenn man zu schnell daran vorbeigeht. Hier bekommt man eine Spezialität der Stadt, ein Gericht aus Stierschwänzen in einer scharfen, dünnen Sauce mit Kräuterweinaroma, das zugleich nach Fleisch und frischem Grün schmeckt.

Von dort fuhr ich über schneebedeckte Berge in Richtung Osten nach Granada, wo die Alhambra, Sommerresidenz der Kalifen und letztes Bollwerk der Mauren in diesem Land, neben den weißen Gärten des Generalife steht, die mit jedem Detail in dem kühlen Wald sorgfältig gepflegter Jasminbüsche, Zypressen und Eiben zur Muße einladen. Sie bieten einen wohltuenden Anblick, und man kann von dort über die Sierra Nevada zum Mittelmeer herunterfahren und auf diese Weise die von hohen Hotelkästen überwucherten Tummelplätze an den Stränden von Málaga umgehen und sodann der Küste weiter hinauf zu jener Landschaft folgen, die unter dem Namen spanische Levante bekannt ist.

Auf der Reise dorthin machte ich einen letzten Umweg, um Freunde in Almería, der östlichsten Provinz Andalusiens, wiederzusehen. An einem Strand am Mittelmeer sammelten wir Muscheln von den Felsen und kochten sie über einem kleinen Feuer mit Knoblauch, Petersilie, Zitronensaft, Weißwein und etwas Senf dazu. Die Muscheln öffneten sich beim Erhitzen, so daß sich ihr Saft mit der Sauce verband. Wir aßen sie mit Brot, das wir in die leichte Sauce eintauchten, und tranken dazu eine Flasche des trockenen, fast farblosen heimischen Landweins.

Am Morgen fuhr ich nach Norden, zuerst über die Inlandstraße und dann über die dürftigere Küstenstraße durch Pinienwälder vom Süden fort in mohnblumenübersäte Felder hinein, die aussahen, als sei die Erde mit Blut besprizt. Und von dort erreichte ich den Rand des sanften Landes der Safran-Bauern, das die nächste Etappe spanischer Kochkunst bezeichnet.

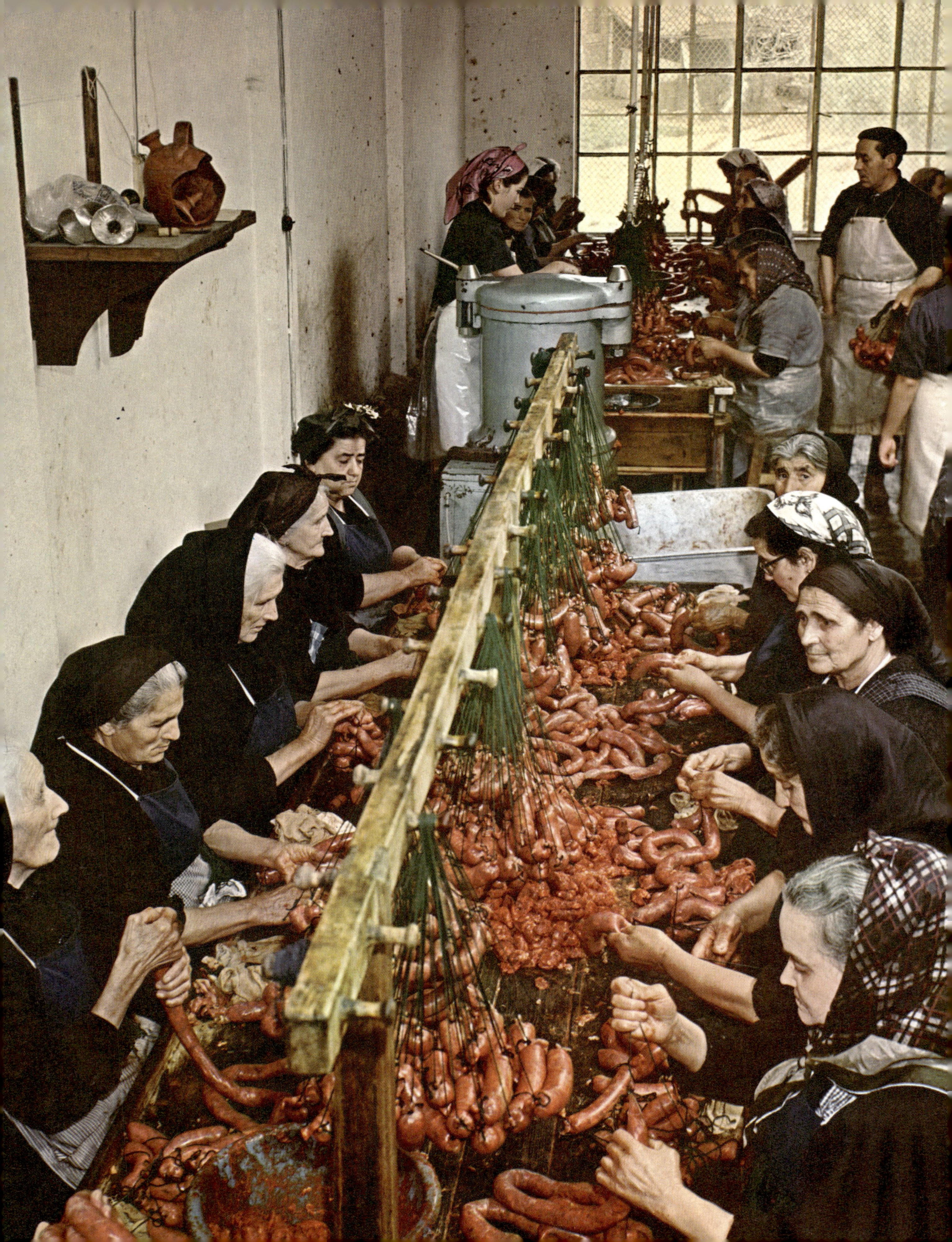

Chorizo-Wurst und Schinken haben die kleine andalusische Stadt Jabugo
berühmt gemacht. Die würzigen Würste finden in vielen Gerichten, so auch
in einigen Varianten der *paella* und des *cocido madrileño (beide im Register der
Rezepte)* Verwendung. Sie werden von Frauen aus dem Ort, die in einem
Genossenschaftsbetrieb arbeiten, gestopft und gebunden *(links)*. Danach
hängt man die Würste etwa zwei Wochen lang in den Rauch des auf mehreren
kleinen Feuerstellen verbrannten Holzes der *encina,* einer immergrünen Eiche.

KAPITEL III REZEPTE

Riñones al Jerez
GEBRATENE KALBSNIEREN IN SHERRYSAUCE

Für 6 Personen

6 EL Olivenöl
150 g feingehackte Zwiebeln
1 TL feingehackter Knoblauch
1 kleines Lorbeerblatt
20 g Mehl
⅛ l Rindfleisch- oder Hühnerbouillon
2 EL feingehackte Petersilie
1 kg Kalbsnieren, der Länge nach halbiert, ohne Fett, in etwa 2 bis 3 cm große Würfel geschnitten
Salz
Frisch gemahlener schwarzer Pfeffer
⅛ l heller trockener Sherry

In einer schweren Pfanne von 20 bis 25 cm Durchmesser 4 EL Olivenöl bei mäßiger Temperatur erhitzen, bis sich ein leichter Rauch bildet. Zwiebeln, Knoblauch und Lorbeerblatt hineingeben. Unter häufigem Rühren 5 Minuten anbraten, bis die Zwiebeln weich und glasig, aber nicht braun sind. Das Mehl zufügen und gründlich vermengen. Mit der Bouillon ablöschen und unter ständigem Rühren bei großer Hitze kochen, bis die Mischung stark eindickt und aufwallt. Die Petersilie hinzufügen und auf kleiner Flamme ungefähr 3 Minuten leicht kochen lassen. Beiseite stellen.

Die restlichen 2 EL Olivenöl in einer schweren Pfanne von 25 bis 30 cm Durchmesser erhitzen. Die Nieren mit reichlich Salz und einer Prise Pfeffer bestreuen. Dann im heißen Öl 4 bis 5 Minuten braten, wobei man sie mit einem großen Löffel wendet und die Hitze so einstellt, daß sie auf beiden Seiten rasch und gleichmäßig bräunen, ohne anzubrennen.

Die Nieren auf einen Teller legen und den Sherry in die Pfanne gießen. Bei starker Hitze aufkochen lassen, wobei man den an der Pfanne haftenden Bratensaft abkratzt und daruntermischt. Die Nieren in die Pfanne zurückgeben, die aufgehobene Zwiebelsauce hineinrühren und aufkochen lassen. Auf niedrige Flamme schalten, 1 oder 2 Minuten lang ziehen lassen und abschmecken.

Die Nieren sofort anrichten, eventuell mit Safranreis *(Register der Rezepte)* und in Streifen geschnittenen Pimientos.

Gazpacho
KALTE GEMÜSESUPPE NACH SPANISCHER ART

Für 6 bis 8 Personen

SUPPE
2 mittelgroße grüne Gurken, geschält und grobgehackt
625 g mittelgroße Tomaten, geschält und grobgehackt
1 große Zwiebel, grobgehackt
1 mittelgroße Paprikaschote, das Mark und die Kerne entfernt, grobgehackt
2 TL feingehackter Knoblauch
2–3 Tassen grobe Weißbrotkrumen (vom Meterbrot), ohne Kruste
1 l kaltes Wasser
¼ Tasse Rotweinessig
4 TL Salz
4 EL Olivenöl
1 EL Tomatenmark

GARNIERUNG
1 Tasse Brotwürfel, etwa ½ cm dick, ohne Kruste
½ Tasse feingehackte Zwiebeln
½ Tasse geschälte und feingehackte grüne Gurke
½ Tasse feingehackte grüne Paprikaschoten

In einer tiefen Schüssel grobgehackte Gurken, Tomaten, Zwiebel und Paprikaschote, Knoblauch und Weißbrotkrumen gut vermengen. Dann Wasser, Essig und Salz hinzufügen. Jeweils 2 Tassen dieser Mischung in den Mixbecher einer Küchenmaschine füllen und bei hoher Geschwindigkeit etwa 1 Minute verquirlen, bis die Mischung sich in ein glattes Püree verwandelt hat. Das Püree in eine Schüssel geben und mit einem Schneebesen Öl und Tomatenmark hineinschlagen.

(Andernfalls die Mischung aus Gemüse und Brot durch eine Gemüsemühle oder mit dem Rücken eines Holzlöffels durch ein Sieb in eine Schüssel passieren. Rückstände in der Mühle oder dem Sieb nicht verwenden. Olivenöl und Tomatenmark in das Püree hineinschlagen.)

Die Schüssel fest mit Plastik- oder Alufolie bedecken und mindestens 2 Stunden in den Eisschrank stellen, bis sie vollständig abgekühlt ist. Kurz vor dem Anrichten die Suppe leicht schlagen oder umrühren, um die gewünschte Konsistenz herzustellen. Dann in eine gekühlte Terrine oder in einzelne Suppenteller füllen.

Zu der *gazpacho* die Brotwürfel und die Gemüsebeilagen in einzelnen Schalen reichen. Diese Zutaten werden nach Belieben bei Tisch in die Suppe gegeben.

ANMERKUNG: Wenn man knusprige Croutons bevorzugt, kann man die Brotwürfel auch rösten. In einer Pfanne von 15 bis 20 cm Durchmesser ¼ Tasse Olivenöl bei mäßiger Temperatur erhitzen, bis sich ein leichter Rauch bildet. Die Brotwürfel hineingeben und unter häufigem Rühren rösten, bis sie auf allen Seiten goldbraun sind. Auf Küchenkrepp abtropfen und abkühlen lassen.

Ternera a la Sevillana
KALBSSCHNITZEL IN SHERRYSAUCE

In einem kleinen Kochtopf aus Glas, Emaille oder rostfreiem Stahl ½ l Wasser bei starker Hitze zum Kochen bringen. Die Oliven hineingeben, auf niedrige Flamme schalten und 2 Minuten schwach kochen lassen. Die Oliven in einem Sieb oder Durchschlag abtropfen lassen und mit kaltem Wasser übergießen, um sie abzuschrecken. Beiseite stellen.

Für den *sofrito* ⅛ l Olivenöl in einer schweren Pfanne von 25 bis 30 cm Durchmesser bei mäßiger Temperatur erhitzen, bis sich ein leichter Rauch bildet. Zwiebeln, Knoblauch und Paprikaschoten hineingeben und unter ständigem Rühren 5 Minuten schmoren, bis sie weich, aber nicht braun sind. Champignons, Tomaten, Oliven, Schinken und gemahlene Mandeln hinzufügen und unter fortwährendem Rühren zum Kochen bringen. So lange erhitzen, bis fast die ganze Flüssigkeit eingekocht und die Mischung dickflüssig genug ist, um in einem Löffel die Form zu behalten. Beiseite stellen.

Die Kalbschnitzel mit reichlich Salz und einer Prise Pfeffer bestreuen. In Mehl wälzen und bis auf einen leichten Belag alles Mehl abschütteln. Das restliche Öl in einer anderen Pfanne von 25 bis 30 cm Durchmesser erhitzen, bis sich ein leichter Rauch bildet. Die Schnitzel (wenn nötig, in zwei Arbeitsgängen) 3 bis 4 Minuten lang auf jeder Seite braten, wobei man sie mit einer Zange wendet und die Hitze so einstellt, daß sie rasch und gleichmäßig bräunen, ohne anzubrennen.

Die Schnitzel nun auf einen Teller legen. Das in der Pfanne verbliebene Öl abgießen und statt dessen Sherry und Wasser hineingeben. Bei starker Hitze zum Kochen bringen, wobei man den an der Pfanne haftenden Bratensatz abkratzt und daruntermischt. Dann den zurückbehaltenen *sofrito* hinzufügen und gut verrühren. Abschmecken.

Das Fleisch in die Pfanne zurücktun, die Hitze verringern, fest zudecken und 4 bis 5 Minuten schwach kochen lassen, bzw. bis die Schnitzel weich sind, wenn man mit der Spitze eines scharfen kleinen Messers in sie hineinsticht.

Zum Anrichten die Schnitzel appetitlich in einer Reihe leicht überlappend in der Mitte einer tiefen, vorgewärmten Platte anordnen und die Sauce gleichmäßig über das Fleisch gießen. Sofort servieren.

Für 6 Personen

12 entsteinte spanische grüne Oliven
¼ l Olivenöl
300 g feingehackte Zwiebeln
1 EL feingehackter Knoblauch
2 kleine grüne Paprikaschoten, Rippen und Kerne entfernt, feingehackt
125 g frische Champignons, in ¼ cm dicke Scheiben geschnitten
500 g mittelgroße Tomaten, geschält, entkernt und feingehackt *(siehe huevos a la flamenca, Seite 16)*
60 g feingewürfelter *serrano*-Schinken oder ein anderer magerer Räucherschinken
2 EL blanchierte gemahlene Mandeln
Salz
Frisch gemahlener schwarzer Pfeffer
150 g Mehl
6 Kalbsschnitzel, 1 cm dünn geschnitten und auf ½ cm breitgeklopft
⅛ l heller trockener Sherry
⅛ l Wasser

Safranreis und Pimientos passen als Beilage gut zu *riñones al Jerez,* mit Olivenöl gebratenen Kalbsnieren in Sherrysauce.

Für 4 bis 6 Personen

½ Zitrone, in ½ cm dicke Scheiben geschnitten
½ Orange, in ½ cm dicke Scheiben geschnitten
½ großer Apfel, der Länge nach halbiert, das Kerngehäuse entfernt, in dünne Keile geschnitten
60 bis 125 g extrafeiner Zucker
1 Flasche trockener spanischer Rotwein
¼ Tasse Weinbrand
Eisgekühltes Sodawasser
Eiswürfel (nach Belieben)

Sangría
ROTWEINBOWLE

In einen großen Krug Zitrone, Orange, Apfel und 60 g Zucker geben. Wein und Weinbrand dazugießen. Mit einem langstieligen Löffel gut verrühren. Abschmecken. Wenn die *sangría* süßer sein soll, bis zu 65 g weiteren Zucker hinzufügen.

Mindestens 1 Stunde in den Kühlschrank stellen, bzw. bis das Getränk völlig erkaltet ist. Kurz vor dem Anrichten bis zu ¾ l eisgekühltes Sodawasser dazugießen und abschmecken. Wieder umrühren und sofort in vorgekühlten Weingläsern servieren, oder vor dem Einschenken der *sangría* Eiswürfel in die Gläser füllen.

Für eine Rolle von 40 cm Länge

30 g zerlassene Butter
60 g Mehl
4 Eigelb
60 g Zucker
⅛ TL Salz
4 Eiweiß
Rumcremefüllung *(unten)*
Puderzucker

Brazo de Gitano
BISKUITROLLE MIT RUMCREMEFÜLLUNG

Den Ofen auf 200° vorwärmen. Mit einem Kuchenpinsel Boden und Seiten eines Kuchenblechs mit 15 g Butter bestreichen. Das Blech mit einem 50 cm langen Streifen Wachspapier auslegen und das Papier über die Schmalseiten herausragen lassen. Das Papier mit der restlichen Butter bepinseln und mit 20 g Mehl bestreuen. Das Blech von einer Seite zur anderen kippen, damit sich das Mehl gleichmäßig verteilt. Das Blech umdrehen und überflüssiges Mehl kräftig abklopfen. Beiseite stellen.

Mit einem Schneebesen, einem Handrührgerät oder einer elektrischen Küchenmaschine das Eiweiß schlagen, bis es steif genug ist, um an dem Rührgerät haftenzubleiben. In einer anderen Schüssel mit demselben Gerät Eigelb, Zucker und Salz verquirlen, bis eine dicke, blaßgelbe Mischung entsteht. Dann das restliche Mehl über den Eischnee streuen, die Eigelbe darübergießen und locker, ohne zu rühren, mit einem Gummispachtel unterheben.

Den Eierteig auf das Blech füllen, mit einem Spachtel bis in die Ecken verteilen und glattstreichen. Auf dem mittleren Einschub im Ofen 8 Minuten backen, bzw. bis sich der Teig von den Seiten des Blechs zu lösen beginnt. Aus dem Ofen nehmen und vorsichtig auf einen frischen Bogen Wachspapier stürzen. Die Papierschicht über dem Kuchen behutsam abziehen und von einem langen Ende her den Kuchen zu einem losen Zylinder aufrollen. Beiseite stellen und auf Zimmertemperatur abkühlen lassen.

Auseinanderrollen und die Oberfläche gleichmäßig mit Rumcremefüllung bestreichen. Wieder aufrollen und auf eine Kuchenplatte legen. Kurz vor dem Servieren den Kuchen oben und an den Seiten mit reichlich Puderzucker bestäuben.

Für etwa 2 Tassen

½ l Milch
2 Zimtstangen von 5 cm Länge
1 Vanilleschote von 10 cm Länge, in 1 cm lange Stücke geschnitten
2 Eigelb
60 g Zucker
40 g Mehl
1 EL echter dunkler Rum

Crema Pastelera al Ron
RUMCREMEFÜLLUNG

In einem schweren, 1 bis 1½ l fassenden Kochtopf die Milch mit der Zimtstange und Vanilleschote bei mäßiger Hitze zum Kochen bringen. Vom Feuer nehmen und zudecken.

In einer großen Rührschüssel die Eigelbe und den Zucker mit einem Schneebesen, einem Handrührgerät oder einer elektrischen Küchenmaschine schlagen, bis die Mischung dick und blaßgelb ist. Das Mehl eßlöffelweise dazurühren. Die Vanilleschote und die Zimtstange aus dem Topf nehmen und die Milch langsam und unter dauerndem Schlagen in die Eigelbmischung gießen. Die Mischung in den Topf zurückgeben und bei schwacher Hitze unter ständigem Rühren mit einem Schneebesen kochen, bis sie sich zu einer Creme verdickt. Den Rum dazurühren, von der Kochstelle nehmen und auf Zimmertemperatur abkühlen lassen. Hin und wieder umrühren, damit sich keine Haut bildet. Die Creme kann 2 bis 3 Tage im Kühlschrank aufbewahrt werden, bevor sie als Kuchen- oder Tortenfüllung Verwendung findet.

Sangría – aus Rotwein, Weinbrand, Früchten und Sodawasser – ist ein erfrischendes Getränk zur Cocktailstunde oder zum Essen.

Almejas a la Marinera
MUSCHELN IN WEISSWEIN MIT KNOBLAUCH, ZWIEBELN UND TOMATEN

Für den *sofrito* das Öl bei mäßiger Temperatur in einer schweren Pfanne von 20 bis 25 cm Durchmesser erhitzen, bis sich ein leichter Rauch bildet. Zwiebeln und Knoblauch hineingeben. Unter ständigem Rühren 5 Minuten anbraten, bis die Zwiebeln weich und glasig, aber nicht braun sind.

Das Brot, die Tomaten und das passierte Eigelb hineinrühren. 5 Minuten weiterschmoren und mit einem Löffel verrühren und zerdrücken, bis fast alle Flüssigkeit in der Pfanne eingekocht ist und die Mischung sich zu einem glatten Brei verdickt. Beiseite stellen.

Die Muscheln mit der Schließmuskelseite nach unten in eine schwere Pfanne von 25 bis 30 cm Durchmesser legen, den Wein dazugießen und bei starker Hitze zum Kochen bringen. Fest zudecken und auf kleiner Flamme 8 bis 10 Minuten lang dünsten, bis sich die Muscheln öffnen. Mit einer Zange oder einem Schaumlöffel die Muscheln aus der Pfanne heben und auf eine vorgewärmte Platte legen. Geschlossene Muscheln wegwerfen.

Die in der Pfanne verbliebene Flüssigkeit durch ein feines Sieb direkt in den *sofrito* streichen. Unter ständigem Rühren zum Kochen bringen. Abschmecken und mit Salz und einer Prise Pfeffer würzen.

Die Sauce über die Muscheln gießen, darüber Eiweiß und Petersilie streuen und die Platte mit den Zitronenspalten garnieren. Sofort anrichten.

Für 2 Personen als Hauptgang, für 4 Personen als Vorgericht

3 EL Olivenöl
75 g feingehackte Zwiebeln
1 TL feingehackter Knoblauch
2 EL grobe Weißbrotkrumen ohne Kruste
½ Tasse Tomaten, geschält, entkernt und feingehackt *(siehe huevos a la flamenca, Seite 16)*
1 hartgekochtes Ei, das Eigelb durch ein Sieb gestrichen, das Eiweiß feingehackt
2 Dutzend hartschalige Herzmuscheln, ersatzweise Miesmuscheln, gewaschen und gründlich abgebürstet
¼ l trockener Weißwein
Salz
Frisch gemahlener schwarzer Pfeffer
2 EL feingehackte Petersilie
1 Zitrone, in Sechstel oder Achtel geschnitten

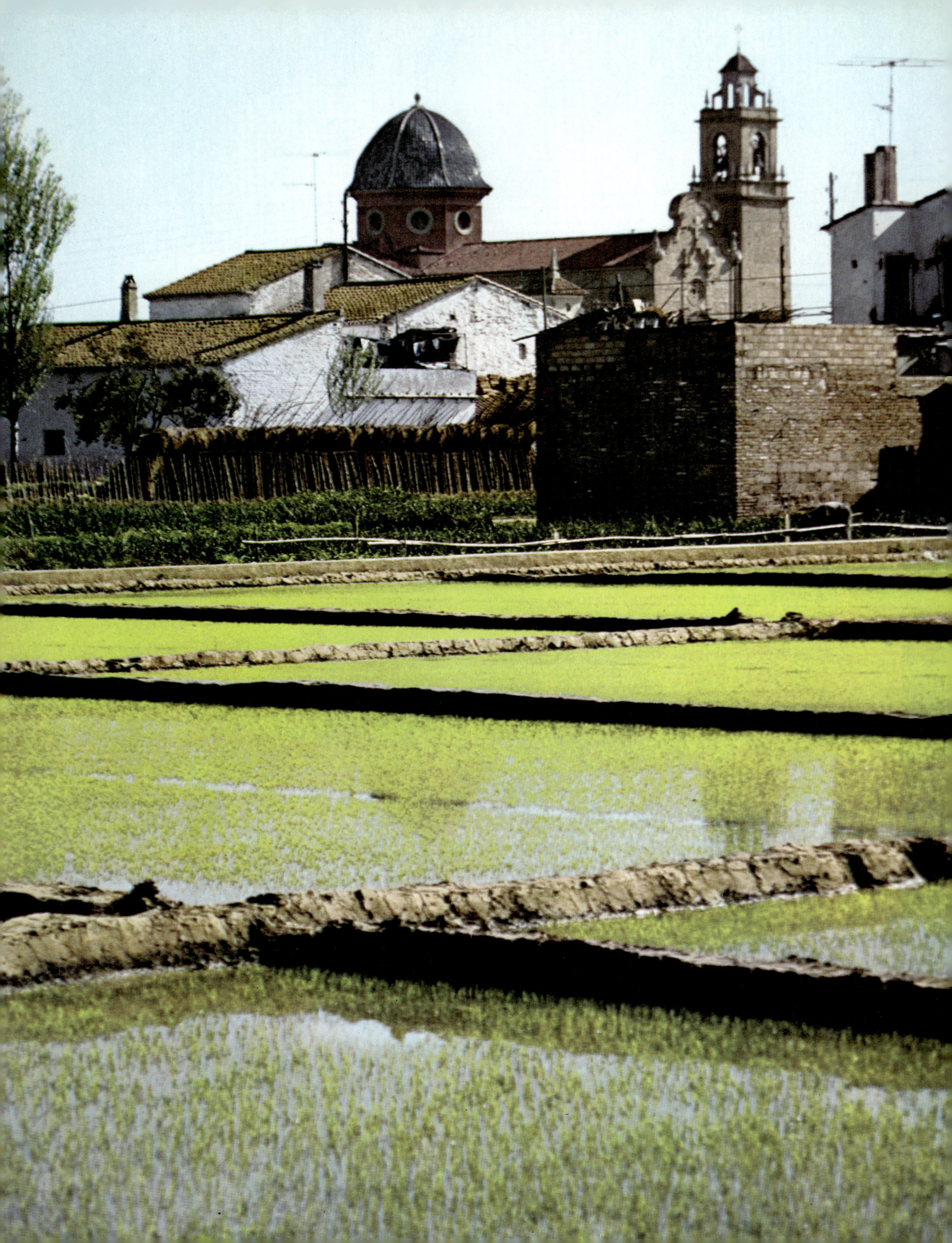

IV

Spanische Levante, Heimat der Paella

Die spanische Ostküste, die im Süden bei Cabo de Gata ihren Anfang nimmt und sich an warmen Mittelmeerwassern entlang nach Norden erstreckt, trägt viele Namen. Von alters her heißt sie Levante; das spanische Wort *levantar* bedeutet sich erheben, und im Osten erhebt sich die Sonne. Aus vier Provinzen – Murcia, Alicante, Valencia und Castellón de la Plana – gebildet, wurde sie auch als Phönizische Küste bezeichnet, weil die Phönizier dort Handelsplätze unterhielten; sie gehörten zu den wenigen Völkern, die kein Interesse daran hatten, in das Land jenseits der Berge vorzudringen. Das spanische Ministerium für Information und Fremdenverkehr hat der südlichen Hälfte der spanischen Levante ihres leuchtenden Lichts wegen den Namen Weiße Küste gegeben, und auf vielen Landkarten wird der nördliche Teil mit dem blumigen Etikett Küste der Orangenblüten bedacht. Aber es ist die spanische Küche, die der Levante den unscheinbarsten und genauesten Titel verliehen hat: Reisland.

Wenn man in das Gebiet von der südlichen Provinz Murcia her einreist, versteht man zuerst nicht, wie die spanische Levante zu diesem Namen gekommen ist. Die Gegend bietet ihre besten Gerichte nicht dar, ehe sie ihre Waren vorgezeigt hat. Aber der Ausflug lohnt sich, weil man auf diese Weise die gewöhnlichen Zutaten sieht, die später unter den Zauberhänden der dortigen Köche zu eleganten, fein ausgeführten, arabeskenreichen Speisen werden. Bricht man im Herbst vom Süden auf, sieht man Felder scharfer roter Gewürzpaprikaschoten, die zum Trocknen in der Sonne ausgelegt sind; sie erinnern an mißgestaltete andalusische Mohnblumen. Die süßen roten Paprikaschoten wachsen in den weiten *huertas*, den von komplizierten Bewässerungssystemen gespeisten Gemüsegärten, die die Mauren entwickelten. Es gibt Felder mit den dunkelgrünen spanischen Melonen, mit Tomaten, Zitronen- und weißen Maulbeerbäumen, deren Blätter den Seidenraupen als Nahrung dienen, und Beete in sanftem Purpur mit Krokussen, deren getrocknete, orangefarbene Narben einst

Ein ziegelgedecktes Bauernhaus und eine mit einer Kuppel gekrönte Pfarrkirche in der Nähe von Valencia bilden den Hintergrund für junge Reispflanzen, die auf *planteles* genannten Saatbeeten heranreifen. Die Sämlinge, die auf diesen von Erddämmen umgebenen, bewässerten Beeten gezogen werden, pflanzt man dann auf die Reisfelder – genau wie in dem asiatischen Ursprungsland dieses Getreides, das in der spanischen Küche eine so bedeutende Rolle spielt.

einen hochgeschätzten leuchtendgelben Farbstoff lieferten und heute das ebenso kostbare, pikante Gewürz Safran hergeben. Man sieht hier Olivenbäume, die vom Mittelmeer zu den Salzlagunen im Landesinneren überleiten, deren größte das Mar Menor ist. Hier leben mit Rogen beladene Meerbarben, Aale, Schnecken und die kaisergranatähnlichen *langostinos,* die in diesen Gewässern heimisch sind.

Die Küche dieses Gebiets ist ein festliches Präludium zu der unendlichen Vielfalt der Reisgerichte, die man weiter nördlich an der spanischen Levante findet – denn es hat den Anschein, als werde die Nahrung hier nur erzeugt und ersonnen, um vor, mit oder nach irgendeiner Reisspeise genossen zu werden. Frühstück besteht in Murcia oft nur aus einer Tasse Schokolade, die so dick zubereitet wird, daß man sie eher essen als trinken muß, und die in ihrer Süße den Fremden daran erinnert, daß er sich hier noch auf islamischem Territorium befindet. In den späteren Morgenstunden kommen geröstete, mit Tomaten gegarte Paprikaschoten auf den Tisch, eine Kombination, die hier sogar noch größere Bedeutung hat als in Andalusien. Diese Bestandteile erscheinen in allen Formen, vom Murcia-Omelett bis zum *pastel murciano,* einer Blätterteigpastete, die bis zum Rand mit gerösteten Paprikaschoten und Tomaten gefüllt ist und die außerdem *chorizo,* Kalbfleisch, Kalbshirn, kleingehacktes hartes Ei und andere Nahrungsmittel enthalten kann. Beide, Omelett und Pastete, dienen als ausgezeichnete Vorspeisen, die zum zweiten Frühstück oder lieber noch vor dem Reis genossen werden. Eine andere Spezialität, die man vor dem Reis ißt, haben die Araber stark beeinflußt, deren Vorliebe für Süßes nicht auf Nachspeisen beschränkt war, sondern sich auch auf Fisch ausdehnte: *merluza,* gebackener Seehecht mit Zimt und Orangenschnitten.

Nachdem diese Gerichte aus Murcia den Gaumen auf Reis vorbereitet und eingestimmt haben, ist der Besucher, der an der Ostküste entlang nach Norden fährt, bereit, sich der Mittags-*comida* zuzuwenden, die er am besten in der Nachbarprovinz Alicante zu sich nimmt. Hier findet er ein Gericht, das seinen Ruf als glänzendstes Beispiel für die richtige Art der Reiszubereitung vollauf verdient. Schauen Sie auf die Landkarte, während Sie durch den späten Morgen fahren. Ungefähr in der Mitte der Levanteküste bildet das Land eine riesige Ausbuchtung, die auf die Balearen weist. Am Rande dieses Vorsprungs, der von Palmen und Olivenbäumen gesäumt wird, weicht die halbafrikanische Szenerie unvermittelt einem Panorama freundlicher Orangenhaine und endloser, nasser, rechteckiger Reisfelder.

Halten Sie bei einem der kleinen Landgasthöfe an diesem Teil der Küste, wo der schmale Strand sich in das Binnenland hineinfrißt und einen winzigen Salzsee bildet. Beim Näherkommen sehen Sie am Restaurant eine gewaltige grillähnliche Anlage unter freiem Himmel, ohne Wetterschutz, nur an der Rückseite von einer einfachen Mauer begrenzt, die die sandigen Seewinde abhält. Das ist die Küche. Bleiben Sie stehen und sehen Sie zu, wie der Koch ein Reisgericht für eine vierköpfige Familie zubereitet. Er wird sich freuen, daß Sie ihm Gesellschaft leisten, und er sieht auch so aus, als brauche er nicht viel Konzentration für seine Arbeit. Mit der trügerischen Einfachheit eines levantinischen Zauberers wird er zuerst ein gewöhnliches Freiluft-Holzfeuer aus Reisern anlegen, die sich wie Radspeichen auf einen Mittelpunkt ausrichten – den Punkt, wo das Feuer am heißesten ist. Der Koch steht vor einem Eisenrost, der so viele Töpfe, Tiegel und Pfannen fassen kann, wie Bestellungen aus dem Speisesaal eingehen. Wenn die Flammen ihren Höhepunkt erreichen, greift der Koch nach einer flachen, runden, schwarzen Metallpfanne, deren leicht gebogener Rand ungefähr 4 cm hoch ist. Er packt sie an den Griffen zu beiden Seiten und stellt sie auf den Rost über dem hochlodernden Feuer. Aus einer Flasche zu seiner Rechten gießt er geräuschlos einen tüchtigen Schuß Olivenöl in die Pfanne.

Er wartet, bis das Öl gerade anfängt, Rauch zu entwickeln, und dann wirft er ein paar Stücke Schweinefleisch, Teile vom Huhn, Innereien und einige Wurstscheiben hinein. Hinter ihm liegen auf einem Holztisch geschälte Tomaten und anderes Gemüse, rote gekochte Garnelen, weißfleischiger Fisch, schwarze Miesmuscheln und andere, kleinere Muscheln neben *cigalas,* einem rosa Schalentier, das wie ein kleiner Hummer aussieht. Während das Fleisch bräunt, spricht der Koch bereitwillig über das Wetter und seine Arbeit; wenn Sie danach fragen, wird er Ihnen erklären, daß man Reisgerichte besser im Freien zubereitet, weil die hohe Flamme den Boden der breiten, schwarzen Pfanne vollständig bedecken und beständig an ihm entlangzüngeln muß, ein Umstand, der sich drinnen schlecht bewerkstelligen läßt. Er spricht und arbeitet gleichzeitig, schält Knoblauchzehen ab, während er mit einem Auge die Flamme beobachtet, denn die wichtigste Rolle bei der Reiszubereitung spielt die Hitzeintensität, die die Kochzeit bestimmt. Wenn alle Fleischsorten braun sind, hebt er sie mit einem langen Metallspachtel heraus, setzt sie auf einen Teller und gibt an ihrer Stelle drei oder vier rohe *langostinos* hinein, die in der Schale kurz auf beiden Seiten brutzeln, bevor auch sie aus der Pfanne genommen und beiseite getan werden. Nun wirft der Koch eine knappe Handvoll dünner Zwiebelscheiben in das Fett, brät sie, bis sie beinahe Rostfarbe annehmen, und fügt Tomaten, zerdrückten Knoblauch und grobes Salz hinzu. Für ein paar Sekunden schiebt er die Pfanne vom Feuer und würzt mit Paprika, der ein so leuchtendes Rot ausstrahlt, daß er wie roter Farbstoff wirkt. Dann stellt er die Pfanne wieder auf die Flamme.

Die *sofrito* genannte Mischung in der Pfanne wallt im Öl auf, bis sich die Zutaten vermischt haben. Unterdessen zerstampft der Koch in aller Ruhe ein paar Fäden getrockneten Safran in einem Mörser. Er schüttet den Safran in den *sofrito,* gibt das Fleisch und die *langostinos* wieder hinein und rührt das Ganze einmal um. Dann prüft er die Flamme, die nun etwas niedriger brennt, von neuem; er bringt sie zu höherem Auflodern, indem er einfach die halbverbrannten Reiser mehr zur Mitte schiebt. Danach greift er mit unbeteiligter Miene, als fiele ihm das fast beiläufig ein, in einen Jutesack und holt ein paar Handvoll Rundkornreis hervor. Nachlässig wirft er sie ungefähr in Richtung auf die Pfannenmitte, sieht sich kritisch den Haufen inmitten des dampfenden *sofrito* an, fügt eine halbe Handvoll Reis hinzu und rührt alles zu einer flachen Schicht aus, die in die dicke, tomatenfarbige Mischung einsinkt. Natürlich weiß er fast bis auf das Korn genau, wieviel Reis er verbraucht hat. Während der Reis bräunt, entströmt der Pfanne die erste Duftmischung, eine pikante, berauschende Kombination von Meeres- und Landesfrüchten, verbunden durch die Würze des Safrans.

Nun kommt die Kellnerin aus dem Restaurant mit einer neuen Bestellung, so daß der Koch eine weitere schwarze Rundpfanne auf den Rost stellen und das gleiche Gericht von neuem zubereiten muß, während er noch das erste beendet. Jede Pfanne steht über ihrem eigenen Feuer, so daß der Koch die Hitze kontrollieren kann. Das Problem der Zeit, das hier von Bedeutung ist, scheint ihn nicht zu kümmern, er arbeitet einfach vor sich hin; tatsächlich ist er in der Lage, wenn es sein muß, zehn Pfannen auf dem Grill abwechselnd zu versorgen und sie mühelos alle zur rechten Zeit fertigzukochen. Bald ist der Reis in der ersten Pfanne gebräunt. Er fügt, offensichtlich ohne abzumessen, einen guten Schuß Wasser hinzu, der jedoch genau die doppelte Menge des Reises ausmacht. Das Wasser, das aus einem großen Topf stammt, in dem die Fische und Krustentiere gekocht wurden, hat eine weißliche Färbung. Tintenfischringe, zarte, junge Artischocken und frische Gartenerbsen kommen hinzu, und der lässige Zauberer rührt ein letztes Mal mit seinem Spachtel um. Nun löscht er die Flammen, indem er die restlichen Reiser aus ihrer speichenförmigen Anordnung löst und sie aus dem Bereich der Pfanne entfernt, so daß nur die Glutasche übrigbleibt, während der Reis zu Ende kocht.

Sodann wendet er sich der zweiten Pfanne zu, putzt noch etwas Gemüse und läßt sich weiter über die Fehler beim Reiskochen aus, wenn man nach der Uhr statt nach dem Verstand vorgeht. Nach Ablauf von, sagen wir, 18 Minuten und 12 Sekunden, schaut er sich den Reis an, der jetzt dunkelgelb ist und sich fast bis zum Rand der Pfanne erhebt. Der rote *sofrito* ist verschwunden. Unter dem grell schimmernden Licht des Himmels liegt

Fortsetzung Seite 76

Spaniens weltberühmte Paella:
Ein Gericht in vielerlei Gestalt

Die bunte *paella,* die außerhalb der Landesgrenzen bekannteste kulinarische Leistung Spaniens, trägt ihren Namen nach der Pfanne, in der sie zubereitet wird. Die Abbildung rechts zeigt das Geschirr auf dem Hauptmarkt von Valencia. Das Gericht kann die verschiedensten Zutaten enthalten: Hummer, Garnelen, Herzmuscheln, Miesmuscheln, Tintenfisch, *chorizo* (Wurst), Huhn, Kaninchen, grüne Bohnen, Erbsen und rote Paprikaschoten. Nur Olivenöl, Reis und Safran (dem *paella* ihr leuchtendes Gelb verdankt) sind unerläßliche Bestandteile; darüber hinaus reichen die Möglichkeiten von der eleganten Ausführung unten bis zur Picknickform auf den folgenden Seiten.

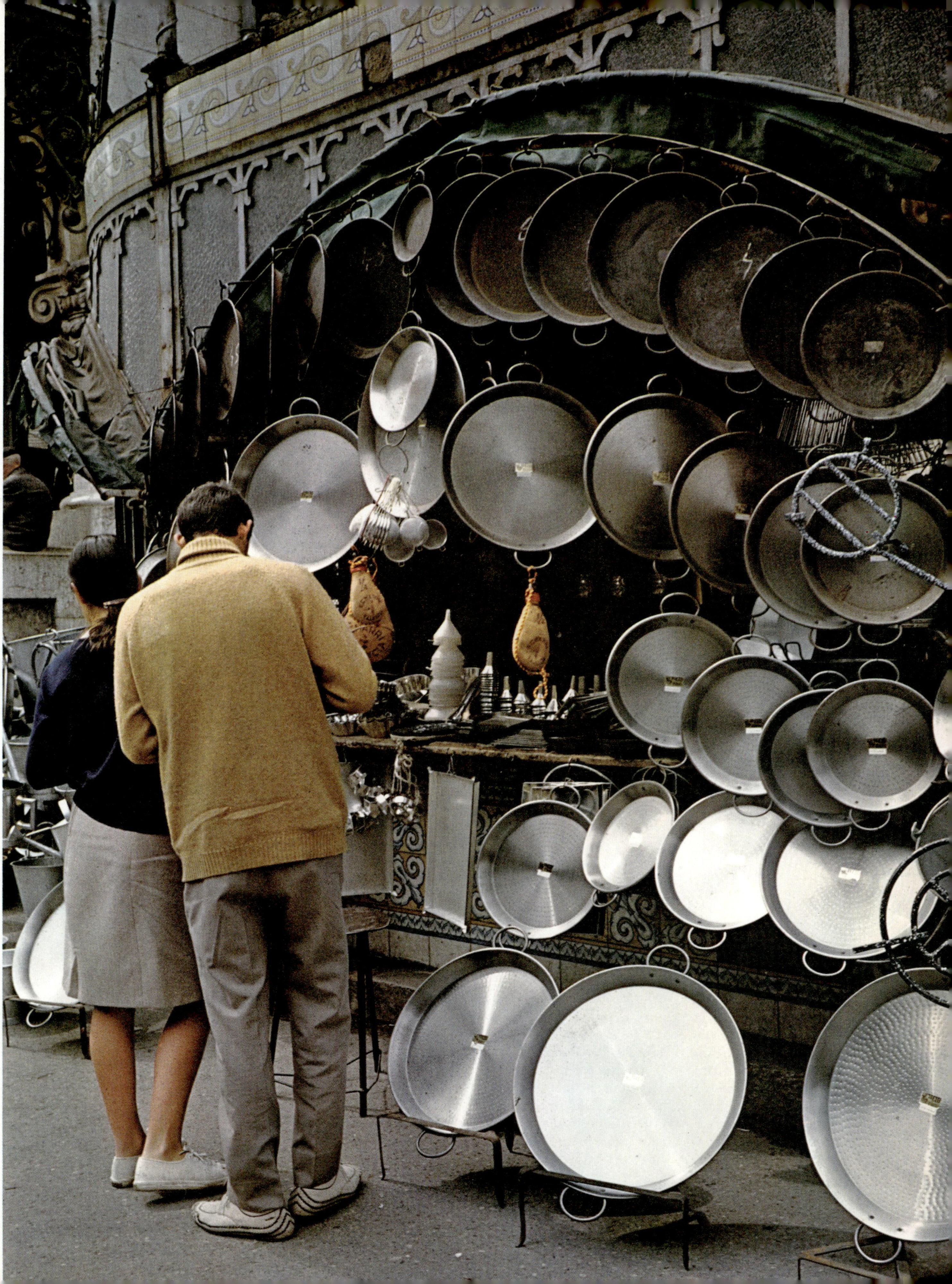

Während seine Frau Tomaten und Knoblauch schneidet, legt Señor Banacloy ein Feuer aus Pinienzweigen unter der Pfanne an.

Zu Fleisch und grünen Bohnen kommen Tomaten und Knoblauch.

Eine Paella im Freien

Die ersten *paellas* wurden draußen über offenem Feuer zubereitet, und einige *paella*-Kenner behaupten, dies sei immer noch die beste Methode. Für viele Spanier besteht die Hauptsache an einem Ausflug in einem *paella*-Picknick. Alle Zutaten nehmen sie mit, für das Feuer suchen sie sich Brennmaterial zusammen. Als Antonio Banacloy, ein Lastwagenfahrer aus Perellonet, mit seiner Familie ein Picknick *(oben)* in einem Park bei Valencia machte, brachten sie Kaninchen, Huhn, Gemüse, Safran, Olivenöl und eine *paella*-Pfanne mit. Sie stellten die Pfanne auf einen Dreifuß, die vier Kinder sammelten Pinienzweige, dann legten sie ein Feuer an und bereiteten die *paella,* wie es die Bilderfolge zeigt.

Die Löffel geschickt handhabend, ißt die Familie Banacloy *paella,* wie es die Tradition fordert, direkt aus der Pfanne.

Ohne die Hühnerteile werden Reis, Erbsen und weiße Bohnen gekocht. Zum Abschluß wird das Hühnerfleisch wieder hinzugefügt.

jedes Reiskorn so in sich gerundet und abgesondert von den übrigen Körnern da, daß man meint, das Gericht habe eine andere Dimension erlangt. Der Koch kratzt mit einem Stock den Rest der glühenden Kohlen unter der Pfanne weg, legt alsdann einige der gekochten Muscheln und Garnelen sowie ein paar Stücke von weißem Fisch in den Reis und läßt das fertige Gericht sich drei oder vier Minuten lang setzen, bevor er es mit Streifen von roten Paprikaschoten und vier oder fünf Stücken gekochter *langosta*, der Mittelmeerlanguste, garniert. Der safranscharfe Duft hält nun die vollkommene Balance zwischen Tier und Gemüse, Meer und Land, die sich lieblich in ihm mischen und doch ein magisches Ganzes von durchdringender Würze ergeben. Das fertige Gericht heißt *paella (Register der Rezepte)*, nach dem Geschirr, in dem es zubereitet wird und aus dem es im idealen Fall auch gegessen werden sollte. Die schwarze, runde Metallpfanne mit den Griffen zu beiden Seiten nennt sich *paellera,* und der Reisschmaus, der seinen Namen von ihr hat, ist das international bei weitem berühmteste spanische Gericht.

Um die *paella* wirklich schätzenzulernen, wollen wir ihr bis zum Eßtisch folgen und uns der Familie, die sie essen wird, anschließen. Es gibt immer genug, um noch einen teilhaben zu lassen, und wenn Sie allein sind, wird die Landbevölkerung der spanischen Levante darauf bestehen, daß Sie mithalten; sonst müssen Sie etwas anderes essen, denn eine *paella* ist ein zu umfangreiches Unternehmen, um für eine Person zubereitet zu werden. Man wird einen Stuhl für Sie an den viereckigen Gartentisch auf einer Terrasse rücken, die die von Schilfrohr geschützte, flache Salzlagune überblickt. Dann wird man Ihnen einen Holzlöffel geben. Die heiße *paella* wird in die Mitte des Holztisches gestellt, und dann wird ein kleiner weißer Teller mit der Oberseite nach unten auf die Mitte des Reises gestülpt. Auf diesen Teller, aber mit der richtigen Seite nach oben, kommt ein anderer Teller derselben Größe, auf dem frischer Kopfsalat mit Tomaten und rohen Zwiebeln liegt. Beim Angriff auf die *paella* fängt jeder bei der ihm zugewandten Seite der Pfanne an und ißt sich bis zum Salat im Zentrum durch, wobei er in der Zwischenzeit immer wieder innehält, um ein Stück Tomate oder eine dicke Scheibe frische Zwiebel zu nehmen, die mit einer einfachen, gut zum Aroma des Safrans passenden Sauce aus Essig und Öl angemacht sind. Sobald der Salat aufgegessen ist, wird auch die *paella* ringsherum verschwunden sein, und beide Teller werden abgehoben, um die restliche, noch warme Mittelportion für die letzten hungrigen Esser freizugeben, deren Appetit von der Reise durch den Reis noch nicht erschöpft ist. Um den Tisch stehen leere Teller für Schalen, Gräten und Knochen, niemand würde sein Essen unterbrechen, um einen Teller weiterzureichen.

Nun da alles richtig auf dem Tisch steht, kann das Festmahl beginnen. Jeder ergreift seinen Holzlöffel und ist von nun an auf sich selber angewiesen. Der erste Happen einer guten *paella* schmeckt eher scharf als süß, dann eher süß als scharf, nicht kräftig, doch aromatisch – eine Würze, die sich kaum definieren läßt. *Paella* gehört zu jenen seltenen Gerichten, die mit jedem Bissen besser schmecken, denn der levantinische Zauberer weiß, daß Reis, wenn er mit gewissen anderen Nahrungsmitteln *zusammen* gekocht wird, alle ihre Aromen in sich aufnimmt und miteinander verbindet, bis er einen ganz bestimmten eigenen Geschmack entwickelt, der anders – und besser – ist als der der Zutaten.

Paella ist sowohl das wichtigste als auch das berühmteste Gericht der spanischen Levante, weil es die grundlegenden Qualitäten und Geschmackskombinationen aller Reisgerichte der Ostküste in sich vereint. Wenn die dortigen Bewohner den Eindruck erwecken, fähige Kochkünstler zu sein, dann liegt das an ihrer Begabung, aus Reis, einem einfachen, anspruchslosen Nahrungsmittel, das verhältnismäßig geschmacklos ist und unauffällig aussieht, durch ein paar einfache Zutaten, die schnell zur Hand sind, eine Wonne für Augen und Nase zu bereiten. *Paella* ist wie so viele bedeutende Gerichte eine Speise der Armen, die zum Festschmaus der Reichen aufgestiegen ist. Die ursprüngliche *paella* entstand bei La Albufera,

Die „Dame von Elche", eine frühiberische Skulptur aus dem vierten vorchristlichen Jahrhundert, wurde in dem Dorfe Elche in der Provinz Alicante an der spanischen Levante gefunden. Ihre gelassenen Züge ähneln den Gesichtszügen vieler heutiger Bewohner Südspaniens.

der Süßwasserlagune in der Nähe der Stadt Valencia. Drei Zutaten wurden mit dem Reis zusammen gekocht: heimische Schnecken, grüne Bohnen und Aale; das Gericht wurde lieber mit kleinen ganzen Zwiebeln als mit Brot gegessen. Reis bildet in vielen armen Ländern das Hauptnahrungsmittel; er wird dort seit Jahrhunderten gekocht, begleitet beliebiges sonst vorhandenes Essen und dient zur Streckung und zu Aufnahme von Saucen. Die Bewohner der spanischen Levante essen ihn, gemessen an ihrer Geschichte, erst seit kurzem und lernten, ihn mit vielen Landesprodukten zu vermischen. Aber die Köche der spanischen Levante vollbrachten noch eine weitere Leistung. Denn Reis ist hier nicht nur eine Zugabe, sondern wesentlicher Bestandteil eines jeden Gerichts, in dem er vorkommt.

Aus einfachen Anfängen ist inzwischen ein Regenbogen von *paella*s im Gebiet der spanischen Levante hervorgegangen, der sich im übrigen Spanien allenthalben widerspiegelt und in der glitzernden, allumfassenden barocken Spielart gipfelt, die wir gerade verzehrt haben und die auf Speisekarten in aller Welt unter dem Namen *paella valenciana* erscheint. Diese Bezeichnung ist irreführend. Die authentische valencianische *paella* beansprucht nur ungefähr ein Drittel der Strecke des Regenbogens – sie ist ein einfaches Gericht, dessen Hauptbestandteil Reis, Huhn, Schnecken, grüne Erbsen und Bohnen sind, denn die Valencianer haben traditionsgemäß starke Hemmungen, wenn es darum geht, Fleisch mit Fisch, Fisch mit gewissen Schalentieren und sogar Fleisch mit bestimmten anderen Fleischsorten zu mischen. Die bunte barocke *paella* in dem ländlichen Restaurant in Alicante versammelt vermutlich die köstlichsten *paella*s dieses Küstenstrichs in einer einzigen Pfanne. Es wird behauptet: Fragt man 100 männliche Durchschnittsspanier, was wirklich in eine *paella* hineingehört, bekommt man 100 verschiedene Antworten; fragt man aber 100 Männer von der spanischen Levante, erhält man 300 Antworten, weil jeder eine Antwort für sich, eine für seine Großmutter und eine für seine Frau gibt. Die Vermehrung der Rezepte hat solche Ausmaße angenommen, daß es wahrhaftig eine *paella* gibt, in der der Reis durch winzige, nadelgroße Nudeln ersetzt ist. Aber die zutreffende Antwort auf die Frage, was eine *paella* denn nun wirklich enthält, lautet gewöhnlich: Reis, Safran und alles, was gerade frisch und billig auf dem Markt zu haben ist. Weit davon entfernt, ein kompliziertes Gericht zu sein, läßt sich *paella* ziemlich leicht zubereiten und könnte jedem weißbeschürzten Amateur-Küchenchef im Freien zur Ehre gereichen; sie erfordert keine besondere Ausrüstung. Den Grill kann man durch drei große Steine ersetzen, und statt der *paellera* kann man eine geräumige, tiefe Eisenpfanne nehmen.

Die heiße, trockene Provinz Alicante bietet neben einer großen Zahl von Reisgerichten eine Reihe von Präludien und Nachklängen zu diesen Speisen. Die Skala ist ebenso abwechslungsreich wie die Landschaft dieser Provinz. Im Schatten der Dattelpalmen der eleganten Promenade Explanada in der Stadt Alicante herrschen Sommertemperaturen von 32 Grad. Man kann dem leicht entgehen, wenn man nur ein paar Kilometer weit zu einem kühlen, in 1220 Meter Höhe liegenden Pinienwald fährt, der Aussicht auf das Meer gewährt. Hier wie dort wird man von den träumerisch wirkenden Frauen der Ostküste bedient, deren charaktervolle, verschwenderisch schöne Gesichter keinen typisch maurischen Einschlag aufweisen. Sie ähneln den frühen Iberern weit mehr als die modernen Spanierinnen anderer Gebiete, wie man an den Zügen der meisterhaften Skulptur der Dame von Elche aus dem 4. vorchristlichen Jahrhundert erkennen kann, die um die Wende unseres Jahrhunderts in dieser Provinz gefunden wurde. Kühl wie Marmor, anscheinend unempfindlich gegen den fieberheißen Sommer, schreiten sie von den Bergen herunter durch die atemlosen, heißen Küstenstädte zu den Stränden, sammeln Nahrung und kochen sie im Freien unter der brennenden Sonne, als ob sie bei Mondlicht arbeiteten. Sie brauen ihre Gerichte nicht wie die Andalusier unter Berücksichtigung der Hitze zusammen, sondern scheinen nur daran interessiert, eine breite Vielfalt von Speisen auf die dekorativste und wohlschmeckendste Weise um das zentrale Thema Reis aufzubauen. Wesentlich für die Kochkunst der spanischen Levante ist ein ausgewogenes Menü, und die Frauen, die Sie entweder bei sich zu Hause oder in Restaurants bedienen, verstehen sich ebenso geschickt auf die Kombination verschiedener Gerichte wie – gleich ihren Männern – auf die Zubereitung. Wenn der erste Gang einer *comida* in Alicante ein Reisgericht ist – vielleicht Reis mit frischer Mittelmeer-Seezunge, auf schwacher Flamme gegart, oder *arroz en caldero,* ein wundervolles Gericht aus Reis und dem vermischten Saft von drei verschiedenen Sorten Fisch –, dann wird der zweite ein einfacher Fleischgang sein. Aber wenn der erste Gang aus Reis mit Fleisch besteht – magere rosa Schweineleber oder möglicherweise Wildkaninchen –, wird als zweiter Gang Fisch in einfacher Form gereicht, zum Beispiel knusprig gebratene Meerbarben. Hier kehrt man im allgemeinen die übliche Reihenfolge um, derzufolge Fisch vor Fleisch auf den Tisch kommt, denn wenn eine Mahlzeit sich um Reis herumgruppiert, gilt Ausgewogenheit als das wichtigste. Als Nachspeise stehen dann aus einer Fülle frischer Früchte unter anderem Orangen von der Farbe der Sonne, geeiste oder sonnenwarme Wassermelone, reife Datteln oder tiefrote, süße Granatäpfel zur Auswahl. Das Obst der spanischen Levante ist gewöhnlich hervorragend und gilt als geeigneter Abschluß eines Mahls, dessen Hauptgericht aus Reis besteht, wohingegen Gebäck und Süßigkeiten hier häufig für die Nachmittags-*merienda* aufgespart werden, wo sie ein Gegengewicht zur Hauptmahlzeit bilden.

Das beste hiesige Konfekt, *turrón* genannt, ist eine Spezialität aus Alicante und ebenfalls weltberühmt. *Turrón* ist eine Nougatmasse, die sich gewöhnlich aus gerösteten Mandeln, Honig und Eiweiß zusammensetzt. Zur Weihnachtszeit sind die Marktstände und Lebensmittelgeschäfte von Alicante und der gesamten Ostküste sowie fast ganz Spaniens angefüllt mit den verschiedensten *turrón*-Sorten, die auch andere Zutaten wie Korianderpulver, Pinienkerne, Walnüsse und Zimt enthalten. *Turrón* läßt sich sowohl kauen wie zerbeißen, das Nußaroma gleicht die Süße des Honigs aus; er schmeckt das ganze Jahr hindurch gut – außer, wie die Leute aus Alicante sagen, nach einem Besuch beim Zahnarzt. Guter *turrón* ist ziemlich hart; wenn man nach dem ersten Bissen schnell den Mund öffnet, hat man das Gefühl, die Zähne würden einem aus dem Kiefer gerissen, von den Füllungen zu schweigen. Man sollte ihn so langsam und vorsichtig essen, daß er sich beim Kauen im Mund auflösen kann; die Zeit die man darauf verwendet, ihn so zu verzehren, lohnt sich durchaus.

Das Abendessen in der Provinz Alicante ist oft nur eine Art Nachspiel. Das Hauptgericht enthält nicht unbedingt Reis, es soll vielmehr die sättigende Mittags-*comida* ergänzen. Einer Suppe mit Reis oder einem Teller mit frischem Gemüse folgt oft ein Eiergericht oder Kaninchen beziehungsweise Hase, denn Kaninchen und Hase werden gern anstelle von Truthahn und Huhn gegessen. Ein köstliches Gericht dieser Art ist gegrilltes, ungewürztes Kaninchen, das fest im Fleisch und dampfend heiß mit *ali-oli* (*Register der Rezepte*) aufgetragen wird, jener kalten Sauce, die in dieser Weltgegend geradezu eine Institution geworden ist.

Ali-oli bedeutet Knoblauch-Öl und ist eine dicke, schillernde, blaßgelbe Sauce mit einem ureigenen scharfen Geschmack, der sich einfachen Speisen großartig anpaßt. Sie hat als ältestes kulinarisches Denkmal der Welt eine Vielzahl von Namen erhalten. Vergil erwähnte sie vor 2000 Jahren – ihre lateinische Bezeichnung lautete *moretum*. Im alten Spanien hieß sie *ajolio* und im mittelalterlichen Frankreich *aillouse*. Im heutigen Spanien wechselt ihr Name von einer Gegend zu anderen. In Alt- und Neukastilien wird sie *ajiaceite* genannt, in Aragonien *ajoaceite*. Wie auch immer, die Grundform der Sauce besteht lediglich aus rohem Knoblauch, der im Mörser mit Olivenöl, Salz und eventuell ein paar Tropfen Zitronensaft zerdrückt wird. Sie sollte in dem Mörser, in dem man sie zubereitet, auch angerichtet werden. Es gibt Variationen, die gemörserte Mandeln und Nüsse, wilden Thymian, Milch, Sahnekäse oder Eier enthalten. Spanische Gastronomie-Experten behaupten, Richelieu sei, als er 1756 Mahón, die Hauptstadt der

Baleareninsel Menorca, besuchte und die mit Eiern gemachte Version der *ali-oli* probierte, so von ihr angetan gewesen, daß er sie in Frankreich einführte, wo der Knoblauch weggelassen, mehr Zitronensaft hinzugefügt und die *Mahón-aise* genannte Sauce schließlich zur Mayonnaise wurde. Ob diese Geschichte nun stimmt oder nicht, die Vorzüge der *ali-oli* offenbaren sich am deutlichsten in der Ur-Sauce, deren geschmeidige Kraft und Schärfe einfach gebratenes Fleich, Süßwasserfisch, Krustentiere und alle anderen anspruchslosen Speisen auf das schönste ergänzt.

Nachdem der Besucher Kostproben der guten und abwechslungsreichen Küche Alicantes kennengelernt hat, sollte er sich der Kochkunst Valencias, der bekanntesten Provinz an der spanischen Levante, zuwenden. Fahren Sie im verweilenden Licht des Nachmittags an kilometerlangen Reisfeldern vorbei nach Norden und lassen Sie sich gegen Ende des Tages von einem weiteren Zauber der Ostküste überraschen: Hier bricht der Abend herein, wenn sich die weiße Orangenblüte *azahar* öffnet.

Es geschieht ganz schnell, gerade in dem Augenblick, da die Sonne am Horizont im sterbenden Licht anschwillt; der Duft überfällt Sie mit der Plötzlichkeit eines Sommersturms. Als ich zum erstenmal nachts durch Valencia fuhr, war ich auf den Geruch des *azahar* nicht vorbereitet, und ich empfand ihn anders als alle Blumendüfte, die ich kannte – er traf mich wie eine mächtige Woge, schwer und dicht und undefinierbar zunächst. Ich hielt den Wagen an, stieg aus und befand mich auf einer von Orangenhainen umgebenen Straße. Der Duft war überwältigend, er hatte jene intensive Kraft, die einen schwindlig machen kann, und als ich da unter den Bäumen stand, konnte ich fühlen, wie er in meiner Lunge zerbarst.

Apfelsinensaft aus Valencia bildet eine gute Einleitung und einen ebenso guten Abschluß für eine levantinische Reismahlzeit. Ein großes Glas kühler Orangensaft schmeckt aber auch zwischen den Mahlzeiten, und er gehört zu den Dingen, um derentwillen man auf der Fahrt die Küste hinauf in einem der kleinen Fischerdörfer einen Aufenthalt einlegt. Dort können Sie ihn in aller Ruhe trinken, während Sie eine der unangekündigten örtlichen Fiestas genießen, die anscheinend das ganze Jahr hindurch fast überall auf der Iberischen Halbinsel gefeiert werden.

Einmal hielt ich in der Provinz Valencia in einem Pueblo mit Namen Cullera an, um Apfelsinensaft zu trinken. Als ich hörte, daß in der Nacht ein Fischerfest stattfinden würde, entschloß ich mich zu bleiben. In Cullera steht auf einem hohen Hügel, wo der Duft des *azahar* emporsteigt, eine Kirche, die sich als Anbau einem den Ort beherrschenden Maurenpalast anschließt. Jeden Frühling gehen die Fischer in einer bestimmten Nacht zur Kirche hinauf und tragen die Figur ihrer Lieben Frau, *La Virgen del Castillo,* herab durch den dunklen Ort zum Wasser – nicht ausgelassen, wie die Andalusier mit ihren vielen Heiligenfiguren umherziehen, sondern gesetzt und würdevoll, wie es Fischern geziemt, die sich anschicken, um Glück für das kommende Jahr zu beten. Ich saß im Freien in einem Lokal am Strand und wartete mit den Leuten aus dem Ort auf die Ankunft der Trage mit der Muttergottes, die auf den Schultern der Männer ruht. Das Restaurant hatte für die Gelegenheit ein besonderes Gericht gewählt, das während der ganzen Nacht serviert wurde. Es war eine ausgezeichnete einfache Reisspeise mit kleinen Tintenfischen, Tomaten und Zwiebeln. Delikat im Geschmack, regte sie den Appetit an und stillte ihn zugleich, als ich sie da am Ufer des Meeres im kühlen Nachtwind, der über das Wasser strich, zusammen mit einer Flasche Rotwein zu mir nahm. Während ich aß, näherten sich Fischerboote, deren Lichter wie Augen in der Dunkelheit flackerten, vom offenen Meer und den Binnenlandlagunen und sammelten sich langsam nahe am Strand, um der Jungfrau Ehrerbietung zu erweisen.

Es war noch dunkel, als die Trage mit der Muttergottes schließlich um 6 Uhr früh erschien. Die Fischer trugen sie schweigend geradewegs über den Strand ins Meer hinein. Die Dorfbevölkerung stand am Land, als die Jungfrau ins Wasser gebracht und dann in diesem parallel zum Strand auf und ab getragen wurde. Das Wasser reichte den Fischern bis zu den Knien, und die Männer weiter draußen in den Fischerbooten umringten die Muttergottes mit ihren brennenden Kerzen, um ihrer Erscheinung zu huldigen; die schwankenden Boote selbst schienen sich vor ihr in der flachen Brandung zu verneigen. Als die Nacht verblaßte, wurde sie zu einem provisorischen Holzaltar unten am Strand zurückgetragen, der dicht mit weißen Orangenblütenzweigen bestreut war. Die Fischer hoben die Jungfrau höher und übergaben sie dem Dorfpriester, der sie auf den Altar setzte; in diesem Augenblick explodierte der Himmel über uns in weißem Licht. Ein Feuerwerk bleichte ihn aus und zerplatzte mit Getöse über der Jungfrau, den still wartenden Menschen und dem Meer. Dann brach jäh die Morgendämmerung herein, als hätten die Raketen sie aus der Nacht herbeigerufen.

Bevor die Jungfrau zur Schloßkirche zurückgetragen wurde, fand eine Frühmesse für das ganze Dorf am Strand statt. Dann gab es Kaffee, Orangensaft und einen *tostada* genannten Kuchen aus Reismehl mit Apfelsinen, Eiern und *anís*.

Wenn Sie an der spanischen Levante weiter nach Norden fahren, finden Sie in den nichtreligiösen *fallas de San José,* die in der Hauptstadt Valencia zur Zeit der Reispflanzung stattfinden, einen vollkommenen Gegensatz zur freundlichen Nacht der Fischer in Cullera. Man begeht das Fest im März, wenn nahezu alle volkstümlichen Reisgerichte zubereitet und gegessen werden, und es offenbart, daß durchaus nicht alle Dinge an der spanischen Levante mit Ehrfurcht behandelt werden. Die *fallas* stellen auf riesigen Umzugswagen Politiker und andere Prominente der Gegenwart in überlebensgroßen Figuren satirisch zur Schau. Die Figuren sind oft wilde Karikaturen der gemeinten Personen, und sie bewegen sich wie Riesenclowns in der übermütigen Fiesta-Stimmung durch die staubige Stadt – um am Ende auf einen Haufen geworfen und in einem gewaltigen Freudenfeuer, das Erde und Himmel herauszufordern scheint, verbrannt zu werden.

Menschenmengen stauen sich in den Straßen, drängen sich in die Restaurants, um Reisgerichte zu essen – Reis mit Huhn, Reis mit Muscheln, Reis mit irgend etwas, aber selten Reis mit mehr als jeweils einem scharfen Hauptaroma. Mein Lieblingsgericht dieser Art enthält weiche weiße Bohnen, frische Kohlrüben, Schweinewurst und dunkles, kräftiges Schweinefleisch. Der Geschmack des Schweinefleischs wird durch die leicht bitteren Kohlrüben gesteigert und sinkt in die Bohnen und den Reis ein, so daß außer den durch das Kochen entstehenden Säften keine Fleischsauce nötig ist. Das Gericht schmeckt sehr gut, und hinterher bringt es Spaß, ein oder zwei Stunden lang dem Umzug der *fallas* zuzuschauen, bevor man in eine Konditorei geht, um eine der vielen Backwerk-Spezialitäten der Stadt zu genießen, die in ihrer Vielfalt den Reisgerichten der spanischen Levante die Waage halten. Die Levantiner behaupten, es gäbe in Valencia keine Frau, die nicht backen könne.

In Castellón de la Plana, der letzten Provinz der spanischen Levante nördlich von Valencia, gibt es ein Gericht aus Reis und Meerestieren, das ich sehr gern mag. Es heißt *arroz a la marinera al estilo de Castellón* und wird das ganze Jahr über mit den jeweils vorhandenen Früchten des Meeres bereitet; als letzte Mahlzeit auf dem Weg die Küste hinauf ist es sehr zu empfehlen. Bei dieser Speise werden zerdrückte Garnelen mit Reis und je nach Jahreszeit erhältlichem Fisch, der fest im Fleisch ist, oder sogar mit Krebsen oder anderen großen Krustentieren sowie mit Kartoffelscheiben gekocht und mit Pimiento scharf gewürzt. Nach der Zubereitung werden Fisch und Kartoffeln getrennt serviert. Das aus zwei Gängen bestehende Mahl mit den anspruchslosen Zutaten legt von der kulinarischen Begabung der Ostküstenbewohner vollendet Zeugnis ab.

Hinter Castellón de la Plana verläuft die Küstenstraße in Windungen, die sich anfangs nach innen und außen und dann nach oben und unten schlängeln. Und nun nähert sie sich den steilen Felswänden der beinah melodramatisch schönen Costa Brava, die sich in kühn geschwungenen Kurven nordwärts nach Frankreich zieht.

KAPITEL IV REZEPTE

Arroz con Pollo
HUHN MIT SAFRANREIS UND ERBSEN

Die Hühnerteile mit Küchenkrepp gründlich abtrocknen und mit reichlich Salz und einer Prise Pfeffer bestreuen. In einer schweren, 4 l fassenden Kasserolle das Schmalz bei mäßiger Hitze zergehen lassen. Den gewürfelten Schweinespeck hineingeben und unter ständigem Rühren braten, bis alles Fett ausgelassen ist und die Würfel knusprig und goldbraun sind; mit einem Schaumlöffel zum Abtropfen auf Küchenkrepp legen. Die Hühnerstücke in die Kasserolle geben und in dem verbliebenen Fett bräunen, wobei man die Teile mit einer Zange wendet und die Hitze so reguliert, daß sie schnell und gleichmäßig goldbraun werden, ohne anzubrennen. Dann die Hühnerportionen auf eine Platte legen.

Bis auf eine dünne Schicht alles Fett aus der Kasserolle abgießen. Zwiebeln und Knoblauch hineingeben und 5 Minuten schmoren, bis sie weich und glasig, aber nicht braun sind. Erst den Paprika, dann die Tomaten hinzufügen und unter ständigem Rühren zum Kochen bringen. Unbedeckt 5 Minuten lebhaft schmoren lassen, bis fast die ganze Flüssigkeit in der Kasserolle eingekocht und die Mischung dickflüssig genug ist, um in einem Löffel ihre Form zu behalten.

Die Hühnerstücke und die Schweinewürfel in die Kasserolle zurückgeben und Reis, Erbsen, kochendes Wasser, Safran und 1 TL Salz hinzufügen. Behutsam, aber gründlich verrühren. Bei starker Hitze zum Kochen bringen, dann auf niedrige Hitze schalten, gut zudecken und 20 bis 30 Minuten schwach kochen, bis das Huhn weich ist und der Reis die Flüssigkeit völlig aufgesogen hat. Petersilie hineinrühren und abschmecken. Zudecken und abseits des Feuers 5 Minuten stehenlassen; dann in der Kasserolle servieren.

Für 4 Personen

Ein junges Huhn (1,2 bis 1,5 kg), in 6 bis 8 Portionen zerteilt
Salz
Frisch gemahlener schwarzer Pfeffer
1 EL Schweineschmalz
125 g frisch gepökelter Schweinespeck, feingewürfelt
150 g feingehackte Zwiebeln
1 TL feingehackter Knoblauch
1 EL Rosenpaprika
1 Tasse feingehackte Tomaten
350 g ungekochter Reis
300 g frische oder tiefgefrorene Erbsen
¾ l kochendes Wasser
⅛ TL Safranpulver oder zu Pulver zerstoßene Safranfäden
2 EL feingehackte Petersilie

Sopa al Cuarto de Hora
„VIERTELSTUNDEN"-SUPPE MIT MEERESTIEREN, SCHINKEN UND REIS

In einem schweren, 3 bis 4 l fassenden Kochtopf 1 l Wasser zum Kochen bringen. Die Muscheln hineingeben, fest zudecken und 5 bis 10 Minuten sprudelnd kochen lassen, bzw. bis sich die Schalen öffnen. Mit einem Schaumlöffel die Muscheln auf einen Teller legen, aus der Schale lösen und die Schalen wegwerfen. (Geschlossene Muscheln wegwerfen.) Die Muscheln beiseite stellen und das Muschelkochwasser aufheben.

Unterdessen den *sofrito* vorbereiten: In einer schweren Pfanne von 20 bis 25 cm Durchmesser das Öl bei mäßiger Temperatur erhitzen, bis sich ein leichter Rauch bildet. Zwiebeln, Knoblauch und Lorbeerblatt hineingeben. Unter gelegentlichem Rühren 5 Minuten anbraten, bis die Zwiebeln weich und glasig, aber nicht braun sind. Tomate, Schinken und Petersilie hinzufügen und bei starker Hitze etwa 5 Minuten in der Pfanne wenden, bis fast die ganze Flüssigkeit verdunstet und die Mischung dickflüssig genug ist, um in einem Löffel ihre Form zu behalten. Von der Kochstelle nehmen.

Die Muschelbrühe durch ein feines Sieb streichen und in den Topf zurückgießen. Den *sofrito*, Reis, Wein, Safran und Zitronensaft hinzufügen, bei starker Hitze aufkochen lassen und die Temperatur wieder verringern. Ein- oder zweimal umrühren, den Topf halb zudecken und etwa 15 Minuten, bis der Reis weich ist, ziehen lassen. (Diese Viertelstunde hat der Suppe ihren Namen gegeben.) Hummerkrabben, Ei und Muscheln hinzugeben und weitere 2 bis 3 Minuten auf dem Feuer halten, bis die Hummerkrabben rosa werden. Abschmecken und, falls gewünscht, mit Salz und Pfeffer würzen. Sofort in einer vorgewärmten Terrine oder in Suppentellern anrichten.

Für 4 bis 6 Personen

1 l Wasser
8 kleine Herzmuscheln, ersatzweise Miesmuscheln, gewaschen und gründlich abgebürstet
2 EL Olivenöl
75 g feingehackte Zwiebeln
1 TL feingehackter Knoblauch
1 kleines Lorbeerblatt
1 große Tomate, geschält, entkernt und feingehackt *(siehe huevos a la flamenca, Seite 16)*
30 g feingewürfelter *serrano*-Schinken oder anderer magerer Räucherschinken
2 EL feingehackte Petersilie
60 g ungekochter Reis
¼ Tasse trockener Weißwein
⅛ TL Safranpulver oder zu Pulver zerriebene Safranfäden
½ TL frischer Zitronensaft
8 mittelgroße ungekochte Hummerkrabben, aus der Schale genommen und in etwa 1 cm große Stücke geschnitten
1 hartgekochtes Ei, feingehackt

Paella
SAFRANREIS MIT MEERESTIEREN UND HUHN

Für 6 Personen

Ein lebender Hummer (750 g bis 1 kg)
6 mittelgroße ungekochte Hummerkrabben in der Schale, ersatzweise Langustenschwänze (Scampi)
6 kleine hartschalige Herzmuscheln, ersatzweise Miesmuscheln
6 Miesmuscheln
3 *chorizos* oder 250 g andere knoblauchhaltige geräucherte harte Schweinewurst
Ein Huhn (750 g bis 1 kg), in 12 Portionen, zerlegt
2 TL Salz
Frisch gemahlener schwarzer Pfeffer
⅛ l Olivenöl
60 g mageres Schweinefleisch ohne Knochen, in ½ cm große Würfel geschnitten
75 g feingehackte Zwiebeln
1 TL feingehackter Knoblauch
1 mittelgroße rote oder grüne Paprikaschote, Rippen und Kerne entfernt, in Streifen von 4 cm Länge und ½ cm Breite geschnitten
1 große Tomate, geschält, entkernt und feingehackt *(siehe huevos a la flamenca, Seite 16)*
700 g ungekochter Reis
¼ TL Safranpulver oder zu Pulver verriebene Safranfäden
1½ l kochendes Wasser
250 g frische Erbsen oder gründlich aufgetaute tiefgekühlte Erbsen
2 Zitronen, jede der Länge nach in Sechstel geschnitten

ANMERKUNG: Eine *paella* kann in Spanien sowohl einfach wie kunstvoll zubereitet werden. Die Zusammenstellung von Huhn, Fleisch und Krustentieren läßt sich nach Geschmack variieren. So kann man den Hummer ganz weglassen oder ihn durch 6 bis 8 weitere Hummerkrabben ersetzen. Herzmuscheln und Miesmuscheln lassen sich austauschen. Man kann Kaninchen hinzufügen oder anstatt Huhn verwenden. Gewürfelter Schinken, kleingeschnittenes Kalb- oder Rindfleisch können an die Stelle von Schweinefleisch oder Wurst treten. Tintenfisch oder Schnecken eignen sich ebenfalls. Gekochte grüne Bohnen oder Artischockenherzen können zusätzlich oder statt der Erbsen Verwendung finden.

Den Hummer in kochendem Salzwasser oder mit einem Längsschnitt durch Kopf und Panzer töten. Mit einem großen schweren Messer den Schwanz abschneiden und die Scheren abdrehen. Den gallertartigen Beutel (Magen) im Kopf und den damit verbundenen langen Darmstrang herausnehmen und wegtun. Ohne die Schale zu entfernen, den Schwanz quer in 2½ cm dicke Stücke teilen und den halbierten Körper quer in Viertel zerlegen. Beiseite stellen.

Die Hummerkrabben aus der Schale nehmen und darauf achten, die Schwänze nicht zu beschädigen. Mit einem scharfen kleinen Messer am Rücken entlang einschneiden und den Darmstrang mit der Spitze des Messers entfernen. Die Herz- und Miesmuscheln mit einer harten Bürste oder einem Metallscheuerball unter fließendem kalten Wasser gründlich bürsten und die schwarzen Bartfäden der Miesmuscheln entfernen. Hummerkrabben, Herz- und Miesmuscheln gesondert auf Teller legen.

Die Würste in eine Pfanne von 20 bis 25 cm Durchmesser geben und mit der Spitze eines scharfen Messers an zwei oder drei Stellen einstechen. Mit kaltem Wasser vollständig bedecken und bei starker Hitze zum Kochen bringen. Dann die Hitze reduzieren und unbedeckt 5 Minuten ziehen lassen. Anschließend abtropfen und in ½ cm dicke Scheiben schneiden.

Die Hühnerteile mit Küchenkrepp abtrocknen und mit 1 TL Salz und einer Prise Pfeffer würzen. In einer schweren Pfanne von 25 bis 30 cm Durchmesser die Hälfte des Olivenöls erhitzen, bis sich ein leichter Rauch bildet. Die Hühnerportionen mit der Haut nach unten hineingeben und gut anbraten, wobei man sie mit einer Zange wendet und die Temperatur so reguliert, daß sie gleichmäßig bräunen, ohne anzubrennen. Wenn sie goldbraun gebraten sind, auf einen Teller legen.

Den Hummer in das in der Pfanne verbliebene Öl geben. Unter häufigem Wenden der Stücke bei starker Hitze 2 bis 3 Minuten braten, bzw. bis die Schale eine rosa Färbung zeigt. Auf einen Extrateller legen und die Würste in die Pfanne tun. Die Scheiben schnell auf beiden Seiten anbraten, dann auf Küchenkrepp legen und abtropfen lassen.

Für den *sofrito* alles Fett aus der Pfanne abgießen und statt dessen das restliche Olivenöl hineingeben. Erhitzen, bis sich ein leichter Rauch bildet, die Schweinefleischwürfel hinzufügen und auf allen Seiten bei großer Hitze rasch bräunen. Zwiebeln, Knoblauch, Paprikaschote und Tomate hinzufügen.

Unter ständigem Rühren lebhaft schmoren, bis fast die ganze Flüssigkeit in der Pfanne eingekocht und die Mischung dickflüssig genug ist, um in einem Löffel ihre Form zu behalten. Den *sofrito* beiseite stellen.

Etwa eine halbe Stunde vor dem Anrichten der *paella* den Ofen auf 200° vorwärmen. In einer *paella*-Pfanne von 35 cm Durchmesser oder in einer Pfanne oder Kasserolle von mindestens 35 cm Durchmesser und 5 bis 6 cm Randhöhe den *sofrito* mit Reis, dem restlichen 1 TL Salz und Safran vermengen. Kochendes Wasser hinzugießen und unter ständigem Rühren bei großer Hitze aufkochen lassen. Sofort die Pfanne vom Feuer nehmen. (Abschmecken und, wenn nötig, nachsalzen.) Huhn, Hummer, Wurst, Hummerkrabben, Herz- und Miesmuscheln auf dem Reis anordnen und die Erbsen nach Gutdünken über das Ganze streuen. Die *paella* auf dem Boden des Backofens unbedeckt 25 bis 30 Minuten backen, bzw. bis der Reis alle Flüssigkeit absorbiert hat und die Körner gar, aber nicht weich sind. Sobald die *paella* im Backofen steht, sollte sie nicht mehr gerührt werden.

Wenn die *paella* gar ist, aus dem Ofen herausnehmen und lose ein Küchenhandtuch über sie breiten. 5 bis 8 Minuten ruhen lassen. Dann mit Zitronenstücken garnieren und in der Pfanne auf den Tisch bringen.

ZUBEREITUNG IM FREIEN: In Spanien wird *paella* oft draußen über Holzfeuer gekocht, ein großer Holzkohlengrill aber erfüllt den gleichen Zweck. Wie im Rezept angegeben, Meerestiere, Huhn, Wurst und *sofrito* auf dem Küchenherd vorbereiten und die anderen Zutaten für die endgültige Fertigstellung im Freien bereithalten.

Ungefähr anderthalb Stunden vor dem Anrichten der *paella* eine 5 bis 8 cm dicke Schicht Kohlen in einem Holzkohlengrill anzünden und brennen lassen, bis sich weiße Asche an der Oberfläche bildet. Das kann eine Stunde lang dauern.

Den Rost in 6 bis 8 cm Höhe über die Holzkohlen stellen. Wenn der Rost nicht vollkommen gerade ist oder leicht umkippt, statt dessen einen Ofenrost benutzen, der groß genug ist, um mit seinen vier Ecken auf der Kante des Grills Halt zu finden.

In einer *paella*-Pfanne von 35 cm Durchmesser oder in einer Pfanne oder feuerfesten Backform von 35 cm Durchmesser und 5 bis 6 cm Randhöhe den *sofrito* mit Reis, 1 TL Salz und Safran vermengen. Die Pfanne auf den Grill stellen, kochendes Wasser hineingießen und die Zutaten gründlich verrühren, wobei man den Reis gleichmäßig in der Pfanne verteilt. Rasch Huhn, Wurst und Meerestiere darüber anordnen und darauf achten, daß die Herz- und Miesmuscheln mit der Schließmuskelseite nach unten liegen. Die Erbsen darüberstreuen und die *paella* unbedeckt und ohne Unterbrechung 15 bis 18 Minuten brodelnd kochen lassen, bis der Reis alle Flüssigkeit absorbiert hat. Nachdem die *paella* angefangen hat zu kochen, sollte sie nicht mehr gerührt werden.

Wenn die *paella* gar ist, vom Grill nehmen und mit einem Tuch oder einem großen Stück Alufolie bedecken. 5 bis 8 Minuten ruhen lassen, dann das Tuch oder die Alufolie abnehmen, die *paella* mit Zitronenstücken garnieren und in der Pfanne auftragen. Fast immer bildet der Reis wegen der intensiven Hitze des Holzkohlenfeuers eine leichte braune Kruste auf dem Boden der Pfanne. Die Spanier lieben die Kruste und essen sie mit; da sie aber oft angebrannt schmeckt, sollte man sie besser in der Pfanne lassen und nicht austeilen.

Arroz con Azafrán
SAFRANREIS

In einer schweren Pfanne von 25 bis 30 cm Durchmesser das Öl erhitzen, bis sich ein leichter Rauch bildet. Die Zwiebeln hineingeben und bei mäßiger Hitze unter häufigem Rühren braten, bis sie weich und glasig, aber nicht braun sind. Den Reis hineinschütten und 2 bis 3 Minuten umrühren, bis die Körner glänzen. Der Reis darf nicht bräunen. Wasser, Salz und Safran hinzufügen und unter weiterem Rühren aufkochen lassen. Die Pfanne gut zudecken und die Temperatur auf die niedrigste Stufe schalten. Ohne Unterbrechung etwa 20 Minuten lang schwach kochen lassen, bis der Reis alle Flüssigkeit absorbiert hat und die Körner gar, aber nicht zu weich geworden sind.

Den Reis vor dem Anrichten mit einer Gabel lockern und abschmecken. Soll mit dem Auftragen noch gewartet werden, die Pfanne mit einem Handtuch bedecken und in einem auf etwa 100° vorgewärmten Ofen warm halten. *Arroz con azafrán* kann als Beilage zu *riñones al Jerez*, *zarzuela de mariscos* und *mariscos a la Costa Brava (alle im Register der Rezepte)* serviert werden.

Für 4 bis 6 Personen

2 EL Olivenöl
2 EL feingehackte Zwiebeln
350 g ungekochter Reis
¾ l kochendes Wasser
1½ TL Salz
⅛ TL Safranpulver oder zu Pulver zerriebene Safranfäden

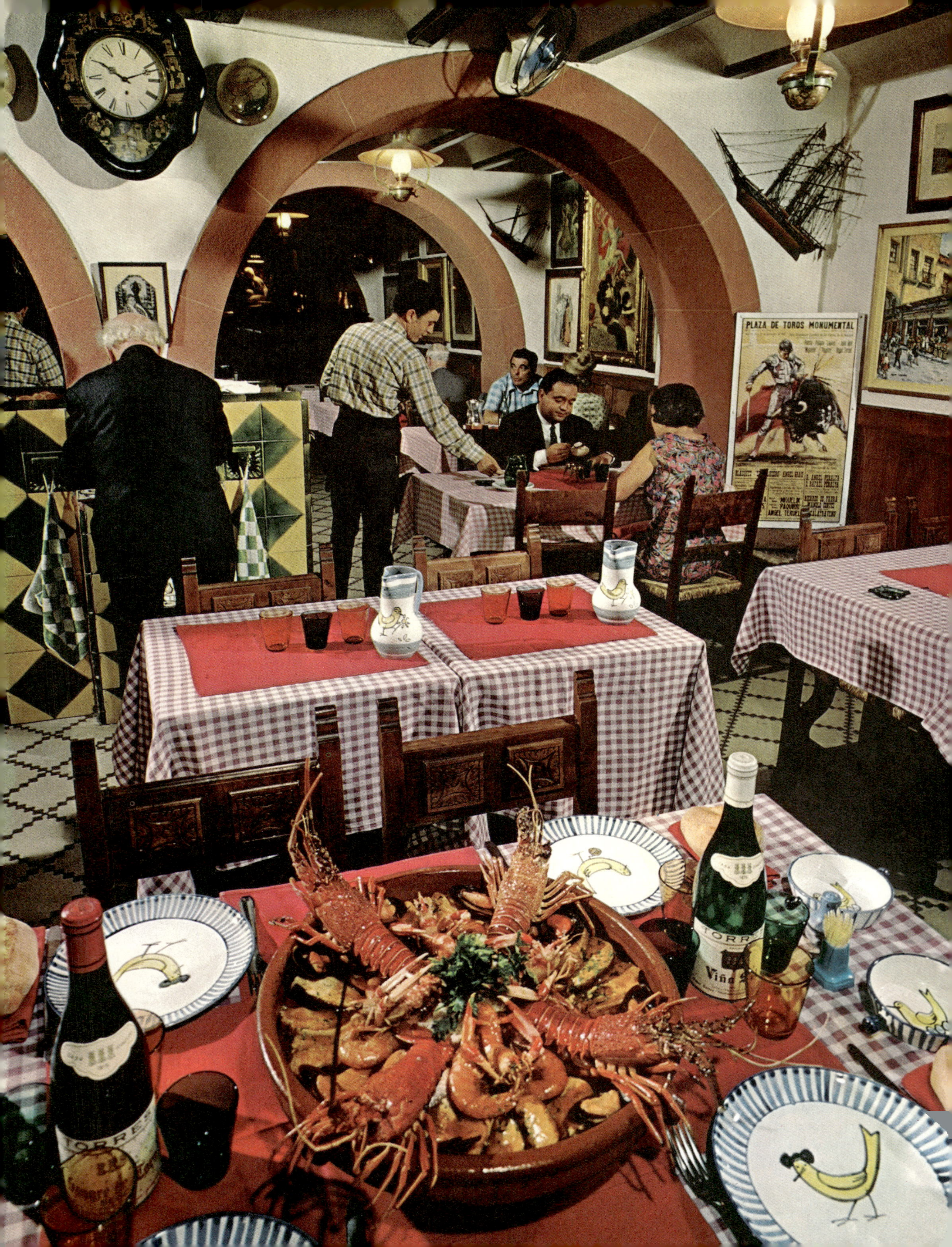
PLAZA DE TOROS MONUMENTAL
TORRES
TORRES

V

Katalonien: Alles zu seiner Zeit

Langostas (Langusten) zieren eine *zarzuela de mariscos* („Singspiel der Meeresfrüchte") auf einem Tisch des Restaurants El Canari de la Garriga in Barcelona. Eine *zarzuela* wird aus allen jeweils verfügbaren Meeresfrüchten gemacht. Diese hier enthält außer *langostas* Garnelenarten, Herz- und Miesmuscheln, *cigalas* (Kaisergranate) und zwei Sorten Fisch.

Von Frankreich im Norden, von Valencia im Süden, von Aragonien im Westen und vom Mittelmeer im Osten begrenzt, beherbergt das Gebiet Katalonien eine kosmopolitische, regsame Bevölkerung, die auf den ersten Blick europäischer wirkt als die übrigen Spanier und deren separatistische Tendenzen von der Politik auf die Kochkunst übergreifen. In Katalonien sagt man nicht so leicht: „Ich spreche spanisch" – jedenfalls nicht, wenn man ungeschoren davonkommen will. Man sagt lieber: „Ich spreche kastilisch." Das Katalanische ist nicht einfach ein Dialekt, sondern eine eigenständige Sprache mit einer eigenen Grammatik und Syntax und einer eigenen Literatur, der, nebenbei bemerkt, auch das älteste gedruckte Kochbuch Spaniens, eines der ältesten der westlichen Welt, angehört. Die Katalanen haben ihre Rezepte seit dem Mittelalter so ausführlich schriftlich niedergelegt, daß spanische Autoren gastronomischer Werke in unserem Jahrhundert sich nicht mehr die Mühe machen, „neue" Gerichte in Katalonien aufzuspüren.

Obwohl Franco bei seinem Versuch, Spanien unter seiner Alleinherrschaft zu einigen, den katalanischen Unterricht verboten hat, wird dieses einzigartige Idiom weiter gepflegt, und Katalonien bleibt ein abgesondertes, autarkes Gebilde. Der hervorstechendste katalanische Charakterzug ist vielleicht ein auf Sparsamkeit bedachter, untrüglicher Geschäftssinn, der die moderne Küche des Gebiets ebenso stark beeinflußt hat wie einst die Schlösser und Paläste. In diesem Land, wo Unabhängigkeit alles ist, Wohlhabenheit Unabhängigkeit bedeutet und reichliches, gutes Essen Wohlhabenheit symbolisiert, wird nichts vergeudet, nichts vertan.

Die katalanische Kochkunst hängt mehr von jahreszeitlichen als geographischen Bedingungen ab. Es gibt hier sehr wenige Vorurteile hinsichtlich der Ernährung, denn fast alles, was eßbar ist, wird auch gegessen. Wenn in einer der vier Verwaltungsprovinzen von Katalonien – Barcelona, Tarragona, Gerona oder Lérida – ein Gericht auf bestimmte Weise zubereitet wird, dann wird es in den drei anderen ungefähr auf die gleiche Weise gemacht, von ein oder zwei hinzukommenden oder fehlenden Zutaten abgesehen. Überall in Katalonien ist die Küche eng an die jahreszeitlichen Produkte des Landes, des Meeres und der Luft, der Höfe und Wälder gebunden. Was immer auf den Tisch kommt, es ist das ganze Jahr hindurch von bester Qualität und stets gut zubereitet: Sparsamkeit in der Küche führt manchmal zum Gebrauch von Zutaten und zu Kombinationen, die sorgfältige Behandlung erfordern. Schon manchen Besuchern ausgezeichneter Restaurants haben sich die Haare gesträubt beim Anblick von Speisekarten, die ungerührt ein Gericht aus Geflügel und Meerestieren, gefolgt von einer Speise aus Hühnerblut mit Leber verzeichnen. Aber in diesem Land, wo das Sprichwort „Spare in der Zeit, so hast du in der Not" praktisch eine Religion ist, wird jeder Besucher beinahe im buchstäblichen Sinne erfahren, daß alles, was er ißt, wert ist, gegessen zu werden, und zwar zu jeder Jahreszeit. Kurz, was katalanische Köche kochen, ist gut.

Der Sommer sorgt in diesem kühlen nördlichen Mittelmeerklima für das beste Wetter und einige der besten Speisen. In Katalonien macht man kein Geheimnis mehr daraus, welches der angenehmste Ort zum Essen ist. In den letzten 20 Jahren haben Europäer, Engländer und Amerikaner während der drei Sommermonate die gewaltige Felsenlandschaft der Costa Brava (Wilde Küste) aufgesucht, an der Städtchen und Fischerdörfer, dunkelblaues Wasser und mit weißem Schaum gesäumte Strände stellenweise aufeinanderprallen, als wolle die Erde das Meer vergewaltigen. Sie können an der 145 Kilometer langen Costa-Brava-Strecke von der francospanischen Stadt Port-Bou bis zur spanischen Stadt Blanes fast überall halten, eine Szenerie betrachten, die von wilder Schönheit bis zu postkartenhafter Hübschheit reicht, und ein Essen von der Sorte zu sich nehmen, die Sie vergessen läßt, was Sie betrachten. An der See bestellt man als erstes Meeresfrüchte, und hier ist *zarzuela de mariscos (Register der Rezepte)* das Beste in seiner Art; es gehört zu den schönsten Errungenschaften der katalanischen Kochkunst.

Das Wort *zarzuela* bedeutet Singspiel. Ich bestellte im Sommer einmal *zarzuela de mariscos*, Singspiel der Meeresfrüchte, in einem Strandrestaurant in Tossa an der Wilden Küste. Es war die Spezialität des Hauses; obwohl das Restaurant nicht überfüllt war, erklärte mir der Kellner, daß ich etwas warten müßte. Man kann *zarzuela* nicht im voraus zubereiten, sondern erst dann, wenn das Essen in Auftrag gegeben ist, denn es muß sofort serviert werden. Trotz der vielen Zutaten, dauert die Zubereitung nicht länger als 20 Minuten. Der Kellner brachte mir eine Flasche kühlen, trockenen Torres, einen Weißwein aus Villafranca del Panadés, dem südlich von Barcelona gelegenen katalanischen Weingarten. Ich genoß ihn auf die mir am meisten zusagende Weise zusammen mit einem Salat aus Tomaten, Paprikaschoten, Kopfsalat, grünen Oliven, Sellerie, Rettich, Anschovis, Dosenthunfisch und Sardinen. Die Katalanen sind mit Recht stolz auf ihre Gartenerzeugnisse, und jedes Gemüse hatte gerade den Höhepunkt seiner Reife erlangt. Der blasse Kopfsalat konnte nicht frischer sein, und das Gericht ergab insgesamt einen hervorragenden ersten Gang. Das Fenster an meinem Tisch stand offen, und die kühlen Seewinde verbanden sich mit den Küchendünsten hinter mir, die nach Kräutern und Fischsud dufteten. Der Kellner kam mit einer langen Steingutplatte, die ihn mit ihrem Dampf einhüllte. Er setzte sie neben mir ab, und ich konnte mir jeweils ein bißchen nehmen, der Rest der *zarzuela* wurde auf der Platte warm gehalten.

Ein milder Duft entströmte ihr, und ihr Inhalt wirkte wie eine Ansammlung aller eßbaren Früchte des Meeres, leicht bedeckt mit einer nahrhaften braunen Sauce, in der sie sich, leise kochend, vermischt hatten. Jeder Fisch hatte trotzdem seinen eigenen Geschmack bewahrt. In der Sauce selbst verschmolzen die vielen Geschmacksnuancen von Krustentieren, Muscheln und den kaisergranatähnlichen *langostinos*, von Tintenfisch und verschiedenen Sorten festem Fisch, unterstützt von Öl, Tomaten, Zwiebeln, geriebenen Haselnüssen, Knoblauch und Petersilie. Ein paar

Tropfen Absinth waren zum Schluß hinzugefügt worden, um dem Aroma die abrundende Würze zu verleihen.

Der Sommer ist die Zeit der kalten Hummersalate, die den Salat- und Hauptgang wirksam ersetzen, indem sie beide miteinander verbinden: Dicke Stücke Hummer, knuspriger Sellerie, Tomaten und frischer Kopfsalat werden mit einer dünnen Zitronen-Mayonnaise, die leicht nach Öl schmeckt, vermischt. Man kann beide Gänge auch ersetzen, indem man die Salatzutaten kocht – das Ergebnis heißt *xanfaina* und wird oft dazu verwandt, Geflügel oder zarte Fleischgerichte zu garnieren. Es schmeckt nach reifem Gartengemüse; seine Frische und sein Aroma bleiben erhalten, weil es in siedendheißem Öl nur so lange geschwenkt wird, bis es gerade gar ist. *Xanfaina* kann nahezu alle Gartenprodukte enthalten.

Im Sommer gibt es auch geschmorten weißen Fisch mit Fenchel und Hummer mit Huhn, ein Gericht mit anscheinend gegensätzlichen Geschmackswerten, die aber von emsigen katalanischen Küchenchefs zu einem sanften, kräuterfrischen Doppelaroma verbunden werden. Und zur Hochsommerzeit werden kalte gekochte *langostinos* am besten mit zwei kalten Saucen angerichtet, mit *ali-oli* und einer katalanischen, aus Tarragona stammenden Sauce mit Namen *romescu (Register der Rezepte),* die aus Öl, Cayennepfeffer und manchmal Tomaten gemacht wird.

Romescu ist eine rötlich-braune Mischung aus Mandeln und Cayennepfefferschoten mit einem lebhaft-scharfen Geschmack, der den Mund wäßrig macht nach allen Speisen, die sie begleitet.

Ich esse *romescu* gern zu kalten Krustentieren, aber sie wird auch häufig zu Kaninchen und anderem gegrillten Fleisch gereicht. Gewöhnlich kommt sie mit *ali-oli* auf den Tisch. Beide Saucen werden dann auf dem Teller nach persönlichem Geschmack gemischt. Einige Leute bevorzugen eine Mischung zu gleichen Teilen; andere haben es gern, wenn *ali-oli* als Grundlage vorherrscht und durch die Schärfe der roten *romescu* den letzten Schliff bekommt. Die Version, die mir gefällt, besteht hauptsächlich aus *romescu* und enthält einen Tupfer der weißen *ali-oli*.

Es ist ratsam, von der *romescu* – wie von allen katalanischen Speisen – zu kosten, bevor man sie ißt. Das Spektrum der *romescu* ist so breit wie das der Senfsorten. Die Rezepte weichen voneinander ab, weil das „Original" als großes Geheimnis gilt. Vor Jahren nahm ich einmal in einem damals unbekannten Dorf an der Costa Brava an einer Mahlzeit in der Familie eines Fischers teil, dessen Frau eine *romescu* nach dem Rezept ihrer Großmutter bereitet hatte. Die Sauce hatte die Farbe von Terrakotta und strahlte in tiefem Glanz. Das Haus des Fischers stand auf einer Klippe hoch über dem Wasser, und der Geruch des Meeres, der durch die von der Decke hängenden Schnüre mit Knoblauch und getrocknetem Gemüse drang, hatte mir Appetit gemacht. Ich aß einen gehäuften Löffel allein von der Sauce, derweil die Familie fröhlich auf eine Reaktion wartete. Sie blieb nicht aus. Während ich nach Atem rang, was eine volle Minute dauerte, wischte ich mir die Tränen vom Gesicht und fragte mich, ob die Großmutter meiner Gastgeberin sich wohl einer erblichen Immunität gegenüber den geradezu tödlichen Folgen von Cayennepfeffer erfreut habe. „Sie sind sehr mutig", sagte der Fischer nickend. „Und ziemlich dumm", fügte sein vierjähriger Sohn hinzu, wobei er mich verwundert musterte. Es stellte sich heraus, daß seit vier Generationen kein Mitglied der Familie je mehr als einen kleinen Tupfer von Großmamas *romescu* in einer ganzen Tasse voll *ali-oli* genommen hatte. In diesem Mischungsverhältnis, das die brennende Schärfe zu einem pikanten Beigeschmack milderte, mundete sie köstlich. Meine Gastgeberin gab mir ein Stück in Milch und Olivenöl eingeweichtes trockenes Brot zum Saugen, was, nebenbei gesagt, ein gutes Mittel gegen das „Geschmacks-Schwitzen" ist. Ich hatte den Fehler gemacht, zu glauben, ich kennte *romescu* gut genug, um mit ihr in jeder Menge nach Belieben zu verfahren. Diese *romescu* stellte einen Grenzwert im Geschmacksspektrum dar, denn so brennend scharf wird die Sauce meistens nicht zubereitet. Ob allein oder gemischt, *romescu* gereicht normalerweise

Fortsetzung Seite 90

Eine üppige Ernte strömt aus den Anbaugebieten in die Städte

Spanien erzeugt trotz seines trockenen Klimas und seines kargen Bodens eine verwirrende Fülle von Früchten. Täglich fließen aus allen Ecken des Landes die Erträge von Obstgärten, Weinbergen und Gemüseplantagen in die Städte. Für die Hausfrauen stehen auf dem Markt von Barcelona *(rechts)* Weintrauben aus der Provinz Almería, Orangen aus Valencia, Zitronen aus Murcia, Äpfel aus Oviedo, Feigen aus Huesca, Datteln aus Alicante, Melonen aus der Umgebung von Madrid und Bananen von den Kanarischen Inseln zur Auswahl. Die ländliche Umgebung von Calella bei Barcelona liefert köstliche Erdbeeren mit delikatem Aroma. Die Erdbeeren sind so empfindlich, daß die Körbe, in die man sie sammelt, mit *lenteja,* einem immergrünen Unkraut, ausgelegt werden müssen. Erdbeeren aus Calella sind wegen ihrer Leichtverderblichkeit eine hauptsächlich auf das Gebiet um Barcelona beschränkte lokale Delikatesse.

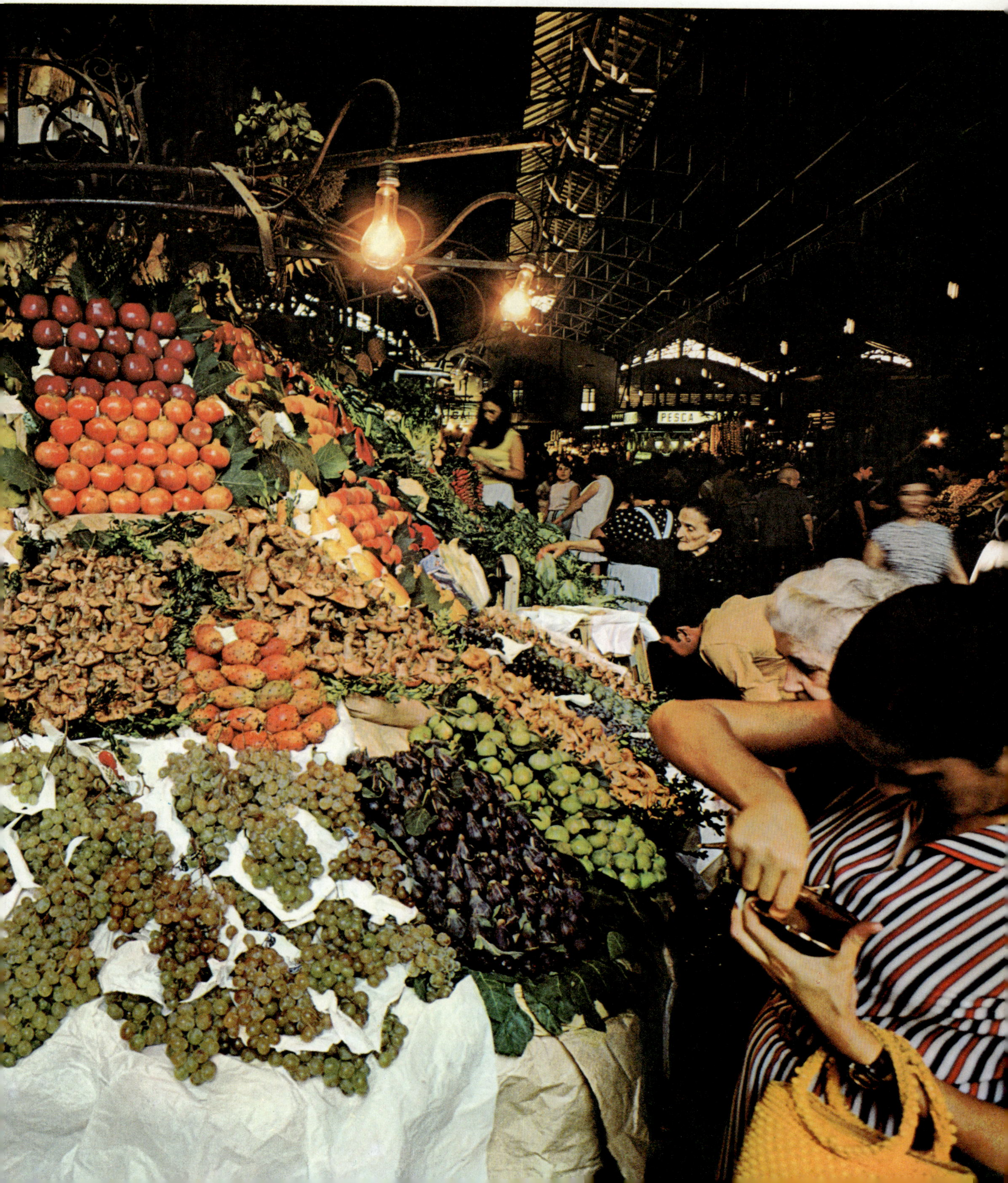
PESCA

einer Vielzahl von Speisen, von Krustentieren bis zu Kaninchen, entschieden zum Vorteil.

Wenn Sie im Sommer durch Katalonien fahren, sehen Sie Pfirsiche, Aprikosen, Birnen, Kirschen und Weintrauben, die alle groß sind, eine fast leuchtende Farbe und ein starkes Aroma haben. Die Früchte ergeben ausgezeichnete sommerliche Nachspeisen; besonders zu empfehlen sind hier die allerersten Erdbeeren, wenn sie mit einer dünnen Schicht Zucker und saurem Orangensaft serviert werden. Auch der beinah explosive Spätsommergeschmack leicht überreifer, süßer Pfirsiche in trockenem Weißwein bezeugt das Gleichgewicht zwischen Ökonomie und Intelligenz, das die Katalanen bei der Zusammenstellung von Aromen walten lassen. Aber die besten Früchte der Jahreszeit sind die unzähligen Melonen, die so vielfältig, so gut entwickelt und süß sind, daß man sie den ganzen Sommer über und auch noch später ißt. Der saftig-dunkle Klang, den man einer Melone beim Aufschneiden entlockt, wird allenthalben an der Küste und im Landesinneren vom Sommer bis zum Herbst begrüßt.

Wenn der Herbst naht, häufen sich auf den Tischen der Katalanen die großen, fleischigen Pilze, *rovellons* genannt, die die unerschöpfliche Findigkeit der Katalanen auf kulinarischem Gebiet erneut beweisen. Im übrigen Spanien sieht man größtenteils auf diese wilden Waldpilze herab und hält sie nicht für wert, verzehrt zu werden. In Katalonien stehen sie hoch im Kurs, und da sie nur eine kurze Saison haben und nicht gezüchtet werden können, gilt das Aufspüren des *rovelló* als eine Art ehrfurchtgebietendes Geheimnis. Kurz vor Herbstanfang wandern die *rovelló*-Sucher – oft Sachverständige, die sie jedes Jahr sammeln – in den Wäldern auf und ab und halten zu Beginn der Wachstumszeit Ausschau nach den herausragenden Köpfen. Kein Pilzfachmann erzählt, was er gesehen oder wo er was gesehen hat. Aber im Lauf des Herbstes kehren sie zurück, um die ausgewachsenen Pilze in Körbe zu sammeln. Dies ist die Zeit der größten Heimlichkeit: Ich unterhielt mich einmal mit einem Mann, der am Morgen mit dem Wissen, daß ihm jemand folgte, losgezogen und fröhlich ungefähr drei Kilometer in eine andere Richtung gegangen war, um den „Spion" in die Irre zu führen. Die *rovellons,* die er nach Hause brachte, sahen kräuselig aus und hatten eine rötliche Erdfarbe, die an der Unterseite der Pilze rosig schimmerte. Man mußte sie mehrmals waschen, um den Sand, der ihnen vom Waldboden anhaftete, zu entfernen. Mit feingehacktem Knoblauch und Petersilie gedünstet, entströmte den *rovellons* der Geruch von sauberer Erde und Wäldern. Sie sind fest und fleischig und können als erster Gang, als Beilage zu Fleisch und Geflügel – oder als leichter Hauptgang gegessen werden. Das fleischige wilde Gemüse, das alle außer den Katalanen übersehen, ist ein Grund, Katalonien zu besuchen.

Andere Jäger bringen in der Herbstsaison Wild aus den Hochebenen in die Privathäuser und Restaurants der katalanischen Städte; Rebhuhn, Wachtel und Hase gehören hier zum Besten. Man ißt sie gut in Barcelona, der Hauptstadt Kataloniens, die vor Jahrhunderten als Hafen mit Venedig wetteiferte und heute eine der wohlhabendsten Städte am Mittelmeer ist. Im Herzen Barcelonas liegt die kühle, schattige Ramblas, eine Promenade, deren breite, die ganze Mitte einnehmende Verkehrsinsel von Verkaufsständen mit Büchern und Blumen, Vögeln und Süßigkeiten eingefaßt wird – sauber aufgestellt und organisiert wie alles in diesem Gebiet, wo ein verbissener Ordnungssinn die Dinge in Reih und Glied rückt. Die Restaurants abseits der Ramblas reichen im Stil von fast feudaler Eleganz bis zum kargsten Hinterzimmer einer Bar. In den teuren Lokalen, spiegelverbrämten Hallen, drängen sich die Tische, auf denen sich wiederum alles mögliche drängt, von Garnelen oder Oliven bis zu Torten oder Eis. Das ärmlichere *barrio chino* (Chinesenviertel), eine Gegend winkliger, kleiner Kopfsteinpflasterstraßen mit Gebäuden, die auf die Nacht zu warten scheinen, verfügt über mehrere Bars und Restaurants, die durch ihre Speisen ausgleichen, was sie an Glanz vermissen lassen. Die Straßen riechen nach Olivenöl und billigem Parfum, Tabak, Hafenausdünstungen und weinbeflecktem Holz. Eines der besten Gerichte, die man hier im Herbst bekommt, ist gebratenes Rebhuhn mit kleinen Kroketten aus jungem Kohl und Mohrrübenscheibchen, in Weißwein mit anderen Gemüsen geschmort und mit Zimt und Lorbeerblatt gewürzt. Der Wildgeschmack wird durch das gut zubereitete Gemüse gebändigt. Auch alle Speisen, die über Holzkohle geröstet oder auf ein einfaches Backblech geworfen werden können, sind hier sehr zu empfehlen, und im allgemeinen kann man bei einem Spaziergang durch die Straßen erkennen, was gerade Saison hat. Die Gerüche von Wild mit Sauce, Fisch und sogar Muscheln aus dem Hafen, die sich auf heißen Eisenplatten öffnen, steigen aus diesen krummen Gassen auf und verschmelzen miteinander.

Mitten im Zentrum Barcelonas liegen zwischen dem sehr reichen und dem sehr armen Viertel die Studentenlokale. Um die Stunde vor dem Abendessen drängen sich dort junge Leute und trinken Bier oder Wein und nehmen als Vorspeise in Mandelsauce gegarte Polypenarme zu sich, die mit einer Prise scharfem Gewürz und vielleicht ein Paar Scheiben gegrillter Wurst versehen sind. In den tiefen Holzbalkendecken haben sich im Lauf der Jahre eingeritzte Inschriften mit Namen, Botschaften und Gedichtversen angesammelt. Um die Zeit des Abendessens sind die Lokale mit Studenten vollgestopft, und dichte Rauchschwaden hängen unter den Balken – Rauch vieler Zigaretten, Rauch von Holzkohlefeuern, Dunst von gebratenem Fisch. Mit dem Sinken der Schwaden steigt der Appetit, und einige Leute brechen allmählich auf, um zu Abend zu essen.

Es empfiehlt sich, zum Abendessen Barcelonas Küste aufzusuchen; in Katalonien endet die Ernte des Meeres nicht im Herbst. Hier kann man an den am Ufer aufgereihten Restaurants entlangspazieren, die alle ihre Rohstoffe neben dem Haupteingang ausstellen. In großen, flachen, runden Körben ruhen, sorgfältig nach Arten in geometrisch abgezirkelte Schichten eingeteilt und in unterschiedliche Formen gebogen, Fische und Krustentiere: dunkelgrüne Mollusken, Garnelen, rohe, durchsichtig wirkende Seezungen, lange *langostinos*, rosarote, appetitliche *cigalas*, zusammengerollter Tintenfisch, junge Polypen, sich windende, purpurne Aale, Miesmuscheln, andere Muscheln und Austern, alle eingerahmt von Seetangsträhnen in leuchtendem Braun und Grün. Die spinnenwebartig angeordneten Gruppen von Meerestieren in den Körben sind beim Eingang so einladend aufgestellt, daß jeder, der nahe genug herangeht, um sie genauer zu betrachten, schon beinahe drinnen ist – in diesem Augenblick kommt die Spinne, ein Kellner, aus der Dunkelheit hervor, um das Werk zu vollenden. Unter allen Meerestier-Gerichten, die man am besten im Herbst ißt, ragt eines durch seine Qualität besonders hervor; es wird aus einem *rape* genannten weißen Fisch mit festem Fleisch gemacht. Da der Fisch in deutschen Gewässern nicht vorkommt, und da es auch keine deutsche Bezeichnung für ihn gibt, erscheint er in der deutschen Spalte der Speisekarten unter seinem spanischen Namen. In dieser internationalen Hafenstadt sind geschäftstüchtige Restaurantbesitzer darauf verfallen, ihre Speisekarten in mehrere Sprachen zu übersetzen, um ausländische Touristen von den Schiffen anzulocken. Es lohnt sich, *rape* mit Zwiebeln oder, wie das Gericht auf spanisch heißt, *rape con cebollas* zu bestellen. Der feste weiße Fisch paßt der Beschaffenheit seines Fleisches und seinem zarten Meeresgeschmack nach gut zu dünnen, großen, ebenmäßig gebräunten Zwiebelscheiben in einer scharfen, aromatischen Weinsauce, die nicht dickflüssiger als Wasser ist. Diese Kombination von Fisch und Zwiebeln ergibt ein herrliches Mahl.

Es gibt hier noch eine Fülle anderer Meeresgerichte, die zu bestellen sich lohnt; für zwei von ihnen habe ich eine besondere Vorliebe. Das eine ist die katalanische *bullabesa*, die in ihrer Feinheit und Kraft der Bouillabaisse nach Marseiller Art den Rang streitig macht. Das andere Essen heißt *parrillada de pescado* und ist ein Grillgericht aus Fisch und anderen Meerestieren, die dampfend heiß mit Zitronenscheiben angerichtet werden. Es gehört zu den einfachsten und besten Speisen, die Spanien zu bieten hat.

Fortsetzung Seite 94

Barcelonas nächtliche Meeresernte

Barcelona ist der Heimathafen einer Flotte von 152 Fischerbooten, die jährlich etwa 4500 Tonnen Fisch einbringt. Ihr Fang besteht in der Hauptsache aus Sardinen. Die Fischer von Barcelona fahren abends aus und bilden mit ihren von Öllampen hell erleuchteten Booten einen Kreis. Vom Licht angelockt, schwimmen die Sardinen in die zu einem Ring ausgelegten Netze. Morgens kehren die Fischer zurück, um ihren Fang zu versteigern. Tagsüber flicken die Männer gewöhnlich ihre Netze, aber manchmal übernehmen die Frauen diese Arbeit, und dann formen sie das Figurenmosaik, das rechts zu sehen ist.

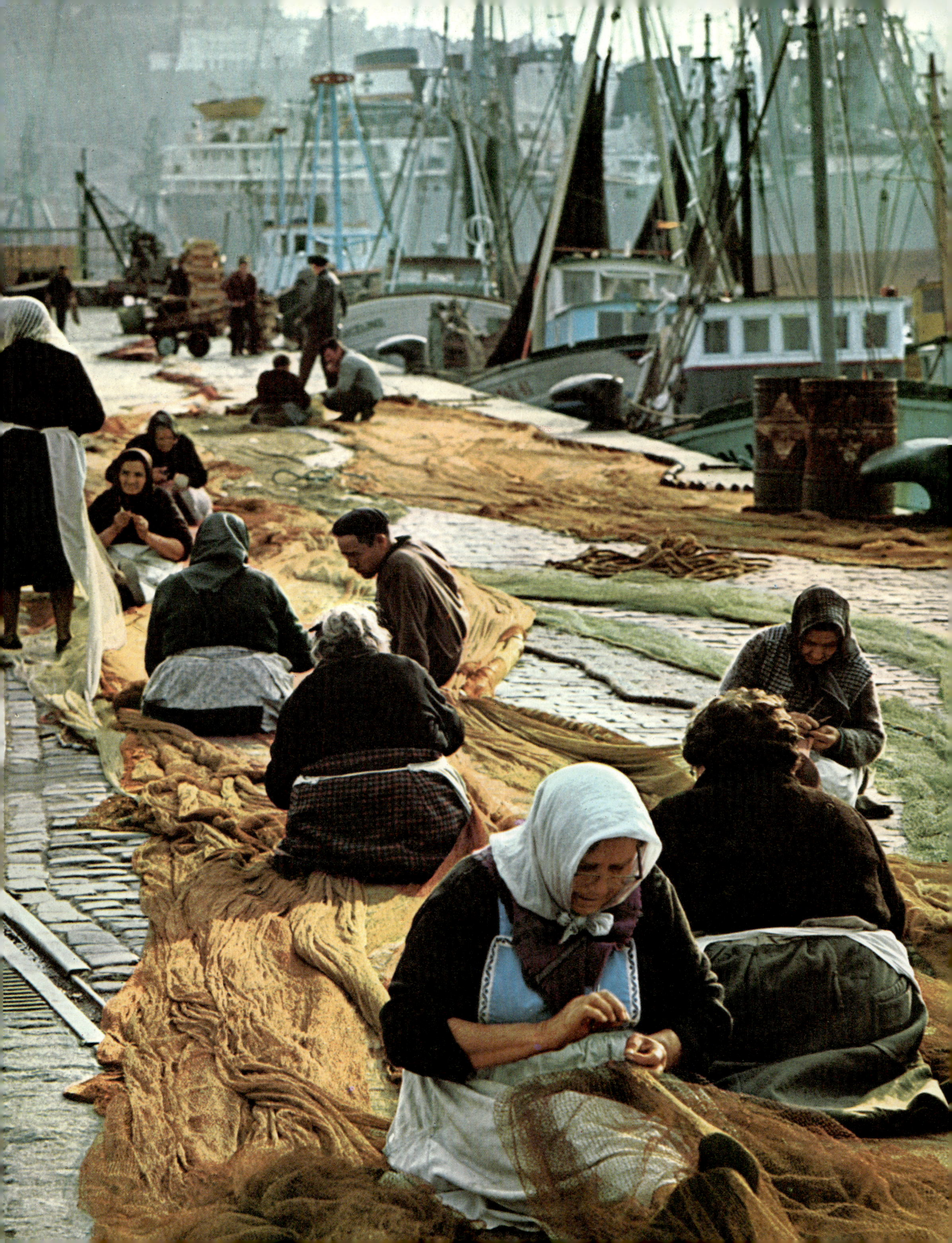

Reisebüros raten den Besuchern im allgemeinen, Barcelona in der winterlichen Jahreszeit zu verlassen und Gegenden mit gemäßigterem Klima und reizvolleren Ausblicken aufzusuchen. Ich glaube, sie haben unrecht. Es ist nicht schwer, entsprechende Landstriche und Ausblicke im übrigen Spanien zu finden. Aber es ist etwas Besonderes, fast Geheimnisvolles um diese Stadt, das in den frühen Wintermonaten zum Leben zu erwachen scheint und das Spazierengehen bei schlechtem Wetter belohnt.

An einem Dezembertag – die ersten kühlen Winde waren aufgekommen, kalt, aber nicht schneidend, und die feuchte Luft legte sich wie eine Woge über die Stadt – ging ich in ein Restaurant im Gotischen Viertel von Barcelona. Es war gerade so kalt, daß man einen Regenmantel gebrauchen konnte. Ich war erst ein paarmal durch die dunklen Steinstraßen dieses Stadtteils gegangen, zwischen hohen Mauern und Bogen, grau in grau, Stein über flachem Stein. Beim Schlendern folgt einem das Echo von Schritten, die nicht die eigenen zu sein scheinen. Wenn man das Viertel nicht gut kennt, verläuft man sich leicht. Die Mauern zu beiden Seiten kommen einem unendlich hoch vor; alles hat Überlebensgröße. Das Ende des Viertels scheint wie der Ausgang eines Irrgartens immer gerade hinter der nächsten Ecke zu liegen. Ich fand mich unversehens in einem weitläufigen, dunklen Stein-Patio, in dessen Mitte ein tröpfelnder Springbrunnen und an dessen einer Seite eine Kirche stand. Seitdem ich das Viertel betreten hatte, hatte ich keinen Menschen gesehen, und ich war müde und hungrig. Von irgendwo auf der anderen Seite des Patio schimmerte ein Licht, und ich folgte ihm. Als ich um die Ecke bog, stieß ich beinahe eine schwarzgekleidete alte Frau um, die in die entgegengesetzte Richtung ging. Erschreckt fuhr ich zusammen, und statt zu schreien, warf die alte Frau den Kopf zurück und lachte, bis sich ihre Stimme überschlug und von den Steinmauern widerhallte. Ich fragte sie nach dem Weg zu einem Restaurant, und sie gab mir Auskunft. „Hungrig?" fragte sie. Dann langte sie hinter sich, als ob sie in die Mauer griffe, und zog ein kleines Mädchen in kobaltblauem Kleid hervor, das eine Doppelschnitte aß.

Die alte Frau brach eine Ecke der Schnitte ab und drängte es mir auf. „Als Wegzehrung", sagte sie auf katalanisch, und damit verschwanden die beiden Gestalten hinter einem Gebäude. Sie lachte immer noch. Ich konnte sie hören, während ich weiterging. Ich schlug den Weg zum Restaurant ein, das nur ein paar Straßen entfernt lag, und aß das Brot, das sie mir gegeben hatte. Es war nichts darauf. Aber es hatte den Geschmack von Kalbfleisch in sich aufgesogen und erinnerte an Gemüse, als seien Petersilie und Paprikaschoten miteinander vermengt worden, und roch nach Tomaten. Die Ecke der Schnitte war nur etwa anderthalb Zentimeter lang und zweieinhalb Zentimeter breit und sehr trocken, aber mit seinem warmen Fleischsaucengeschmack und seinem Hauch von frischem Grün erschien es mir als der beste erste Gang, den ich je gegessen hatte. Fast wäre ich zurückgelaufen, um ihr das zu sagen, aber statt dessen ging ich zum Abendessen.

Im Restaurant Agut d'Avignon beim Gotischen Viertel läßt sich im Winter ausgezeichnet essen. Es ist wie viele rustikale Häuser in diesem Gebiet um einen großen Kamin herumgebaut, dessen breite Seitenteile in den Raum hineinragen. Zu Hause sitzen die Menschen an beiden Armen des Kamins mit einem schlichten Tisch dazwischen und essen Speisen, die auf einem Rost über der Feuerstelle gegrillt oder in einem Ofen im rückwärtigen Teil des Kamins zubereitet werden. Im Restaurant stehen natürlich überall Tische, aber die Feuerstelle bleibt der Mittelpunkt des großen Raumes. Ich fand einen Tisch ihr gegenüber und bat um eine kleine Auswahl verschiedener Gerichte. Es gab einen Teller mit dunkelgrünem Spinat, der mit Pinienkernen und Mandeln gebraten war *(Register der Rezepte)*. Zusammen mit einem Glas vom körperreichen, trockenen roten Torres ein guter erster Gang, der einen nach der Winterluft draußen angenehm wärmte. Am Nachbartisch bekam jeder eine Kasserolle mit gefüllten Schweinehachsen; das Fleisch und das mit dem Fleischaroma durchtränkte

Gemüse roch so gut, daß ich schon bedauerte, nicht dasselbe bestellt zu haben. Dann kam mein Essen, ein Stiersteak, und nun schwand mein Bedauern dahin. Das Steak war dunkler als alle Steaks, die ich bisher gegessen hatte, herzhaft, fein gewürzt und zart. Dazu hatte ich *xató* bestellt, einen Salat aus Endivie in einer Sauce aus Essig und Öl, Knoblauch, Mandeln und scharfen roten Pfefferschoten. *Xató* erweist seine klassische katalanische Herkunft dadurch, daß er den in Spanien vorherrschenden Widerwillen gegen scharf gewürzte Speisen ignoriert. Er sättigt ausreichend, um mittags mit nur einer Beigabe von mariniertem Fisch oder Würstchen gegessen zu werden.

Zum Abendessen als Begleitung zum Steak war er fast zuviel, aber die Geschmackskombination von pikantem Salat und einfachem, gegrilltem, nahrhaftem Fleisch war hervorragend. Der Nachtisch bestand aus eiskaltem, schwach gesalzenem weißen Ziegenkäse mit dickem, frischem Honig. Man konnte sich keinen besseren Abschluß für eine wärmende Wintermahlzeit wünschen.

Nach dem Abendessen ging ich durch die laut widerhallenden Straßen zurück, an Schaufenstern vorbei, in denen Hühner und andere Vögel sich über Kohlenfeuern am Spieß drehten. Die Katalanen beschränken diese Art des Bratens hauptsächlich auf Geflügel; ihre gebratenen Hühner sind unvergleichlich, knusprig und saftig mit festem, frischem Fleisch. Am nächsten Tag kaufte ich mir eines zum Mittagessen und nahm es mit in das Gotische Viertel, denn man wird des Wanderns zwischen den hohen Mauern nicht so leicht überdrüssig. Es begann zu regnen, und ich stand unter dem steinernen Dachvorsprung eines Gebäudes. Hoch über mir sammelte sich das Wasser, lief über und schoß in einem breiten Strom zwischen den Fratzengesichtern der Wasserspeier herab. Es spritzte hoch auf, und ich aß das warme, knusprige Hühnchen und wunderte mich, warum man den Leuten rät, diese Stadt im Winter zu meiden – und dann ließ ich beinahe das Papier mit dem Huhn darin fallen. Von der anderen Seite der engen Straße schimmerte durch die zitternde, wasserträchtige Luft ein verzerrtes Bild, das auf flacher Steinplatte in die gegenüberliegende Mauer eingelassen und nur wegen des strömenden Regens und der Brechung des Lichts durch das Wasser sichtbar war; aber wahrscheinlich kamen mir auch meine eigenen Winterträume zu Hilfe. Im Regen erschien das in den Stein gehauene Bildnis vergrößert und verzerrt, und Witterung und Zeit hatten ihm zugesetzt, aber man konnte die Gestalt einer alten Frau mit offenem Mund deutlich erkennen – einer alten Frau, die neben einem kleinen Mädchen stand.

In Katalonien bricht der Frühling plötzlich herein, und der Winter ist bald vergessen, weggewischt vom Licht. Jetzt ist Gartenzeit. Es gibt frisches junges Gemüse, das auf vielerlei – und immer schmackhafte – Weise zubereitet wird. Es gibt Omeletts mit jungen Artischocken und Omeletts mit jungem weißen Spargel; beides ißt man am besten, wenn das Gemüse frisch aus der feuchten Erde kommt und die Hennen gerade Legezeit haben. Der zarte Gartengeschmack ist elegant, und die Omeletts sind weich, warm und außen knusprig. Das Frühlingsgericht *faves a la catalana,* Saubohnen (auf kastilisch *habas),* geschmort mit Schweinewurst, bildet einen Hauptgang beim Mittag- oder Abendessen; der Schwere der Wurst und des Bohnengeschmacks wirken Beigaben von Minze, Petersilie, Zimt, Tomaten und Knoblauch entgegen. Jetzt wird Gemüse zu allen Mahlzeiten gegessen, denn die sparsamen Katalanen nutzen während der ganzen Jahreszeit alles, was sie im Garten heranziehen können.

An einem Frühlingsmorgen besuchte ich die Weingärten von Torres bei Barcelona, um mir einmal die Gegend anzusehen, aus der die guten Weine kommen. Ich fuhr durch den dichten Morgennebel, der eine Hügelkette einhüllte, und landete auf der entgegengesetzten Seite bei einem Weingarten, der sich so weit erstreckte, wie das Auge reichte. Seit den Zeiten der Römer wird in der Stadt Villafranca del Panadés und ihrer Umgebung Wein angebaut und gekeltert.

Ich hielt den Wagen an und betrat das kühle Gebäude der *bodega* von Torres, die nach vielen Weinen und Rebensäften duftete, nach dunklen, schweren und leichten, trockenen Rotweinen, nach trockenen Weißweinen und süßen Dessertweinen, nach Roséweinen, deren Farbe von den Traubenschalen stammt, die man eine Zeitlang im jungen Wein schwimmen läßt, nach bernsteinfarbenem Weinbrand, der in riesigen Holzfässern reifte. Der Geruch in einer Weinkellerei steigt zu Kopf und macht hungrig, und einige Arbeiter aßen von den breiten, leicht gewölbten Deckeln der geschlossenen Fässer. Es war ein einfaches Mahl, *botifarra amb mongetes,* und ich kostete davon. *Mongetes* sind weiße Bohnen; sie werden mit dem in der *botifarra*-Wurst enthaltenen süßen Rotwein gekocht. An nebligen, kühlen Frühjahrsmorgen bilden sie das Frühstück eines begüterten Arbeiters. Ein herzhaftes, wärmendes Gericht, besonders wenn ein Glas *Sangre de Toro* (Stierblut), trockener roter Torres, und der Geruch weindurchtränkten Holzes und lagernder Weine es begleiten.

Am Abend dieses Frühlingstages auf dem Lande nahm ich heiße, gegrillte Schnecken zu mir, die würzig und scharf schmeckten, dazu einen schweren Weißwein und einen Teller *escalibada,* gegrilltes Mischgemüse aus Paprikaschoten und Zwiebeln sowie jungen Auberginen, im Freien auf einem Rost über Holzkohlen gebraten, dann geschält, gesalzen und zusammen angerichtet – zuerst warm, später kalt. In Villafranca fand ein Jahrmarkt statt, und die *sardana* wurde getanzt – der katalanische Tanz angeblich griechischen Ursprungs, der sich vom Flamenco ebensosehr unterscheidet wie kalte Grillgerichte von heißem, im Fettbad gebackenem Fisch. Die *sardana* ähnelt dem modernen griechischen Volkstanz und ist eine Gruppendarbietung. Die Katalanen durchbrechen noch einen weiteren spanischen Brauch: Sie geben gemeinschaftlichem Handeln den Vorrang gegenüber dem Tun einzelner, die – jeder für sich – den Wunden einer Kultur durch die Darstellung ihres privaten Schmerzes Ausdruck verleihen.

Die *sardana* kennt allerdings keinen Schmerz, sie ist ein glücklicher Kreis exakter Tänzer, die sich wie ein einziger Körper bewegen und nach rechts oder links drehen. Es heißt, daß nur ein Katalane die *sardana* tanzen kann, ohne laut zu zählen. Der Tanz wirkt ebenso sachlich, wie er anmutig ist, und wenn ihm auch der mitreißende Schwung des Flamenco fehlt, so hat er doch etwas wohltuend Müheloses, das nur ihm eigen ist. Nach dem Tanz wurde ein Dessert serviert, das ich von allen Süßspeisen Kataloniens am liebsten mag: *crema catalana,* ein katalanischer Pudding aus frischen Eiern und nahrhafter Landmilch, bedeckt mit einer hauchdünnen Kruste von kristallisiertem, gebranntem Zucker. Der Pudding wird in einer breiten, flachen Schicht auf einem Teller angerichtet. Beim Essen bricht der bittersüße gebrannte Überzug in den gehaltvollen, dicken Pudding darunter ein und zerschneidet seine Süße und Schwere.

Jeden Sonntagmorgen versammeln sich Scharen von Katalanen nach jahrhundertealter Tradition vor der Kathedrale von Barcelona *(gegenüber)* und auf den Marktplätzen anderer katalanischer Städte zur *sardana,* dem katalanischen Tanz. Hinter den Tänzern, im Bild nicht zu sehen, sorgt eine Kapelle für die entsprechende Musikbegleitung.

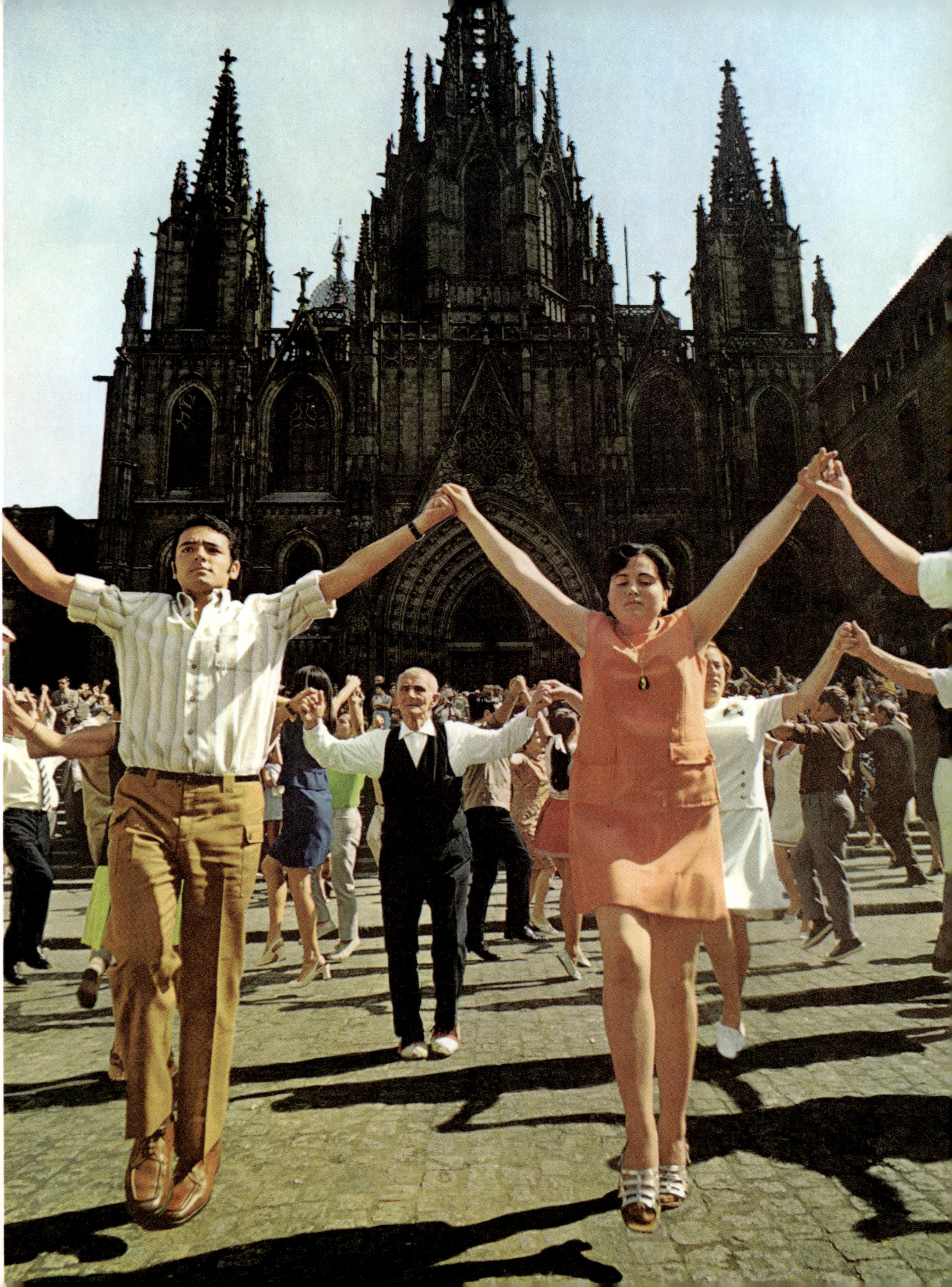

KAPITEL V REZEPTE

Ali-oli
KNOBLAUCHMAYONNAISE

Für etwa 2 Tassen

4 bis 8 mittelgroße Knoblauchzehen, geschält und grobgehackt
¼ TL Salz
1 EL frischer Zitronensaft
2 Eigelb
⅜ l Olivenöl
1 bis 2 EL kaltes Wasser

Knoblauch, Salz und Zitronensaft mit einem Stößel in einem Mörser oder mit dem Rücken eines Holzlöffels zu einer glatten Paste zerdrücken. Nacheinander die Eigelbe hineinschlagen und so lange schlagen, bis die Mischung dick ist. Nun in eine Rührschüssel geben und mit einem Schneebesen, einem Handrührgerät oder einer elektrischen Küchenmaschine jeweils ½ TL Öl hineinrühren; darauf achten, daß jeder ½ TL Öl absorbiert ist, bevor man mehr hinzufügt. Wenn etwa ⅛ l Öl verarbeitet ist, sollte die Sauce die Konsistenz einer dicken Creme haben. Unter ständigem Schlagen das restliche Öl teelöffelweise hinzufügen. Wenn die Mayonnaise zu dick wird, so daß sie sich nicht mehr leicht schlagen läßt, von Zeit zu Zeit mit 1 TL kaltem Wasser verdünnen; falls nötig, bis zu 2 EL Wasser hinzugeben. Die fertige Sauce sollte so dickflüssig sein, daß sie in einem Löffel steif ihre Form behält. Abschmecken.

Ali-oli wird traditionsgemäß in einer Schale oder Sauciere zu gegrilltem oder gekochtem Fleisch und Fisch gereicht.

Romescu
MANDEL- UND CAYENNEPFEFFERSAUCE

Für etwa 1½ Tassen

30 blanchierte, gestiftelte Mandeln
1 TL feingehackter Knoblauch
½ TL Cayennepfeffer
1 TL Salz
1 kleine Tomate, geschält, entkernt und feingehackt *(siehe huevos a la flamenca, Seite 16)*
¼ Tasse Rotweinessig
¼ l Olivenöl

Den Ofen auf 175° vorwärmen. Die Mandeln auf einem Backblech in der Mitte des Ofens ungefähr 10 Minuten rösten, bis sie sich leicht verfärben. Dann in einem Elektromixer oder einer Nußmühle zermahlen oder in einem Mörser mit einem Stößel zerreiben.

Mandeln, Knoblauch, Cayennepfeffer und Salz in einem großen Mörser mit einem Stößel oder in einer kleinen Schüssel mit dem Rücken eines Löffels zerdrücken. Tomaten und Essig hinzufügen und die Mischung kräftig zu einer glatten Paste vermengen.

Dann in eine Rührschüssel geben und das Öl mit einem Schneebesen, einem Handrührgerät oder einer elektrischen Küchenmaschine teelöffelweise hineinschlagen. Darauf achten, daß jeder TL absorbiert ist, bevor man mehr hinzufügt. Wenn etwa ⅛ l Öl hineinverarbeitet ist, sollte sich die Sauce zu einer schweren Creme verdickt haben. Unter ständigem Schlagen das restliche Öl langsam dazugießen.

Die fertige Sauce sollte so dickflüssig sein, daß sie in einem Löffel beinahe steif ihre Form behält. Abschmecken und zu gegrillten und gekochten Speisen (Fleisch, Fisch, Meerestieren) reichen.

ANMERKUNG: In Katalonien wird *romescu* oft zusammen mit *ali-oli (oben)* serviert; man mischt die Saucen dann je nach Geschmack bei Tisch.

Salpicón de Mariscos
HUMMERSALAT

Für 6 Personen

1 große Zwiebel, geschält und in Viertel geschnitten
¼ Tasse Weinessig
1 TL Olivenöl
1 großes Lorbeerblatt
1 EL Salz
750 g ungekochte Hummerkrabben in der Schale
Ein lebender Hummer (750 g bis 1 kg)

In einer 6 bis 8 l fassenden Kasserolle die Zwiebelviertel, Essig, 1 TL Olivenöl, Lorbeerblatt und 1 EL Salz mit 2 l Wasser bei starker Hitze zum Kochen bringen. Die Hummerkrabben hineingeben und bei schwacher Hitze unbedeckt 3 bis 4 Minuten leicht kochen lassen, bis die Schalen rosa sind. Dann die Hummerkrabben mit einem Schaumlöffel herausnehmen und beiseite stellen.

Die Brühe in der Kasserolle erneut aufkochen lassen. Den Hummer mit dem Kopf voran in die Flüssigkeit werfen, zudecken und 10 bis 15 Minuten sprudelnd kochen lassen, bis sich die Schale leuchtend rot färbt. Den Hummer herausnehmen und auf einem Teller auf Zimmertemperatur abkühlen lassen.

Die Hummerkrabben aus der Schale lösen. Mit einem scharfen kleinen Messer am Rücken entlang einschneiden und mit der Spitze des Messers den Darm entfernen. Das Fleisch in 1 cm große Würfel schneiden.

Die großen Scheren des Hummers abdrehen und jede Schere an zwei oder drei Stellen durch einen Schlag mit einem schweren Messer oder mit einem Nußknacker aufbrechen.

Den Hummerkörper halbieren und alles Fleisch aus Scheren, Körper und Schwanz herauslösen. Die grünlich-braune Leber und den roten Rogen entfernen und aufheben. Das Hummerfleisch in 1 cm große Würfel schneiden und mit den Hummerkrabben mindestens 1 Stunde in den Kühlschrank stellen, bis sie völlig erkaltet sind.

Für die Mayonnaise eine große Rührschüssel in heißem Wasser erwärmen, rasch, aber gründlich abtrocknen und die Eigelbe hineingeben. Mit einem Schneebesen, einem Handrührgerät oder einer elektrischen Küchenmaschine die Eigelbe 2 Minuten lang kräftig schlagen, bis sie steif genug sind, um an dem Rührgerät haftenzubleiben. 1 TL Zitronensaft, ½ TL Salz und den weißen Pfeffer hinzufügen. Dann ⅛ l Olivenöl halbteelöffelweise hineinschlagen; darauf achten, daß jede Zugabe absorbiert ist, bevor man mehr hinzufügt. Wenn das Öl verarbeitet ist, sollte die Sauce die Konsistenz einer sehr dicken Creme haben.

Das restliche Öl unter ständigem Schlagen langsam dazugießen. Die restlichen 2 TL Zitronensaft, die 3 EL Weißweinessig, die Petersilie, die Hummerleber und den Hummerrogen (falls vorhanden) durch ein feines Sieb in die Mayonnaise streichen. Gründlich vermengen und abschmecken.

Kurz vor dem Anrichten Hummerkrabben, Hummer, Kopfsalat, Tomaten, gehackte Zwiebeln und das durchpassierte Eigelb in einer großen, gekühlten Schüssel miteinander vermengen. Ungefähr ½ Tasse der Mayonnaise hinzufügen und Krustentiere und Gemüse mit einem Löffel durchschwenken, um sie gleichmäßig mit der Mayonnaise zu binden. Den Salat mit gehacktem Eiweiß garnieren und die restliche Mayonnaise separat in einer Sauciere servieren.

MAYONNAISE
2 Eigelb
3 TL Zitronensaft
½ TL Salz
¼ TL weißer Pfeffer
¼ l Olivenöl
3 EL heller Weinessig
1 EL feingehackte Petersilie
1½ Tassen feingehackter frischer Kopfsalat
1 mittelgroße Tomate, geschält, entkernt und feingehackt *(siehe huevos a la flamenca, Seite 16)*
75 g feingehackte Zwiebeln
2 hartgekochte Eier, die Eigelbe durch ein Sieb gestrichen und die Eiweiße gesondert feingehackt

Merluza Marinera
HECHTFILETS MIT TOMATEN- UND MANDELSAUCE

Für den *sofrito* das Olivenöl bei mäßiger Hitze in einer schweren Pfanne von 20 bis 25 cm Durchmesser erhitzen, bis sich ein leichter Rauch bildet. Zwiebeln und Knoblauch hineingeben und unter häufigem Rühren 5 Minuten lang anbraten, bis die Zwiebeln weich und glasig, aber nicht braun geworden sind.

Mandeln und Brot hinzufügen und etwa 1 Minute rühren, dann die Tomaten dazutun. Bei großer Hitze unbedeckt lebhaft schmoren, bis fast die ganze Flüssigkeit in der Pfanne eingekocht und die Mischung dickflüssig genug ist, um in einem Löffel fast steif die Form zu behalten.

In einer schweren Pfanne von 25 bis 30 cm Durchmesser 1½ l Wasser und 3 TL frischen Zitronensaft mit 1 TL Salz bei starker Hitze zum Kochen bringen. Auf niedrige Temperatur schalten, die Fischfilets hineingeben und unbedeckt 5 bis 8 Minuten am Siedepunkt halten, bis der Fisch leicht zerfällt, wenn man ihn behutsam mit einer Gabel prüft.

Mit einem Schaumlöffel den Fisch auf eine vorgewärmte Servierplatte legen. Den *sofrito* bei mäßiger Hitze aufkochen lassen, den restlichen TL Zitronensaft hineinrühren und eßlöffelweise bis zu ⅛ l Fischfond hinzufügen. Der *sofrito* sollte gerade dick genug sein, um einen Löffel leicht zu überziehen. Abschmecken. Die Sauce über den Fisch gießen, mit den gestiftelten Mandeln und der Petersilie garnieren und sofort anrichten.

Für 4 Personen

¼ Tasse Olivenöl
75 g feingehackte Zwiebeln
1 EL feingehackter Knoblauch
40 g blanchierte gemahlene Mandeln
¼ Tasse grobe Weißbrotkrumen (aus Meterbrot), ohne Kruste
500 g mittelgroße Tomaten, geschält, entkernt und feingehackt *(siehe huevos a la flamenca, Seite 16)*
4 TL frischer Zitronensaft
1 TL Salz
1 kg Seehecht-, Schellfisch-, oder Kabeljaufilet
30 g gestiftelte und leicht geröstete, blanchierte Mandeln *(siehe romescu, gegenüber)*
2 EL feingehackte Petersilie

Habas a la Catalana
BOHNEN MIT WURST UND MINZE

Für 4 bis 6 Personen

500 g *chorizos* oder andere knoblauchhaltige geräucherte harte Schweinewürste
1 EL Schmalz
125 g feingewürfelter frischgepökelter Schweinespeck
75 g feingehackte Schalotten
1 TL feingehackter Knoblauch
⅛ l trockener Weißwein
⅛ l Wasser
1 EL feingehackte frische Minze
1 kleines zerriebenes Lorbeerblatt
½ TL Salz
Frisch gemahlener schwarzer Pfeffer
4 Tassen gekochte frische Brechbohnen oder entsprechende abgetropfte Dosenbohnen
2 EL feingehackte Petersilie

Die Würste in eine Pfanne von 20 bis 25 cm Durchmesser legen. Mit der Spitze eines scharfen kleinen Messers an zwei oder drei Stellen in sie hineinstechen. Mit Wasser vollständig bedecken und bei starker Hitze zum Kochen bringen. Auf niedrige Temperatur schalten und unbedeckt 5 Minuten schwach kochen. Die Würste auf Küchenkrepp abtropfen lassen, dann in ½ cm dicke Scheiben schneiden.

In einer schweren, 3 bis 4 l fassenden Kasserolle das Schmalz bei mäßiger Hitze zergehen lassen. Den Schweinespeck hineingeben und unter häufigem Rühren auslassen, bis die Würfel knusprig und goldbraun sind. Mit einem Schaumlöffel zum Abtropfen auf Küchenkrepp legen.

In dem in der Pfanne verbliebenen Fett die Schalotten und den Knoblauch 5 Minuten anschmoren, bis die Schalotten weich, aber nicht braun sind. Wein und Wasser dazugießen und Wurstscheiben, ausgelassenen Schweinespeck, Minze, Lorbeerblatt, Salz und eine Prise Pfeffer hinzufügen. Bei starker Hitze zum Kochen bringen, auf niedrige Temperatur schalten und halb bedeckt 20 Minuten schwach kochen lassen.

Die Bohnen und die Petersilie hineingeben und unter häufigem Rühren weitere 10 Minuten köcheln lassen, bis die Bohnen gründlich durchgewärmt sind.

Die *habas a la catalana* abschmecken und sofort in einer vorgewärmten Schüssel oder auf einer tiefen heißen Platte anrichten.

Zarzuela de Mariscos
KATALONISCHER KRUSTENTIEREINTOPF

Für 6 Personen

Ein lebender Hummer (750 g)
12 große ungekochte Hummerkrabben in der Schale
¼ Tasse Olivenöl
150 g feingehackte Zwiebeln
1 EL feingehackter Knoblauch
2 kleine rote oder grüne Paprikaschoten, Rippen und Kerne entfernt, kleingehackt
2 EL feingewürfelter *serrano*-Schinken oder anderer magerer Räucherschinken
750 g mittelgroße Tomaten, geschält, entkernt und feingehackt (*siehe huevos a la flamenca*, Seite 16)
65 g blanchierte gemahlene Mandeln
1 großes zerriebenes Lorbeerblatt
⅛ TL Safranpulver oder zu Pulver zerriebene Safranfäden
1 TL Salz
Frisch gemahlener schwarzer Pfeffer
¾ l Wasser
⅛ l trockener Weißwein
1 EL frischer Zitronensaft
12 Miesmuscheln, gewaschen, abgebürstet und die Bartfäden entfernt
12 kleine Herzmuscheln, gewaschen und gründlich abgebürstet
250 g halbierte Pilgermuscheln (tiefgefrorene Scallops)

Den Hummer töten und mit einem schweren Messer den Schwanzteil an der Stelle abschneiden, wo er mit dem Körper verbunden ist. Dann den Schwanz quer in 2½ cm dicke Scheiben schneiden. Die großen Scheren abdrehen und den Körper der Länge nach halbieren.

Den gallertartigen Beutel (Magen) im Kopf und den damit verbundenen langen weißen Darmstrang entfernen und wegtun, aber die grünlich-braune Hummerleber und den kaviarähnlichen Rogen (falls vorhanden) aufheben.

Die Hummerkrabben aus der Schale lösen, aber das Schwanzende daranlassen. Mit einem scharfen kleinen Messer am Rücken entlang einschneiden und mit der Spitze des Messers den Darm entfernen. Hummer und Hummerkrabben beiseite stellen.

In einer schweren, 6 bis 8 l fassenden Kasserolle das Olivenöl bei mäßiger Temperatur erhitzen, bis sich ein leichter Rauch bildet. Zwiebeln, Knoblauch und die grünen oder roten Paprikaschoten hineingeben und unter häufigem Rühren 5 Minuten lang schmoren, bis die Gemüse weich, aber nicht braun sind.

Den Schinken hineinrühren und 2 Minuten lang erhitzen. Tomaten, Mandeln, Lorbeerblatt, Safran, Salz und eine Prise Pfeffer hinzufügen und bei starker Hitze zum Kochen bringen. 5 Minuten lebhaft kochen lassen, bis fast die ganze Flüssigkeit in der Pfanne eingekocht und die Mischung dickflüssig genug ist, um in einem Löffel die Form zu behalten.

Wasser, Wein und Zitronensaft hinzufügen und zum Kochen bringen. Gründlich umrühren, dann Hummer, Herz- und Miesmuscheln hineingeben. Die Kasserolle fest zudecken und bei mäßiger Hitze 10 Minuten kochen lassen. Hummerkrabben und Pilgermuscheln hinzufügen, zudecken und weitere 5 Minuten kochen. Alle Muscheln, die sich nicht geöffnet haben, wegwerfen.

Die *zarzuela* abschmecken und in der Kasserolle anrichten, eventuell mit Petersilie bestreut.

Die beschwingte Geschmacksmischung trug diesem katalanischen Gericht den Namen *zarzuela,* zu deutsch Singspiel, ein.

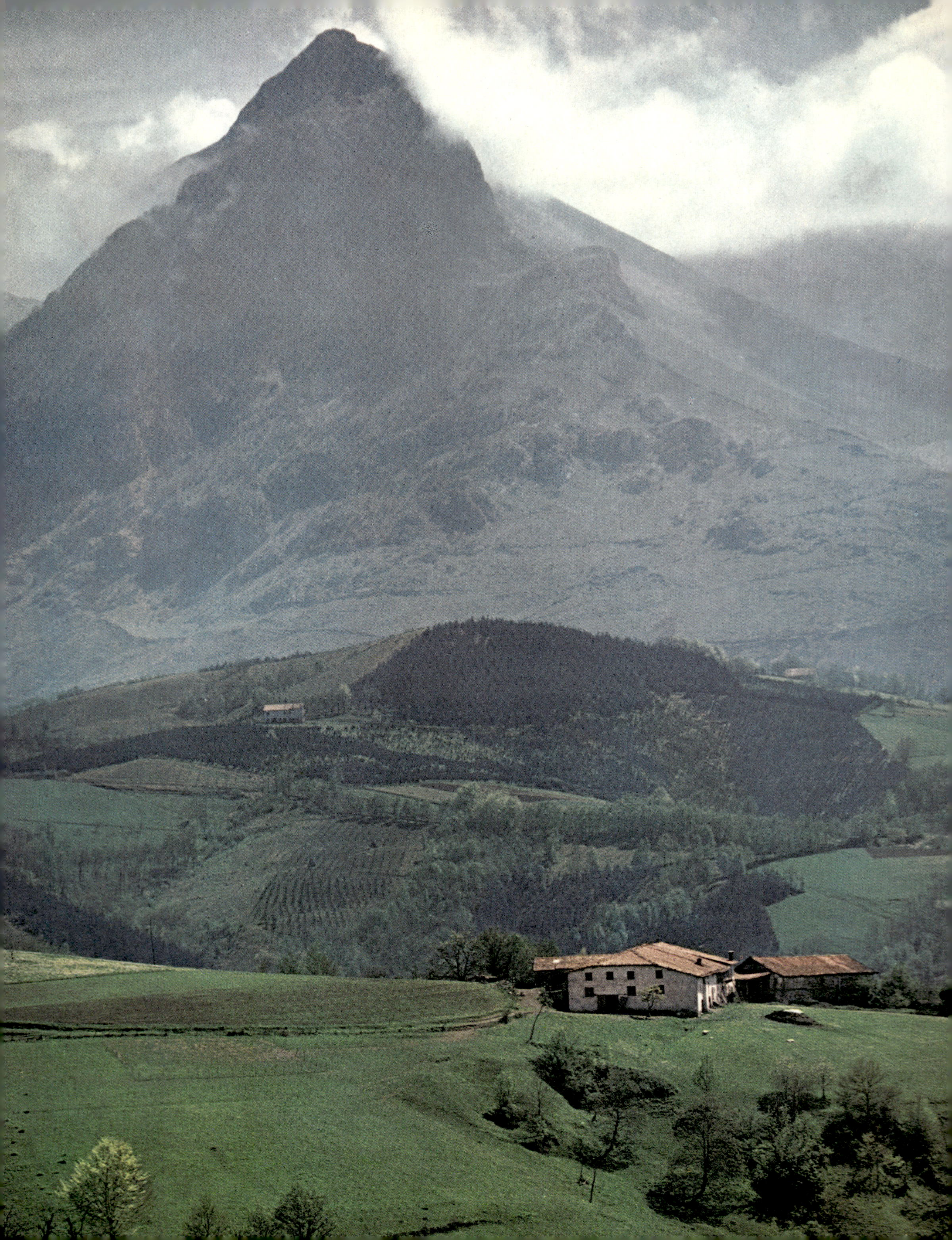

VI

Meister im Umgang mit Saucen

Die geographische Lage trennt diese unweit von San Sebastián in die Pyrenäen eingebetteten baskischen Erbhöfe vom übrigen Spanien und der Außenwelt. In der Abgeschiedenheit ihrer zerklüfteten Heimat haben die Basken fanatisch ihre Individualität bewahrt – ihre eigenen Tänze, Wettkämpfe und ihre Musik, ihre Sprache, die sich von allen anderen Sprachen der Erde unterscheidet, und ihre vorzügliche, charakteristische Küche.

Die Kochkunst des nordöstlichen Spanien dreht sich fast in demselben Maße um Saucen wie die der spanischen Levante um Reis – obwohl der Besucher dies auf den ersten Blick vielleicht nicht wahrnimmt, denn die Küche des nordöstlichen Spanien kennt nicht den Unterschied, den andere zwischen den Begriffen *Sauce* und *Fond* machen. Für die meisten Köche besteht der Fond aus dem Saft der Speisen, während die Sauce mehr oder weniger eine Zugabe ist, die normalerweise getrennt angerichtet wird. Hier jedoch sind beide ein und dasselbe: Säfte und einzelne Zutaten werden fast immer mit der Nahrung zusammen gekocht, bis sie sich untrennbar vermischen. Und wenn auch das Stichwort in den Speisezimmern dieser kulinarischen Zone Sauce heißt, womit man das Endprodukt meint, so heißt die Zauberformel in der Küche doch Mischung – das Verfahren, welches das Produkt hervorbringt.

Den ersten Eindruck von der liebenswürdigen Kunst des Mischens erhält man in den beiden alten Königreichen Aragonien und Navarra, die sich von Katalonien nach Nordwesten erstrecken. Sie bezeichnen den Anfang der Saucen-Zone und führen direkt in das herbe, grüne, funkelnde Land der Basken *(Las Vascongadas)*, das die einfachste und feinste Küche Spaniens beherbergt. Aragonien bringt die ausgezeichneten *chilindrón*-Saucen hervor, die sich aus Tomaten, Zwiebeln, Knoblauch, *serrano*-Schinken und gerösteten frischen Pfefferschoten zusammensetzen. Die beste Version dieser Saucen findet man womöglich in der mittleren Provinz. Sie heißt wie ihre Hauptstadt: Saragossa; der Name ist eine Art Mischung aller in Cäsarea Augusta enthaltenen Silben. So nannte sich die Stadt im Altertum nach dem römischen Kaiser, der hier sein Hauptquartier aufgeschlagen hatte. In ihren Küchen widmen sich die Bewohner von Saragossa dem Mischen von Gerichten, die Gemüse und Huhn *(pollo a la chilindrón, Register der Rezepte),* Lamm, Kaninchen, Zicklein oder Kalb enthalten – und zu allem paßt *chilindrón*-Sauce. Machen Sie einmal eine

103

Kostprobe in einer der hellgrauen Restaurant-Bars der alten Stadt an den Wassern des Ebro, des längsten Flusses in Spanien.

Der Geschmack einer guten *chilindrón* hat eine Schärfe und Feurigkeit, die eher dem Fleisch als irgendeinem darübergehäuften Stoff zu entspringen scheinen. Selbst der Dampf, der wie eine kleine zerfetzte Wolke aus einem *chilindrón*-Gericht aufsteigt, duftet lieblicher nach dem Fleisch als nach der Sauce. Ausgesucht zartes Fleisch gehört dazu, aber es heißt, daß alles Eßbare *a la chilindrón* besser schmeckt, eine Behauptung, die sich leicht nachprüfen läßt, wenn Sie zum Schluß den pikanten Saucenrest mit der Kruste des dicken, leichten aragonischen Brots aufwischen. Die einzigen Leute, die in diesem Teil Spaniens auf das Brot verzichten, sind die auf ihr Gewicht bedachten ausländischen Touristen, und selbst sie haben Schwierigkeiten. In der Zone der Saucen gehört Brot als wesentlicher Bestandteil zu allen Mahlzeiten von Anfang bis Ende dazu, und im nordspanischen Vokabular besteht zwischen Eintunken und Aufwischen kein größerer Unterschied als zwischen Sauce und Fond. Die Verwendung von Brot – im Hinblick auf Beschaffenheit wie auf Geschmack – läßt sich an der Zubereitung von *migas* beobachten, einem spanischen Nationalgericht mit regionalen Varianten. Von allen Versionen der Pyrenäenhalbinsel gefällt mir die aragonische am besten. *Migas* sind im Fettbad ausgebackene Brotstücke, die im Französischen *croutons* heißen, ein Begriff, der der spanischen Speise allerdings nicht gerecht wird. *Migas* sollen das älteste Gericht der Iberischen Halbinsel sein und auf die Kochkunst der frühen Iberer oder Keltiberer zurückgehen. Eine moderne Aragonierin wird Ihnen möglicherweise scherzhaft, aber stolz erzählen, vor unzähligen Generationen habe irgendeine Vorfahrin schon so gute Saucen machen können, daß ihr Gefährte sich darauf verlegt habe, Brotbrocken nicht nur in das fertige Gericht, sondern in die noch auf dem Feuer brodelnde Speise zu werfen – vielleicht sogar in das vor der Zubereitung erhitzte Öl. So jedenfalls werden *migas* heute in Aragonien gemacht; man bricht oder schneidet altes Brot in sehr kleine Stücke von der Größe einer Kichererbse und läßt sie über Nacht in einem feuchten, eingesalzenen Tuch weichen. Am nächsten Morgen erhitzt man Knoblauch in Öl, nimmt ihn dann heraus und gibt die *migas* hinein und manchmal auch noch Schinkenwürfel; dann läßt man das Brot bräunen, bis es Rostfarbe annimmt.

Migas werden in ganz Spanien gegessen – und fast zu allem, von gebratenen Auberginen bis zu heißer Schokolade. Aber die besten *migas* meines Lebens bekam ich in einer Bar in Saragossa, die die Größe eines begehbaren Schranks hatte und in der die Tische so eng beieinanderstanden, daß es zuweilen so aussah, als müßten alle Gäste aufstehen, wenn nur noch einer hereinkäme. Hier wurden die *migas* mit dunklem, salzigem, gewürfeltem *serrano*-Schinken gebacken und, noch brutzelnd, mit einer ganzen Traube reifen weißen Weins serviert. Die salzigen *migas* und der Schinken waren zum Kauen fast noch zu heiß, die süßen Weintrauben hingegen waren eiskalt. Die Mischung der Temperaturen und Geschmackstöne ergab eine Sauce, die nicht in der Küche und nicht einmal bei Tisch, sondern erst im Mund während des Essens entstand. Die *migas* in dieser winzigen Bar in Saragossa dienten, mit einem trockenen Rotwein genossen, als Vorspeise, Hauptgang und Nachtisch. Außerhalb Spaniens fast unbekannt, sind *migas* das Privatvergnügen der Spanier.

Wenn Sie Saragossa verlassen und die kleinen Dörfer der Provinzen Huesca oder Teruel aufsuchen, treffen Sie auf freundliche, ruhige Menschen, die ihre Speisekammern nachts nicht verschließen und mit einer in Spanien seltenen liebenswürdigen Anteilnahme am Nachbarn singen, tanzen und essen. Vergleichen Sie damit das angrenzende Gebiet: Wenn Sie in einer katalanischen Stadt oder Gemeinde einmal nach dem Weg gefragt haben sollten, wird Ihnen aufgefallen sein, daß die fleißigen Katalanen zu beschäftigt sind, um zuzuhören. Fragen Sie hier in Aragonien einen fremden alten Mann auf der Straße, wie Sie zu einem Restaurant oder einer Imbißbar kommen! Er wird Ihnen nicht sagen, wie Sie am besten ein gutes

Speiselokal finden, er wird Sie hinführen, sich zu Ihnen setzen, für Sie bestellen, mit Ihnen essen und wahrscheinlich sogar darauf bestehen, die Rechnung zu bezahlen. Er wird sehr sorgfältig auswählen. Vielleicht bestellt er *cochifrito,* Lammfrikassee *(Register der Rezepte),* das mit feingehackten Zwiebeln, Knoblauch, Zitronensaft und frischer Petersilie geschmort wird. Der Hauch von Schärfe und Säuerlichkeit in der Sauce dieses Gerichts steigert das Aroma des Milchlamms, das einen ganz neuartigen Fleischgeschmack entwickelt. Der alte Mann schlägt möglicherweise Kalbszunge *a la aragonesa* vor. Sind Sie einverstanden, wird er Sie ein bißchen wie eine Glucke umsorgen, wenn die Kasserolle mit Zunge, Tomaten, Karotten und Rüben auf den Tisch kommt – alles in einer aus den Säften von Zunge und Gemüsen entstandenen Sauce, in der schmurgelnd ein Stück nahrhafte Schokolade zerschmilzt. Die Sauce bewahrt und intensiviert den Geschmack der Speise, und die im letzten Augenblick beigefügte Zutat dringt in das Ganze ein, so daß wiederum die leichte Süße aus dem Fleisch zu kommen scheint; Sie werden denken, Zunge hätte immer einen geheimnisvollen Beigeschmack von Schokolade gehabt, den sie nur vorher nie bemerkten. Der alte Mann wird sich mit einem Schmunzeln, das einen gewissen Stolz verrät, von Ihnen verabschieden und wieder seiner Wege gehen.

In dem nordwestlich von Aragonien gelegenen Gebiet Navarra wird ebenfalls Schokolade in der Küche verwendet, interessanterweise zusammen mit kleinen, glasierten weißen Zwiebeln in einer vorzüglichen Sauce, die Rebhuhn oder Täubchen *(pichones estofadas, Register der Rezepte)* begleitet. Das Wildaroma der Vögel mischt sich auf das schönste mit dem zahmen Beigeschmack der Schokolade.

Trotz seiner geringen Größe hat Navarra zu der spanischen Tafel mehrere Gerichte beigesteuert, in denen sich wiederum die aragonische Kochkunst mit den ersten Spuren der großartigen baskischen Küche verbindet. Navarra war das kleinste der fünf mittelalterlichen christlichen Königreiche in Nordspanien zur Zeit der Maurenherrschaft im Süden, so klein, daß sich aus ihm nur eine moderne Provinz entwickelte. Die Hauptstadt trägt ihren Namen nicht wie üblich nach der Provinz, die sie verwaltet; sie heißt Pamplona. Bei dem im Juli stattfindenden San-Fermín-Fest, das durch Hemingway internationale Berühmtheit erlangte, stürmt eine Horde von Stieren durch Pamplonas enge Straßen hinter den rennenden, stolpernden Männern der Stadt her, die auf die vergleichsweise sichere Arena zustürzen. Nachts wird während der Dauer des Festes *pastel de conejo* (Kaninchenpastete) gereicht; das Fleisch ruht in einem leichten Kartoffelbrei, der mit wildem Rosmarin und Thymian gewürzt ist. Aus dem Roncal-Tal kommt zu dieser Gelegenheit ein hervorragender, nach Bergkräutern schmeckender Schafskäse.

Gehen Sie nach dem Fest, im August, in die Berge und Täler der Pyrenäenlandschaft von Navarra! Klare, glitzernde Bergbäche schneiden wie weiße Messer durch Baumwurzeln, schlängeln sich hurtig durch üppiges Gras, strömen über Felsen und rauschen zu Tal – mit Forellen, die Fischer und Feinschmecker aus aller Welt hierherlocken. Keine Forellen sind so saftig, zart und locker im Fleisch wie die aus Navarra. Sie werden auf vielerlei Weise zubereitet; am besten schmecken sie, wenn man sie vor dem Kochen lange in eine Marinade aus trockenem, starkem Wein mit Pfefferkörnern, frischer Minze, Thymian, Bergrosmarin und Lorbeerblatt, gehackten Zwiebeln und getrockneten Kräutern einlegt *(truchas a la navarra, Register der Rezepte).* Nach dem Marinieren pochiert man die Forelle in derselben Flüssigkeit und richtet sie auf einer Servierplatte an. Sie wird mit Kartoffeln oder mit Kartoffeln und Mohrrüben garniert, die in einer aus der Kochflüssigkeit gewonnenen und mit Eigelb angedickten Sauce liegen. Der Fisch und die bergfrischen Kräuter im trockenen Wein ergeben eine köstliche Geschmacksmischung.

Für diejenigen aber, die den natürlichen Geschmack frischer Forelle schätzen, bestätigt sich auch in Navarra wie überall auf der Pyrenäenhalb-

Ein baskischer Schafhirte, Vertreter eines bei diesem Volk althergebrachten Berufs, hütet seine Herde auf den Abhängen der Sierra de Aralar in der Provinz Guipúzcoa. Die Schafe, *lachas* genannt, werden hauptsächlich der Milch wegen gezüchtet; die Wolle hat untergeordnete Bedeutung.

insel die grundlegende spanische Küchenregel: Die einfachste Methode ist die beste. *Truchas a la navarra* gilt als ein Gericht, das in der Form, wie man es in ganz Spanien kennt und in den exquisitesten europäischen Restaurants serviert, hoch oben auf den Bergwiesen von Navarra erfunden worden ist. Schäfer, die ihre Herden hier hüteten, fingen Forellen in den nahe vorbeiführenden Bächen; über einem Feuer aus Rosmarin- und Thymianzweigen erhitzten sie eine Bratpfanne, die sie mit dem Fett des *serrano*-Schinkens, den sie im Rucksack von zu Hause mitgebracht hatten, ausrieben. In die heiße Pfanne warfen die Schäfer die gereinigten, aber nicht abgeschuppten Forellen, brieten sie auf beiden Seiten gut durch und nagten dann das Fleisch von den Gräten. Die einzige Würze bildete das Salz des schimmernden, im Schnee gereiften *serrano*-Schinkens. Zuweilen blieben Schinkenstücke zufällig in der Pfanne liegen; dann wurden sie absichtlich dort gelassen und danach als eine Art Saucenersatz auf den Fisch gelegt. Schließlich entwickelte sich der Brauch, den Fisch vor dem Braten mit Schinkenstücken zu füllen. *Trucha a la navarra,* die praktische Erfindung der Schäfer, ist im Grunde nur aufgeschnittene, mit *serrano*-Schinken gefüllte Forelle, die in der Pfanne gebraten wird. Heutzutage befindet sich die Sauce nicht unter oder über, sondern in dem Fisch. Der gut abgehangene Schinken und die Bergforelle ergänzen sich zu einer Delikatesse, deren raffinierte Geschmacksschöpfung man eher dem Küchenchef des elegantesten Berliner oder Pariser Restaurants zuschreiben möchte als dem einfallsreichen Schafhirten, der sie mit einer einfachen Bratpfanne unter der glühenden, weißen Sonne in den Bergen von Navarra ursprünglich entwickelte.

Von Navarra aus erreichen Sie bequem das Land der Basken, die heute als die glänzendsten Repräsentanten der spanischen Kochkunst gelten. Gehen Sie spontan in eine baskische Küche, denn für baskisches Essen gibt es keine passende Einführung. Wie das Volk der Basken und seine Sprache scheint auch die baskische Kochkunst aus dem Nichts hervorgegangen zu sein – ein Teil der Erde, ein Gebilde für sich.

Über die Geschichte der Menschen, die in den drei baskischen Provinzen Guipúzcoa, Vizcaya und Álava leben, liegt ein Schleier, ähnlich den plötzlich auftauchenden, verhüllenden Nebelschwaden, die aus der fischreichen Bucht von Biskaya nach Süden treiben und Land und Leute den Blicken entziehen – was im Sonnenlicht eben noch klar und deutlich hervortrat, ist im nächsten Augenblick verschwunden. Niemand weiß genau, wer die Basken sind oder woher sie kommen. Es gibt viele Theorien; die gegenwärtig vorherrschende behauptet, daß das Volk von den iberischen Urbewohnern der Pyrenäenhalbinsel abstamme. Die scharfen, abgebrochenen Silben der vokalreichen baskischen Sprache Euskera ähneln nicht im entferntesten den kastilischen, katalanischen oder gar portugiesischen Lauten – denn Baskisch ist keine romanische Sprache und hat deshalb auch nicht dieselbe Wurzel. Es klingt für die Ohren anderer Spanier ebenso fremd wie Kastilisch für Japaner. Die traditionelle leuchtendweiße Volkstracht der Basken – mit den weißen, *alpargatas* genannten Schuhen aus Segeltuch und Hanf; der karmesinroten Taillenschärpe; der *makila*, einer Kombination von Spazierstock und Waffe; und der *boina,* der weltberühmten Baskenmütze – ist für Frauen und Männer gleich. Sie weicht von den andalusischen Volkstrachten ungefähr ebenso weit ab wie ein indischer Sari von einem westlichen Tenniskostüm. Doch empfinden andere Spanier die baskische Küche merkwürdigerweise nicht als ausländisch oder exotisch. Ihre Verschiedenheit beruht auch nicht auf ihrer Fremdartigkeit, denn anders als die Sprache und die vielen einzigartigen baskischen Wesensmerkmale hebt sich baskisches Essen nicht durch Geschichte oder Brauchtum von der übrigen Pyrenäenhalbinsel ab. Die baskische Küche, die nun einmal innerhalb der spanischen Zone der Saucen liegt, ist nicht die individuellste, sie ist einfach die beste.

Die stürmische Überlegenheit der baskischen Kochkunst ist zumindest teilweise auf die männliche Kraft, die Fülle und das Feuer der Basken selbst zurückzuführen, mit denen verglichen die fleißigen Katalanen, die ihnen im Temperament und in ihren separatistischen Tendenzen am meisten ähneln, wie Faulpelze wirken. Während der Katalane jedoch seine Individualität zu wahren sucht, ist der Baske von *seiner* Einzigartigkeit so überzeugt, daß er nicht über sie nachzudenken braucht. Er geht einfach seiner Wege und lebt sein Leben auf die ihm natürlichste Weise – eine Weise, die sich in seiner Kochkunst ebenso ausprägt wie in allem, was er tut. Er will im Grunde nicht anders sein, er will nur übertreffen, und das gelingt ihm überall, vom Kochen bis zum Sport. Jedes Gericht, das er auftischt, demonstriert seine Überlegenheit in einem Maße, daß die Speisekarten aller spanischen Restaurants von seinen kulinarischen Werken widerhallen. Es lohnt sich immer, ein Gericht, das mit dem Zusatz *a la vasca* (auf baskische Art) versehen ist, zu bestellen, vorausgesetzt, der Koch hat das Originalrezept benutzt. Es gibt Speisen, die mit *a la vasconia, a la vizcaína, a la vascongada* gekennzeichnet sind (alles Variationen von *a la vasca*). Gerichte mit der Erläuterung *a la bilbaína, a la iruñesa, a la donostiarra, a la vergarense, a la guipuzcoana, a la tolosana* oder *a la easo* kommen aus baskischen Städten oder Provinzen. Wie auch immer der Name, wenn es sich um ein authentisches baskisches Gericht handelt, kann man es unbedenklich bestellen.

Wenn Sie aber die baskische Küche in einer der dortigen privaten gastronomischen Gesellschaften kennenlernen, werden Sie ein Mahl genießen, wie sie es nirgendwo sonst auf der Welt bekommen können. Die großen gastronomischen Gesellschaften sind für die wahren Liebhaber

Die Basken bereiten aus der Milch ihrer langhaarigen *lacha*-Schafe einen Käse, der *idiázabal* heißt. Das Reifen und Räuchern des Käses, der ein delikates Aroma hat, aber im Geschmack und in der Qualität schwankt, erfolgt größtenteils auf den Höfen der Schafzüchter.

erlesenen Essens und edler Kochkunst reserviert; die Mitgliederzahl ist begrenzt, und wenn ein junger Baske eintreten will, muß er gewöhnlich warten, bis ein älteres Mitglied seinen Platz im Diesseits räumt, um ihn am himmlischen Herd einzunehmen. In San Sebastián, der Hauptstadt von Guipúzcoa, wurde 1870 die erste gastronomische Gesellschaft gegründet. Heute bestehen Gesellschaften in fast allen Städten und in einigen Ortschaften und Dörfern der baskischen Provinzen. Wollen Sie einen solchen Kreis von innen kennenlernen, brauchen Sie nur zwei Erfordernisse zu erfüllen. Erstens muß ein Mitglied Sie als Gast einführen. Zweitens müssen Sie männlichen Geschlechts sein, denn Kulinarisches und Kochen sind in den baskischen Provinzen seit jeher – und immer noch – ausschließlich Männersache. Die baskischen Frauen werden geachtet, geliebt und mit unendlicher Aufmerksamkeit und Freundlichkeit behandelt – an dem ihnen gebührenden Platz. Der ihnen gebührende Platz ist nicht die Küche. Die einzigen Gelegenheiten im Jahr, wo Frauen zu den Versammlungen der gastronomischen Gesellschaften zugelassen werden, sind der Vorabend von Mariä Himmelfahrt (15. August) und der Tag des hl. Sebastian (20. Januar). Sonst darf keine Frau das kulinarische Heiligtum betreten, außer vielleicht einer Reinmachefrau, das heißt, wenn kein Mann aufgetrieben werden kann, um die Töpfe, Pfannen und Schüsseln abzuwaschen.

Bei einer Einladung wird Ihr Gastgeber vorsichtig nach rechts und links gucken und mit einem nur angedeuteten lüsternen Seitenblick fragen: „Sind Sie einer, der gern ißt . . . ?" in dem Tonfall, den Männer normalerweise bei einer anderen Art Frage anschlagen. Sagen Sie ja, und gehen Sie am Abend eines Frühlingstages mit ihm über die braun-grauen Kopfsteinpflasterstraßen im alten Viertel von San Sebastián durch die Böen und scharfen Meeresbrisen. Die weiße Stadt mit den niedrigen Hügeln im Hintergrund legt sich wie eine Schale um den strahlendblauen Golf von Biskaya. Kehren Sie in eine Bar am Wege ein, und laden Sie ihren Gastgeber zu einem Glas *txakoli* ein, dem sauren, an Apfelwein erinnernden Weißwein, den es nur hier gibt; er schlägt beim Transport selbst innerhalb Spaniens um. Bestellen Sie eine Vorspeisen-*ración* frisch gegrillter Anschovis und eine weitere Portion gegrillter Sardinen, die gerade von den Booten kommen. Wenn man zu den warmen, ungesalzenen Anschovis den geeisten, perlenden *txakoli* trinkt, erscheinen einem die Dosen-Anschovis als eine andere Sorte Fisch. Aber bestellen Sie hier auch die Dosenfische, die auf rohen oder gebratenen Paprikaschoten das Salz neutralisieren und es in sich aufnehmen und damit eine der besten spanischen Vorspeisen ergeben. Die dampfenden, gegrillten Sardinen, die man allenthalben an den Küsten Spaniens ißt, sind hier lieblicher und zarter als irgendwo sonst, denn es heißt, daß die Fische und Meerestiere aus dem kalten Golf von Biskaya allen anderen den Rang ablaufen. Die Basken sind Snobs, was Meerestiere aus anderen Gewässern betrifft, gleichgültig, wie frisch sie sind. Sie behaupten, daß Fische im warmen Mittelmeer verweichlichen und an Vitalität und Geschmack einbüßen; zu weit nördlich im Atlantik seien die Fische, außer Kabeljau, so kalt, daß sie durch Starre an Geschmack verlieren. Ein in den blaugrünen Gewässern des Golfs von Biskaya gefangener Fisch jedoch sprühe und berste vor Geschmack, gerade recht für baskische Küchenchefs, die ihm die Behandlung angedeihen lassen, die er verdient.

Steigen Sie nun einen steilen Hügel hinauf, der bei einem Gebäude mit einer wuchtigen Eichentür endet; Ihr Gastgeber wird einen großen Schlüssel hervorholen und das Heiligtum öffnen. Jedes Mitglied besitzt einen solchen Schlüssel. Ist die Tür geöffnet, treten Sie durch eine Halle in den einzigen großen Raum ein, der erfüllt ist mit den Gerüchen von garenden Meerestieren und Kräutern, frischem Landgemüse, Geflügel und Fleisch. Der Raum dient als Bankettsaal, Wohn- und Lesezimmer; er ist tatsächlich das einzig vorhandene Zimmer. Lange, massive dunkle Tische stehen an den sauberen weißen Wänden, Bänke an der einen Seite, Stühle an der anderen. Der Raum wirkt zweckmäßig und behaglich, läßt aber

Die drei Hauptzutaten des baskischen Gerichts *bacalao al pil-pil* sind Klippfisch, Knoblauch und Olivenöl. Weitere Bestandteile, wie Pfefferschoten und Petersilie *(oben),* können als Garnierung Verwendung finden. *Bacalao al pil-pil* kommt in der Steingutschüssel, in der es gekocht wird, auf den Tisch. Im Restaurant Guria in Bilbao *(gegenüber)* gibt es dazu ein Glas vom einheimischen Weißwein, *txakoli*. Ein Stück Käse aus Schafsmilch dient als Nachspeise.

M. de Santona
Bilboa
Durango
Porte de Algesin
Miravalles
Vergara
Mondragon
Tolosa
Placentia
Deva
Orio R.
S. Sebastian
Pasfages
Andaya
Ordunna
Barberona
Espejo
Miranda de Ebro
Pancorbo
Salvida
la Puebla
Pamplona

Auf der Restaurant-Terrasse über dem Fischerhafen Bermeo grillt ein Koch wohlschmeckende Brassen und zwei Kalbskoteletts.

jegliches Bemühen um Luxus nach Art der üblichen Herrenklubs vermissen. Die Männer kommen hierher, um aufrecht zu sitzen und gut zu essen, nicht um in Lederkissen zu versinken und zu dösen. Hier gilt die Regel, daß niemand eine Krawatte trägt, geschweige ein Jackett. Links vom Eintretenden befindet sich eine Wandnische mit einem runden Gegenstand darin, der wie ein Roulettspiel aussieht; er hat Schlitze, die in eine große Gemeinschaftsschale in der Mitte münden. Das ist die Kasse, in die jedes Mitglied am Ende der Woche für sein Essen und Trinken zahlt. Das System gründet sich auf Ehrgefühl. Keiner kontrolliert andere Mitglieder, niemand will wissen, was ein anderer in die Kasse tut, und jeder führt für sich selber Buch. Hier geht das Leben demokratisch zu; Rechtsanwälte, Bankiers, Fischer und Kaufleute sitzen an den Holztischen beisammen, unterhalten sich oder lesen ihre Zeitung vor Tisch. Rechts vom Eingang sieht man einen Alkoven, in dem Liköre und Aperitifs stehen, aber einen Barmixer gibt es nicht; jeder bedient sich selbst oder seinen Nachbarn und merkt sich, was er genommen hat, damit er vor Ablauf der Woche das Geld in die Kasse stecken kann. Wein wird in Fässern gekauft und an Ort und Stelle in Flaschen abgefüllt; Bier kommt in gewaltigen Fässern. Am anderen Ende des Raumes liegt, durch keine Trennwand abgeteilt, die Küche: 2 riesige Kühlschränke, 5 Backöfen, 5 Spülbecken, 20 oder 25 Gasherde, 4 Hackblöcke, Hunderte von Küchengeräten und Schubfächer voll von Schürzen und anderem Küchenzubehör. Ein robuster Mann von ungefähr 55 Jahren putzt und wäscht mehrere Seezungen; ein jüngerer Mann zerlegt ein Huhn und bereitet es zum Braten in Öl vor, nachdem er es mit Knoblauch, Petersilie und Paprika gewürzt hat; wieder ein anderer hackt Zwiebeln und kümmert sich um eine dampfende Kasserolle, aus der es nach Hummer und Weißwein duftet. Jeder wird Ihnen gern zeigen, was er tut, wie er es tut oder warum es auf andere Weise nicht vollkommen gelingen kann. Es gibt hier keine Geheimnisse. Aber Sie sind Gast und müssen sich jetzt schnell an einen der Tische setzen, um sich bedienen zu lassen.

Der Gast einer gastronomischen Gesellschaft im Baskenland hat ein beneidenswertes Los: Alle reden mit ihm. Jeder Koch hier ist ein Star, und ein Mann, der nicht kochen kann, ist sehr gefragt, weil alle anderen für ihn kochen können. Ihr Gastgeber täte gut daran, Sie ordentlich festzuhalten, wenn Sie nicht ein geborener Küchenchef sind, denn Sie sind ein rarer Artikel. Kaum haben Sie Platz genommen, wird jemand auf Sie zukommen und Sie bitten, nur dies zu probieren oder jenes zu kosten. Vielleicht ist es Krebs- oder Hummersuppe, dick oder dünn, in der sich das Meeresaroma des Golfs von Biskaya intensiv entfaltet, oder ein Eiergericht als erster Gang – eine *piperade* aus frisch gerösteten, geschälten grünen Paprikaschoten, weißen Zwiebelscheiben, Tomaten und *serrano*-Schinken. Alle diese Zutaten werden zusammen zu einer Sauce gegart und dann mit geschlagenen Landeiern gebunden, die man kurz vor dem Anrichten auf einem warmen Teller noch einmal lebhaft rührt; das Gericht duftet und schmeckt nach der würzigen Frische baskischen Ackerbodens und sauberer Landluft. Oder aber man schlägt die Eier in eine Kasserolle voll von hellgrünen Salatblättern und rosa Biskaya-Krabben, die sozusagen den Meeresextrakt in sich speichern. Irgend jemand hat vermutlich *changurro (Register der Rezepte)* gekocht – ein Gericht, das aus einem großen Taschenkrebs gemacht wird, der an der hiesigen Küste vorkommt; man schneidet ihn auf und gart ihn in Öl mit Tomatenpüree, Zwiebeln, Porree, Knoblauch und Petersilie und flambiert ihn womöglich mit Weinbrand, bevor er wieder in seine Schale gefüllt und ein paar Minuten im Ofen gebacken wird, bis er erscheint: brutzelnd, rot und gold, eine Art Krebssauce, eine Essenz, die es fertigbringt, mehr nach Krebs zu schmecken als der ursprüngliche Krebs. Platten mit verschiedenen Sorten Fisch in verschiedenen Saucen und kleine Schalen mit kalten gekochten Krustentieren werden in die Mitte gestellt, damit sich alle bedienen können. Im Umgang mit Meerestieren gibt die baskische Küste ihr Bestes; es finden sich alle

Arten und in einer Vielfalt der Zubereitungsweisen, die die Grenzen des Möglichen zu überschreiten scheint.

Während Sie essen, wird Ihr Nachbar und Gastgeber am Nebentisch Sie auffordern, von einer Kasserolle mit *kokotxas* zu probieren; es handelt sich hierbei um den langen, durchscheinenden, gallertartigen Teil, der aus der Kehle des Seehechts herausgeschnitten wird. Es ist die am meisten geschätzte und delikateste Partie dieses Fisches, die anstelle von Geld zuweilen auch heute noch dazu dient, die Fischer für ihre Arbeit zu entlohnen. *Kokotxas* verderben schneller als der übrige Fisch und werden entfernt, bevor man den Fang an Land bringt. Auf hiesigen Morgenmärkten sieht man sie oft hoch aufgestapelt in Körben, über die der Seewind streicht. Sie werden in einer Steingutkasserolle mit Erbsen, Petersilie und etwas Knoblauch zubereitet und in einer jener besonders feinen baskischen Saucen angerichtet, die einfach Grüne Sauce heißt – dieselbe Sauce, die Ihr Nachbar auf der anderen Seite zusammen mit einer dicken, zarten Scheibe vom Seehecht selbst ißt. Die baskische Grüne Sauce enthält Petersilie und Erbsen und trägt ihren Namen nach diesen Zutaten. Knoblauch und Öl und die Säfte des Fisches kommen hinzu, doch wird die Mischung nie gerührt. In der baskischen Küche wird eine Kasserolle im allgemeinen nur sanft geschüttelt und geschaukelt, damit das Essen beim Kochen nicht am Boden haftenbleibt, und sehr langsam auf kleiner Flamme am Siedepunkt gehalten, bis die Fischsäfte sich vollständig mit dem Olivenöl vermischt haben und die Sauce entsteht – deren Geschmack sich in diesem Land der Saucen etwa so umschreiben ließe: Er ist so, wie der Fisch ihn durch sein Fischsein im Sinne hatte. In der Regel halten die Basken nichts davon, den Geschmack einer Sauce durch Zutaten abrupt zu verändern, denn sie wollen keine Veränderung des Geschmacks. Qualität und Aroma einer Sauce entwickeln sich allmählich aus den Grundbestandteilen; Gewürz wird, wenn überhaupt, mit Maßen verwendet. Würzfunktionen übernehmen Spargelspitzen und anderes Gemüse. Die Basken glauben, daß Geschmack, Beschaffenheit, Farbe und die *Ganzheit* einer Sauce aus der raffinierten Kombination einfacher Zutaten hervorgehen müssen – unter den Händen eines Meisterkochs, der die natürlichen Aromen zu hoch bewertet, um sie zu verdecken, und darum alles daransetzt, sie so klar wie möglich herauszuarbeiten. Das ist vielleicht das einzige Ziel aller feinen Kochkunst in der Zone der Saucen. Aus diesem Grunde eben hat sie ein hohes Qualitätsniveau.

Die Basken sind in ganz Spanien berühmt wegen ihres Nahrungskonsums in quantitativer wie qualitativer Hinsicht; was der Madrider für ein reichliches Mahl hält, erscheint im Vergleich dazu karg. Nach dem Eiergericht und dem Fischgang wird Ihr baskischer Gastgeber erwarten, daß Sie etwas Geflügel nehmen – Huhn oder Ente in einer leichten, wohlriechenden Weinsauce, die nach Mandeln und Zitrusfrüchten schmeckt. Dann eröffnen sich natürlich weitere Aussichten, sei es auf ein Schmorgericht aus magerem Kalbfleisch oder auf einen Teil eines ganzen gebratenen Zickleins mit Bratensauce. Man sagt, daß zwei Basken ein kleines gebratenes Lamm zwischen dem Gemüsegang und dem Käse vertilgen können. Sie wetten sogar, wer mehr essen kann.

Es gibt gute baskische Käse, und zu den besten zählt eine Sorte, die aus der Milch des langhaarigen *lacha*-Schafes gewonnen wird, das auf den hohen Abhängen der Pyrenäen weidet. Dieser Käse hat ein unglaublich delikates Aroma, das an Bergkräuter erinnert, und eignet sich sehr gut als Abschluß des Fleischgangs – vor dem Nachtisch. Die baskische Version des Nachtischs, *natillas,* eine Cremespeise, hat eine herrliche Süße, die durch den Geschmack von Zitrone und Zimt aufgefangen wird. Es gibt Gebäck und – für den Fall, daß Sie Obst vorziehen – Körbe mit hellen und dunklen Weintrauben, reifen rosa-grünen Birnen und Pfirsichen in leuchtendem Orange. Dann folgt schwarzer Kaffee, es sei denn, Sie möchten – oder brauchen – eine *infusión de manzanilla,* Kamillentee, der als mildes Verdauungsmittel gilt. Wahrscheinlich aber wird Ihr Gastgeber zur Abrundung

Ein Koch in Santander schneidet Kohl für *olla podrida,* den herzhaften Eintopf, der eng verwandt ist mit dem Madrider *cocido (Register der Rezepte).* *Olla podrida* enthält Kohl, Bohnen, Zwiebeln, Porree, Knoblauch, Tomaten und fünf Sorten Fleisch: Schinken, Blutwurst, *chorizo,* Schweineschulter und Speck. Das Restaurant Bodega del Riojano in Santander *(gegenüber)* serviert *olla podrida* in dem Topf, in dem das Gericht zubereitet wurde, und reicht dazu Brot und Rotwein.

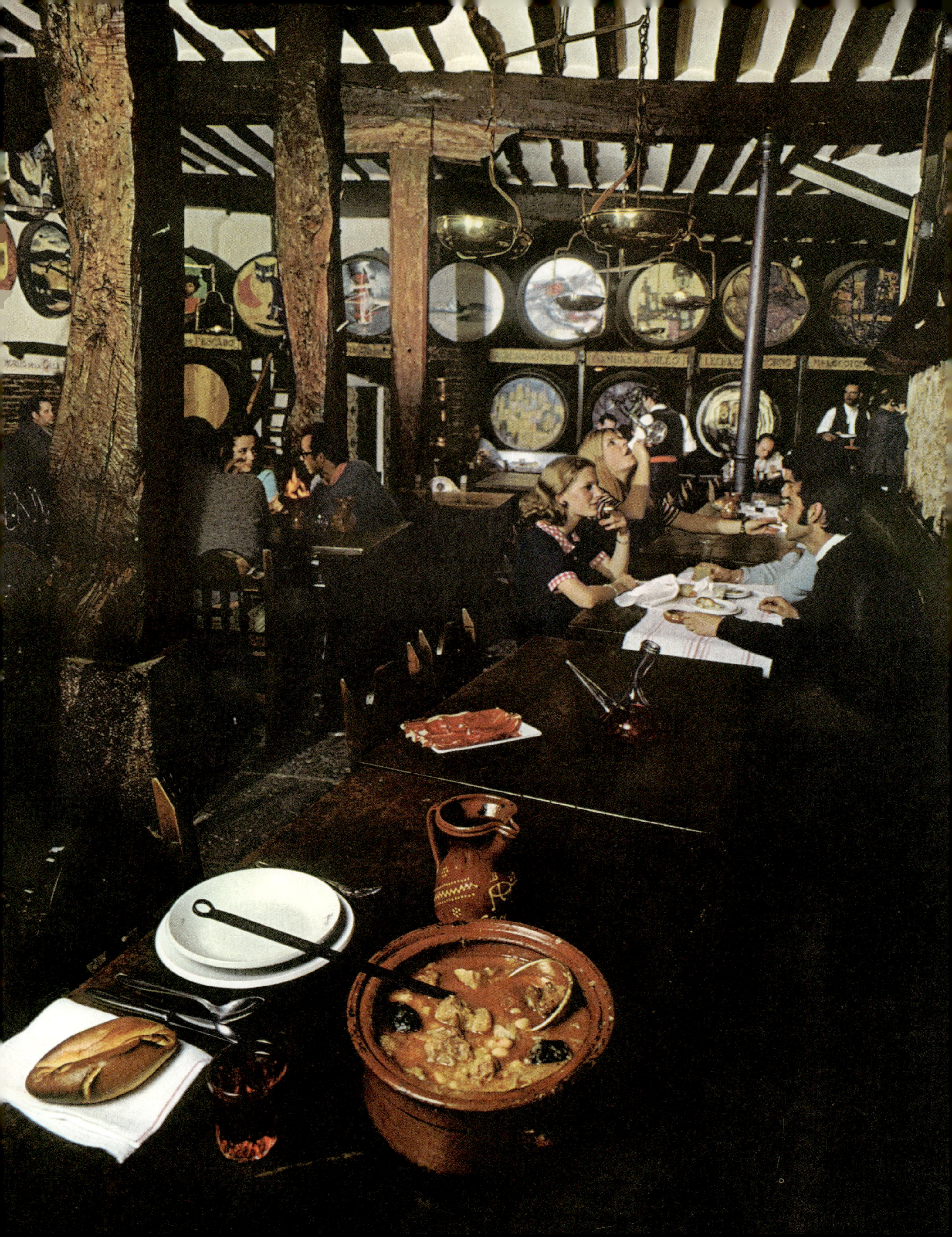

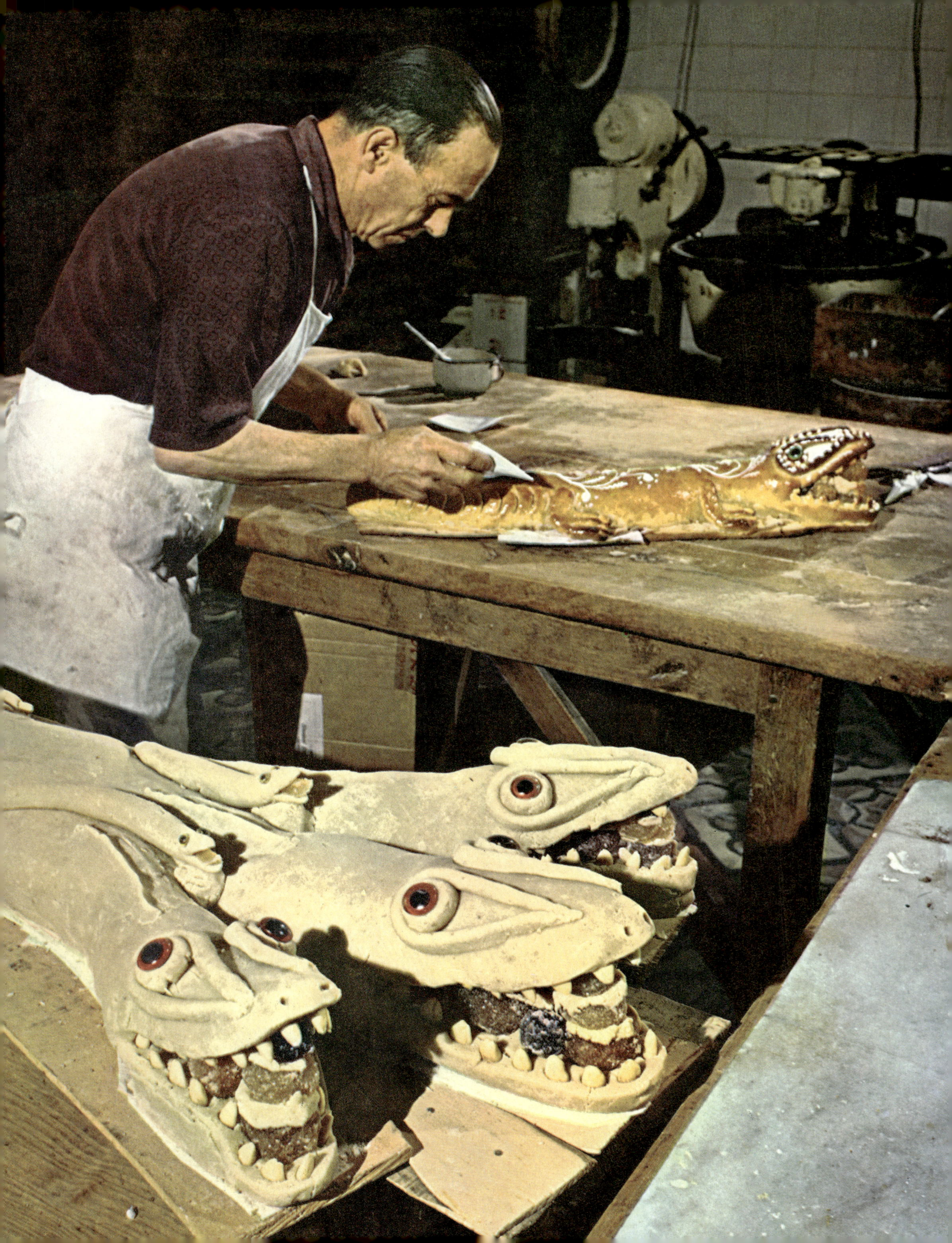

des Ganzen einen erlesenen Weinbrand oder ein Glas süßen *anís* vorschlagen.

Bei dem Mahl, das Sie einnahmen, wird es sich eher um ein Abend- als ein Mittagessen gehandelt haben, denn die Basken nehmen ihre Arbeit zu ernst, um die Tagesstunden durch Gelage zu zerreißen. Anders als deutsche Geschäftsleute gehen die Basken mittags oft nach Hause, um mit ihrer Familie zu essen, und abends in die gastronomischen Gesellschaften, weil sie dann Zeit haben, eine Mahlzeit richtig vorzubereiten und zu genießen. Nach dem Essen wird Ihr Gastgeber Sie zu einem Verdauungs-Spaziergang durch die winkligen, engen Gassen des alten Viertels mitnehmen; vielleicht besucht er bei dieser Gelegenheit einen Freund in den anderen Gesellschaften. Rivalitäten zwischen den Gesellschaften existieren kaum, denn die Basken sind auf ihre Kultur als Ganzes stolz: auf die Provinzen, die ihre Eigenart, ihre Sitten und ihr Essen wie auch einen guten Teil ihrer Unabhängigkeit trotz dreißigjähriger ständiger Bedrohungen und unzähliger Unterdrückungsmaßnahmen durch Francos Militärdiktatur bewahrt haben. Doch wenn Sie zufällig ein vertrautes Gericht in einer der *anderen* gastronomischen Gesellschaften erblicken, wird Ihr Gastgeber möglicherweise ruhig die Bemerkung äußern, daß Sie dies Gericht schon in seiner besten Form kennengelernt hätten und ihm deshalb nicht allzuviel Beachtung zu schenken brauchten. Dann wird er Sie unter dem blauschwarzen, glitzernden Himmel schweigsam zu Ihrem Hotel zurückbegleiten.

An Wochenenden verbringen die baskischen Männer einen Teil des Abends mit ihren Frauen und Familien, gehen spazieren, fahren aufs Land oder besuchen lokale Festlichkeiten. Im Sommer finden viele Feste im Freien statt, nicht religiöser Art, wie es sonst in Spanien üblich ist, sondern mit Tanz und Wettkämpfen. Wettstreit liegt im Wesen dieser Kultur, und man erwartet von den baskischen Männern aller Altersgruppen, daß sie mindestens einmal im Jahr ihre sportlichen Fähigkeiten unter Beweis stellen. Die Sommerfeste finden häufig außerhalb der Städte auf den schimmernden Hügeln statt, die dann in einem ebenso satten Grün prangen wie gute baskische Saucen. Die Augusthitze an der Nordküste ist nicht lähmend, wie sie es in Südspanien sein kann, und immer wehen frische, kühle Brisen aus der Biskaya herein.

Zwischen den baskischen Tänzen, die einem Sommerfest vorausgehen können, und den anderen Volkstänzen des Nordens herrscht nicht mehr Ähnlichkeit als zwischen der gesprochenen Sprache und dem Kastilischen oder zwischen baskischem Essen und dem fritierten Fisch und den kalten Suppen des Südens. Die Männer in der leuchtendweißen baskischen Tracht tanzen im allgemeinen ohne weibliche Partner; ein gleichmäßiger Rhythmus und eine Art gemächlicher Aggression, die männlich und grenzenlos wirkt, kennzeichnet die kriegerischen Tänze. In stoßweisen Bewegungsfolgen wiederholen sich hochausgreifende Schritte mit gestreckten Knien.

Das Publikum sitzt draußen unter einem leuchtendblauen Himmel und sieht den Tänzern zu, die sich hier und da an den Tischen zu einem Glas Wein und einem Teller mit den bleistiftdünnen baskischen Würsten niederlassen; als Vorspeise oder Imbiß sind diese Würste mit ihrer knusprigen Haut und der feingehackten, dunklen, pikanten Schweinefleischfüllung von allen *chorizos* die besten.

Viele Zuschauer bestellen sich auch Einzelkasserollen mit *angulas*, nadelgleichen Jungaalen, die so winzig sind, daß man sie als Ganzes verspeist. Erst 40 bis 50 *angulas* ergeben eine Portion. *Angulas* gelten heutzutage als eine große Delikatesse, obschon sie früher in derartigen Mengen vorkamen, daß baskische Bauern sie unbekümmert anstelle von Getreide an die Schweine verfütterten. Als sich herumsprach, daß baskische Feinschmecker für *angulas* hohe Preise zahlen würden, fuhren Fischer nachts bei Mondschein mit feinmaschigen Schleppnetzen durch Flüsse und Meerengen, wo sich die Schwärme der Jungaale aufhielten. Bald wurde das Gericht in ganz Spanien so berühmt, daß die *angulas* allmählich verschwanden; heute kommen sie aus *criaderos* (Zuchtbottichen), wo sie bis

Pantortillas de Reinosa (oben), ein stark aufgehendes Gebäck, das den Namen seines Herkunftsortes, eines Dorfes in Santander, trägt, besteht aus Mehl und Wasser. Dieses einfache Backwerk wird das ganze Jahr hindurch gern gegessen. *Gegenüber:* Ein Bäcker dekoriert in einem Laden in Reinosa einen Drachen aus Zuckergebäck, in dessen Kiefern Zähne aus Mandeln stecken. Im Vordergrund wartet ein dreiköpfiges Ungeheuer mit zwei kleineren Mitfahrern darauf, in den Ofen zu kommen. Die schmackhaften Drachen aus Marzipan, die mit getrockneten Früchten gefüllt sind, erfreuen sich in Spanien besonders zur Weihnachtszeit großer Beliebtheit.

Eine zuckersüße Miniatur-Menagerie lockt Kunden in einen Konditorladen in Reinosa, nicht weit von der spanischen Nordküste. Die stilisierten kleinen Geschöpfe bestehen aus Marzipan, dem international berühmten Konfekt, das sich aus Mandeln, Eiweiß und Zucker zusammensetzt. Sie werden mit der Hand geformt und mit Pflanzenfarbe angemalt.

zur Eignung für den Verzehr aufgezogen werden. Man tötet sie vor der Zubereitung auf besondere Weise – indem man Tabak ins Wasser gibt. Der Tabak kann über die Oberfläche eines ganzen *criadero* gestreut werden; für das häusliche Küchenspülbecken genügt der Rest von Großpapas Zigarre. Der Tabak tötet die *angulas* nicht nur, sondern entfernt auch alle Klebrigkeit, die ihnen anhaftet, so daß sie schon sauber sind, wenn man sie mit der Hand in eine Steingutkasserolle mit kochendem Öl füllt, in dem zuvor Knoblauch und ein oder zwei Streifen *guindilla* (scharfe rote Pfefferschote) angebräunt wurden. Man deckt die Kasserolle sofort mit einem nach unten gekehrten Teller zu, um ein Verspritzen zu vermeiden, und bringt sie schon nach einer halben Minute auf den Tisch. Sie binden sich eine Serviette um den Hals und heben den Teller behutsam ab, denn das Öl spritzt immer noch. Sie benutzen eine dicke Holzgabel, weil die winzigen *angulas* den Zinken einer Metallgabel entgleiten würden. Zuerst müssen Sie sie im heißen Öl ein paarmal vorsichtig umeinanderrühren; wenn sie genügend abgekühlt sind, führen Sie sie mit der Gabel über einem Stück Brot zum Mund, damit das Öl nicht tropft. Der intensive Geschmack – stark knoblauchhaltig und von den Pfefferschoten scharf durchdrungen, nicht ganz Land und nicht ganz Meer, sondern dazwischen angesiedelt – fügt sich herrlich zu einem trockenen Weißwein.

Nach den Tänzen finden eventuell Sportveranstaltungen statt: Rudern, Holzhacken, Tauziehen, *jai alai*, Kugelstoßen, Kegeln, Wettrennen und anderes. Die stämmigen, gedrungenen, muskulösen Basken sehen aus, als ob sie für sportliche Wettkämpfe geschaffen seien. Wird das Fest von vielen Kindern besucht, sieht man zuweilen im Hintergrund die Riesenfigur Gargantuas, der auf einem gewaltigen Korb sitzt. Sein geöffneter Mund bildet den Start einer gewundenen Rutschbahn, auf der die Jungen und

Mädchen in Schlitten zu Tal gleiten und verschwinden – „gefressen" von dem Riesen, der „Trigantua", Vielfraß, genannt wird. Wie immer sein Name lautet, trinken tut er nicht. Wein ist das ausschließliche Eigentum einer anderen Gestalt in Überlebensgröße, Celedon, dessen rote Knollennase sein bodenloses Fassungsvermögen für *txakoli,* die berühmten Riojaweine und andere Landweine anzeigt, die das ganze Jahr über getrunken werden. Beide Figuren sieht man häufig auch als Hüter baskischer Restaurants, Wirtshäuser und Gasthöfe an Küstenhäfen, wo Tintenfische, Heringe, Meeraale, Blaufische, Seezungen, Plattfische, Thunfische, Hummer, Langusten, Taschenkrebse und buchstäblich Hunderte von anderen Fisch- und Krustentierarten an Land gebracht werden.

Im Frühherbst können Sie in einem der kleinen baskischen Häfen an der Nordküste Spaniens von einer Bar im Freien beobachten, wie die weißen und pastellfarbigen Fischerboote auslaufen. Im scharfen Seewind sollten Sie hier in eigener Tinte gekochten Tintenfisch bestellen und dazu ein Glas starken Weißwein trinken. Im Land der Basken heißt das Gericht *chipirones en su tinta* und im übrigen Spanien *calamares en su tinta (Register der Rezepte).*

Tintenfische werden mit Netzen vom Boot aus oder auch einzeln von Hand gefangen. Wenn man einen der Männer oder Jungen, die am Ende der Landungsbrücken mit Angelruten stehen, fragt, was er als Köder benutzt, wird er Ihnen einen merkwürdigen Gegenstand zeigen, der aussieht wie ein kleiner Mop ohne Stiel; er ist ungefähr 5 cm lang und besteht aus mehrfarbigen Gummibändern mit leuchtenden Muschelschalenstücken anstelle von Augen und einem im Inneren verborgenen scharfen Haken. Ist dieser sonderbare Köder eßbar? Nein. Nicht einmal für einen Tintenfisch. Was ist es? Es ist auch ein Tintenfisch, eine Attrappe, für den echten Tintenfisch ein Trugbild des vollkommenen Spielgefährten, der hin und her hüpft, flirtet und neckt und ihn zu einer schnellen Umarmung verlockt, der eine Tintenwolke folgt und dann – der Tod. Nicht fair, sagen Sie? „Aber warum nicht?" fragt der Fischerjunge. Man kann als Angelköder doch genausogut Liebe wie Nahrung verwenden.

Kehren Sie zu Ihrem Tisch zurück, wo der Kellner in weißer Jacke schon Zeichen gibt, daß das Tintenfischgericht fertig ist. Nehmen Sie Platz, und lassen Sie sich eine kleine Steingutkasserolle vorsetzen; sie ist mit einer Substanz gefüllt, die aussieht, als ob der Inhalt eines Teerbeckens mit weißen Radiergummistücken zusammen gekocht worden sei. Ziehen Sie kein Gesicht. Sondern essen Sie. Es gibt ein paar spanische Gerichte, die man ohne hinzusehen probieren muß, und dieses gehört dazu. Viele Touristen empfinden *chipirones en su tinta* als etwas Widerliches. Sie bestellen es versehentlich und lassen es ungekostet zurückgehen. Aber der Geschmack der dicken, schweren schwarzen Sauce wiegt den ersten Anblick der Tinte auf, die Überwindung lohnt sich. Und wenn Sie erst einmal genug gegessen haben, um den Geschmack der Speise mit ihrem Aussehen gedanklich zu verbinden, erscheinen Ihnen sogar die Silberstreifen schön, die das Spiegelbild des Himmels in der Sauce aufleuchten läßt. Nur ein Baske bringt es fertig, eine schwarze Suppe appetitanregend herzurichten.

Die Fischerboote, die Sie von ferne sehen, werden über kurz oder lang verschwunden sein, je nachdem, was sie vorhaben. Die Basken waren die ersten Walfänger Spaniens; anfangs hielten sie auf hohen Türmen Ausschau und harpunierten die Wale vom Ufer aus. Später verfolgten sie sie bis zu den Neufundlandbänken, die zu rechtmäßigen Fischgründen der Basken wurden. Schließlich ersetzte Kabeljau als begehrtestes Fangobjekt den Wal; gesalzener, gedörrter Kabeljau (Klippfisch), der einzige Fisch, der vor der Errichtung der Schienenwege im spanischen Binnenland leicht erhältlich war, entwickelte sich zu einem wesentlichen Wirtschaftsfaktor in weiten Teilen der Pyrenäenhalbinsel. Heute stammen die besten spanischen Kabeljaurezepte alle von den Basken: *bacalao al pil-pil, bacalao a la vizcaína* oder *bacalao al ajo arriero (Register der Rezepte).* Der Klippfisch muß vor dem Kochen 12 Stunden lang in mehrfach gewechseltem Wasser

Fortsetzung Seite 120

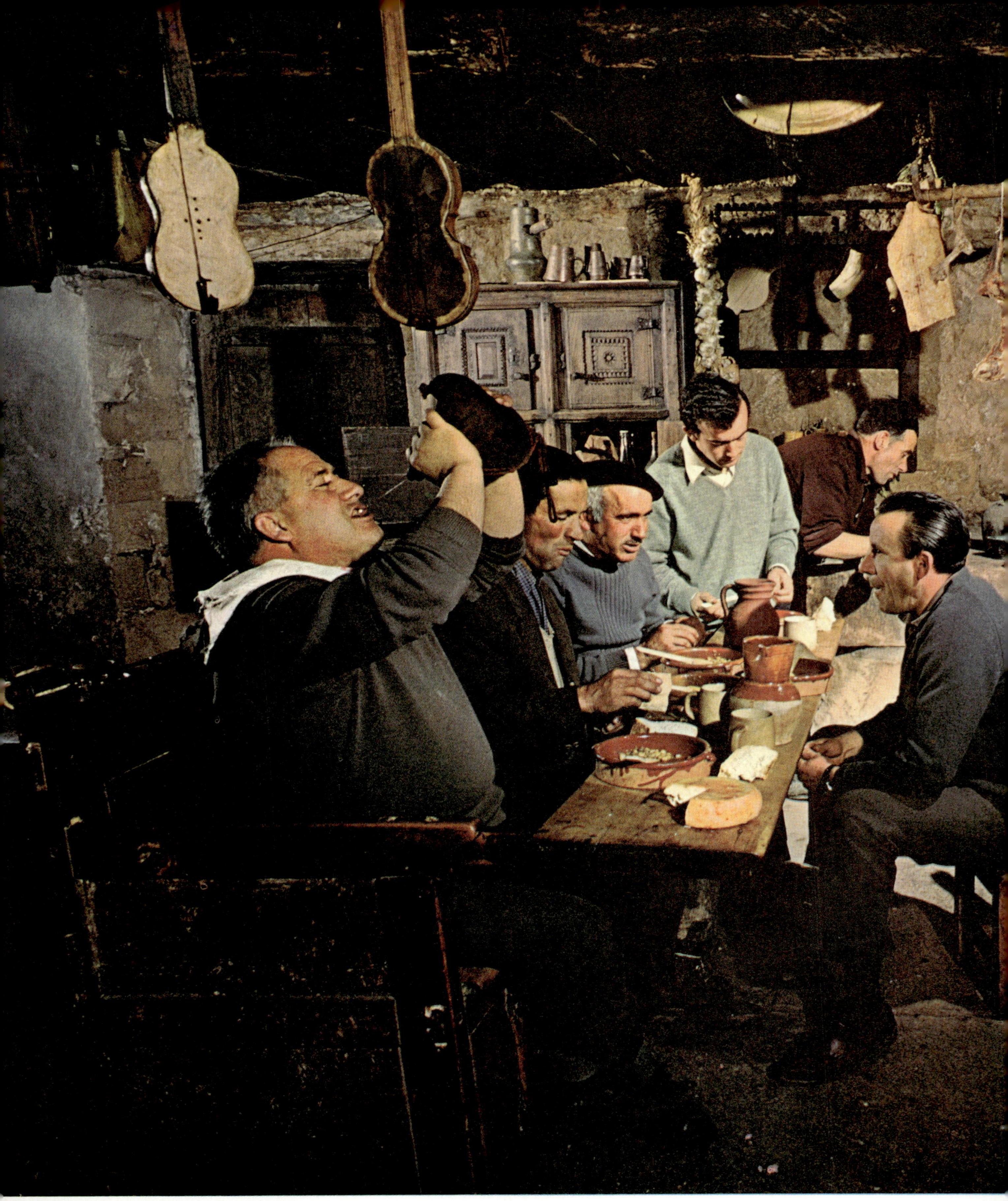

Gesellige Köche bei mannhaftem Tun

In spanischsprachigen Ländern steht *machismo*, absolute Männlichkeit, in höchstem Ansehen. Der *machismo*-Kult zwingt Männern einen Stil auf, der alle ihre Handlungen – vom Stierkampf bis zum Flamenco – bestimmt. Zusammenkünfte von Männern, die kochen und zechen und im *machismo* schwelgen, sind eine beliebte spanische Geselligkeitsform. Die Männer richten sich selber ihr Mahl und begleiten die Zubereitung und das Essen mit Gesang und Tanz, Trinken und männlichen Reden. Solche Zusammenkünfte reichen von den formellen gastronomischen Gesellschaften der Basken zu zwanglosem nachbarlichen Beisammensein, wie es sich links in einem Bauernhaus in der Provinz Palencia darbietet. Zuerst kochten die Männer einen Kichererbseneintopf (*potaje de titos*), den das Bild unten neben zwei Kalbskoteletts zeigt. Als er fertig war, vertilgten sie gewaltige Portionen, die sie mit Rotwein herunterspülten. Dann tanzten und sangen sie zu den Klängen altertümlicher Geigen, die links am Dachsparren hängen, bis die Weinschläuche keinen Tropfen mehr hergaben.

Ein Hausierer, mit Knoblauch und scharfen Pfefferschoten behängt, verkauft seine Ware in Reinosa von Tür zu Tür. Solche Händler sind in Spanien ein vertrauter Anblick. Sie gehen jeweils vier bis fünf Tage hausieren und versorgen Haushalte und Restaurants mit begehrten Gewürzen.

geweicht und entsalzen werden. Dann wird er zubereitet, sei es *al pil-pil* mit Knoblauch und Öl – der lautmalende Ausdruck bezieht sich auf das Geräusch siedenden Öls – oder auf klassische Art *a la vizcaína* mit Zwiebeln, Knoblauch, Pimientos, Petersilie, gepökeltem Schweinefleisch, hartgekochten Eiern, *migas* und Mandeln – die meisten Rezepte enthalten heute auch Tomaten – oder *al ajo arriero,* wie das knoblauchträchtige Gericht des Arbeiters heißt, dem in seiner Luxusausführung Hummerstücke beigegeben werden. Richtig zubereitet, entfalten sich einfache Kabeljaugerichte zu erlesenen Feinschmecker-Leckerbissen, die nach lieblichem, gehaltvollem, frischem baskischen Landgemüse schmecken, gemischt mit dem noch schwach salzigen, in der Struktur gummiartigen Fisch nördlicher Meere. Diese drei sehr angenehmen Kabeljaugerichte werden das ganze Jahr über in den vornehmsten und teuersten spanischen Restaurants serviert. Jeder Restaurantbesitzer hat es schwer, was Rezepte betrifft, mit der Erfindungsgabe der Basken Schritt zu halten; immer findet man in allen baskischen Provinzen neue Gerichte, die sich für arm und reich gleichermaßen eignen.

Ein mir bekannter baskischer Küchenchef, Don José María Busca Isusi, hat sich (in seiner Freizeit) auf die Erfindung vorzüglich schmeckender und attraktiv aussehender Speisen spezialisiert, die so wenig kosten, daß es kaum eine baskische Familie gibt, die sie sich nicht leisten könnte. Mit einem seiner besten Rezepte, *arroz blanco con mejillones* (weißer Reis mit Muscheln), gewann er vor zwei Jahren den gastronomischen Gebietswettbewerb in Guipúzcoa. Solche Wettbewerbe sind im Land der Basken allgemein üblich, und das siegreiche Rezept kann sich überall auf der Welt mit jedem beliebigen kostspieligen Gericht messen. Frische Muscheln werden in einer leuchtendroten Sauce zubereitet, die Tomaten, Zwiebel, Mohrrüben und Porree enthält, dann durch ein Sieb gestrichen und mit etwas Weinbrand, einem Schuß Weißwein und einer Prise Cayennepfeffer abgeschmeckt. Muscheln und Sauce werden in den glänzenden weißen Reisrand auf eine lange Platte gefüllt. Dann setzt man 10 oder 12 Muschelschalen mit dem Muschelfleisch darin als Garnierung auf den Reis. Das Ergebnis sieht sehr gut aus und schmeckt noch besser. Es ist ein farbiges, vollständiges Schalentiergericht. In Guipúzcoa kostet eine Portion davon sieben Peseten (etwa 40 Pfennig). Legen Sie noch drei Peseten dazu, und Señor Busca Isusi wird sich glücklich schätzen, Nachtisch, Weinbrand und eine Zigarre gratis beizusteuern.

Fahren Sie von Guipúzcoa westwärts an der Biskayaküste entlang, und Sie werden eine Landschaft erblicken, die zu den elegantesten und doch wenig bekannten Gegenden Spaniens zählt – weiße Strände, die das blaue Meer von sanft abfallenden, grünen Hügeln trennen, unter hellen Himmeln, die sich wie umgedrehte Schalen mit gewichtloser Dickmilch über dem Land wölben. *Las Vascongadas,* die baskischen Provinzen, sind landschaftlich so ergiebig und abwechslungsreich wie ihre Gerichte, eine Tatsache, die der Aufmerksamkeit vieler baskischer Küchenchefs nicht entgangen ist. Einer von ihnen hat vor kurzem seine Heimat verlassen, um ein vorzügliches, allerdings noch unbekanntes baskisches Restaurant in Madrid zu eröffnen, das sich Gure-Etxea (Unser Haus) nennt. Dieser Herr, Don Ignazio Loinaz Echaniz Galarraga Arrizabalaga Garmendia Alcorta, dessen Name eher wie ein baskischer Stammbaum klingt, hat ein Gericht erfunden, das er *tierra, aire y mar* (Erde, Luft und Meer) taufte. Es besteht aus Kalbfleischstücken, Huhn und Hummer in einer brennendscharfen, kräftigen Weinbrand-Tomaten-Sauce. Die herrliche Mischung hat ein einzigartiges Aroma, das sich von den drei Hauptbestandteilen, nimmt man sie für sich, weit entfernt hat. Der Erfinder erklärt, daß er nur vorhatte, der Welt in einem einzigen Gericht eine Geschmacksimpression aller baskischen Provinzen vorzuführen.

Im Westen dieser Provinz liegen die hügeligen grünen Gebiete Asturiens und Galiciens, die letzten und unbekanntesten Regionen des mannigfaltigen Landes, das Spanien heißt.

KAPITEL VI REZEPTE

Calamares en su Tinta
TINTENFISCH IN SEINER TINTE

Den Tintenfisch entsprechend der Anleitung in den Zeichnungen unten säubern und die Tintenbeutel vorsichtig in ein feines, über eine Schüssel gestelltes Sieb legen. Den Schwanzkegel, die Flossen und Fangarme unter fließendem Wasser kalt waschen und mit Küchenkrepp gut abtrocknen. Dann den Schwanz quer in 1 cm dicke Ringe schneiden. Die Fangarme von der Basis lösen, die Basis und jeden Fangarm in 2 oder 3 Stücke schneiden und jede Flosse halbieren.

In einer schweren Pfanne von 25 bis 30 cm Durchmesser das Olivenöl erhitzen, bis sich ein leichter Rauch bildet. Tintenfisch, Zwiebeln, Knoblauch und Petersilie hineingeben und bei starker Hitze unbedeckt unter häufigem Rühren 5 bis 6 Minuten braten. Muskatnuß, Salz und Pfeffer hinzufügen und bei niedriger Hitze fest zugedeckt 20 Minuten schmoren.

Unterdessen die Tintenbeutel im Sieb mit dem Rücken eines Löffels zerdrücken und soviel Tinte wie möglich durch das Sieb streichen. Das Wasser über die Beutel gießen und erneut durchpassieren, um alle Tintenreste herauszupressen. Die Tinte ist gewöhnlich schwarz, kann aber auch braun sein, jedenfalls muß das Wasser dunkel und undurchsichtig werden. Mit einem Schneebesen das Mehl in die Tinte schlagen, bis die Mischung glatt ist.

Wenn der Tintenfisch 20 Minuten auf dem Feuer gestanden hat, die Tinte dazugießen und unter ständigem Rühren bei starker Hitze zum Kochen bringen. Die Temperatur sofort auf die niedrigste Stufe schalten, zudecken und 5 Minuten ziehen lassen. Die Pfanne von der Kochstelle nehmen und den Tintenfisch vor dem Anrichten 5 Minuten stehenlassen. Abschmecken und heiß servieren, eventuell mit heißem, gekochtem Reis.

Für 6 Personen

1,5 kg kleine, frische ganze Tintenfische mit Tintenbeutel oder entsprechende Tiefkühlware
⅛ l Olivenöl
150 g feingehackte Zwiebeln
1 TL feingehackter Knoblauch
¼ Tasse feingehackte Petersilie
⅛ TL frisch geriebene Muskatnuß
1 TL Salz
¼ TL frisch gemahlener schwarzer Pfeffer
¼ l kaltes Wasser
20 g Mehl

Diese Zeichnungen zeigen, wie man einen frischen Tintenfisch zerlegt und säubert (1). Zuerst Schwanz- und Kopfteil fest anfassen und die Flosse sowie den Mantel des Schwanzes vom Kopf und den Fangarmen wegziehen (2). Dann (3) den silbergrauen Tintenbeutel (falls vorhanden) vorsichtig aus dem inneren Teil des Schwanzes herauslösen und in ein feines Sieb legen. Als nächstes (4) mit einem scharfen Messer die Fangarme direkt über den Augen des Tintenfisches abschneiden. Das Innere und den Augenteil wegwerfen. Mit den Fingern den kleinen runden Knorpel an der Basis der Fangarme entfernen. Die durchsichtige, eiszapfenförmige Sepiaschale, das Schwanzskelett, aus dem Inneren des Schwanzkegels (5) herausziehen und wegwerfen. Die Flossen vom kegelförmigen Schwanz wegziehen und beiseite stellen (6). Unter fließendem kaltem Wasser mit den Fingern die rote, spitzenartige Außenhaut der Flossen und des Kegels abstreifen und soviel Haut wie möglich von den Fangarmen entfernen. Den Kegel behutsam umstülpen und gründlich waschen.

Truchas a la Navarra
MARINIERTE GEBACKENE FORELLEN MIT ROTWEIN UND KRÄUTERN

Für 4 Personen

⅛ l trockener Rotwein
¼ Tasse Olivenöl
¼ Tasse Wasser
75 g feingehackte Zwiebeln
1 EL feingehackte frische Minze oder ½ TL zerriebene getrocknete Minze
½ TL getrockneter Rosmarin
½ TL getrockneter Thymian
1 kleines zerriebenes Lorbeerblatt
15 bis 20 ganze schwarze Pfefferkörner
1 TL Salz
4 ausgenommene Forellen zu je 250 bis 375 g mit Kopf und Schwanz
3 Eigelb, leicht geschlagen

In einer feuerfesten Backform aus Glas, Emaille oder rostfreiem Stahl, die alle 4 Forellen nebeneinanderliegend fassen kann, Rotwein, Olivenöl, Wasser, Zwiebeln, Minze, Rosmarin, Thymian und Lorbeerblatt, Pfefferkörner und Salz gut vermengen. Die Forellen unter fließendem Wasser kalt waschen und mit Küchenkrepp gründlich abtrocknen. Dann in die Marinade legen und darin wenden, bis sie mit der Flüssigkeit gut überzogen sind. Bei Zimmertemperatur etwa 30 Minuten in der Marinade lassen, nach 15 Minuten einmal umdrehen.

Den Ofen auf 175° vorwärmen. Die Marinade auf dem oberen Rost im Backofen zum Sieden bringen, dann Wachspapier oder Alufolie über die Backform legen. Auf dem mittleren Rost 20 Minuten garen, bzw. bis der Fisch fest ist. Darauf achten, daß er nicht zerfällt.

Die Fische mit einem Schaumlöffel auf eine vorgewärmte Platte legen und lose mit Alufolie bedecken, um sie warm zu halten. Den Sud durch ein feines Sieb in einen kleinen Kochtopf streichen, wobei man mit dem Rücken eines Löffels die Zwiebeln und Kräuter kräftig ausdrückt, bevor man sie fortwirft. ¼ Tasse der Flüssigkeit mit einem Schneebesen unter das geschlagene Eigelb rühren, dann die Mischung in die im Topf verbliebene Brühe geben. Unter ständigem Schlagen langsam erhitzen, bis die Sauce leicht eindickt. (Man darf sie jedoch keinesfalls kochen lassen, da sie sonst gerinnt.) Abschmecken.

Die Sauce über die Forellen gießen oder separat anrichten. Traditionsgemäß reicht man zu Forelle heiße, frisch gekochte Kartoffeln.

Pichones Estofados
GESCHMORTE TAUBEN MIT SCHOKOLADENSAUCE

Für 4 Personen

4 bratfertige Tauben zu je 500 g oder 4 entsprechend große Rebhühner, Fasane oder anderes Wildgeflügel
Salz
Frisch gemahlener schwarzer Pfeffer
85 g Mehl
⅓ Tasse Olivenöl
12 ganze, geschälte weiße Zwiebeln, etwa 2½ cm im Durchmesser
2 mittelgroße Knoblauchzehen, geschält und feingeschnitten
¼ Tasse trockener Weißwein
¼ l Hühnerbrühe
2 TL ungesüßte Kochschokolade, feingerieben
1 Zitrone, der Länge nach in Achtel geschnitten (nach Belieben)

Die Vögel mit Küchenkrepp abtrocknen und mit reichlich Salz und einer Prise Pfeffer würzen. Dann in 75 g Mehl wälzen und überflüssiges Mehl abschütteln.

In einer schweren Kasserolle mit ausreichendem Platz für alle Vögel das Olivenöl bei starker Temperatur erhitzen, bis es brutzelt. Die Tauben im Öl goldbraun braten, wobei man sie mit einer Zange wendet und die Temperatur so reguliert, daß sie rasch und gleichmäßig bräunen, ohne anzubrennen.

Anschließend legt man die Vögel auf einen Teller und gibt die Zwiebeln in das in der Kasserolle verbliebene Fett. Bei starker Hitze braten, wobei man die Pfanne schüttelt, damit sie herumrollen und gleichmäßig bräunen. Mit einem Schaumlöffel zu den Tauben beiseite legen.

Den Knoblauch in die Kasserolle geben und bei mäßiger Hitze 1 oder 2 Minuten anbraten. Dann die restlichen 10 g Mehl hineinrühren. Wein und Hühnerbrühe dazugießen und unter ständigem Rühren mit einem Schneebesen bei starker Hitze aufkochen lassen, bis die Sauce leicht andickt. Die Tauben in die Kasserolle zurückgeben, mit der Sauce begießen und die Kasserolle fest zudecken. Bei niedriger Temperatur 40 Minuten schwach kochen lassen. Dann die Zwiebeln, ½ TL Salz und ¼ TL Pfeffer hinzufügen. Wieder zudecken und weitere 20 Minuten schwach kochen, bis die Zwiebeln weich und die Vögel gar sind.

Mit einem Schaumlöffel die Tauben auf eine vorgewärmte Platte legen und mit den Zwiebeln umgeben. Fast alles Fett von der Sauce abschöpfen und die Schokolade hineingeben. Unter ständigem Rühren bei mäßiger Hitze 2 bis 3 Minuten auf dem Feuer lassen. Man muß jedoch gut aufpassen, daß die Schokolade nicht anfängt zu kochen. Abschmecken. Die Sauce über die Tauben gießen und sofort anrichten. Man kann das Gericht, wenn man mag, mit Zitrone garnieren.

Pollo a la chilindrón setzt sich aus Huhn, Paprikaschoten, Zwiebeln, schwarzen und grünen Oliven und Tomaten zusammen.

Pollo a la Chilindrón
GEBRATENES HUHN MIT PAPRIKASCHOTEN, TOMATEN UND OLIVEN

Die Hühnerteile mit Küchenkrepp abtrocknen und mit reichlich Salz und einer Prise Pfeffer bestreuen. In einer schweren Pfanne von 25 bis 30 cm Durchmesser das Öl bei mäßiger Temperatur erhitzen, bis sich ein leichter Rauch bildet. Jeweils ein paar Hühnerteile zusammen goldbraun braten, wobei man mit der Haut nach unten beginnt und die Stücke mit der Zange wendet. Die Hitze so einstellen, daß das Huhn rasch und gleichmäßig bräunt, ohne anzubrennen. Die gebräunten Teile auf einen Teller legen.

In das in der Pfanne verbliebene Fett Zwiebeln, Knoblauch, Paprikaschoten und Schinken geben. Unter ständigem Rühren 8 bis 10 Minuten bei mäßiger Hitze anbraten, bis das Gemüse weich, aber nicht braun ist. Tomaten hinzufügen und rasch schmoren, bis fast die ganze Flüssigkeit in der Pfanne eingekocht und die Mischung dickflüssig genug ist, um in einem Löffel die Form zu behalten. Die Hühnerteile in die Pfanne zurückgeben und mit einem Löffel wenden, bis sie gleichmäßig mit der Sauce überzogen sind. Dann gut zudecken und bei niedriger Hitze 25 bis 30 Minuten schwach kochen lassen, bis das Huhn weich ist, jedoch nicht zerfällt. Die Oliven hineinrühren und abschmecken. Den gesamten Inhalt der Pfanne in eine vorgewärmte Servierschüssel oder eine tiefe Platte geben und sofort anrichten.

Für 4 Personen

Ein junges Huhn (1,2 bis 1,5 kg), in 6 bis 8 Portionen zerteilt
Salz
Frisch gemahlener schwarzer Pfeffer
¼ Tasse Olivenöl
2 große Zwiebeln, der Länge nach halbiert, dann in ½ cm breite Streifen geschnitten
1 TL feingehackter Knoblauch
3 kleine rote oder grüne Paprikaschoten, Rippen und Kerne entfernt und der Länge nach in ½ cm dicke Streifen geschnitten
60 g feingewürfelter *serrano*-Schinken oder anderer magerer Räucherschinken
750 g mittelgroße Tomaten, geschält, entkernt und feingehackt *(Seite 16)*
6 entsteinte schwarze Oliven, halbiert
6 entsteinte grüne Oliven, halbiert

Die im Mittelmeer beheimatete Goldbrasse *(besugo)* wird auf spanische Art mit gewürzten Brotkrumen bestreut und gebacken.

Besugo al Horno
GEBACKENE BRASSEN MIT KARTOFFELN

Für 4 bis 6 Personen

2 ausgenommene Brassen zu je 1 kg mit Kopf und Schwanz oder ein anderer fester weißer Fisch
1½ TL Salz
1 Zitrone, in 6 keilförmige Stücke geschnitten
2 kleine schwarze Oliven
¾ Tasse weiche Weißbrotkrumen (vom Meterbrot), gut zerkleinert
1 TL feingehackter Knoblauch
1 EL feingehackte Petersilie
2 EL Delikateßpaprika
500 g mittelgroße Kartoffeln, geschält und in ½ cm dicke Scheiben geschnitten
Frisch gemahlener schwarzer Pfeffer
¼ l Wasser
⅛ l Olivenöl

Den Ofen auf 175° vorwärmen. Die Fische unter fließendem Wasser kalt waschen und innen und außen mit Küchenkrepp abtrocknen. Mit 1 TL Salz bestreuen und nebeneinander auf ein Brett oder eine Platte legen.

Mit einem scharfen kleinen Messer in jeden Fisch quer zum Körper drei parallele Kerben von etwa ½ cm Tiefe und 5 cm Länge im Abstand von 3 cm schneiden. In jede Kerbe steckt man eines der keilförmigen Zitronenstücke mit der Schale nach außen. In die nach oben gekehrten Augenhöhlen je eine schwarze Olive tun.

Weißbrotkrumen, Knoblauch, Petersilie und Paprika in einer kleinen Schüssel vermengen. Die Kartoffelscheiben gleichmäßig in einem Bräter oder auf dem Boden der Fettpfanne des Bratofens verteilen. Mit dem restlichen ½ TL Salz und einer Prise Pfeffer bestreuen und die Fische nebeneinander darauflegen. Das Wasser an der Seite des Bräters einfüllen und das Öl über den Fisch gießen. Beide Fische reichlich mit der Brotkrumenmischung bestreuen.

Auf dem mittleren Rost im Ofen etwa 30 Minuten lang backen, bis die Kartoffeln gar sind und der Fisch sich fest anfühlt, wenn man ihn leicht mit einem Finger drückt. Direkt in der Backform sofort auftragen.

Patatas en Salsa Verde
KARTOFFELN IN PETERSILIENSAUCE

In einer schweren Pfanne von 25 bis 30 cm Durchmesser das Olivenöl bei starker Temperatur erhitzen, bis sich ein leichter Rauch bildet. Die Kartoffeln hineingeben. Unter häufigem Rühren mit einem Metallspachtel 10 Minuten braten, bis sie gleichmäßig goldgelb sind.

Zwiebeln, Knoblauch, Petersilie, Salz und Pfeffer über die Kartoffeln streuen und kochendes Wasser in die Pfanne gießen. Nicht umrühren. Statt dessen die Pfanne 1 oder 2 Minuten lang hin- und herschütteln, um das Wasser gleichmäßig zu verteilen.

Die Pfanne fest zudecken und die Kartoffeln bei niedriger Hitze etwa 20 Minuten schwach kochen lassen, bis sie weich sind, aber nicht zerfallen. Die Pfanne gelegentlich schütteln, damit die Kartoffeln nicht am Pfannenboden haftenbleiben.

Mit einem Schaumlöffel die Kartoffeln auf eine Platte legen und ein paar TL der Kochflüssigkeit darübergießen. Die restliche Flüssigkeit separat in einer Sauciere servieren.

Für 4 bis 6 Personen

5 EL Olivenöl
1 kg kleine Kartoffeln, geschält und quer in 1 cm dicke Scheiben geschnitten
75 g feingehackte Zwiebeln
1 TL feingehackter Knoblauch
2 EL feingehackte Petersilie
1 TL Salz
¼ TL frisch gemahlener schwarzer Pfeffer
⅜ l kochendes Wasser

Limonada
BASKISCHE WEIN-„LIMONADE"

Mit einem scharfen kleinen Messer oder einem Gemüseschäler mit drehbarer Klinge die gelbe Schale von drei Zitronen entfernen und darauf achten, die weiße Innenhaut nicht mit abzuschälen. Die Schale in Streifen von 5 cm Länge und 1 cm Breite schneiden. Beiseite tun. Eine der geschälten Zitronen auspressen und dann die restlichen drei ungeschälten Zitronen quer in ½ cm dicke Scheiben schneiden.

Zitronenschale, Zitronensaft, Zitronenscheiben und Zucker in einen 3 bis 4 l fassenden Krug geben. Rotwein und Weißwein dazugießen und mit einem Barlöffel oder einem anderen langstieligen Löffel gründlich verrühren. Mindestens 8 Stunden in den Kühlschrank stellen und zwei- bis dreimal umrühren.

Vor dem Anrichten erneut umrühren, probieren und mehr Zucker hinzufügen, wenn das Getränk süßer sein soll. In gekühlten Weingläsern oder Glasbechern servieren. Falls gewünscht, vor dem Einschenken der *limonada* Eiswürfel in die Gläser füllen.

Für 8 Personen

6 ungespritzte Zitronen
225 g extrafeiner Zucker
1 Flasche trockener spanischer Rotwein
1 Flasche trockener spanischer Weißwein

Natillas
CREMESPEISE

In einem schweren, 1 bis 1½ l fassenden Kochtopf die Milch mit den Zimtstangen erhitzen, bis sich am Rand des Topfes Blasen bilden. Vom Feuer nehmen.

Mit einem Schneebesen, einem Handrührgerät oder einer elektrischen Küchenmaschine Eier, Eigelb und Zucker 3 bis 4 Minuten lang in einer Rührschüssel schlagen, bis die Mischung blaßgelb geworden und leicht angedickt ist.

Unter ständigem Schlagen langsam die heiße Milch dazugießen. Die Mischung in den Kochtopf zurückgeben. Unter dauerndem Rühren bei niedriger Hitze kochen, bis die Speise dick genug ist, um einen Löffel leicht zu überziehen. Keinesfalls so heiß werden lassen, daß die Speise anfangen könnte zu kochen, da sie sonst gerinnt. Die Creme auf Zimmertemperatur abkühlen lassen.

Kurz vor dem Anrichten die Cremespeise in sechs Dessertschalen füllen; in jede Schale einen Löffelbiskuit geben und die Speise locker mit dem Zimt bestreuen.

Für 6 Personen

¾ l Milch
2 Zimtstangen von je 10 cm Länge
4 Eier
2 Eigelb
100 g Zucker
6 Löffelbiskuits *(Rezeptheft)*
Zimt

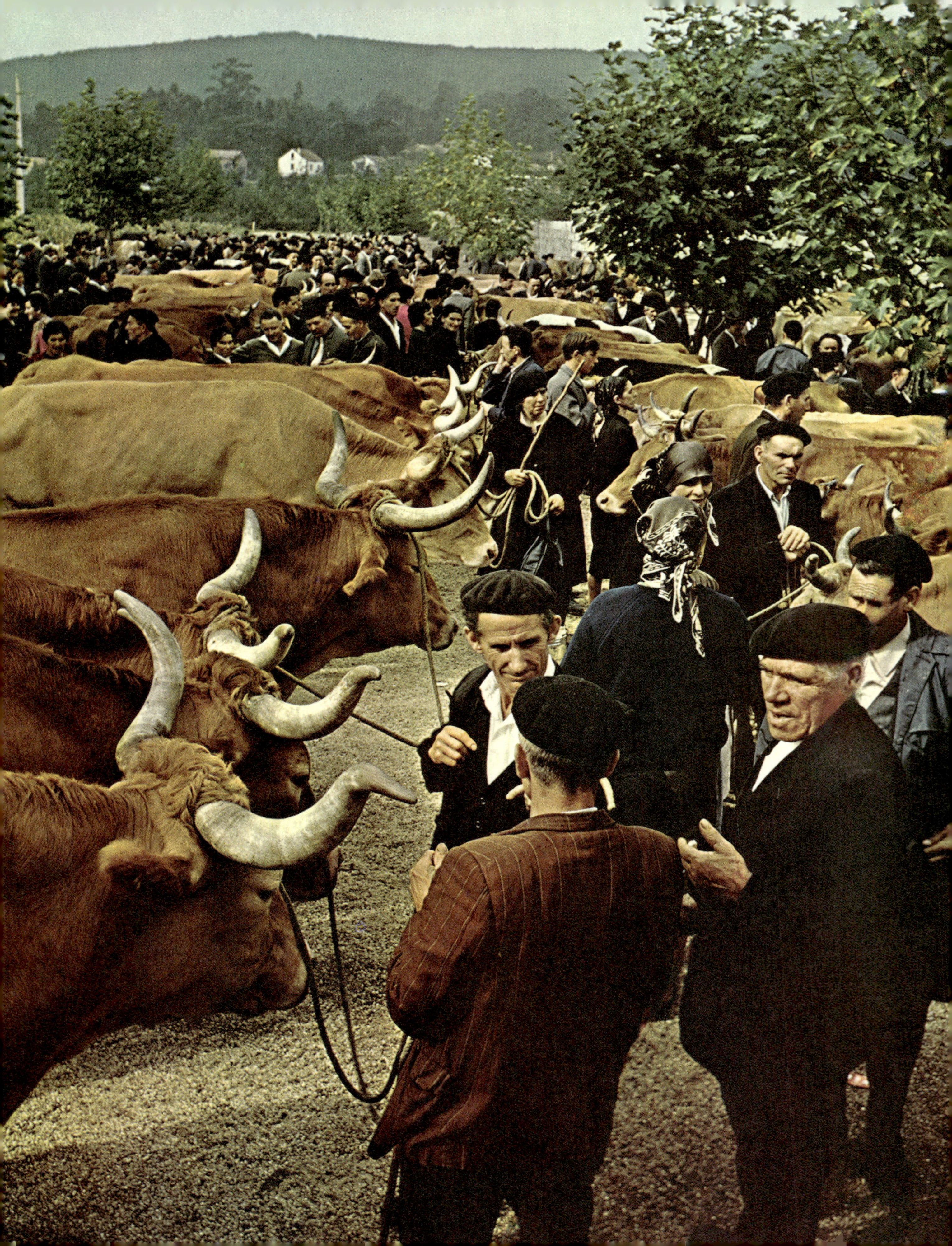

VII

Köstliche Speisen von Land und Meer

Auf einem Sonntagsmarkt bei Santiago de Compostela handeln galicische Bauern die Preise der kräftigen Ochsen aus, die für ihre Lebenshaltung unentbehrlich sind. In diesem Ackerbaugebiet dienen Ochsen immer noch dazu, die Felder zu pflügen und primitive Karren über ausgefahrene Straßen zu ziehen.

Die Bevölkerung Asturiens und Galiciens – der im Nordwesten der Pyrenäenhalbinsel liegenden Gebiete, die nach Portugal überleiten – gleicht im Temperament keinem ihrer nahen oder ferneren Nachbarn. Sie ähneln weder den Basken, den Katalanen und Andalusiern noch den Bewohnern Kastiliens und der spanischen Levante. Hier übernahmen die Kelten die Herrschaft; die zerklüfteten Gebirgszüge und die schweren Regenfälle hinderten die Mauren daran, hier Fuß zu fassen. Die Bevölkerung des Nordwestens hält sich aus diesem Grunde für „rein" spanisch – wohingegen das keltische Temperament in der übrigen Welt als durchaus *un*spanisch gilt. Sie wird, wie einige ihrer portugiesischen Nachbarn, durch eine keltische Melancholie geprägt, die hier *saudade* heißt, Schwermut und Sehnsucht nach Vergangenem, schmachtendes Verlangen nach Zukünftigem, das nie eintreten wird. Es ist kein Schmerz und keine Rührseligkeit, sondern eine Art lyrische Begabung.

Diese keltischen Wurzeln gehen auf Spaniens früheste Geschichte zurück, wie sich am gesamten nordwestspanischen Volkstum zeigt. Der offene, zuweilen feierliche *muñeira*-Tanz, der in Asturien heiter und heftig und in Galicien etwas würdevoller ist, unterscheidet sich von den baskischen Tänzen ebenso stark, wie diese von katalanischen oder Flamenco-Tänzen abweichen. Es gibt hier im Nordwesten viele traditionelle Tänze, vom zwanglos sich entwickelnden *pericote* über die *vaqueira,* eine Art formeller Hirtentanz, bis zur *danza prima,* die auf die Bronzezeit zurückgehen soll. Die meisten werden von einem Musikinstrument begleitet, das, obgleich von anderen keltischen Völkern benutzt, in Spanien sonst unbekannt ist: dem Dudelsack. Für den Nordwesten ist der Dudelsack ebenso typisch spanisch wie die Kastagnetten für den Süden. Bei Volksfesten finden hier auch Feuerrituale statt, die aus prähistorischen Zeiten stammen sollen, als Zauberkräfte zur Fruchtbarmachung der Erde angerufen wurden. Und dann gibt es Feste, bei denen junge Männer und Frauen singen und tanzen und

In Galicien und Asturien, den wichtigsten spanischen Maisanbaugebieten, wird Mais in speziellen Getreidespeichern, sogenannten *hórreos,* gelagert. Die aus Holz, Stein oder zuweilen auch aus Weidengeflecht gebauten *hórreos* ruhen auf Säulen, deren oberes Ende zum Schutz gegen Ratten mit einem flachen, runden Stein versehen ist.

Nahrung von den leuchtenden Feldern herbeitragen, um das Einbringen der Getreide- und Kastanienernte zu feiern. Kastanien, die in Asturien so groß und süß wie kleine Äpfel sind, werden roh auf der Straße gegessen oder als kandierte Früchte im Laden verkauft.

Die Geschichte des Nordwestens spiegelt sich nicht nur in seinen Festen und Tänzen, sie drückt sich ebenso offenkundig in seiner Küche aus. Auffallend ist eine gewisse Ähnlichkeit mit der Kochkunst der keltischen Bretagne und Normandie; Spanien und Frankreich beschuldigen sich von Zeit zu Zeit gegenseitig des Diebstahls an ihren Küchen. Wenn jedoch Kaldaunen *a la ovetense* und *tripe à la mode de Caen* einander ähneln (es handelt sich im Grunde um das gleiche Gericht), so liegt es daran, daß sie dieselbe keltische Herkunft haben. Aus diesen uralten Wurzeln hat Nordwestspanien eine vorzügliche Kochkunst entwickelt, die deutlich in zwei Bereiche zerfällt, als ginge es um zwei unterschiedliche Verfahren, mit dem feuchten Klima fertig zu werden. Die herzhaften Festlandsspeisen wärmen den Leib und bereiten ihn für das unfaßbar vollständige und abwechslungsreiche Angebot an Krustentieren vor – wie die wilden Berge Asturiens das freundlichere und stille Geheimnis Galiciens schützen, so schimmernd weich im Mondlicht, so reich an köstlichen Meeresfrüchten.

Zu all den hervorragenden Gerichten, die Asturien bietet, zählt als denkwürdigstes vielleicht ein *fabada* genannter wärmender Bohneneintopf, der als das „solideste" Einzelgericht Spaniens bezeichnet wird. Der Name des Eintopfs kommt von einer dicken, gebogenen, einheimischen weißen Bohne, die *faba* heißt. In der *fabada asturiana (Register der Rezepte)* werden diese Bohnen langsam mit Schweineschulter oder Schinken, Speck und asturischer Blutwurst, Schweineohren und Schweinefüßen gekocht; eventuell gibt man *longaniza,* eine Art Schlackwurst, hinzu. Beim Kochen mischen sich die Geschmacksqualitäten der unterschiedlich vorbehandelten Schweinefleischsorten, bis sie von den nahrhaften weißen Bohnen absorbiert werden. Die Bohnen sind fleischig, niemals mehlig, und haben einen frischen Geschmack; sie bewahren die besondere Würze der Fleischsäfte. Die Bohnen speichern ihre Hitze noch lange nach dem Essen – sie liegen wie hocharomatische, weißglühende kleine Kohlen im Magen. Die kräftige, nahrhafte *fabada,* die in einer Steingutkasserolle gekocht und angerichtet wird, bewahrt die Körperwärme asturischer Bergarbeiter in schneebedeckten Bergwerksstädten und kühner Fischer, die sich aus der Stille kleiner Felsenbuchten in die Stürme des Atlantik wagen.

Zu herzhaften Gerichten wie der *fabada* zieht das Landvolk von Asturien und Galicien Maisbrot allen anderen Brotsorten vor. Das goldene Maisbrot des Nordwestens, eine Seltenheit in Spanien und den meisten Ländern Europas, ist so locker und gelb wie ein Kuchen. Es ist überhaupt nicht süß und paßt gut zu einer kalorienreichen Nahrung wie dem Bohneneintopf. Mais wird im ganzen Nordwesten Spaniens angebaut. Wenn Sie über die asturischen Gebirgspässe oder an der Küste entlang fahren, sehen Sie die Lagerhäuser, die zum Schutz gegen Feuchtigkeit und Mäuse auf merkwürdigen pilzförmigen Säulen ruhen. Auch in Galicien gibt es kaum ein Einfamilienhaus, neben dem nicht ein Speicher steht; diese *hórreos* sind kleiner und länger als die asturischen Kornkammern.

Außer Maisbrot gibt es als Ergänzung zur *fabada* ein Getränk, das in Asturien den Wein ersetzt und für diese Gegend Spaniens charakteristisch ist. Asturien wird das Land des Apfelweins genannt. Schon der griechische Geograph Strabo erwähnte asturischen Apfelwein. Heute produziert Asturien jährlich etwa 23 Millionen Liter, die es fast ausschließlich selber verbraucht.

Der schäumende, leicht sprudelnde, bernsteinfarbene Apfelwein hat einen sauren Beigeschmack. Das Moussieren entsteht durch einen geschickten Trick, denn in Asturien wird Apfelwein auf besondere Weise eingeschenkt. Die Flasche wird mit ausgestrecktem Arm hoch über den Kopf gehalten, das Glas in der anderen Hand so tief gesenkt, daß es fast den Boden berührt. Asturier wissen mit Apfelwein so gewandt umzugehen, daß sie in jeder Bar Gelegenheit finden, Kellner zu beobachten, die hinter ihrem Rücken, ohne hinzusehen, eingießen. Der dünne, bernsteinfarbene Strahl trifft in einem langen, glitzernden Bogen auf die Seitenfläche des Glases, und der durch das Gefälle entstehende Druck erzeugt eine hohe Schaumkrone, die wie dichte, goldene Spitze wirkt. Sie trinken schnell, denn der Schaum ist das beste – ein perlender Gaumenkitzel, das leichteste aller Getränke. Die meisten Asturier trinken nur den Schaum und gießen dann den Rest fort, und zwar so, daß das Glas für den nächsten Benutzer bereits ausgespült ist; es wird dann um den Tisch herumgereicht. In der ländlichen Küche Asturiens wird Apfelwein oft anstelle von Weißwein verwendet.

Zusätzlich zur *fabada* bietet die Küche Asturiens ein weiteres nahrhaftes Gericht, das hier Erwähnung verdient. Es hängt enger mit dem Meer als mit dem Land zusammen und heißt *caldereta asturiana;* es ist eine Art Biskaya-Bouillabaisse, die einige Feinschmecker allen anderen Eintopfspeisen aus Meerestieren wegen der besseren Qualität der Fische in diesen Gewässern vorziehen. Für die *caldereta* werden viele Sorten Fisch mit festem Fleisch verwendet, entweder kleine ganze Fische oder Stücke und Scheiben von größeren. Außerdem fügt man einige dort vorkommende Krustentiere hinzu, darunter *langostinos* aus der Biskaya und eine kleine Krebsart, die sich *lapa* (Seepocke) nennt. Die Hauptbestandteile werden mit Wasser, etwas Öl, gehackter Zwiebel, Paprika und ein paar anderen Gewürzen in einen tiefen Topf gegeben. Während diese Zutaten kochen, mischt man frische Petersilie mit Pfefferkörnern, Sherry, Muskatnuß und einer sehr kleinen scharfen Pfefferschote. Diese Mischung kommt in den Topf zu den Hauptbestandteilen. Das Ergebnis zählt – wie reife Oliven oder gesalzene Erdnüsse – zu den seltenen Speisen, von denen zu essen man nicht aufhören kann, nachdem man sie einmal gekostet hat. Asturierinnen kochen

Die Galicier trocknen ihren Mais gewöhnlich neben den *hórreos,* in denen er gespeichert wird. Die Familie aber, die in diesem Haus in der Nähe von Bayona wohnt, fand einen sonnigen Platz auf dem Gehweg vor der Haustür. Wenn der Mais getrocknet ist, schafft man ihn in den *hórreo;* später verarbeitet man ihn zu Maisbrot oder verwendet ihn in den Wintermonaten als Viehfutter.

Fortsetzung Seite 132

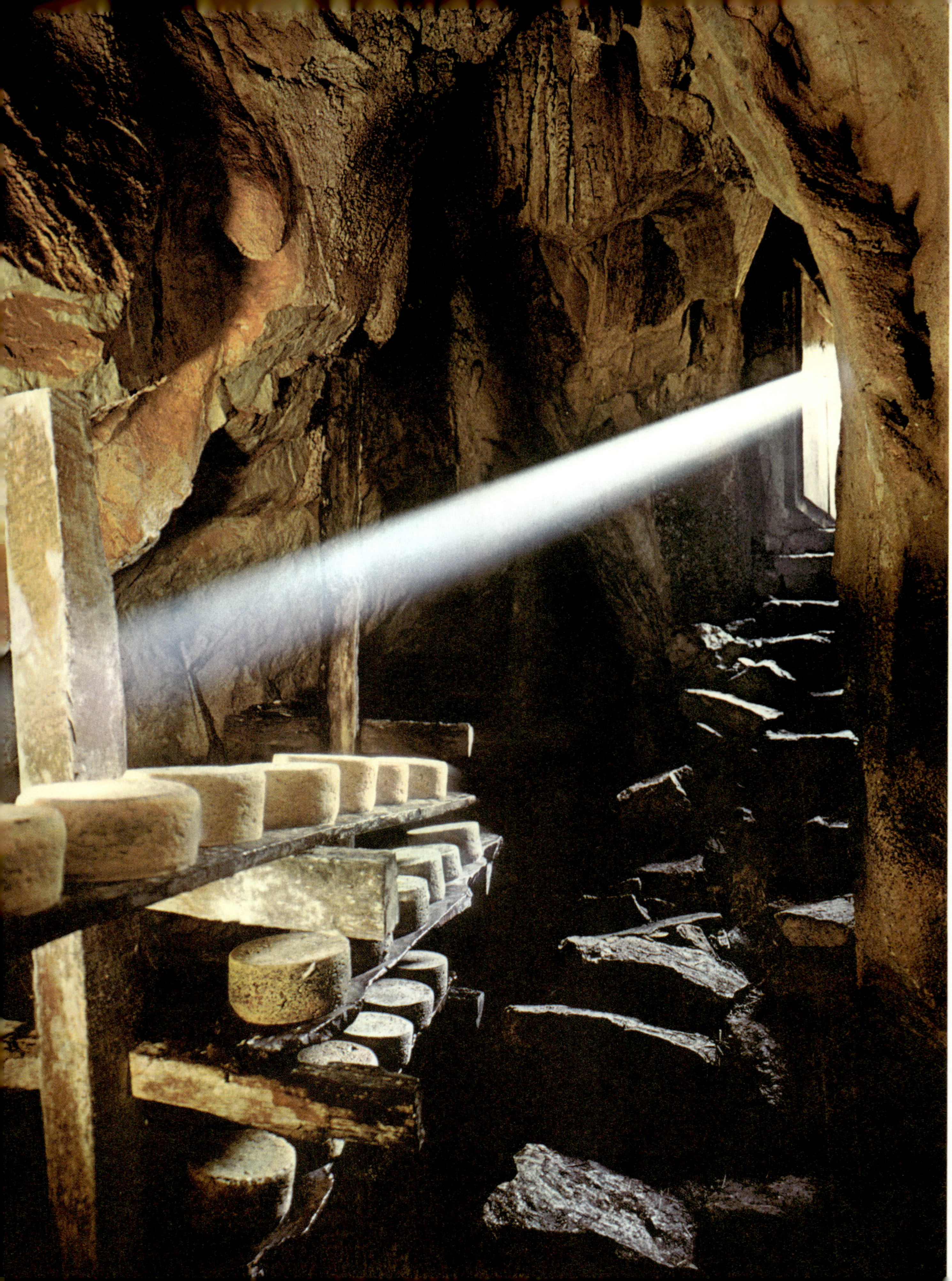

Ein Käse für Feinschmecker

Der Sonnenstrahl, der in eine Felshöhle in Asturien *(gegenüber)* eindringt, hebt einen begehrten Käse ans Tageslicht, der hier unter idealen Bedingungen heranreift. Sein Name lautet *Queso de Cabrales*. Von Ziegenmilch hat er das scharfe Aroma, von Schafsmilch den besonderen Beigeschmack und von Kuhmilch die Sanftheit. In ländlichen Küchen wird Quark zu runden Formen zusammengepreßt, dann gesalzen und ein bis zwei Wochen getrocknet. Später kommt er zur Lagerung in Kalksteinhöhlen, die von den Eignern, wie der Frau links, streng bewacht werden. Der Käse reift bei 5° bis 8° und setzt unterdessen einen rot-grünen Schimmel und ein an Roquefort erinnerndes Aroma an. Mehr als die Hälfte des Käses wird an Ort und Stelle verzehrt, oft mit Rotwein *(unten)*. Der Rest wandert – in *plagamo*-Blätter eingewickelt – in die Delikateßgeschäfte ganz Spaniens.

caldereta gewöhnlich in großen Mengen, doch tun Besucher dieses Landstrichs gut daran, im Zusammenhang damit keine zusätzlichen Speisen zu bestellen; *caldereta asturiana* ist eine Mahlzeit für sich.

Von Asturien aus jenseits der Gebirgszüge, in der äußersten Ecke des Nordwestens, wo der Atlantik sich mit dem Golf von Biskaya vereinigt, liegt die Gegend, die vor der Entdeckung Amerikas einst Finisterre, „Ende der Erde", genannt wurde. Heute heißt sie Galicien. Hier führen alle Wege nicht nach Rom, sondern zu einem anderen christlichen Grabmal und Heiligtum, der Stadt Santiago de Compostela – jahrhundertelang das Ziel Tausender und aber Tausender von Menschen, die langsam auf den Straßen Europas nach Spanien hinunterzogen und sich dann nach Westen wandten, um das Grab des Apostels Jakobus zu sehen und zu berühren.

Santiago de Compostela war für die gesamte mittelalterliche Christenheit eine bedeutende Stadt. Heute ist sie das Ziel vieler Reisender, denn der hl. Jakobus ist der Schutzpatron Spaniens, und die Kathedrale mit seinem Standbild gehört zu den großartigsten sakralen Bauten auf dem europäischen Kontinent. Es heißt, daß die ursprüngliche Grabstätte im 9. Jahrhundert von einem galicischen Bauern gefunden wurde, der eines Nachts, von einer geheimnisvollen Vision ergriffen, sein Heim verließ und über die durchnäßte Erde stapfte, um einem leuchtenden Stern zu einem primitiven grabähnlichen Platz zu folgen, der ersten Ruhestätte des Apostels Jakobus. Aus einer Legende – Galicien ist an frommen Sagen reicher als das ganze übrige Spanien zusammengenommen – war bereits hervorgegangen, daß sich der Körper des Jakobus irgendwo in der Nähe befand, vom Atlantik an die Küste Galiciens gespült. Das Grab wurde schnell gefunden und die Kathedrale in derselben Weise darüber errichtet wie die Peterskirche über den Gebeinen des Petrus. Die Kathedrale von Santiago stellt sich heute als ein machtvoller Entwurf romanischer Architektur – mit gotischen und barocken Zusätzen – dar, der sich über der primitiven Grabstätte erhebt. Die alten Leute von Santiago sagen, man solle den Anblick der Kathedrale beim ersten Mal im Regen auf sich wirken lassen. Im trüben, wässerigen Licht hat es den Anschein, als bewegten sich die Steine.

Wenn Sie den Bau von einer Restaurant-Bar in der Nähe betrachten und dabei eine halbe Flasche roten Ribero trinken, der so viel Gerbsäure enthält, daß er beinahe Purpurfarbe hat, scheint die Kathedrale über Ihnen höher und höher aufzuragen und nun schon im Regen ein bißchen zu schwanken. Aber ein Kellner wird zu Ihnen treten und Sie schnell darüber aufklären, daß die grauen, schimmernden Steinmassen sie betrunkener machen können als der Wein. Er wird Ihnen vorschlagen, eilends etwas zu essen – sagen wir *pimientos de padrón,* sehr kleine geröstete grüne Pfefferschoten, die scharf sind und manchmal auf der Zunge brennen. Wenn Sie dies Gericht aufgegessen haben, brauchen Sie sicherlich mehr Wein, und danach wird Ihnen der Kellner unaufgefordert eine Scheibe schwere *empanada (Register der Rezepte)* bringen, die Pastete aus Fleisch oder Meerestieren, für die Galicien berühmt ist.

Eine *empanada* ist eine Pastete mit einer goldgelben Kruste, die zugleich weich und blättrig sein kann. Man macht sie mit *pasta,* einem Brotteig, oder mit einer Umhüllung aus *hojaldre,* einem Blätterteig, der frisches Schweineschmalz enthält. In Galicien wird sie öfter kalt als heiß serviert – entweder als Einzelpastete in Dreiecksform oder als Stück einer größeren Pastete. Eine *empanada* kann nahezu alles enthalten, die Zutaten wechseln innerhalb Galiciens von Provinz zu Provinz. In Santiago sind die besten *empanadas* mit Schweineschulter und eventuell mit anderen Fleischsorten und Klippfisch gefüllt; an der Küste mit Krustentieren oder frischen Sardinen; in der Provinz Orense mit Flußaal oder Neunaugen. An den Anblick des Neunauges, eines fleischfressenden Tieres, das wie ein Aal aussieht, muß man sich erst gewöhnen, wenn man ihn beim ersten Mal zufällig im Rohzustand erblickt – besonders weil jeder Galicier, der Märchen und Sagen liebt, Ihnen fröhlich erzählen wird, daß die alten Römer Sklaven in die Seen Galiciens warfen, um sie diesen Fischen zum Fraß zu geben. Aber die *empanadas* mit

Neunaugen sind hier scharf und kräftig, besonders gut im Verein mit dem gerbsäurehaltigen Riberowein. Und die *empanadas* mit Pilgermuscheln, die von der galicischen Küste nach Santiago gebracht werden, haben einen frischen Geschmack, wie eine erste binnenländische Anspielung auf das offene Meer.

Wenn Sie Ihre *empanada* verspeist haben, gehen Sie zurück und werfen Sie einen letzten Blick in das Innere der Kathedrale; wandern Sie durch die steinernen Gefilde romanischer und barocker Baukunst. Und auf dem oberen Ende einer Säule werden Sie die in Stein gemeißelte Figur eines essenden Mannes sehen. Er hält eine *empanada* in der Hand, die der soeben von Ihnen verzehrten auf das genaueste gleicht.

Nutzen Sie die Zeit, um die Läden bei der Kathedrale zu besuchen. Sie werden eine Fülle von Gegenständen aus Muschelschalen erblicken. Breite rosa und graue Pilgermuschelschalen gehörten vor Jahrhunderten zum Alltag der Stadt Santiago, als Pilger, die das Heiligengrab besuchten, sie zum Zeichen ihrer frommen Verehrung für den hl. Jakobus an Umhang und Hut hefteten oder an ihren Wanderstab nagelten. Heute wird die frische Pilgermuschel im allgemeinen mehr an der Küste als hier gegessen, aber die Muschelschale ist zum Sinnbild Santiagos geworden und dient häufig als Willkommensgruß für den Besucher. Wenn Sie über Kopfsteinpflaster, das von den Füßen der zur Kathedrale strebenden Wallfahrer glattgetreten ist, aus der Stadt herausgehen, sehen Sie eine große einzelne Muschelschale, zur Kennzeichnung von Herbergen, Gasthöfen und anderen Unterkünften, die bereit sind, müde Reisende aus aller Herren Ländern aufzunehmen. Übernachten Sie in einem dieser Häuser, bevor Sie Santiago verlassen, um die unheimliche Schönheit der galicischen Landschaft kennenzulernen. Am frühen Morgen trinken Sie vielleicht eine Tasse kochendheißen Kaffee und essen *tarta de Santiago,* eine süße, schwere Mandeltorte. Dieses Gebäck dient als Frühstücks- und Nachspeise, und es lohnt sich, etwas davon mitzunehmen, wenn Sie im Frühmorgennebel der Stadt den Rücken kehren und dem offenen Land entgegenfahren, während der Nebel sich allmählich verdichtet und in Regen verwandelt.

Jeder Galicier wird Ihnen erzählen, daß es in Galicien täglich etwa eine Stunde regnet, außer im Sommer. Allerdings ist Regen hier nicht wie Regen in anderen Gegenden. Die strömenden Wassermassen vergrößern und verschärfen das Bild der Landschaft. Galiciens Erde ist schwer, üppig, dunstig und saftig. Sie ist geologisch der bei weitem älteste Teil der Iberischen Halbinsel; Galicien wuchs Millionen Jahre früher als die übrigen Erdmassen aus dem Meer, sank bald darauf zur Hälfte wieder ins Wasser zurück und verschwand, wodurch die seltsame schöne Küstenlinie entstand, die wir später sehen werden. Hier im Binnenland blieben viele Berge zurück, die inzwischen, vom ständigen Regen abgeschliffen und ausgewaschen, glatt, gerundet und grün bewachsen sind. Jahrhundertelange Erosionen haben breite, zerbröckelnde Täler geschaffen. Waldstücke und sanft ausschwingende grüne Hügel drängen sich wie Erdwellen zwischen Berge und Täler. Graue steinerne Dörfer liegen wie ausgestreut in der Landschaft. Von Sonnenaufgang bis zum späten Nachmittag sehen Sie sie durch einen tiefhängenden, dünnen Dunst, der wie ein blaugrüner, trüber Schleier über der Erde zittert. Galicien, Spaniens am wenigsten bekannte Region, überrascht durch ihre Schönheit vielleicht am meisten.

Halten Sie bei irgendeinem Landhaus, wenn der Regen kommt. Man wird Sie gern aufnehmen und Ihnen gleich eine dampfende Schüssel mit *caldo gallego (Register der Rezepte),* galicischer Bouillon, anbieten; es ist die Brühe des *pote gallego,* der galicischen Version des *cocido.* Der *pote* kocht Tag und Nacht, Sommer und Winter, über dem Küchenherd. Er besteht aus *lacón,* geräucherter Schweineschulter, und einem Stück *unto* – eingesalzenem Schweinefleisch, das Hautgout angesetzt hat – sowie Rübenkraut, Kartoffeln und getrockneten weißen Bohnen. Der *caldo* ist so dünn wie Brühe, kräftig und voll im Aroma und manchmal scharf wie Feuer. Er ist genau das, was man braucht, wenn man aus der trüben Nebelluft und dem kühlen Morgenregen hereinkommt. Eine Schale voll dampfender Bouillon, und Sie fühlen sich abgetrocknet und von innen wohlig erwärmt.

Caldo empfängt von dem durchdringenden *unto* und dem frischen Rübenkraut ein besonderes Aroma. *Unto* hat einen eigenartigen Geschmack – Ausländer schrecken beim erstenmal davor zurück –, und aus diesem Grund lassen es viel gute Stadtrestaurants in Galicien aus. Es ist so beißend, daß einem die Augen tränen, und ich mag es zufälligerweise sehr gern. Das Rübenkraut ist hier ebenfalls von besonderer Art, denn dank der Feuchtigkeit in Galicien entwickelt sich das grüne Krautbüschel üppiger als die Rübe selbst. Das Kraut hat zwei Namen: Wenn es jung und zart ist, heißt es *naviza;* wenn es ausgewachsen, saftig und sattgrün ist, *grelo*. *Lacón con grelos* – Schweineschulter mit Rübenkraut – ist ein wundervolles Gericht, das man nach dem *caldo* oder als in sich abgeschlossene Mahlzeit einnimmt. Das rauchige, volle Aroma des Schweinefleisches paßt sehr gut zu dem leicht bitteren Gemüsegeschmack der *grelos*.

Essen Sie die *grelos* in aller Ruhe an Ihrem Fensterplatz im Landhaus, während der Tag sich in dunstigem Blau und Grün über der Landschaft neigt. Die älteste Frau im Haus wird gewiß zu Ihnen kommen, sich Ihnen gegenüber niederlassen und mit heiserem Flüstern zu sprechen anfangen. Ihre Rede wird sich bald Verborgenem und Geheimnisvollem zuwenden, denn die galicische Landbevölkerung glaubt so stark an das Übernatürliche, daß es ihrem Bewußtsein stets gegenwärtig bleibt. Essen Sie Ihr nahrhaftes Mahl, und hören Sie unterdessen der alten Frau zu, die Ihretwegen statt des galicischen Dialekts kastilisch spricht. Sie werden sagen, Sie hätten gehört, daß in Galicien Hexen vorkommen. Die alte Frau wird abwesend lächeln und aufstehen, um Ihren Teller abermals mit *grelos* und Ihre weiße Tasse mit dunklem Rotwein zu füllen – einen Augenblick lang hebt sie die Tasse hoch und dreht sie mit einer schnellen Bewegung der Hand, als enthielte sie außer Wein noch etwas anderes. Ja, wird sie sagen, Hexen gibt es hier. Natürlich weiß sie aus *persönlicher* Erfahrung nichts darüber ... aber es gibt sie ... o ja; sie hat eine sehr gute Freundin, die einmal von einer Freundin erzählte, die die Schwarze Kunst betreibt, gleich hinter dem Hügel dort ... Aber, so fragt sie, Sie möchten doch sicher nicht zuviel über solche Dinge wissen, nicht wahr? Sie wartet die Antwort nicht ab und sieht Sie nicht an. Sie spricht einfach weiter ...

Aber wenn es schon spät am Nachmittag ist und Sie sie nach Gespenstern fragen, dann wird die alte Frau gar nicht mehr lächeln. Eine Zeitlang wenigstens wird sie zu sprechen aufhören. Gegen 18 Uhr werden Sie einen Kaffee trinken und ein Stück weißen galicischen Käse essen. Das Spätnachmittagslicht ist seltsam und wunderbar. Es liegt wie ein harter Gelbfilter über der Erde, über allem, und wenn es sich ausbreitet, scheinen alle Geräusche zu verstummen; es ist jenes undurchdringliche Licht, das jeden Laut zu absorbieren scheint. Die blaugrünen Felder verfärben sich gelb, der Nebel wird gelb, die Fensterscheiben in der Küche funkeln plötzlich in gelbem Glanz.

Dies ist die Zauberstunde des Tages; das wilde keltische Zwielicht hüllt alles in eine Decke nasser Schwärze, in der nur die Geister, die über die zum Schweigen gebrachte Erde wandeln, Licht aussenden. In gewissen Nächten erscheint nun die *Santa Compaña,* die Prozession der Toten – und es gibt auf dem Lande in Galicien kaum einen Menschen, der sie nicht mindestens einmal gesehen hat. Niemand spricht gern darüber. Schwarzgekleidet und Fackeln tragend, wandern die Geister der Toten unter dem blauschwarzen Himmel über die dunklen galicischen Hügel. Geräuschlos bewegen sie sich in einer Reihe auf einen verborgenen Ort zu, den keiner kennt. Sie sehen starr geradeaus und hinterlassen keine Fußabdrücke in der nassen Erde. Doch wenn einer von ihnen sich plötzlich umdreht und Sie ansieht ... nun ja, versuchen Sie, seinem Blick auszuweichen. Wenden Sie sich ab und gehen Sie weiter. Das nützt vielleicht.

Und wenn Sie den Gespenstergeschichten im glühenden Gelb des ausklingenden Tages gelauscht haben und die Nacht hereinbricht und es zu spät ist, fortzugehen, werden Sie – auch wenn Sie skeptisch sind – gut daran tun, galicische Gastfreundschaft anzunehmen und die Nacht im Landhaus beim lodernden Feuer zu verbringen, wo es mehr *caldo,* mehr gutes, heißes Essen und eine Menge Wein gibt. Wenn das Feuer verglimmt, wird Ihnen ein galicisches Bauernomelett mit *chorizo,* etwas Gemüse und dünnen Kartoffelscheiben als köstliches Abendessen willkommen sein. Es schmeckt nach landfrischen Eiern und Schweinewurst, mit denen sich die bittersüße Saftigkeit des Rübenkrauts verbindet. Nach dem Abendessen können Sie den Wein auf einer merkwürdig gemütlichen Pritsche ausschlafen, und am nächsten Morgen brechen Sie auf.

Wenn Sie im Morgengrauen der Nordküste entgegenfahren, kommen Sie an Ochsenkarren auf quietschenden Rädern vorbei, die nie geölt werden. Die Karren versinken so tief im Schlamm der Straßen, daß die umliegenden Hügel und Felder die Sicht blockieren und nur das Kreischen der Räder dem Gegenverkehr ihr Nahen ankündigt. Viele Karrenführer sind Frauen, denn in den meisten Gegenden Galiciens gibt der Boden nur gelegentlich eine Maisernte her, so daß die Männer in andere Länder auswandern, um dort ihr Glück zu machen. Frauen und Kinder werden zurückgelassen, obgleich die Männer unter Umständen 20 Jahre fortbleiben, bis sie so viel Geld angesammelt haben, daß sie ihren Familien ein anderes Leben bieten können.

Während die Männer fort sind, werden die Frauen fast so stark wie ihre Ochsen und kühner als diese. Sie können oft beobachten, wie sie die Ochsenkarren in die Flüsse fahren, um Unmengen weichschaliger Taschenkrebse zu sammeln, die die Größe von Kastanien haben. Wegen ihrer Winzigkeit eignen sie sich nicht zum Essen, sie dienen einem anderen nützlichen Zweck; die Frauen streuen sie als Dünger auf die Felder. Man sieht die kräftigen Frauen in den Dörfern auch hochaufgerichtet und stolz einhergehen und auf dem Kopf riesige Kannen balancieren, die wie hochkant gestellte Badewannen aussehen und mehr wiegen als die Frauen selbst. Sie tragen mit kleinen Stelzen versehene Holzschuhe, die ihnen im Regen das Gehen auf den schlammigen Feldern ermöglichen. Und zum Feierabend kehren sie nach Hause zurück, um Kartoffeln und Schweinefleisch aufzusetzen, Maisbrot zu backen und Gemüse zu kochen – als trockene, lebenerhaltende Wärme für ihre Kinder. Mit einem Topf Wasser, einem kleinen Stück Fleisch und einer Handvoll Gemüse können diese Frauen wahre Wunder vollbringen.

Verlassen wir sie nun, und wenden wir uns zur Küste – nach La Coruña, einem ins Meer hineinragenden Felsvorsprung. Hier mischt sich der Nebel mit dem Gischt des Atlantiks, der gegen den Golf von Biskaya drängt, über die hohen Steinmauern schäumt und hochaufsprühend funkelnd in der Morgensonne zerstäubt. Es gibt keine Stelle, wo man die krachende Brandung nicht hört. In La Coruña hat jedes Haus im Umkreis der Küste eine mit Glasscheiben verkleidete Galerie, die mit der Galerie des Nachbarhauses verbunden ist.

Blickt man bei Sonne von der See her auf La Coruña, scheint das Licht in den Tausenden von Scheiben zu explodieren, als stünde die ganze Stadt in Brand. Die Bewohner von La Coruña singen und tanzen am Meer, bei wilder Winterbrandung und sanfter Sommerdünung, und bei Regen oder Sonne spazieren sie den ganzen Tag und bis tief in die Nacht durch die Straßen der dunstigen Stadt.

Schließen Sie sich den schlendernden Leuten zur Mittagszeit an, und Sie befinden sich unversehens auf einem Platz, wo vier Straßen zusammentreffen, die La Estrella, Los Olmos, La Galera und La Franja heißen. Diese Straßen haben eines gemeinsam. Blicken Sie beim Gehen nach rechts und links: Jedes Gebäude beiderseits der Straße hat ein Schaufenster im Erdgeschoß, und in jedem Fenster liegen Meerestiere aus. In der Fülle des Angebots scheinen sie sich gegenseitig ausstechen zu wollen, denn jedes grenzt an den Eingang eines Restaurants, einer Bar oder eines Gasthauses. Fische und Krustentiere drängen sich hier in so intensivem und vielfältigem

Farbenspiel, daß Sie sich von aneinandergereihten Aquarien umgeben wähnen. Sie sehen riesige und winzige Hummer; rosa und purpurfarbene Krebstiere in jeder Größe, Farbe und Form sind mit grauen und braunen Austern delikat auf weißen Platten angeordnet. Muscheln jeder Art, von schwarz bis rosenrot, liegen verlockend ausgebreitet neben Regenbogenforellen und pompösem rosa Königslachs aus galicischen Flüssen. Zu Ringen geformte Schichten rosa Krabben legen sich kaskadenartig auf Reihen roter *langostinos* und bilden eine Art Heiligenschein um einen Berg breiter, gerillter Pilgermuscheln, die sorgfältig über gehäuften Platten mit noch mehr Pilgermuscheln und Schalentieren aufgetürmt sind. Panzerkrebse, Garnelen, graue und rosa Entenmuscheln, malvenfarbene, knollige Polypen und schillernde Tintenfische umringen zusammengerollte Meeraale, zarte, dünne, blasse Seezungen, Barsche, Meeräschen und silbrige Sardinen. Die Schaufenster sind wie im Stilleben festgehaltene Gärten des Meeres.

Manche Leute behaupten, es gäbe nichts, was in Meer, Teich und Fluß schwimmt und nicht an Galiciens Küsten vorkomme, denn Galicien ist das bedeutendste Fischreservoir Spaniens; die hiesigen Erträge überwiegen die der gesamten Mittelmeerküste. Und das Beste dieser Ausbeute wird in diesen vier engen Straßen angeboten. Mischen Sie sich nun hier in La Coruña in das Gedränge der Menschen, die in eine Bar einkehren, um mit einem Glas säuerlich-trockenem Weißwein einen Teller mit eiskalten, flachen Austern und einen weiteren mit herben Miesmuscheln herunterzuspülen, die – in demselben Weißwein mit Petersilie, Knoblauch und einem Spritzer Zitrone so lange gedünstet wurden, bis sie sich öffneten – nach dem frischesten Meerschaum duften und schmecken.

Gehen Sie auf die andere Seite der Straße in eine Restaurant-Bar, und bestellen Sie einen Teller der mit Recht berühmten gebackenen galicischen Pilgermuscheln, die stets in der einen Schalenhälfte angerichtet und mit etwas Petersilie, Knoblauch und Brotkrumen bestreut werden.

Diese Pilgermuscheln haben einen sanften und lieblichen Geschmack, den man bei dieser Muschelart nirgendwo sonst auf der Welt wiederfindet und der sich am reinsten ausprägt, wenn sie gerade frisch gekocht sind. Tauschen Sie mit ihrem Nachbarn eine Pilgermuschel gegen eine Kostprobe seiner *nécoras,* kleine, orangefarbene, gekochte Krebse, die Glück bringen sollen, weil die Schalenbildung ihres Kopfes das Kreuz des hl. Jakobus zeigt.

Das Fleisch der *nécora* ist nach dem Kochen flockig und weiß, zart in der Substanz und fein im Geschmack. Die Galicier sind allesamt Meister in der scheinbar einfachen Zubereitungsart des Siedens. Sie wissen genau, wie lange man eine Speise kochen muß, damit sie weder zu zäh noch zu weich ist, und wie man ihr Geschmack entlockt. Diese Meisterschaft gilt für das Dünsten ebenso wie für das Sieden. *Merluza,* Seehecht, wird hier in Vollendung mit Kartoffeln, Paprika und Knoblauch gedünstet. Das weiße Fleisch des Fisches bleibt fest, und der frische Geschmack geht nicht unter in der Flüssigkeit, denn der Fisch wird im Topf über den kochenden Kartoffeln auf ein Gestell gelegt und kommt nie mit dem Wasser in Berührung; dieses wird so sorgfältig abgemessen, daß es um die Kartoffeln herumkochen kann, bis es vollständig verdampft.

Nirgendwo offenbart sich dieses besondere Talent der galicischen Köche so wunderbar und einfach wie in der Zubereitung der *percebes* genannten Entenmuscheln, die an diesem Küstenstrich Spaniens und Portugals heimisch sind. Wenn Sie bisher keinen triftigen Grund gefunden haben, um die Nordküste der Pyrenäenhalbinsel zu besuchen, *percebes* allein sind die Reise wert, denn wahrscheinlich werden Sie sie nirgendwo sonst auf der Welt auftreiben. *Percebes,* wie kleine Finger geformt, von dunkelgrauem Leder, das wie Elefantenhaut aussieht, umhüllt und mit spitzen, dreieckigen, schindelförmigen schwarzen Schalen anstelle des Mundes ausgestattet, leben in Trauben in den Gewässern der schmalen Buchten an der galicischen Küste. Sie werden nur mit einem Lorbeerblatt gekocht, bis sie weich sind, und schmecken heiß ebenso gut wie kalt. Wenn Sie einen Teller *percebes* bestellen, brechen Sie eine aus der Traube aus, und schälen Sie die dicke Haut von dem kleinen dreieckigen Schalen-Mund ab. Sie gleitet dann wie ein geschmeidiger Handschuh herunter; das rosa Fleisch liegt nun frei und wird von der Schale, an der es festsitzt, abgebissen. Mit einem Beigeschmack von Salz und Jod, von Meereswellen gereinigt, ebenso zart wie frisch und saftig, gehören *percebes* zu jenen Speisen, die man zu essen nicht aufhören kann; aber im Gegensatz zu den meisten Schalentieren können zu viele *percebes* Ihnen nicht schaden.

Viele Fische, Schalen- und Krustentiere, unter ihnen *percebes* und die besten Hummer, werden in den hohen und flachen *rías* an der Küste Galiciens gefangen. Die *rías* entstanden in der geologischen Kindheit des Landes, als die erste gewaltige Erdblase zerplatzte und die Hälfte des heutigen Galiciens ins Wasser zurücksank – bevor sich die übrige Pyrenäenhalbinsel aus dem Meer erhob. (Es gibt keine genaue Übersetzung für *ría*; Fjord entspräche diesem Begriff vielleicht am ehesten.) An einigen Stellen schneidet und schlägt der Ozean tiefe Kerben ins Land; sie klaffen wie Wunden in der Erde.

Alle sechs Stunden, beim Wechsel der Gezeiten, steigt und fällt das Wasser in den *rías* mit reißender Wucht. Bei Ebbe waten Männer und Frauen in die *rías*, fangen Fische mit Netzen, scharren Krustentiere mit Harken zusammen und sammeln mit bloßen Händen Seetang als Dünger für die Felder. Sie müssen bei ihrer Arbeit genau auf die Zeit achten, um mit Sicherheit das

Die herzhafte Fleischpastete, *empanada* genannt, ist mit einer pikanten Mischung aus Huhn, Zwiebeln und Paprikaschoten gefüllt. Die hier abgebildete *empanada* reicht für vier bis sechs Personen, es gibt jedoch auch Portionspasteten für eine Person. Die Füllungen können aus allen möglichen Sorten Fleisch, Fisch und Gemüse bestehen, einzeln oder gemischt. *Empanadas* werden in weiten Teilen Spaniens und Lateinamerikas gegessen und sind seit langem eine Spezialität Galiciens, dessen feuchtes, oftmals rauhes Klima eine derbe Kost begünstigt.

rettende Ufer zu erreichen, bevor die Flut mit der Gewalt einer Lokomotive in die *rías* zurückbraust.

Da die *rías* in der Wirtschaft und im täglichen Leben der Menschen eine wichtige Rolle spielen, heißt es oft, daß alle Dinge an Galiciens Küsten um die Mondzyklen kreisen, die die Gezeiten bestimmen. Wenn der 1. Oktober, der Eröffnungstag der Schalentiersaison, zufällig mit einer Springebbe, extremem Niedrigwasser im ersten und dritten Viertel des Mondes, zusammenfällt, zieht buchstäblich jeder Küstenbewohner zur Feier dieses Ereignisses los, um Schalentiere zu sammeln. Männer, Frauen und Kinder wandern dann mit tiefen Töpfen und breiten Körben durch das Seichtwasser der *rías*, um alles, was sich nur irgend auftreiben läßt, zu ergreifen und zu fangen.

Hummerfallen werden geleert; man beraubt die *rías* aller Schätze, die sie bergen, und sie bergen köstliche Meerestiere in bunter Vielfalt. Beim Gezeitenwechsel nimmt das feiernde Volk seine Kinder bei der Hand, klettert die Böschungen hinauf und weicht der zurückkehrenden Flut. Man bringt die Hummer lebend nach Hause, kocht sie – häufig nur mit ein paar Strähnen Seetang als einzigem Gewürz – in Meerwasser und richtet sie noch dampfend vor Hitze an; sie schmecken ganz und gar nach Meer.

Wenn Sie Galicien verlassen und an der Atlantikküste von La Coruña nach Süden weiterreisen, kommen Sie am südlichen Rand der Provinz zu einem von Osten nach Westen verlaufenden Landstreifen, der in der Länge 5 Kilometer und in der Breite 180 Meter mißt. Hier finden Sie eine Traubenart, aus der der Rosalwein gewonnen wird. Es ist ein Weißwein von goldgelber Farbe, der herb wie Silber auf der Zunge liegt und natürlich schäumt. Er gehört zu den Weinen, die sich als Begleitung zu den vorzüglichen Fischen und Krustentieren dieser Küste am besten eignen. Überqueren Sie diesen schmalen Landstreifen, wo er produziert wird, und Sie stehen an der Mündung eines Flusses, der hier Miño heißt – aber auf dem jenseitigen Ufer Minho geschrieben wird. Setzen Sie mit der Fähre über, und Sie befinden sich nun am nebligen Nordrand einer Landschaft, die sich zu Ihren Füßen weit nach Süden erstreckt: ein undeutlich wahrnehmbarer Teppich aus Farben und Formen, leuchtenden Bildern und hellen Klängen – Portugal.

Wenn Touristen und Stadtbewohner eine Teepause auf der sonnenüberfluteten Terrasse vor der Kathedrale von Santiago de Compostela *(gegenüber)* einlegen, sehen sie sich von Erinnerungen an den hl. Jakobus, den Schutzheiligen Spaniens, umgeben. Der Name der Stadt – Santiago – bedeutet heiliger Jakobus; die wuchtige Kathedrale im Hintergrund wurde an der Stelle errichtet, wo der Legende zufolge die Gebeine des Heiligen im 9. Jahrhundert entdeckt wurden. Die mit Puderzucker bestäubte, von anderem Gebäck umringte Mandeltorte im Vordergrund, auf der das Kreuz des Heiligen prangt, heißt *tarta de Santiago* – Torte des hl. Jakobus.

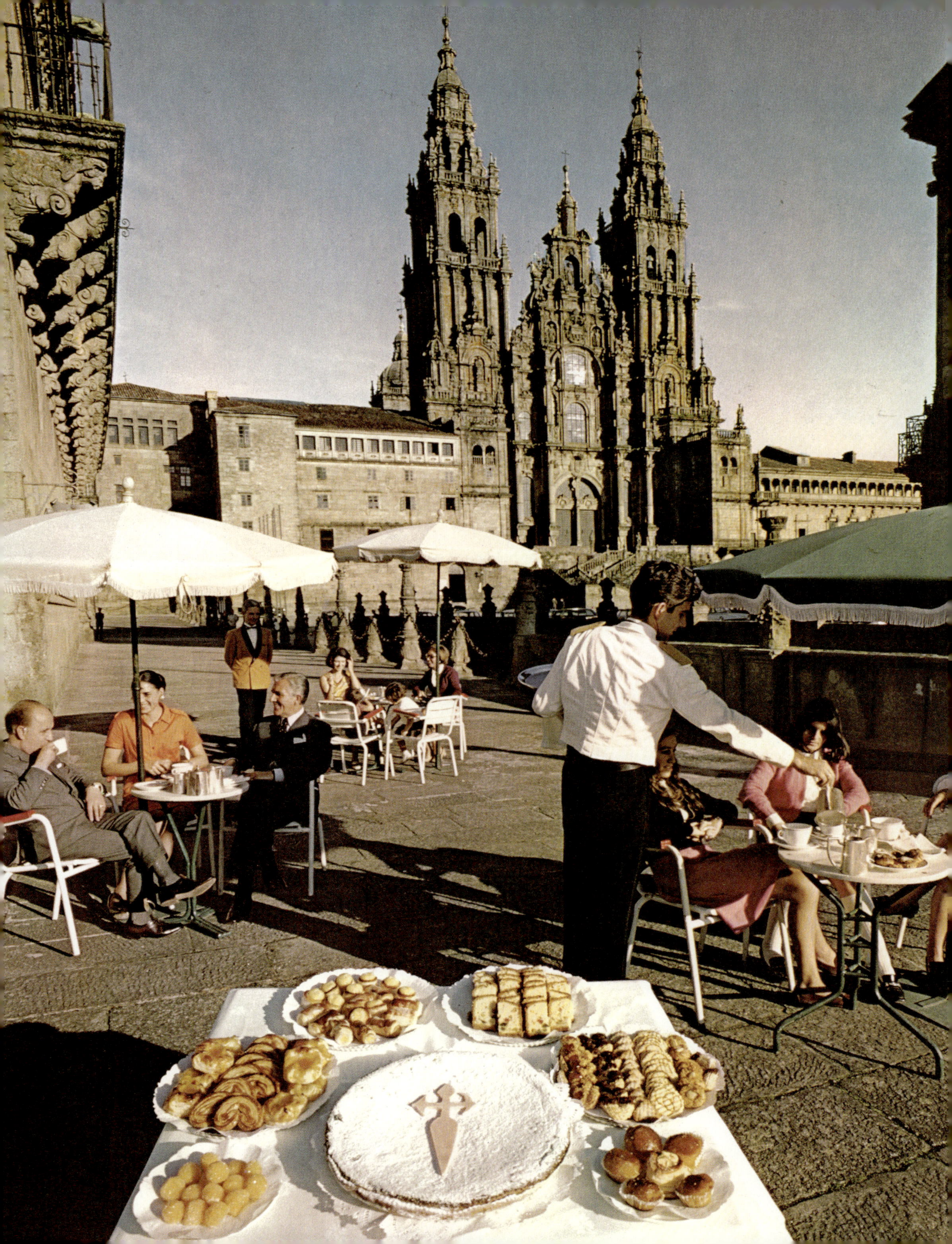

KAPITEL VII REZEPTE

Für 4 bis 6 Personen

TEIG
1 Paket Trockenhefe
½ TL Zucker
⅛ l lauwarmes Wasser (43° bis 46°)
375 bis 450 g Mehl
1½ TL Salz
⅛ l lauwarme Milch (43° bis 46°)
1 EL Olivenöl
1 Ei, leicht geschlagen

FÜLLUNG
Ein junges Huhn (1 bis 1,2 kg), in 6 bis 8 Portionen zerteilt
1 große Zwiebel, in Viertel geschnitten
3 EL Olivenöl
75 g feingehackte Zwiebeln
½ TL feingehackter Knoblauch
1 mittelgroße rote oder grüne Paprikaschote, Rippen und Kerne entfernt, in ½ cm große Quadrate geschnitten
60 g feingewürfelter *serrano*-Schinken oder anderer magerer Räucherschinken
375 g mittelgroße Tomaten, geschält, entkernt und feingehackt *(siehe huevos a la flamenca, Seite 16)*
½ TL Salz
¼ TL frisch gemahlener schwarzer Pfeffer

Empanada Gallega
PASTETE MIT HÜHNERFÜLLUNG

Hefe und Zucker in ¼ Tasse lauwarmes Wasser streuen. 2 bis 3 Minuten stehenlassen, dann verrühren, bis sich die Hefe völlig aufgelöst hat. Die Tasse 8 bis 10 Minuten an einen warmen, vor Zugluft geschützten Platz stellen (vielleicht in einen abgeschalteten Backofen), bzw. bis sich die Mischung verdoppelt hat.

300 g Mehl und das Salz in eine große Rührschüssel geben, in die Mitte eine Vertiefung machen und Hefemischung, Milch und das restliche lauwarme Wasser einfüllen. Langsam verrühren, eßlöffelweise bis zu 150 g Mehl hinzufügen, bis ein mittelfester Teig entsteht, der als eine feuchte, feste Masse hochgehoben werden kann.

Den Teig auf ein leicht bemehltes Brett geben und kneten, indem man mehrmals mit dem Handballen nach vorn durchdrückt. Zurückschlagen und mindestens 10 Minuten kneten, bzw. bis der Teig glatt und elastisch ist. Wenn nötig, etwas Mehl über und unter den Teig streuen, damit er nicht am Brett haftet.

Den Teig zu einer Kugel formen und in eine große, leicht ausgebutterte Schüssel legen. Den Teig oben mit Mehl bestäuben, ein Tuch darüberbreiten und etwa 1½ Stunden an einen warmen Platz stellen, bis sich das Volumen des Teigs verdoppelt hat. Mit einem Schlag der Faust wieder herunterdrücken, mit einem Tuch bedecken und abermals 45 Minuten gehen lassen.

Für die Füllung: Das Huhn und die Zwiebelviertel in einen 3 bis 4 l fassenden Topf geben und so viel Wasser einfüllen, daß es 2 bis 3 cm über dem Huhn steht. Bei starker Hitze zum Kochen bringen. Den sich bildenden Schaum abschöpfen. Auf niedrige Temperatur schalten, den Topf zudecken und das Huhn 30 Minuten kochen, bis es weich ist, aber nicht zerfällt. Die Hühnerportionen auf eine Platte legen.

Wenn das Huhn so weit abgekühlt ist, daß man es anfassen kann, die Haut mit einem kleinen Messer oder mit den Fingern abziehen. Das Fleisch von den Knochen lösen. Haut und Knochen wegwerfen, das Fleisch in etwa 1 cm große Würfel schneiden. Beiseite stellen.

In einer schweren Pfanne von 25 bis 30 cm Durchmesser das Öl bei mäßiger Temperatur erhitzen, bis sich ein leichter Rauch bildet. Zwiebeln, Knoblauch und Paprikaschote hineingeben und unter häufigem Rühren 8 bis 10 Minuten schmoren, bis das Gemüse weich, aber nicht braun ist. Den Schinken und dann die Tomaten hinzufügen und bei starker Hitze kräftig schmoren lassen, bis fast die ganze Flüssigkeit in der Pfanne eingekocht und die Mischung dickflüssig genug ist, um in einem Löffel die Form zu behalten. Das Hühnerfleisch, Salz und Pfeffer dazugeben, abschmecken und auf Zimmertemperatur abkühlen lassen.

Den Ofen auf 200° vorwärmen. Mit einem Teigpinsel ein großes Backblech mit 1 EL Olivenöl bestreichen.

Den Teig in Hälften teilen. Auf einem leicht bemehlten Brett jede Hälfte zu einer runden Scheibe von 30 cm Durchmesser und ½ cm Dicke ausrollen. Eine der beiden Scheiben auf das Backblech legen und mit einem Löffel die Füllung auf dem Teigboden verteilen, wobei man einen Rand von etwa 2½ cm Breite ausspart.

Anschließend wird die zweite Teigscheibe über die Füllung gelegt und am Rand fest angedrückt. Dann den Rand ringsherum gut 1 cm nach oben umbiegen und mit den Fingerspitzen oder den Zinken einer Gabel von außen dagegendrücken, um die Pastete fest zu verschließen. Die Pastete an einem warmen Platz etwa 20 Minuten gehen lassen.

Die Pastete mit dem geschlagenen Ei bepinseln, den Deckel mehrmals durchstechen und in der Mitte des Ofens etwa 45 Minuten backen, bis die Kruste goldbraun ist. Heiß oder bei Zimmertemperatur servieren.

Tortilla de Patata
KARTOFFELOMELETT MIT ZWIEBELN

In einer schweren Pfanne von 25 bis 30 cm Durchmesser ¼ l Olivenöl bei starker Temperatur so erhitzen, daß es heiß wird, aber nicht den Rauchpunkt erreicht. Die Kartoffeln hineingeben, mit 1 TL Salz würzen und in der Pfanne wenden, bis sie mit dem Öl gut überzogen sind.

Wieder auf mäßige Hitze herunterschalten und die Kartoffelscheiben unter gelegentlichem Wenden 8 bis 10 Minuten braten; dann die Zwiebeln hinzufügen. Weitere 10 Minuten auf dem Feuer lassen und hin und wieder rühren, bis die Kartoffeln gar und goldbraun sind. Den Pfanneninhalt in ein großes Sieb oder einen Durchschlag geben und überflüssiges Öl abtropfen lassen.

Mit einem Schneebesen, einem Handrührgerät oder einer elektrischen Küchenmaschine die Eier mit dem restlichen TL Salz schaumig schlagen. Vorsichtig die Kartoffeln und Zwiebeln hineinrühren. Die restlichen 3 EL Olivenöl in einer schweren Pfanne von 20 cm Durchmesser erhitzen, bis sich ein leichter Rauch bildet. Die Omelettmischung hineingießen, mit einem Spachtel verteilen und bei mäßiger Hitze 2 Minuten garen lassen.

Die Pfanne gelegentlich schütteln, damit die Masse nicht anklebt. Wenn das Omelett fest, jedoch nicht trocken ist, die Pfanne mit einem flachen Teller bedecken, Pfanne und Teller fest zusammenhalten und umdrehen, so daß das Omelett auf dem Teller liegt. Dann das Omelett vorsichtig in die Pfanne zurückgleiten lassen. Weitere 3 Minuten auf dem Feuer lassen, um die Unterseite zu bräunen, und sofort servieren.

ANMERKUNG: Falls gewünscht, zuvor gebratenen, gehackten *chorizo* oder andere Wurst mit den Kartoffeln in die Omelettmasse geben.

Für 4 bis 6 Personen

¼ l und 3 EL Olivenöl
1 kg große Kartoffeln, geschält und in ¼ cm dicke Scheiben geschnitten
2 TL Salz
75 g feingehackte Zwiebeln
4 Eier

Fabada Asturiana
BOHNENSUPPE MIT WURST

In einen schweren, 8 bis 10 l fassenden Topf 2 l Wasser zum Kochen bringen. Die Bohnen hineingeben und bei starker Hitze unbedeckt 2 Minuten sprudelnd kochen lassen. Dann den Topf vom Feuer nehmen und die Bohnen 1 Stunde im Wasser weichen lassen. In einem Sieb oder Durchschlag die Bohnen über einer großen Schüssel abtropfen und in den Topf zurückgeben. Das Kochwasser abmessen, mit genügend Wasser auffüllen, um insgesamt 4 l zu erhalten und in den Topf gießen. Zwiebeln, Knoblauch und Speck hinzufügen und bei starker Hitze zum Kochen bringen. Den aufsteigenden Schaum abschöpfen. Auf niedrige Temperatur schalten und mit halb aufgelegtem Deckel 1 Stunde schwach kochen. Den Schinken hinzufügen und 1 weitere Stunde auf schwacher Hitze garen lassen, bis die Bohnen gerade weich sind.

Unterdessen die *chorizos* in eine Pfanne von 20 bis 25 cm Durchmesser geben und mit der Spitze eines scharfen kleinen Messers an zwei oder drei Stellen hineinstechen. Mit genügend Wasser auffüllen, um sie völlig zu bedecken, und bei starker Hitze zum Kochen bringen. Auf kleine Flamme stellen und unbedeckt 5 Minuten ziehen lassen. Die Würste auf Küchenkrepp abtropfen lassen.

Wenn die Suppe 2 Stunden gekocht hat, die *chorizos* und *morcillas* dazugeben, Safran hineinrühren und weitere 30 Minuten auf dem Feuer lassen. Abschmecken und mit reichlich Salz und einer Prise Pfeffer würzen. Dann mit einem Schaumlöffel Speck, Schinken und Würste auf eine Platte legen. Speck und Schinken in 1 cm große Würfel und die Würste in 1 cm dicke Scheiben schneiden. Das Fleisch in die Suppe zurückgeben und 2 bis 3 Minuten schwach kochen lassen. Traditionsgemäß wird zur *fabada* ein der portugiesischen *broa (Register der Rezepte)* ähnlendes Maisbrot und schäumender Apfelwein gereicht.

Für 6 Personen

4 bis 5 l Wasser
500 g getrocknete Brechbohnen oder weiße Bohnen
300 g grobgehackte Zwiebeln
1 EL feingehackter Knoblauch
125 g magerer Speck im Stück, ohne Schwarte
250 g *serrano*-Schinken oder anderer magerer Räucherschinken
3 *chorizos* oder 250 g andere knoblauchhaltige harte Schweinewurst
3 *morcillas* oder 250 g andere Blutwurst
⅛ TL Safranpulver oder zu Pulver zerriebene Safranfäden
Salz
Frisch gemahlener schwarzer Pfeffer

In zwei galicischen Gerichten kommen Würste, geräuchertes Schweinefleisch, Rübenkraut, Kartoffeln und Brühe vor *(rechts)*. Die Brühe und das Gemüse können die Grundlage für die *caldo gallego* *(unten)* genannte Suppe bilden. Das Fleisch und das Gemüse – *lacón con grelos* (Schweineschulter mit Rübenkraut) – können als Hauptgang erscheinen.

Für 6 Personen

200 g getrocknete weiße Bohnen
2 bis 3 l Wasser
250 g kleingewürfelter *serrano*-Schinken, anderer magerer Räucherschinken oder geräucherte Schweineschulter
60 g frisch gepökelter Speck im Stück, ohne Schwarte
75 g feingehackte Zwiebeln
2 TL Salz
2 *chorizos* oder 150 g andere knoblauchhaltige geräucherte harte Schweinewurst
250 g Kraut von weißen Rüben, gewaschen, geputzt und grobgeschnitten
300 g kleine geschälte Kartoffeln, in ½ cm große Würfel geschnitten

Caldo Gallego
GEMÜSESUPPE MIT FLEISCH

In einer schweren, 3 bis 4 l fassenden Kasserolle 2 l Wasser bei großer Hitze zum Kochen bringen. Die Bohnen hineingeben und 2 Minuten sprudelnd kochen lassen. Dann den Topf vom Feuer nehmen und die Bohnen 1 Stunde quellen lassen.

Die Bohnen in einem Sieb oder Durchschlag über einer großen Schüssel abtropfen und in die Kasserolle zurückgeben. Das Kochwasser abmessen und genügend kaltes Wasser auffüllen, um insgesamt 2 l zu erhalten. Das Wasser in die Kasserolle gießen, Schinken, Speck, Zwiebeln und Salz hinzufügen und bei starker Hitze zum Kochen bringen. Auf niedrige Flamme stellen und teilweise bedeckt 1½ Stunden schwach kochen.

Nach Ablauf von 1½ Stunden Würste, Rübenkraut und Kartoffeln hinzufügen und teilweise bedeckt 30 Minuten weiterkochen, bis die Bohnen und Kartoffeln weich sind. Mit einem Schaumlöffel die Würste und den Speck herausnehmen. Die Würste in ½ cm dicke Scheiben schneiden und in die Suppe zurückgeben. Das gepökelte Schweinefleisch entfernen. Abschmecken und sofort in einer vorgewärmten Terrine oder in Suppentellern anrichten.

ANMERKUNG: Dies ist eine Version eines klassischen galicischen Gerichts. In anderen Versionen werden geräucherte Schweineschulter und Speck zusammen gekocht; Wurst wird in der letzten Phase der Zubereitung hinzugefügt. Dann nimmt man das Fleisch heraus, stellt es beiseite und läßt in der verbliebenen Brühe gehacktes Rübenkraut, weiße Bohnen und Kartoffelwürfel garen. Das Ergebnis, die Suppe, kommt als *caldo gallego* auf den Tisch.

Eine andere Version: Das beiseite gelegte geräucherte Schweinefleisch und die Würste werden in Scheiben geschnitten und mit unzerkleinertem, gekochtem Rübenkraut und Kartoffeln als Hauptgang unter dem Namen *lacón con grelos* gereicht. Die galicische Variante des *cocido*, *pote gallego* genannt, enthält alle obenerwähnten Zutaten sowie Kalb- und Hühnerfleisch.

Merluza a la Gallega
SEEHECHT MIT TOMATENSAUCE

Für 4 Personen

In einer schweren Pfanne von 30 cm Durchmesser und mindestens 5 cm Randhöhe 2 l Wasser bei großer Hitze zum Kochen bringen. Kartoffeln, Zwiebel und Lorbeerblatt hineingeben. Das Wasser sollte sie vollständig bedecken; falls nötig, mehr hinzufügen. Ohne Deckel sprudelnd kochen lassen, bis die Kartoffeln gar sind, aber nicht zerfallen. Mit einem Schaumlöffel die Kartoffeln auf einen Teller legen. Die Fischfilets in die in der Pfanne verbliebene Flüssigkeit geben und auf niedrige Hitze schalten. Die Pfanne fest zudecken und den Fisch 8 bis 10 Minuten leise kochen lassen, bis er leicht zerfällt, wenn man ihn behutsam mit einer Gabel prüft.

Unterdessen das Öl in einer schweren Pfanne von 20 bis 25 cm Durchmesser bei mäßiger Temperatur erhitzen, bis sich ein leichter Rauch bildet. Die Knoblauchzehen hineingeben und unter häufigem Rühren 5 Minuten braten, oder bis sie hellbraun sind. Mit einem Schaumlöffel herausnehmen und wegtun, dann die Tomaten und Salz hinzufügen. Rasch schmoren lassen und die Tomaten währenddessen mit einem großen Löffel verrühren und zerdrücken, bis die Mischung dick genug ist, um in einem Löffel beinah steif ihre Form zu behalten. Den Paprika hineinrühren und beiseite stellen.

Den Fischsud bis auf ¼ l abgießen, Zwiebel und Lorbeerblatt entfernen und die Kartoffeln wieder zu dem Fisch in die Pfanne geben. Mit dem Löffelrücken die Tomaten direkt über dem Fisch durch ein feines Sieb streichen. Bei niedriger Hitze 5 Minuten schwach kochen lassen, wobei man den Fisch und die Kartoffeln häufig mit der Sauce begießt. Mit Essig beträufeln und sofort in der Pfanne oder in einer vorgewärmten, tiefen Platte servieren.

Zutaten:
- 12 kleine, feste Kartoffeln von etwa 3½ cm Durchmesser, geschält
- 1 kleine Zwiebel, geschält und halbiert
- 1 kleines Lorbeerblatt
- 750 g Fischfilet von Seehecht, Schellfisch oder Kabeljau
- 6 EL Olivenöl
- 6 mittelgroße Knoblauchzehen, geschält und mit der Messerklinge zerdrückt
- 375 g mittelgroße Tomaten, geschält, entkernt und grobgehackt (*huevos a la flamenca*, Seite 16)
- ½ TL Salz
- 1 EL Edelsüßpaprika
- 1 TL Rotweinessig

Pastel de Manzana
APFELPASTETE MIT MINZE

Für 6 Personen

Den Backofen auf 175° vorwärmen. Mit einem Kuchenpinsel Boden und Seiten einer 20 mal 20 mal 5 cm großen Backform mit weicher Butter bestreichen. Beiseite stellen. Zucker, Mehl und Backpulver in eine Rührschüssel sieben. In der Mitte eine Vertiefung machen und das Ei hineingeben. Mit zwei Tischmessern vermischen, bis das Mehl das Ei völlig aufgesaugt hat.

In einer Rührschüssel die getrockneten Minzblätter mit dem Zimt vermischen. Die Apfelscheiben dazugeben und mit einem großen Löffel verrühren, bis sie gleichmäßig überzogen sind. Die Apfelscheiben in der Backform anordnen und die Mehlmischung darüberstreuen und zu einer glatten Schicht ausstreichen, die die Äpfel vollständig bedeckt. Auf dem mittleren Einschub 45 Minuten backen, bis die Kruste knusprig ist. Die Form aus dem Ofen nehmen, fest mit einem Deckel oder Alufolie zudecken und zum Abkühlen beiseite stellen. Auf Zimmertemperatur abgekühlt servieren, eventuell mit einer Schale Schlagsahne.

Zutaten:
- 15 g weiche Butter
- 225 g Zucker
- 150 g Mehl
- 1 TL Backpulver
- 1 Ei
- 1 EL getrocknete Minzblätter
- 1 EL Zimt
- 1 kg mittelgroße saure Kochäpfel, geschält, geviertelt, entkernt und der Länge nach in ½ cm dicke Scheiben geschnitten
- ¼ l Schlagsahne (nach Belieben)

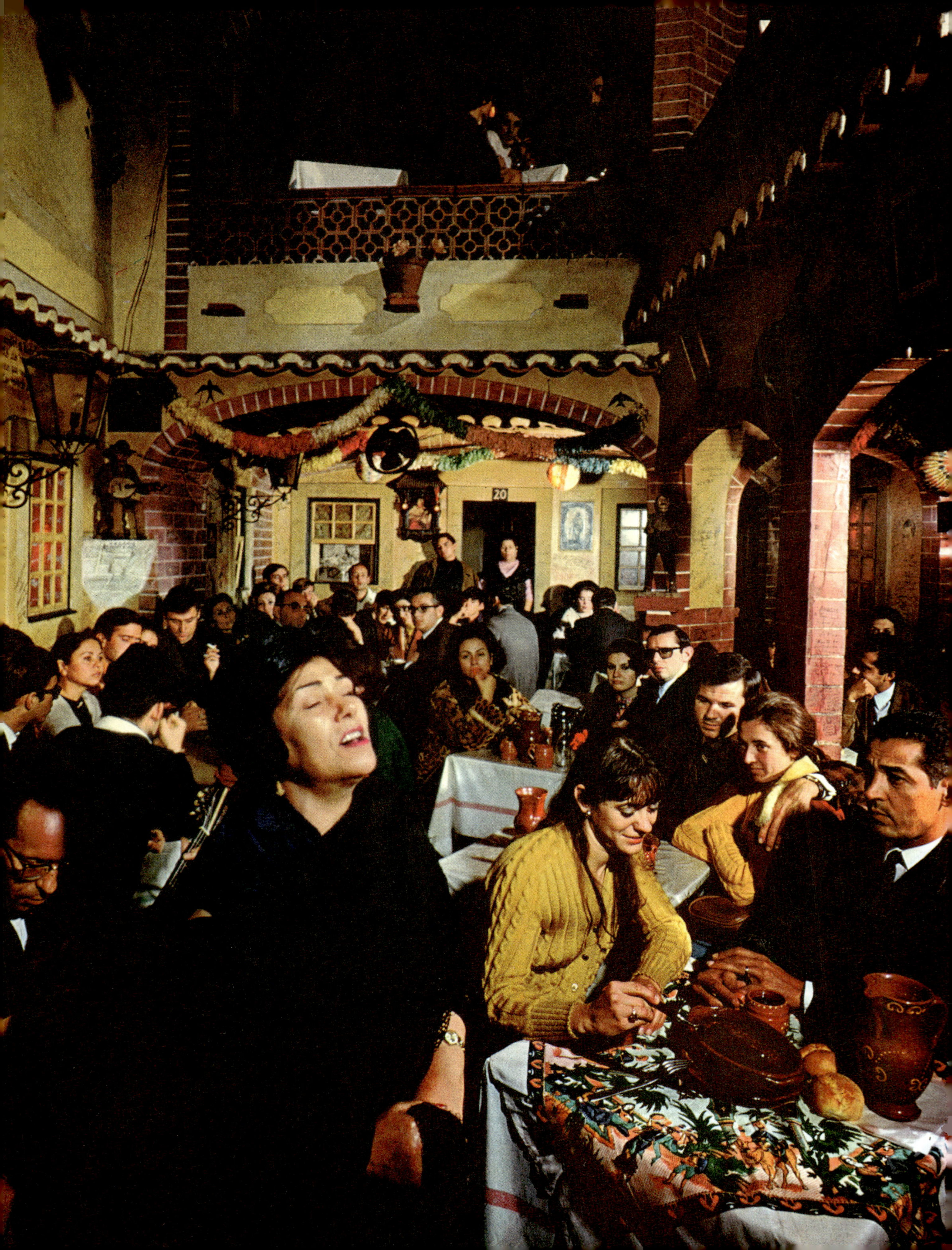
20

VIII

Portugal: Der rauhe Norden

In der südwestlichen Ecke Europas liegt ein schmales Stück Land, dessen größte Ausdehnung in der Länge 580 Kilometer und in der Breite 225 Kilometer mißt und das vom übrigen Kontinent durch Spanien und von Spanien durch zerklüftete Berge abgesondert wird. Wie von einem weinseligen Maler, der zu seiner Leinwand mit der Überzeugung zurückkehrt, daß *irgend etwas* noch fehle, im Nachhinein mit einem Pinselstrich aufs Meer gesetzt, steht Portugal allein; es ist mit Spanien verbunden und doch von ihm getrennt – gänzlich preisgegeben den rauhen Winden und Wellen des Atlantiks, der sich nach Westen wie eine Wasserwüste bis zur untergehenden Sonne erstreckt. Wenn die Lebensgewohnheiten in Portugal sich heute etwas anders ausnehmen als in Spanien, so ist das wohl weniger eine Frage des Geschmacks als geschichtlicher Notwendigkeit: Was Spanien ihm versagte, *mußte* Portugal in den geheimnisvollen, anscheinend endlosen Weiten grauen Wassers finden, das gelegentlich ein seltsames Blatt oder eine tropische Frucht oder ein merkwürdig geschnitztes Stück Holz an seine Ufer spülte. Von Anfang an fehlte Portugal das Gequälte und Schmerzvolle, das dem Schwesterland eignet; statt dessen entdeckte es andere Qualitäten in sich. Wagemutige Neugier, brennende Sehnsucht, eine gewisse Unschuld, Jugend, lyrische Schwermut über schlummernder Heiterkeit – all diese Einzelzüge sammeln sich heute in Portugal in kühner Konzentration. Sie offenbaren sich in allem, in der höchst verfeinerten städtischen Architektur wie in den Gesichtern der Bauern. Aber nirgendwo kommen die einzigartigen Eigenschaften und Leistungen Portugals so klar zum Vorschein wie in den Dingen, die mit der Kost und dem Kochen zusammenhängen.

Wer sich auf dieselbe Weise wie wir mit dem Thema befaßt und Spanien Gebiet für Gebiet durchstreifte, muß sich vor Augen halten, daß die portugiesische Küche *nicht* die spanische Küche ist. Eher stellt sie einen anderen Typus iberischer Kochkunst dar, den regionalen Küchen, die wir sahen, ebenso unähnlich, wie diese sich voneinander unterscheiden. Wie alle

---

Die Portugal eigentümliche lyrische Schwermut und Sehnsucht finden ihren Ausdruck in dem volksliedhaften *fado,* der hier in einem Lissabonner Café von einer Sängerin vorgetragen wird, die unter dem Namen Panther von Alcantara auftritt. Die herzzerreißende Volksmusik soll sich aus den Balladen heimwehkranker Matrosen entwickelt haben; heute jedoch umfaßt sie einen breiten Themenkreis, in dessen Mittelpunkt freilich immer noch die Klage über das Schicksal *(fado)* steht.

iberischen Speisen ist auch das portugiesische Essen im Grunde einfach, es ist die Kost des Volkes; doch finden Gewürze und Kräuter in Portugal viel ausgiebiger Verwendung, und die hier üblichen Geschmackskombinationen würden dem spanischen Gaumen im allgemeinen erstaunlich vorkommen.

Von Norden nach Süden ist der Küche Portugals eine breite Vielfalt von Zutaten gemeinsam. Frische Kräuter, wie *cilantro,* und lange haltbare Nahrungsmittel, wie Klippfisch, trifft man häufig an. Frischer Zitronensaft wird auf Fleisch geträufelt, das oft mit süßem, schwerem Portwein oder Madeira zubereitet wird. Überall im Land verwendet man frische und getrocknete Feigen, Nüsse, Reis, Eigelb, Vanille und sogar Curry sowie einige Lebensmittel und Zutaten, die wir bereits aus Spanien kennen. Auffälliger ist die Vielzahl der Zubereitungsmethoden, denn die portugiesische Kochkunst zeichnet sich gerade durch die Mannigfaltigkeit der Geschmackskombinationen aus. Wenn Sie von der spanischen Grenze in Galicien nach Süden weiterreisen, können Sie in den 11 portugiesischen Provinzen genügend verschiedene Aromaverbindungen finden, um ein Lexikon damit zu füllen. Bewegen Sie sich schön langsam voran, indem Sie sich, von den drei nördlichen Provinzen ausgehend, im Zickzackkurs von Osten nach Westen und von Westen nach Osten wenden, dabei aber stets die Hauptrichtung nach Süden einhalten, und besuchen Sie Küstenorte und -städte sowie Gutshöfe und Landgasthäuser im Inneren. Folgen Sie der Karte in einer Schlangenlinie von oben nach unten, und Sie werden in jedem Gebiet Gerichte wählen können, die über den Ort, in dem sie serviert werden, und die Menschen, die sie servieren, etwas aussagen.

Paradoxerweise entfällt auf die drei Nordprovinzen – Minho, Trás-os-Montes e Alto Douro und Douro Litoral – ein guter Teil der dürftigsten und unwirtlichsten Landschaft und der feinsten Küche Portugals. Zu den Dingen, die Ihnen hier als erstes auffallen, gehört die Fähigkeit der Menschen, den rauhen Lebensbedingungen mit den fröhlichsten Trachten, den glänzendsten Festen und dem besten Essen zu begegnen – als wollten sie die Erde mit ihrem Dasein schmücken. Die fruchtbare Provinz Minho bietet dafür ein gutes Beispiel. Diese Schwesterprovinz des spanischen Galicien (wo beinah derselbe Dialekt gesprochen wird) hat sich in ein Gebiet der Armut verwandelt; der fette Boden ist unter den Söhnen und Töchtern des Landes so umständlich aufgeteilt worden, daß er nicht mehr alle ernähren kann. In den ersten Jahrzehnten dieses Jahrhunderts wanderten viele nach Venezuela oder Brasilien aus, um ihren Lebensunterhalt zu verdienen; in jüngerer Zeit gingen einige nach Deutschland und Frankreich. Die anderen, die blieben, bebauen jeden Zentimeter Boden, machen detaillierte Pläne für die Ferien, singen und tanzen und verwandeln die ödeste Arbeit in die munterste aller Veranstaltungen. Sie singen im Chor, während sie auf den Feldern Mais ernten, der in den Speichern neben ihren Häusern gelagert wird; sie stellen ein leuchtendes, fast süßes Maisbrot her, das *broa* heißt *(Register der Rezepte);* es ist lockerer und sättigender als das galicische Maisbrot. Besonders gut schmeckt es zu einer Suppe aus Minho, die sich *caldo verde (Register der Rezepte)* nennt.

Minhos *caldo verde,* grüne Brühe, ist für Portugal, was Zwiebelsuppe für Frankreich ist – eine Art Nationalgericht. Wo und zu welcher Tageszeit auch immer, Sie werden allenthalben im Land schwarzgekleidete Frauen erblicken, die, ob im Sitzen oder Stehen, Kohl für *caldo verde* in Streifen hobeln. Der tiefgrüne, würzige portugiesische Kohl ist anders als der in anderen Ländern gezogene Kohl. In Minho ragt nicht nur der Kohl durch seine vorzügliche Qualität hervor, hier scheint alles Gemüse farbkräftiger, blattreicher und größer als sonst in Portugal zu sein.

Caldo verde ist einfach zuzubereiten. Zuerst werden Minho-Kartoffeln, die wegen der Fruchtbarkeit des Bodens alle anderen Sorten des Landes übertreffen, gekocht, leicht zerstampft und dann mit Olivenöl und Kohl, der in so gleichmäßig dünne Streifen geschnitten ist, daß sie wie maschinell hergestellt erscheinen, in das Kochwasser zurückgegeben. Ein oder zwei

Scheiben Knoblauchwurst, *linguiça* oder *chouriço*, werden auf den Boden einer Schale gelegt, dann gießt man die dampfende Suppe darüber. Die Redensart „Man trinke, solange es heiß ist" könnte für *caldo verde* erfunden worden sein, den man das ganze Jahr über zu jeder Tages- und Nachtzeit verträgt, der aber am besten im naßkalten Winterwetter der Provinz Minho schmeckt. Leicht dickflüssig, in der Farbe weißlichgrün mit lebhaft tiefgrünen, auf der Oberfläche treibenden Kohlstreifen und dem dunklen Purpur der darunter schwimmenden Wurstscheiben, hat *caldo verde* einen köstlich abgerundeten, vollen Geschmack, der es mit dem Anblick des frischen Gemüses auf den Feldern von Minho aufnehmen kann. Dazu mundet das süßlich gelbe Landmaisbrot und einer der herben roten *vinhos verdes,* die in diesem Gebiet erzeugt werden.

Der Name *vinho verde,* grüner Wein, bezieht sich nicht auf die Farbe des Weins von Minho – er ist rot oder weiß –, sondern auf den Zustand der jungen Trauben, aus denen der Wein gepreßt wird. Er moussiert schwach und hat ein herbes, zartes Aroma, das dem *caldo verde* und einem weiteren heimischen Gericht – Neunaugen-Eintopf – eine besondere Note verleiht.

Die Neunaugen in den Flüssen von Minho unterscheiden sich nicht von den Neunaugen in den galicischen Wasserläufen, aber die hiesigen Köche geben ihnen einen neuen Geschmack. Hier werden die Stücke des zarten Fisches mit einer tiefgelben Sauce zubereitet, die nach Curry riecht und schmeckt, einem Gewürz, das man normalerweise in keiner Gegend der Iberischen Halbinsel erwartet. Von Vasco da Gama 1497 zum erstenmal aus Indien als eine Art schmackhaftes Konservierungsmittel mitgebracht, hat sich Curry inzwischen seinen Platz als nützliches Gewürz in den ärmeren Bauernfamilien und Landgasthäusern Portugals erobert. Es wird überwiegend allein wegen seines Aromas und weniger wegen seiner „brennenden" Schärfe verwendet und paßt sich dem tiefen, fast fleischigen Geschmack des Flußneunauges gut an.

Zwei Bauern bestellen mit ihren Ochsen und einem primitiven Pflug den dürren Boden eines Feldes in der portugiesischen Provinz Douro Litoral. Sie bauen hier Weizen an, eine Getreideart, die selbst in diesem kargen und hügeligen Gebiet gedeiht. Im Hintergrund liegt das Dorf Chãos.

Fortsetzung Seite 150

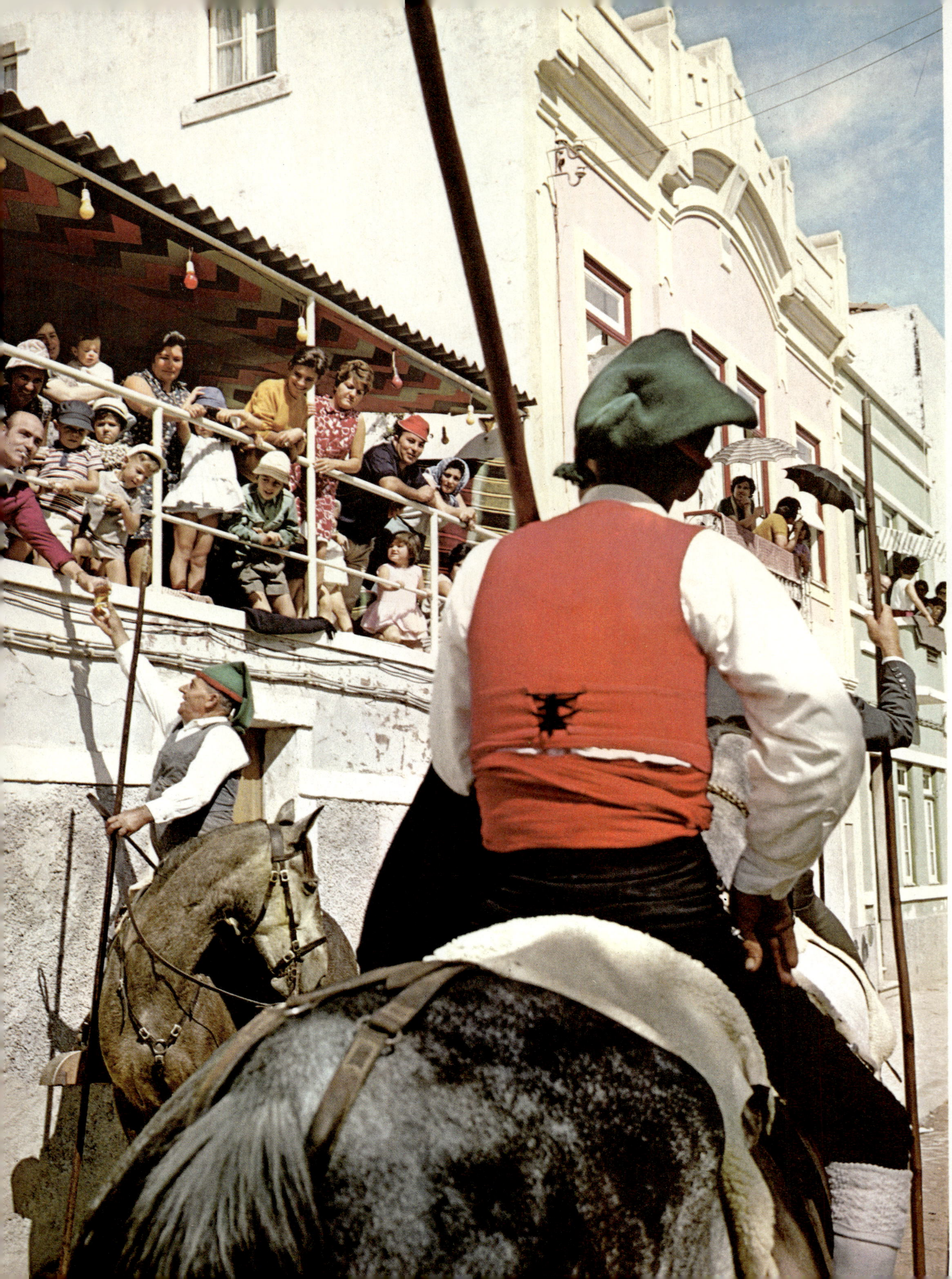

„Schlachtenbummler" aus Ribatejo genießen nach dem Stierkampf ihre Speisen und den mitgebrachten Wein.

Stierkampf auf friedliche Art

Stierkampf in Portugal ist anders als Stierkampf in Spanien: Die portugiesischen *toureiros* können zu Pferde oder auf eigenen Beinen kämpfen, aber sie töten den Stier nicht. Bei dieser sanfteren Sportart geht es hauptsächlich darum, Anmut und Gewandtheit zu zeigen. Sie ist ein Familienvergnügen, das wichtigste Ereignis bei einem Fest, das *festa brava* heißt. Die berühmteste *festa brava* findet an zwei Tagen im Oktober in Vila Franca de Xira in Ribatejo statt. Am ersten Tag werden die Stiere von *campinos,* den Trainern der Stiere und Pferde, durch die Straßen der Stadt gejagt. Die *campinos,* in bunten Kostümen mit grünen, rot abgesetzten Mützen, haben eine zahlreiches, bewunderndes Publikum (das ihnen hin und wieder eine Stärkung reicht, wie links). Nach dem Stierkampf lassen sich die Familien zum Picknick an langen Tischen unter Markisen nieder. Wer unvorbereitet kommt, kann sich auf Holzkohlengrills frische Sardinen *(rechts)* rösten, die man zum Essen zwischen zwei Brotscheiben legt.

Minho bietet auch eine Reihe köstlicher Reisgerichte – mit Kaninchen, Ente oder Rebhuhn, denen gewöhnlich *presunto,* der in den Bergen gereifte portugiesische Schinken, sowie *chouriço* oder auch *linguiça* und frischer Zitronensaft beigegeben werden.

Da man die ländlichen Reisspeisen aus Minho häufig während des in der letzten Augusthälfte stattfindenden fröhlichen Wallfahrtsjahrmarktes, der *romaria,* in der Stadt Viana do Castelo reicht, haben sie sich auch in städtischen Kreisen durchgesetzt und werden gern anläßlich der Hunderte von Festlichkeiten gegessen, die jedes Jahr in Portugal gefeiert werden. Besuchen Sie irgendwann die *romaria* in Viana! Sie werden Umzüge, Stierkämpfe und beschwingte, schwebende Volkstänze zu sehen bekommen, bei denen die blonden Bauersfrauen aus Minho in farbenfrohen, leuchtenden Trachten und mit einreihigen goldenen Halsketten im Gleichklang durch die Straßen über Blumenteppiche schreiten. Am Abend ziehen Gestalten aus der Legende und der Bibel zu Ehren der Schmerzensreichen Muttergottes durch die Stadt. Feuerwerk funkelt über dem sanften, trägen Lima, der einst Fluß des Vergessens hieß. Sie gehen an kühlen, festgefügten Häusern unter Bogenfenstern vorbei und setzen sich in ein kleines Gasthaus, wo Sie ein Reisgericht aus Minho bekommen. Dem fetten, süßen Fleisch gebratener Ente wird gerade so viel Zitronensaft beigefügt, daß der typische Geschmack verschwindet. Dann wird sie mit Butter bestrichen und auf einer Reisunterlage gebacken. Sie kommt dampfend und saftig in derselben Kasserolle auf den Tisch, in der man sie zubereitet.

Selbst der kürzeste Besuch dieser *romaria* läßt erkennen, daß die Dinge in Portugal keine extremen Formen annehmen wie in Spanien; dies ist ein Land mit milderen Sitten und sanfteren Traditionen. Der Stier wird beim Stierkampf nicht getötet; dem Volkstanz fehlt das Starre, das er in Spanien hat. Er ist gelassen, lockerer, leichter und sorgloser als im Nachbarland. Die Mahlzeiten werden hier früher eingenommen, das Mittagessen um ungefähr 13.30 oder 14 Uhr, das Abendessen gegen 20 oder 21 Uhr. Nirgendwo stößt man in diesem Land auf Maßlosigkeiten, selbst die Häuser in Dörfern und Städten präsentieren sich vorwiegend in den zarten Tönen einer Pastellfarbenskala, die Sie auf Ihrer ganzen Reise begleiten wird.

Wenden Sie sich nun dem Ozean an Minhos Küste zu, um eines der vielen unübertrefflichen portugiesischen Meerestiergerichte zu kosten, die am besten schmecken, wenn sie von einem der grünen Weißweine begleitet werden. Reiseführer raten Ihnen oft, sich an die auffallenden Restaurants in größeren portugiesischen Städten zu halten; meiner Ansicht nach fährt man umgekehrt am besten. Von einigen markanten Ausnahmen abgesehen, ist die portugiesische Küche als eine Küche des Volkes besser in Bauernhäusern und Dorfgaststätten, wo es immer hervorragendes Essen gibt.

Kehren Sie in einen Gasthof oder ein Wirtshaus hier an der Nordküste ein, und bestellen Sie eine Krustentier-*açorda,* ein Gericht, das – wie die meisten portugiesischen Errungenschaften – von Ausländern übersehen worden ist. In Portugal bezeichnet das Wort *açorda* eine in vielen Varianten vorkommende dicke Brotsuppe, die woanders weitgehend unbekannt ist. *Açorda* besteht aus eingeweichtem Brot, etwas Öl, zerdrücktem Knoblauch und allen möglichen Zutaten, von Gemüse über Schweinefleisch oder Huhn bis zu Fisch oder Schnecken. Die Krustentier-*açorda,* die mir am besten gefällt, wird in einer kleinen Steingutkasserolle zubereitet und angerichtet. Zuerst werden Muscheln, Garnelen, Tintenfische und alles, was sich am Tag der Zubereitung noch an Tieren im Fischernetz findet, gekocht. In dem heißen Sud weicht man Brot ein. Dann fügt man frisch gehackte Petersilie hinzu – und kurz vor dem Servieren gibt man in die dampfende *açorda* erst die heißen Krustentiere, sodann rohe Eier, die unter langsamem Einrühren in die siedende Suppe garziehen. Wieder entsteht eine herrliche Geschmacksverbindung. Frische Kräuter entwickeln in dampfender Flüssigkeit einen pikanten, scharfen Geschmack, der sich mit den würzigen Krustentieren, den frischen pochierten Landeiern und dem süßen Bauernbrot sanft und wunderbar mischt.

Das Kloster von Aveiro ist wie andere Klöster auch berühmt wegen seiner Süßigkeiten, zu denen das hier abgebildete Konfekt gehört. Links liegen *morcelas oces de Arouca,* süße „Würste", rechts aus einer Zucker-Eigelb-Mischung bereitete *ovos moles* in Fisch- und Muschelformen.

Fahren Sie von Minho eine kurze Strecke an der Küste herunter, und Sie befinden sich in Porto, der Hauptstadt der Provinz Douro Litoral. Porto, Portugals zweitgrößte Stadt, war bereits ein blühender Handelsplatz, als Lissabon nur als Besucherattraktion eine Rolle spielte. Heute präsentiert es sich gleichsam als Definition einer Provinzgeschäftsstadt des Mittelstands – mit wunderlichen optischen Kontrasten, altem Steingemäuer und Neonlicht, Rosen und Flußwasser, auf das der dünne, peitschende Regen zuweilen helle Farbstreifen tuscht. Weltberühmt wegen der hier auf Flaschen gezogenen Portweine (obschon die Trauben aus einer anderen Provinz kommen), ist Porto im eigenen Land ebenso berühmt wegen seiner Kaldaunengerichte. Die Einwohner heißen bei den anderen Portugiesen tatsächlich „Kaldaunenesser". Es gibt mehrere Sagen, die das erklären; die bekannteste berichtet, daß Prinz Heinrich der Seefahrer 1415 den gesamten Viehbestand des Gebiets für die Mannschaften seiner Kreuzzugsflotte schlachtete und für die Bürger der Stadt Porto nur die Innereien zurückließ. Heute bilden Kaldaunen kaum das einzige Nahrungsmittel der Stadt, aber sie werden hier einfach und vielleicht besser als irgendwo sonst auf der Welt zubereitet. Auch hier gilt wieder, daß sie in einem Privathaus oder in einer der in den alten Vierteln versteckten *tascas* (Gasthäuser) am besten schmecken; die großen, vornehmen Restaurants neigen dazu, sie bis zur Unkenntlichkeit zu verändern. Sehen Sie sich bei den Kais nach einer kleinen *tasca* mit sechs oder acht Tischen um und bestellen Sie ein Kaldaunengericht mit Bohnen! Die Kasserolle kommt in Dampf gehüllt auf den Tisch – die Kaldaunen werden mit den Bohnen zusammen gekocht, der Reis wird getrennt serviert. Vielleicht lernen Sie hier zum erstenmal eine strenge Norm portugiesischer Restaurants, ob groß oder klein, kennen: Zu jeder Mahlzeit werden mindestens zwei Arten stärkereicher Nahrungsmittel geboten, häufig drei oder vier, wie wir noch sehen werden. Der Kaldauneneintopf vor Ihnen ist mit Kümmel, Pfeffer und Lorbeerblatt gewürzt. Die

Zutaten des Gerichts *(Register der Rezepte)* – köstliche Kaldaunen, Bohnen, Kalbfleisch, knoblauchhaltige *chouriço* oder *linguiça,* dunkelgereifter *presunto,* Huhn, Zwiebel, Mohrrüben und frische Petersilie – ergänzen sich zu einem pfeffrigen, bunten Geschmacksgefüge, das sich am besten entfaltet, wenn man dazu einen perlenden roten *vinho verde* trinkt. Lassen Sie den Kaldaunen und Bohnen frisches Obst oder, wenn möglich, eine Schale mit getrockneten Früchten und Nüssen folgen. Walnüsse sind wundervoll in Portugal; besonders köstlich schmecken sie, wenn man sie in Stückchen bricht und in eine aufgeschlitzte getrocknete Feige stopft. Die Mischung ergibt einen angenehmen Geschmack, der durch ein Glas des erlesenen gelbbraunen Portweins der Stadt noch erhöht wird.

Wenn Sie sich von Porto landeinwärts nach Osten wenden in Richtung auf Trás-os-Montes e Alto Douro, werden Sie die Trauben sehen, aus denen der Portwein gewonnen wird. Sie hängen dick und schwer, rubinrot und purpurfarben an den Rebstöcken auf den Hügeln aus dunkler Lava. Zur Weinlese tragen die Winzer die reifen Trauben in riesigen Körben, die mit Lederriemen um die Stirn geschnallt sind; gefährlich weit nach vorn gebeugt, steigen sie die graugrünen Hügel hinab zu den Bottichen, wo die Trauben zerstampft werden. Hier beginnt der Gärungsprozeß, durch den sich der Rebensaft in Wein verwandelt. Männer und Frauen feiern das Ereignis mit Gesang und Tanz, bis die Luft in dunklem Purpurglanz zu glühen scheint.

Fahren Sie weiter durch das Land, und halten Sie in der kleinen Stadt Amarante, um eine geleeartige Eierspezialität zu sich zu nehmen, die man Süßspeise des *Sao Gonçalo* nennt. Es gibt buchstäblich Tausende von süßen Eiergerichten in Portugal, und dieses ist als Einführung sehr zu empfehlen; Eigelb und Zucker werden Sie als vertrauter Geschmack auf Ihrer Reise begleiten; er wird am besten durch ein Glas rubinroten Portweins abgerundet.

Diese Süßspeisenvariante aus Amarante trägt ihren Namen zu Ehren des Schutzheiligen der alten Jungfern; so auch die *romaria,* die hier am ersten Wochenende im Juni stattfindet. In der ganzen Stadt werden Kuchen in Phallusform gebacken und von den Männern an die Frauen, und von den Frauen an die Männer verteilt – katholisches Überbleibsel eines wohl ursprünglich heidnischen Fruchtbarkeitsritus. In Portugal mischen sich häufig uralte heidnische Bräuche mit verhältnismäßig modernen Traditionen. Hier im Norden finden sich figürliche Eberdarstellungen aus prähistorischer Zeit, von denen das „Schwein von Murça" in der gleichnamigen Stadt und der große Steineber von Bragança genannt seien. Der Sage nach dienten die frühen Plastiken als Zaubermittel zum Schutz gegen einen ungeheuren wilden Eber, der diesen Landstrich einst mit seinen Überfällen terrorisierte; wahrscheinlicher aber ist, daß das weitverbreitete Ebersymbol als Gott verehrt wurde.

Von dieser Provinz des Hinterlandes kehren Sie unwillkürlich zum Meer zurück. Die Erde selber scheint Sie daran zu erinnern, daß Portugal dem Ozean gehört, und Sie fühlen sich beinah im Rhythmus der Gezeiten zum Strand zurückgezogen. Sie reisen nun nach Aveiro in der Provinz Beira Litoral. Aveiro ist eine Küstenstadt, die Sie ständig an die Macht des Meeres über das Land gemahnt. Sie liegt am äußersten Rand einer merkwürdig geformten Lagune, wo Boote vogelgleich über die grünen Wiesen zu schweben scheinen; hier finden Sie Kanäle und Teiche, Gräben und Sandbänke, über die der Ozean hinwegspült. 1575 erstickte der Hafen der Stadt Aveiro durch einen schweren Sturm im Schlamm; er wurde erst im Jahre 1808 wiedereröffnet, als ein neuer Sturm die Barriere durchbrach. So lernte die Stadt, vom Lande und vom Meer zu leben. In der amöbenartig geformten Lagune, deren Gestalt von Jahr zu Jahr mit der Gewalt der Gezeiten wechselt, kreisen Seevögel, schwimmen Süßwasserfische über Salzwasserkrustentieren; Männer mit Ochsen harken Krebse, Aale und Muscheln sowie Seetang zum Düngen zusammen. Im pastellfarbenen Dunst der frühen Morgenstunden staken diese Männer mit nacktem Oberkörper – Bronzefiguren gleich – ihre Schwanenhalsboote durch die Lagune und kehren mit ihrem Fang nach Haus zurück. Dann mischen ihre Frauen die mitgebrachten Zutaten mit ein oder zwei Fluß- und Salzwasserfischen, die sie am selben Tag auf dem Markt erstanden haben, und bereiten die heimische Version der *caldeirada (Register der Rezepte)* zu – das Eintopfgericht mit Fischen und Krustentieren, das in allen Küstenstädten und -orten Portugals seinen festen Platz auf dem Speisezettel hat.

Aveiros *caldeirada* ist etwas Besonderes, weil sie nach Ozean und nach Lagune schmeckt. In ihr verbinden sich die Elemente aus Salz- und Süßwasser zu einem dickflüssigen Eintopf, der Meeräschen, Flußaale, Seezungen, Polypen, Krebse, Krabben, Tintenfische und vielleicht ein paar Muscheln enthält. Das Ganze – in einer dicken Sauce von Eichenholzfarbe gekocht, mit Kümmel, gehackter Petersilie und zuweilen anderen frischen Kräutern gewürzt und mit leuchtenden Mohrrüben- und Zwiebelscheiben versehen – schmeckt kräftig wie ein Fleischeintopf. Es ist heiß und sättigend, aber nicht schwer – der Geschmack erinnert intensiv an das von Binnenland und Meer genährte Leben der Stadt. Ich trinke dazu gern einen kalten, starken, trockenen Weißwein wie den weißen Dão aus Beira Alta, und anschließend empfiehlt sich eine der zahllosen fabelhaften Süßspeisen von Aveiro.

Wenn Sie im verblassenden Morgendunst durch Aveiro schlendern, finden Sie zwei, drei, manchmal sogar vier Süßwarenläden nebeneinander. Jeder hat ein großes Schaufenster, in dem sich frisch gebackene Torten, Kuchen und Süßigkeiten in erstaunlicher Auswahl häufen. Sie wirken wie Auslagen eßbaren Goldes in allen möglichen Formen und Schattierungen. Aveiros Spezialität heißt *ovos moles (Register der Rezepte)*; sie wird in kleinen Holzfäßchen verkauft. Es handelt sich um eine Eigelbpaste, die mit Zucker in Reiswasser gekocht wird. Der Eigelbgeschmack ist so stark und süß, daß man nicht zu viel davon essen darf, aber schon kleine Mengen sind ein Genuß. Rezepte für *ovos moles* und viele andere iberische Süßspeisen wurden von den Nonnen eines in der Nähe befindlichen Klosters gehütet, die in vergangenen Jahrhunderten kirchlichen Würdenträgern, die zu Besuch kamen, die elegantesten Desserts vorsetzten. Ich kombiniere *ovos moles* gern mit dem milden Geschmack der Biskuitkuchen aus den obenerwähnten Läden. Es schmeckt freilich auch hervorragend mit einem Gläschen Portwein, wenn man im Frühling oder Sommer in Aveiro an einem Tisch im Freien sitzt und die Nebelschleier des Meeres das Land besänftigen und erfrischen.

Atmen Sie noch einmal die Seeluft ein, und wenden Sie sich nun wieder dem Binnenland zu, indem Sie südöstlich von Aveiro in Richtung auf die zwischen Fluß und Hügeln eingebettete Stadt Coimbra fahren. Halten Sie kurz vor dem Ziel, um das Mittag- oder Abendessen in einer der Ortschaften nördlich der Stadt einzunehmen, und probieren Sie gebratenes Spanferkel. Es wird ähnlich wie in Spanien in einem Steinofen zubereitet, aber hier ist es außen pfefferiger und innen würziger, weil man als Bratspieß einen ganzen Zweig wilden Thymian verwendet. Das zarte Fleisch unter der knusprigen Haut ist delikat im Geschmack und durchaus mager; ein grüner Salat und der perlende Weißwein dieser Gegend, eisgekühlt, passen gut dazu.

Wenn Sie Ihre Mahlzeit hier beendet haben, setzen Sie Ihre Reise nach Coimbra fort. Durchbrechen Sie eine weitere Reiseführerregel, indem Sie im Spätherbst oder zu Beginn des Winters dorthin gehen. Haben sich nach einem regnerischen Morgen die Wolken vorübergehend verzogen, sieht die Erde beinah purpurfarben aus; die Olivenbäume schimmern silbrig im grauen, schwellenden Licht, und unter einem bleiernen, aber sich aufhellenden Himmel tauchen plötzlich rosa und graue Gebäude über einem Hügel auf. An den Ufern des Mondego wie in Stein getaucht, lockt diese Universitätsstadt zum Besuch im November, wenn die Grautöne der Steine, des Flusses und des Himmels wie Teile eines einzigen gewaltigen Entwurfs erscheinen. Sie werden mindestens ein oder zwei Tage hier-

In ihrer mit Kochgeschirr reich ausgestatteten Küche *(oben)* trifft eine portugiesische Hausfrau Vorbereitungen für *caldo verde,* eine heiße Suppe mit Kohl und Kartoffeln. In diesem Fall werden Scheiben von geräuchertem Rollschinken in der Suppe gekocht und angerichtet *(unten)*.

153

Auf dem Gut Vale Feitoso in der Provinz Beira Baixa versorgt ein Backofen den ganzen Betrieb. Die Gutsbäckerin Dores kann in diesem Ofen aus Zement und Stein ein Dutzend oder mehr Brotlaibe gleichzeitig backen. Auf einem langen Holzschieber hebt sie die Brote fachgerecht über die glühende Feuerstelle.

bleiben wollen: Spazierengehen, essen oder das bloße Verweilen in dieser Stadt sind ein Vergnügen.

Machen Sie sich am Nachmittag auf den Weg zum höchsten Punkt Coimbras, um die Universität zu besichtigen, die das pulsierende Leben der Stadt beherrscht; blickt man von diesen langen weißen und grauen Gebäuden, in denen Camões, Portugals berühmtester Dichter, im 16. Jahrhundert studierte, auf die Stadt herunter, erscheint sie wie ein Irrgarten brauner Häuserdächer und tiefer Straßenschluchten, die am winkelig verlaufenden Fluß zusammentreffen. Besuchen Sie abends eine der vielen *repúblicas,* die Häuser der Studentenverbindungen, wo die Studenten leben, und essen Sie mit ihnen. Sie brauchen niemanden zu kennen; ein Anruf von Ihrem Hotel genügt, um Ihnen eine Einführung zu verschaffen. Die Studenten sind freundlich, gastfrei und mindestens ebenso neugierig auf Sie wie Sie auf die Studenten. Eines dieser Verbindungshäuser, die *República Pagode Chinês* (Chinesische Pagode) ist ein kleines dunkles Gebäude auf einem Hügel, das früher ein Privathaus war. Jetzt dient es als Heim für katholisch-monarchistische Studenten, die eine große Buddha-Figur an die Wand ihres Speisezimmers gemalt haben: Wer sie berührt, wird mit einer Strafe belegt, die alle anderen Studenten von Fall zu Fall bestimmen.

Schließen Sie sich nun einem oder zwei Studenten an, die die Frau, welche für sie arbeitet – sie besorgt als einzige Hilfe das Kochen, Saubermachen und Waschen im ganzen Haus –, bitten, einen Teller mit den Resten des Abendessens für den unerwarteten Gast aufzuwärmen. Während das geschieht, sehen Sie sich die Zimmer der Studenten an – kleine, dunkle, sonderbar freundliche, zellenartige Räume. Die Wände sind bedeckt mit geometrischen Zeichen und Darstellungen chinesischer Masken und Tempel, echten indianischen Kriegsbeilen und Plakaten mit Monarchisten-Führern sowie englischen und amerikanischen Rock'n'Roll-Sängern. Auf Pulten, Betten und Fußboden verstreut, liegen aufgeschlagene Bücher neben Papier und Schreibzeug bei abgedunkelten Lampen; alles zeugt von einer glücklichen Schwermut und einem bohrenden Interesse. Wenn die Essensdüfte von der Küche herüberdringen, gehen Sie mit den Studenten durch die dunkle Halle ins Speisezimmer zurück, um dort einen Teller mit kleinen Kraken und Reis in einer sattrosa Sauce vorzufinden, der vor einer Platte mit kalten Puterresten steht. Danach bekommen Sie eine Schale mit frischen Früchten und einen Teller mit überzuckerten Küchlein, die locker, blaßgelb und nicht allzu süß sind. Laden Sie aber Ihrerseits die Studenten zum Kaffee in eines der Imbißlokale von Coimbra ein, die bis spätnachts geöffnet sind.

Der Tradition entsprechend tragen die Studenten der Universität einen langen schwarzen Umhang über der Jacke, wenn sie in die Stadt gehen. Viele sieht man mit Gitarren umherziehen, und aus Höfen und Patios an den steilen Straßen und engen Gassen steigen die melancholischen Klänge gefühlvoller Balladen und unzüchtiger Lieder auf. Die Stadt selbst stellt eine seltsam verschlungene Anhäufung von Kopfsteinpflasterwegen, steilen Stufen und jäh abfallenden Straßen dar, die ebenso ziellos wirken wie die Rinnsale und Wasserläufe, die sich zum Mondego hinunterschlängeln – zu dem Fluß, auf den die Portugiesen besonders stolz sind, weil er in Portugal beginnt und endet, ohne je spanischen Boden zu berühren. Unterhalb der Stadt säumen Pappeln, wie am Himmel aufgehängt, die Ufer des Mondego. Hier waschen die Frauen ihre Wäsche. Das Wasser des Flusses dient ferner der Bewässerung der Felder und dem Transport frischer Lebensmittel vom Ozean zu den Binnenlandstädten. Auf dieser Meeresader gelangen Fische, Krustentiere, Polypen und Tintenfische nach Coimbra und erinnern die Stadtbewohner im Inneren des Landes daran, daß der Atlantik selbst dort das Land ernährt, wo er nicht sichtbar in Erscheinung tritt.

Am Fuße einer steilen Treppe in der Nähe des Flusses befindet sich eine bis spät in die Nacht geöffnete Restaurant-Bar, in der Studenten und andere Einwohner von Coimbra zusammenkommen, um Geschichten auszutauschen und über Gott und die Welt zu diskutieren. Hier wird über alles gesprochen, aber alle passen genau auf, mit wem sie reden, wenn sie über Innenpolitik sprechen – ein mahnender Hinweis darauf, daß Portugal wie Spanien eine Diktatur ist. Im Lauf des Abends füllt sich die Luft dieses Studentenlokals allmählich mit dem Rauch von Zigaretten und Pfeifen, dem Dampf von Kaffee und Tee, den Gerüchen von Bier, Wein, gegrilltem Fisch und Fleisch. Die Wände sind schneeweiß, die Tische verwittert und schlicht, die Holzstühle gerade; der Raum ist gemütlich und fast voll, aber zu dieser Stunde sieht man wenige Frauen. An einem Tisch essen zwei Männer hartgekochte Eier mit Salz und Pfeffer und trinken dazu goldgelbes portugiesisches Bier aus geeisten, dunkelbraunen Halbliterflaschen. Neben ihnen sitzt ein Student bei einer Tasse des köstlich bitteren Angola-Kaffees und einem kleinen Teller mit Schokoladen-Eiscreme, die mit süßem Portwein zubereitet ist. Ein Kellner in weißer Jacke trägt einen Teller mit acht verschiedenen Gebäcksorten vorbei und setzt ihn vor einem anderen Studenten hin, der vielleicht ein oder höchstens zwei Stück davon nimmt und dazu ein Glas *anís* trinkt. Hinter diesem Studenten teilen sich drei Männer eine Platte mit gekochtem, undurchsichtigem weißen Seehecht, gekochten Kartoffeln und Kohl, der so vorzüglich gedämpft ist, daß er wie eine zerzauste, geöffnete Blume daliegt. Probieren Sie das teuerste Gericht auf der Speisekarte, das „Sputnik" heißt, weil es mit der Geschwindigkeit eines Satelliten über dem Horizont des Tisches verschwindet. Es kostet etwas weniger als 4 Mark, und der Kellner wird Ihnen eine lange, umfangreiche, gewärmte Platte bringen, auf der zwei gegrillte, saftige, mit je einem Spiegelei bedeckte Kalbsteaks auf einer Schicht knusprig gebratener Kartoffeln liegen: das Ganze ist von kleinen Reispyramiden umgeben und mit Kopfsalatblättern und kleinen, reifen, entsteinten Oliven garniert. Der dünne heiße Saft des Steaks läuft um den Rand der Platte und sickert in den Reis und die Kartoffeln ein; das Fleisch ist frisch und scharf; ein Nachsalzen entfällt, und man bekommt auch keine anderen Gewürze, es sei denn, man fragt danach, denn portugiesische Restaurants sind ebenso stolz auf das Würzen wie auf das Dekorieren und Anrichten ihrer Speisen.

Am Morgen nach Ihrer ersten Begegnung mit Coimbra werden Sie die schattigen Gäßchen hinter den großen Gebäuden am Flußufer aufsuchen wollen, um die *tascas,* die kleinen Gasthöfe und winzigen Restaurants, kennenzulernen. Die *tascas* fassen nur ein paar Tische, an denen zu festgelegten Zeiten Arbeiter und arme Studenten – aber auch andere Leute, denen mehr am Essen als an eleganter Ausstattung liegt – ausgezeichnete

Mahlzeiten vorgesetzt bekommen. Nehmen Sie einen Regenschirm mit, und gehen Sie im heftigen Vormittagsregen durch die engen Kopfsteinpflastergassen an kleinen Zimmern entlang, deren Schwingtüren geschlossen sind wegen des Wassers, das von den Steinen hoch aufspritzt und geräuschvoll durch die flachen Straßenrinnen rauscht. Hinter beschlagenen Fensterscheiben sehen Sie brutzelndes Fleisch und Berge von Tomaten, Zwiebeln, frischem Gemüse und Fisch, die der Zubereitung harren. Essengerüche erfüllen die nasse Gasse. Kleine Tafeln und handgeschriebene Schilder zeigen die Tagesgerichte an: *bife à portuguêsa,* ein scharf gewürztes, saftiges Filetsteak *(Register der Rezepte),* oder *sopa à portuguêsa,* eine Suppe aus Schweine- und Kalbfleisch mit Kohl, weißen Bohnen, Mohrrüben und Makkaroni – dünn, wärmend und nahrhaft im kalten Regen. Plötzlich stürzt das Wasser mit verstärkter Wucht herab, als ergösse sich ein Stausee in die kleine Gasse. Sie kriechen rasch in eine *tasca,* an einem großen Glaskäfig mit kleinen graugefiederten Vögeln vorbei. Drinnen wird sich von der einzigen Kellnerin bis zum Koch, dem Inhaber, jeder bemühen, Ihren tropfenden Regenschirm zu bergen und Sie, mit einer Speisekarte versehen, an einen kleinen viereckigen Tisch zu setzen. Bestellen Sie das Tagesmenü, das bestimmt gut ist, und Sie bekommen eine aus vier Gängen bestehende Mahlzeit für ungefähr vier Mark. Zuerst gibt es *canja,* Hühnerbrühe *(Register der Rezepte)* – ein weiteres portugiesisches Nationalgericht, das in vielen Varianten vorkommt. Dieses enthält Reis, Innereien und Zitronensaft mit gehackten Zwiebeln und Minze. Dazu trinken Sie einen trockenen Weißwein des Hauses in einem blauen Steingutkrug; der Wein reicht für die ganze Mahlzeit. Als nächstes folgt eine flache Tonschüssel mit einem winzigen, gebratenen Tintenfisch und Rühreiern unter einer Streuschicht von sauer eingelegtem Gemüse – meistens Mohrrüben, Blumenkohl und Zwiebeln in kleinen Scheiben sowie zwei oder drei schwarze Oliven –, umrandet von einigen Bratkartoffeln. Anschließend gibt es eine gebratene, der Länge nach aufgeschnittene ganze Wachtel, deren dünne Haut über dem leichten Fleisch und den zarten Knochen noch knistert. Dieser Vogel stammt aus dem Glaskäfig, den Sie beim Hereinkommen gesehen haben; das kleine Gasthaus stellt lebendes Wild im Fenster aus, wie Fischrestaurants manchmal ihre Ware dem Kunden in Wasserkästen vorweisen. Die Spanier und Portugiesen hegen keine heuchlerisch sentimentalen Gefühle, wenn es darum geht, junge Vögel erst anzuschauen und dann zu verzehren: Essen ist Essen. Das wohlriechende Wachtelfleisch ist fest und schmeckt köstlich, und dazu gibt es noch einmal ein paar Bratkartoffeln, zwei kleine Reishügelchen sowie Oliven. Als Nachtisch bekommen Sie eine saftige, leicht überreife Birne mit einem dicken Stück sahnigem, scharfem weißen *serra,* Bergkäse – wiederum eine Kombination von Geschmack und Substanz, die den Portugiesen so leicht von der Hand geht.

Bei meiner letzten Reise verließ ich Coimbra an einem nassen Herbsttag, um das Gut Vale Feitoso zu besuchen, das ungefähr 120 Kilometer nach Südosten tief im Inneren der Provinz Beira Baixa liegt. Die Straße führt an Conimbriga vorbei, den Ruinen der antiken römischen Stadt, die Coimbra im Mittelalter ihren Namen gab. Hier finden sich noch die Überreste von Thermalbädern und Quellen, Säulen und funkelnden, kunstvollen Mosaiken, die im feucht schimmernden Nachmittagslicht glänzten und strahlten. Ich folgte nicht der Straße nach Süden, sondern schlug einen Abkürzungsweg nach Osten ein und fuhr in Kurven und Windungen über schmutzige Straßen am Rande hoher, pinienbeschatteter Hügel, bis es dunkelte. Ich hielt bei einem weißen Landgasthaus, um dort die Nacht zu verbringen, und blickte am nächsten Morgen beim Aufwachen über dunstige Hügel, die sich zu weißen und gelben Häusern mit orangefarbigen Dächern neigten, deren viele Fensterscheiben im frühen Licht glitzerten. Mein Frühstück bestand aus heißem Tee und Brötchen mit frischer Butter und dickem, dunklem, aromatischem Honig – Honig, dessen Süße so jäh hervorbrach, daß er fast bitter wirkte, und der so stark nach Blumen duftete, als wäre er parfümiert. Ich aß langsam und beobachtete währenddessen, wie sich die langen, kalten rosa Wolken über der Erde aufhellten. Später fuhr ich im kühlen Morgen weiter, der Himmel färbte sich stahlblau und golden und trübte sich dann im Osten, wo Regenwolken über den Hügeln aufzogen. Ich fuhr in den Regen hinein und hielt nachmittags in einem Dorf; mir war kalt, und ich spürte die Feuchtigkeit auf meiner Haut. Als der Regen in ein Nieseln überging, stieg ich aus dem Wagen aus und fragte, ob sich irgendwo ein Gasthof befände. Eine Frau, die einen Korb mit Kohl auf ihrem Kopf trug, zuckte die Achseln und sagte, daß es in dem mittagsöden Dorf nirgendwo etwas zu gäbe. Sie machte sich wieder auf den Weg, blieb dann aber sekundenlang stehen, wobei sie mir immer noch ihren kräftigen Rücken zukehrte, und wies auf ein niedriges Gebäude in einer anderen Straße. Sie sagte nichts, und der nasse Kohl glänzte und zitterte über ihr, als sie um die Ecke bog und verschwand. Der Hals schmerzte mir von der Feuchtigkeit, und ich ging in das einstöckige Haus, das sie mir gezeigt hatte. Drinnen war es dunkel, ich konnte nur einen einzigen Raum erkennen. Intensive Backgerüche erfüllten ihn, und in der Ecke zu meiner Rechten brannte ein schwaches Feuer. Zwei schwarzgekleidete Frauen saßen im Dunkeln um den glühenden Ofen; sie erhoben sich, als ich fragte, ob es irgend etwas zu essen gäbe. Die eine machte den Ofen auf, aber es war zu dunkel, um festzustellen, was er enthielt. Die jüngere Frau bückte sich, um trockenes Reisig vom Erdboden aufzusammeln. Sie setzte es in Brand, indem sie es an ein heißes Stück Kohle im Hintergrund des Ofens hielt; dann stellte sie das Reisigbündel links in den Ofen, und fast augenblicklich flammte es lichterloh auf und erleuchtete die dunkle Höhle mit einem tiefroten Schein. Der Ofen gehörte dem Dorf; in seinem Hintergrund umgab eine flache Schicht rötlich-schwarzer Kohlen wie Lavabrocken zehn oder zwölf runde braune Brotlaibe in Tortengröße. Bei der Hälfte der Brote steckte in der Mitte ein einzelner kurzer Strohhalm als Erkennungszeichen für die Besitzer.

Die ältere Frau nahm aus einer Reihe von Haushaltsgeräten an der Wand einen langen, flachen Holzschieber, schob ihn unter einen Brotlaib und zog ihn auf dem Ofenboden aus Zement und Stein hervor. Dann wartete sie, bis das Brot so weit abgekühlt war, daß sie es anfassen konnte, und reichte es mir; ich brach ein Stück von der Kante ab. Das schwere Brot hatte die Farbe dunkler Erde und einen staubtrockenen Mehlbelag über der Kruste. Auf der Innenseite war es sehr feucht und von der Konsistenz eines dicken Schwamms; tief innen war es zum Berühren zu heiß, als verberge es noch eine einzelne rotglühende Kohle vom Ofen. Ich aß ein Stück und ließ das heiße Brot meine Kehle austrocknen und das Gefühl der draußen herrschenden Feuchtigkeit wegbrennen. Das Landbrot war salzig-süß und erblühte auf der Zunge mit einem Geschmack, der sich der Farbe der über einem Weizenfeld untergehenden Sonne vergleichen läßt. Wer meint, daß alles Brot „leicht" sein müsse, sollte dieses probieren. Es war das beste Brot, das ich je gegessen habe – das einzige Brot, das allein, ohne Butter, Käse oder gar Wein, eine vollständige und durchaus sättigende Mahlzeit abgibt.

Gegen 19 Uhr erreichte ich das 12000 Hektar große Gut in Beira Baixa zwischen der portugiesischen Stadt Castelo Branco und der spanischen Grenze. Es gehörte dem Grafen da Ponte, dem Freund eines Freundes. Ich hatte erfahren, daß es wirtschaftlich autark sei. Auf keiner Karte konnte ich einen Hinweis auf die Existenz des Gutes finden – nicht einmal eine Landstraße in der näheren Umgebung. Nun fuhr ich am Rande des Besitzes eine halbe Stunde lang auf einem Karrenweg durch die verlassene, wellige Landschaft, auf die sich Nebel und Dunkelheit senkten. Hohe Bäume hüllten die Nacht in grüne Finsternis: Mir war, als beträte ich eine Welt, in der eine andere Zeitdimension herrscht. Die Bäume schlossen sich hinter dem Wagen wie die Hälften eines Vorhangs und verbargen das übrige Land. Gelegentlich verlangsamte ich das Tempo wegen einer umherirrenden Kuh oder einer tiefen Furche im Boden. Das Gut war riesig.

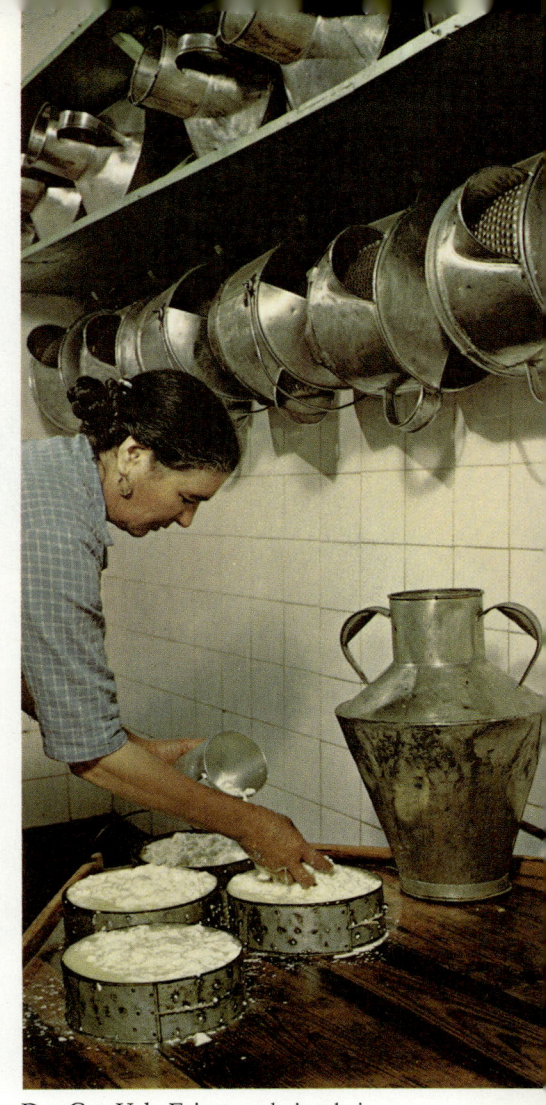

Das Gut Vale Feitoso arbeitet bei der Gewinnung von Käse aus Schafsmilch mit jahrhundertealten Methoden. Die Käserin Maria Borrega preßt die gesäuerte Dickmilch in Metallformen, um die flüssige Molke aus dem weichen Quark auszuscheiden. Danach wird der Käse mit Mull bedeckt und etwa einen Tag entwässert. Anschließend läßt man ihn in einem kühlen Lagerraum reifen.

Fortsetzung Seite 160

Mit Regenschirm und einem Hirtenstab bewaffnet, hütet der Landarbeiter Tio (Onkel) Braz das Zuchtvieh des Gutes Vale Feitoso.

Ein Gut, das die Außenwelt nicht braucht

Die Leute von Vale Feitoso, dem 12 000 Hektar umfassenden Gut in Ostportugal, das der Autor dieses Buches besuchte, könnten hier ohne Verbindung zur modernen Welt auf unabsehbare Zeit sorglos leben. Das Gut gehört der Familie des Grafen da Ponte, dessen Vorfahren den Besitz um die Mitte des 19. Jahrhunderts von Königin Maria II. als Geschenk erhielten. Der Betrieb deckt seinen eigenen Bedarf an Bauholz, Getreide, Fleisch, Meiereiprodukten, Oliven, Olivenöl, Wein und Obst. Vieh *(oben)*, Schafe und Ziegen versorgen das Gut mit Fleisch, Wolle und Milch für die Käsebereitung. Die Wälder des Gutes haben einen so guten Bestand an Wild – Rebhühnern, Hasen, Kaninchen und Füchsen –, daß zwei Flügel des Haupthauses eigens als Unterkunft für Jagdgäste dienen. Die Hirten auf diesen Photos stehen auch als Führer zur Verfügung.

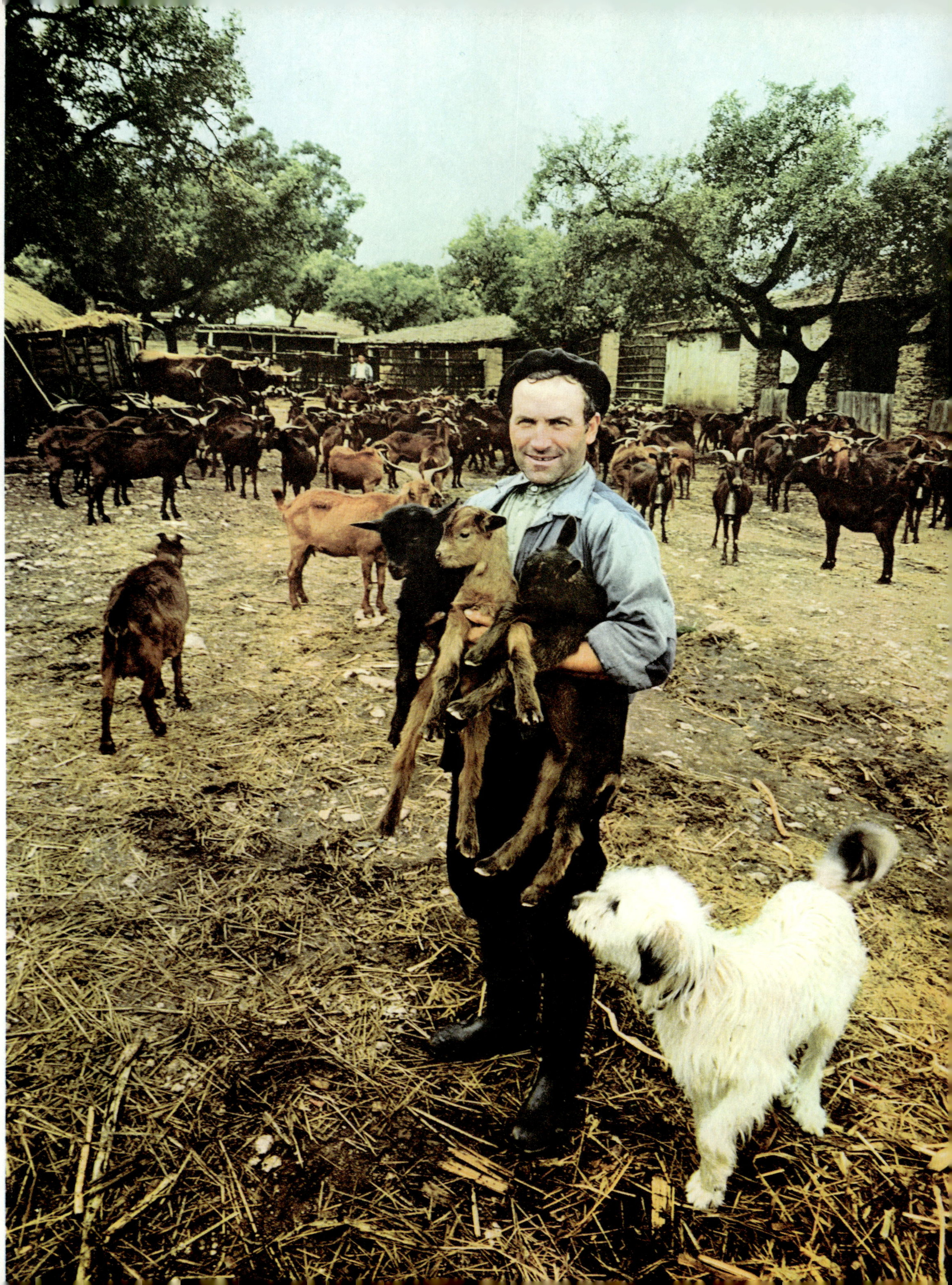

Nach einem Jagdtag auf dem riesigen Landsitz Vale Feitoso in Ostportugal nehmen Gäste und Gastgeber ein kräftiges Abendessen zu sich: ein Reisgericht mit Fleisch, grünem Salat, dazu Rotwein und als Nachtisch Käse, Früchte und Nüsse. Manuel da Ponte, der Erbe des Gutes, sitzt ganz rechts, sein Bruder Diogo zu seiner Rechten.

Pinien und Eukalyptusbäume umstanden das Haupthaus, das sich mit seinen Außenwänden aus hohen Holzbalken und veredelten dunklen Baumstämmen von den langen, einstöckigen, wie weiße rechteckige Blöcke wirkenden Gebäuden, die es umgaben, abhob. Es machte den Eindruck rustikaler Eleganz und wohlbehüteter Geräumigkeit.

Ich kam gerade rechtzeitig zum Abendessen auf dem Gutshof an. Graf da Ponte war unterwegs, und in seiner Abwesenheit setzte ich mich mit seinen erwachsenen Söhnen an den runden Tisch im dunkelgetäfelten Speisezimmer. In der Mitte des Tisches stand ein Korb mit frischem Obst, umgeben von Schalen mit Mandeln, Walnüssen und Feigen. Zuerst wurde eine Schüssel mit Eigelb angedickte *canja* aufgetragen, danach kamen zwei lange Platten mit zarten, heißen Zickleinstücken und Sauce. Das Zicklein war mit roten Paprikaschoten gebraten und lag in einem Ring aus Kartoffelpüree. Das Fleisch war saftig und gehaltvoll und paßte gut zu dem bittersüßen Geschmack der Paprikaschoten, und der überbackene Kartoffelbrei war knusprig, heiß und innen weich. Es gab noch ein Gericht, das aussah wie Spinat mit Sahne, sich aber als Rübenkraut mit Sahne, bestreut mit goldgelben gerösteten Brotstückchen, erwies. Das dunkelgrüne, mit weißer Sahne abgerührte Rübenkraut schmeckte wundervoll in seiner leichten Bitterkeit und fügte sich hervorragend zu dem Zicklein und den Paprikaschoten. Als Nachspeise gab es auf zwei Platten kleine gelbe Kuchen – von den Portugiesen Engelsbrüste *(papos de anjo)* genannt –, die mit bernsteinfarbenem Sirup bedeckt waren. *(Register der Rezepte).* Sie hatten ein dunkles, vom Sirup belebtes Aroma. Ich aß drei Stück und hätte noch drei mehr essen können. Ich hatte schon vorher von ihnen gehört und fragte Manuel, den ältesten Sohn, der als Gastgeber fungierte, ob diese Süßspeise in anderen Gegenden Portugals nicht Nonnenbrüste hieße. Er grinste und sagte, nein, das sei ganz und gar nicht dasselbe: Diese Kuchen seien mit Eidotter gemacht und deshalb gelb; Nonnenbrüste, so erklärte er, sind weiß.

Ich übernachtete in dem großen braun-weißen Gutshaus, und irgendwann am frühen Morgen hörte der Regen auf. Ich stand zeitig auf und nahm ein Landfrühstück zu mir, das aus Kaffee – in einem feuerfesten Krug auf einem Rechaud mit offener Flamme serviert –, frischem, braunem Brot, weißen Brötchen, Marmelade und schwerem dunklen Honig bestand.

Dann sah ich mir das Gut an. Der Morgennebel lag weiß und dicht über dem Land mit den niedrigen Eukalyptusbäumen und Pinien. Ich kam an einem langen Stapel gelbroter Kürbisse vorbei, die im Dunst schimmerten; die Erde war naß, und Schafblöken drang von irgendwo aus der Tiefe des Nebels herüber: Stimmen, die aus ihren Körpern gerissen ziellos dahintrieben und von den felsigen Hügeln widerhallten. Der Koch im Haupthaus hatte mir stolz erzählt, daß alle Schafe auf ihren Namen hören und einzeln zum Melken kommen, wenn der Hirte sie ruft. Ich sah sie schließlich, weiße Flecke wie geronnene Nebelfetzen, ordentlich zusammengehalten in der dichten weißen Luft von zwei kleinen gelben Hunden, die entweder lauernd flach auf der Erde lagen oder an jedem Ende der Herde hin und her flitzten. Ich versuchte, das Gebäude zu finden, in dem Käse aus Schafsmilch bereitet wird; man hatte es mir beschrieben, aber die niedrigen weißen Wirtschaftsgebäude sahen in der weißen Luft alle gleich und etwas unwirklich aus. Ich traf einen Mann, der Mist harkte, und fragte ihn, wo sich das Gebäude befände. Er richtete sich auf und zeigte mit der Sicherheit eines Kompasses nach rechts; ich fragte, wie er bei dem dichten Nebel, in dem ich kaum meine eigenen Schuhe erkennen konnte, wisse, wo welches Gebäude sei. Er lachte laut und sagte, daß er alle Gebäude und Wege und jeden Zentimeter Straße auf den rund 120 Quadratkilometern Grund und Boden kenne. Ich dankte ihm und ging weiter. Irgend etwas an der Art, wie er mich im Nebel angestarrt hatte, kam mir seltsam vor, aber erst später, als ich in das Haupthaus zurückkehrte und mich nach ihm erkundigte, erfuhr ich, daß er blind war.

Das Gebäude, wo die *serra*-Käse gemacht werden, bestand aus einem einzigen dumpfigen Raum mit einer steilen Holzleiter, die durch den Fußboden nach unten in einen geräumigeren Keller führte. Der Raum roch sauer, alt und naß. Eine Frau schöpfte Sauermilch aus einem großen Metallbehälter in der Form einer griechischen Amphora und drückte sie in einen kreisrunden, mit Abflußlöchern versehenen Metallreifen. Der Metallreifen lag mit der Seite auf einem Holztrog, der leicht schräggestellt war, so daß die wässrige Molke in einen Eimer darunter abfließen konnte. Die Frau preßte die Sauermilch mit aller ihr zur Verfügung stehenden Kraft zusammen und drückte soviel Molke wie möglich mit der Hand heraus, dann bedeckte sie sie mit Mull und hockte sich mit einem Knie darauf, um den Druck zu verstärken. Sie erklärte, das blaßweiße Käsewasser im Eimer würde nicht weggegossen, sondern mit Kürbis und Kartoffeln vermischt als Schweinefutter Verwendung finden: Auf dem Gut werde nichts verschwendet. Nachdem sie vier Käse im Format großer Camemberts bereitet hatte, deckte sie Mull darüber, ließ sie zum Entwässern für den Rest des Tages auf dem Brett stehen und führte mich über die Leiter hinunter in den Keller. Hier unten war es noch dumpfiger und kühler, und außer einer einzigen Birne an der Decke brannte kein Licht. Die Luft roch scharf nach Ammoniak und erweckte den Eindruck von Schimmel. Die Käse lagen reihenweise auf Borden, die alle Wände bedeckten: Käse in jedem Entwicklungsstadium, von frisch ausgedrückter Sauermilch, wie ich sie oben gesehen hatte, bis zu den von Metallreifen und Mull befreiten Endprodukten – rindige, gelblichbraune, trockene Fladen, die, um ein Drittel zusammengeschrumpft und fest aussehend, auf der Oberseite das Netzmuster des Mulls zeigten, durch das das Käsewasser ausgeschieden worden war. Die Frau nahm ein Messer und schnitt von einem Käse ein Stück ab. Es war außen hart und in der Mitte leicht fließend; im Aussehen und Geschmack glich es ein wenig dem Camembert, doch war es nicht ganz so scharf, sahniger und ohne den seifigen Beigeschmack des Camembert. Ich probierte noch einen vier Monate älteren Käse; er war sehr hart, fast krümelig, hatte durchweg die gleiche Konsistenz und fühlte sich auf der Zunge viel intensiver an. Beide galten als reif, und beide waren wunderbar. Ich wanderte noch eine Weile im Nebel umher und kehrte dann ins Haupthaus zum Mittagessen zurück, das mir allein serviert wurde, weil die anderen zur Jagd in die Pinienwälder gegangen waren. Es begann mit *caldo*

Klippfisch ist eine beliebte portugiesische Speise, die gebacken, gekocht, gebraten oder gegrillt, milde oder auf hunderterlei Weise gewürzt, mit oder ohne Sauce oder in Form von Frikadellen *(bolinhos de bacalhau, Register der Rezepte)* auf den Tisch kommt. In der Hauptküche des Gutes Vale Feitoso entfernt Conceição, die Frau des Ziegenhirten, bei der Vorbereitung der Frikadellen Haut und Gräten des zuvor gut eingeweichten Klippfisches *(oben)*. Den in winzige Stücke geschnittenen Fisch würzt sie mit frischen Kräutern und vermengt ihn mit Brotkrumen. Dann wird die Masse geformt und in Öl mit Knoblauch gebraten. Auf die fertigen Frikadellen gibt man pochierte Eier *(gegenüber)*.

verde und setzte sich fort mit *bolinhos de bacalhau (Register der Rezepte),* einem Gericht, das in einer ziemlich entstellten Form von Fischklößchen in andere Länder Eingang gefunden hat.

Hier nun probierte ich zum erstenmal Klippfisch auf portugiesische Art; ich hatte schon viel davon gehört und war neugierig darauf. In Portugal ist die Zubereitung und das Essen von getrocknetem Kabeljau weniger eine Tradition als eine Sucht. Klippfisch kommt in weiten Kreisen zwei- oder dreimal in der Woche auf den Tisch. Man ißt ihn im ganzen Land, von Minho bis nach Süden, und er ist im Binnenland genauso beliebt, wenn nicht beliebter als in Küstengegenden, weil er, gesalzen und getrocknet, das ganze Jahr haltbar bleibt und überall zu jeder Zeit für die Tafel verfügbar ist. Paradoxerweise hat hier ein Land, das mit seiner Auswahl an frischen Meerestieren führend in der Welt dasteht, als nationale Spezialität im Bereich der Meeresfrüchte einen Fisch erkoren, der weder frisch noch vor der eigenen Küste heimisch ist. Kabeljau kommt nur in entlegenen Gewässern vor, und der Fang ist außerordentlich schwierig *(Seite 178–179)*. Seine Zubereitung richtet sich in Portugal stets nach individuellen Voraussetzungen; es gibt kaum eine Familie, die sich nicht eines eigenen, überlieferten Rezepts rühmt. Man sagt, daß Klippfisch in diesem Land in 1001 Varianten auftritt, und das scheint noch eine vorsichtige Schätzung zu sein.

Das erste, was mir beim Probieren der Klippfischfrikadellen auffiel, war, daß die flachen Klöße ganz und gar nicht nach getrocknetem Fisch, sondern nach der frischesten aller Speisen schmeckten. Sie enthielten eine eigenartige, sehr gute Aromamischung, und ich ging mit meinem Teller in die Küche, um beim Essen zu beobachten, wie sie gemacht wurden. Auf einem Holztisch an der Wand lagen drei einzelne Haufen leuchtendgrüner, frischer Kräuter: *cilantro,* Petersilie und Minze. Die Köchin war damit beschäftigt, sie zu hacken. In einer Tonschale hinter ihr lag in Wasser eingeweichtes Brot, dem sie Öl, geriebenen Knoblauch, Salz und Paprika beigefügt hatte. Auf der einen Seite stand eine andere Tonschale mit über Nacht eingeweichten, dicken, gelblichen Klippfischstücken. Nachdem die Köchin mit dem Hacken der Kräuter fertig war, schnitt sie den Fisch mit der Hand in papierdünne Schnitzel; diese gab sie mit den anderen Zutaten in das eingeweichte Brot und formte die Masse zu dicken Klößen, die sie auf dem Herd über einem Pinienholzfeuer leicht anbriet. Während sie brutzelten, pochierte sie mit großer Sorgfalt einige Eier und ließ sie geschickt über die Frikadellen auf der Anrichteplatte gleiten. Während ich das – noch sehr heiße – Ergebnis aß, wurde mir klar, daß der Kabeljau eine Prozedur durchlaufen hatte, die nicht so einfach war, wie sie aussah. Vier Dinge waren geschehen: Das Wasser hatte das Salz unter Zurücklassung des scharfen, reinen Fischgeschmacks herausgezogen; durch das Zerschneiden wurde die Zähigkeit beseitigt und in Zartheit verwandelt; die drei grünen Kräuter mit ihrer charakteristischen Herbheit hatten sich mit dem Fisch vermischt und ihm Gartenfrische und ein dreifach abgerundetes köstliches Aroma verliehen; und das eingeweichte Landbrot verband alle diese Geschmacksqualitäten, nahm sie auf und verwandelte sie zu einem facettenreichen neuen Aroma. Als ich das Ei in die Frikadellen auf meinem Teller drückte, zersprang die knusprig gebratene Oberfläche wie splitterndes Glas, und das Eigelb floß in das dampfende Innere. Der Fisch war von der Art, die einen Mann davon überzeugt, daß er sich für den Rest seines Lebens von getrocknetem Kabeljau ernähren könnte, was in Portugal, wo der Fisch gekocht, gebraten, fritiert, gebacken oder einfach mariniert wird, nicht nur möglich, sondern auch zweckmäßig ist. Ein leichter, trockener, fruchtiger Rotwein wurde dazu gereicht, denn Klippfisch bildet die Ausnahme von der Regel, die zu Fisch Weißwein vorschreibt.

Nach dem Mittagessen schlief ich auf den Rat der Köchin eine Stunde und wachte rechtzeitig auf, um noch einmal durch die dunstigen Hügel zu wandern; ich kam auf meinem Spaziergang an Flachsfeldern – Flachs wurde auf dem Gut zu Leinen verarbeitet –, an Oliven- und Weinpressen, an Schweineherden und Gemüseplantagen vorbei. Von ein paar Chemikalien und ein oder zwei Delikatessen wie Klippfisch abgesehen, erzeugte das Gut alles, was man zum Leben braucht.

Am Abend kehrten die Jäger schlammbespritzt aus den Pinienwäldern heim. Ihre Taschen waren schwer beladen mit Wild, und sie sahen erhitzt und zufrieden aus. Statt die schmutzigen Stiefel auszuziehen und im Haus zu essen, ließen sie sich am Stall – bei der Schmiede, wo Hufeisen gemacht

Eine Keramikhenne bewacht mit ihrem Küken einen Teller *canja*, mit Zitrone und Minze garnierte Hühnersuppe.

wurden – niederfallen und trockneten sich und ihre Kleider am Kohlenfeuer. Als die Kohlen verglimmten, wurde Pinienholz auf die Glut geworfen. Während die Köchin in der Küche mehrere Hasen und Kaninchen aus der Jagdbeute abzog und ausnahm, wurden Krüge mit kräftigem Rotwein herbeigebracht und machten die Runde. Viel später, als die Nacht schon kühl hereinbrach, wurde das frische Wild gesalzen und von den müden Jägern über dem glühenden Schmiedefeuer gebraten. Dann tauchten sie die spritzenden, heißen Hasen- und Kaninchenstücke in eine warme Sauce aus Essig, Öl und Zwiebeln und spülten das tropfende Fleisch mit dem kühlen Rotwein, den sie in langen Schlucken tranken, hinunter.

Am nächsten Morgen stieg ich in meinen Wagen, um einen Abkürzungsweg zurück zur Hauptstraße zu nehmen, die mich nach Tomar und von dort nach Lissabon führen sollte. Es war Regenzeit, zwei Tage lang hatte es ab und zu heftig gegossen. Der Feldweg, den ich auf der Hinfahrt zum Gut benutzt hatte, war nun vorübergehend durch den Regen blockiert und sah aus wie ein träge rinnender Fluß. Die Köchin hatte mir bei meiner Abreise erzählt, daß die Abkürzung zur Hauptstraße „ungefähr eine halbe Stunde" Fahrzeit in Anspruch nehmen würde und daß sie im Regen „ein bißchen holperig" sei. Ich brauchte etwas mehr als eine Stunde, um herauszufinden, daß es da überhaupt keine Straße außer einem Karrenweg gab. Drei Stunden später, nachdem ich in den nebelverhangenen Bergen in einen alles verdeckenden Wolkenbruch geraten und mit einem kleinen Erdrutsch einen steilen Hügel herunter in einen neugebildeten Regensee geschlittert war, saß ich in meinem steckengebliebenen Auto und überlegte, was ich wohl falsch gemacht hatte. Häuser oder Wege waren nicht zu sehen, und die Hänge der Hügel und Täler kamen zwischen den Regenwänden nur zeitweilig zum Vorschein. Ich wünschte, ich hätte den blinden Landarbeiter als Führer mitgenommen. Nun lernte ich durch harte Tatsachen das unausgesprochene portugiesische Grundprinzip kennen: Zeit existiert nicht. Eine Tätigkeit wie kochen oder gehen oder fahren oder leben dauert so lange, wie sie dauert – einen Augenblick, einen Tag, ein Jahr, ein ganzes Leben, eine Generation –, aber Zeit als quantitatives Maß bleibt den meisten Portugiesen fremd.

Die Köchin hatte mir ein mit *presunto*-Schinken belegtes Brot sowie ein Stück Käse und Landbrot und eine Flasche Wein mitgegeben für den Fall, daß ich während der Fahrt Hunger bekäme, und nun wußte ich, daß sie nicht ernsthaft daran geglaubt hatte, ich würde es vor Dunkelheit oder vielleicht gar vor dem nächsten Morgen schaffen.

Ich konnte nichts tun, bis der Regen aufhielt oder jemand vorbeikam, und so beobachtete ich vom Fenster des Wagens, wie sich allmählich Dunkelheit niedersenkte. Die hohen Hügel um mich herum lagen sanft und öde im dichten Dunstschleier; die Erde ergoß sich in roten Wogen durch die vom Regen ausgewaschenen Furchen zu Tal und spritzte dort an einer langgestreckten Bodenerhebung wieder empor, die, wie ich wußte, die spanische Grenze war. Ich aß ein wenig von dem pikanten, harten Käse und dann ein Stück vom dunklen, salzigen *presunto* auf dem nußsüßen braunen Brot und trank dazu etwas Wein. Das Essen und der Wein bescherten mir ein Gefühl von Wärme und Frieden.

Kurz vor Dunkelheit hörte ich ein Geräusch über mir, und dann sah ich einen Mann mit zwei Ochsen auf dem Hügel. Ich rief, und er kam herunter und koppelte sein Gespann an mein Auto und zog mich heraus. Der Motor wollte nicht anspringen, und so ging ich mit ihm drei Kilometer in nordöstlicher Richtung zu seiner aus zwei Räumen bestehenden Kate, wo seine Frau mir auf dem Küchenfußboden ein Lager für die Nacht bereitete. Am Morgen, als sich die Regenwolken verzogen hatten, ging der Bauer mit mir zurück und schirrte die Ochsen an meinen Wagen. Das Ochsengespann zog ihn, bis der Motor in Schwung kam, und ich fuhr wieder den überschwemmten Karrenweg entlang und fühlte mich für den Rest meiner Reise durch Portugal auf seltsame Weise beschwingter und lebendiger.

KAPITEL VIII REZEPTE

Canja
HÜHNERBRÜHE MIT ZITRONE UND MINZE

Für 6 Personen

Ein dressiertes Suppenhuhn
 (1,5 bis 2 kg)
Hühnerherz, -magen
 und -leber, feingehackt
2 l Wasser
150 g feingehackte Zwiebeln
1½ TL Salz
3 EL ungekochter Rundreis
¼ Tasse frischer Zitronensaft
6 EL feingehackte frische Minze

Das Huhn und die Innereien in eine schwere, 3 bis 4 l fassende Kasserolle geben. Das Wasser auffüllen und bei starker Hitze zum Kochen bringen. Den aufsteigenden Schaum abschöpfen. Zwiebeln und Salz hinzufügen und auf niedrige Temperatur schalten. Teilweise bedeckt 2½ Stunden schwach kochen lassen, dann den Reis hineingeben und weitere 30 Minuten auf dem Feuer lassen, bis das Huhn und der Reis weich sind.

Die Kasserolle von der Kochstelle nehmen und das Huhn auf einen Teller legen. Wenn das Huhn genügend abgekühlt ist, daß man es anfassen kann, die Haut mit einem kleinen Messer oder mit den Fingern entfernen. Das Fleisch von den Knochen lösen. Haut und Knochen wegtun und das Fleisch in etwa ¼ cm dicke und 2½ cm lange Streifen schneiden.

Kurz vor dem Anrichten das Hühnerfleisch in die Kasserolle zurückgeben, Zitronensaft hinzufügen und abschmecken. Zum Sieden bringen und nur so lange auf dem Feuer lassen, bis das Fleisch durchgewärmt ist. In 6 Suppenteller oder -tassen je 1 EL der gehackten Minze geben, die Suppe darübergießen und sofort anrichten.

Caldo Verde
GEMÜSESUPPE MIT KARTOFFELN UND WURST

Für 4 bis 6 Personen

250 g Lattich oder Mangold, ersatzweise Blätter vom Blumenkohl
125 g *linguiça*, ersatzweise 125 g *chorizo* oder andere knoblauchhaltige geräucherte harte Schweinewurst
500 g geschälte Kartoffeln, in ½ cm dicke Scheiben geschnitten
1½ l Wasser
2 TL Salz
½ Tasse Olivenöl
¼ TL frisch gemahlener schwarzer Pfeffer

Das Gemüse unter fließendem Wasser kalt waschen, mit einem scharfen Messer schlechte Stellen herausschneiden und die Stiele entfernen. Die Blätter zusammenfassen und in möglichst feine Streifen schneiden. Beiseite legen.

Die Wurst in eine kleine Pfanne geben und mit der Spitze eines Messers an zwei oder drei Stellen in sie hineinstechen. Genügend Wasser auffüllen, um sie zu bedecken, und bei starker Hitze zum Kochen bringen. Auf niedrige Flamme stellen und 15 Minuten schwach kochen lassen. Die Wurst auf Küchenkrepp abtropfen lassen, in ½ cm dicke Scheiben schneiden und beiseite stellen.

Kartoffeln mit Wasser und Salz in einem 4 bis 5 l fassenden Topf bei starker Hitze zum Kochen bringen. Bei mäßiger Hitze unbedeckt etwa 15 Minuten weiterkochen, bis sich die Kartoffeln leicht an der Seite des Topfes zerdrücken lassen. Mit einem Schaumlöffel die Kartoffeln in eine Schüssel geben und mit einer Gabel zu einem glatten Püree zerquetschen. Nun den Kartoffelbrei in das Kochwasser im Topf zurückgeben, Olivenöl und Pfeffer hineinrühren und bei großer Hitze zum Kochen bringen. Das Gemüse hinzufügen und unbedeckt 3 bis 4 Minuten kochen. Dann die Wurstscheiben hineingeben und 1 oder 2 Minuten durchwärmen. Sofort anrichten und dazu einen Teller mit *broa (Seite 14)* reichen.

Batatas à Portuguêsa
PORTUGIESISCHE BRATKARTOFFELN

Für 4 Personen

50 g Butter
3 EL Olivenöl
750 g geschälte neue Kartoffeln, in ½ cm dicke Scheiben geschnitten
½ TL Salz
Frisch gemahlener schwarzer Pfeffer
1 EL feingehackte Petersilie

In einer schweren Pfanne von 25 bis 30 cm Durchmesser die Butter mit dem Olivenöl bei mäßiger Hitze zerlassen. Sobald sich der Schaum gelegt hat, die Kartoffeln hinzufügen. Unter häufigem Wenden mit einem Metallspachtel etwa 15 Minuten braten, bis sie weich und goldbraun sind. Mit Salz und Pfeffer würzen, dann die Kartoffeln in eine vorgewärmte Schüssel oder auf eine Platte geben und sofort servieren, eventuell mit Petersilie bestreuen. Als Beilage zu *iscas (Register der Rezepte)* oder *bife à portuguêsa (Register der Rezepte)* werden Bratkartoffeln traditionsgemäß im Kreis um das Fleisch angeordnet.

Bolinhos de Bacalhau
KLIPPFISCHFRIKADELLEN MIT FRISCHEN KRÄUTERN

Einen Tag vorher den Klippfisch in einen Topf oder eine Schüssel aus Glas, Emaille oder rostfreiem Stahl legen. Mit kaltem Wasser bedecken und mindestens 12 Stunden einweichen. Das Wasser drei- bis viermal auswechseln.

Den Klippfisch abtropfen lassen, unter kaltem Wasser abspülen, in einen Topf geben und so viel Wasser einfüllen, daß es 2 bis 3 cm über dem Fisch steht. Bei starker Hitze zum Kochen bringen. (Das Wasser abschmecken. Wenn es sehr salzig erscheint, abgießen, frisches Wasser nachfüllen und wieder zum Kochen bringen.) Auf niedrige Temperatur schalten und unbedeckt etwa 20 Minuten schwach kochen lassen, bis der Fisch leicht zerfällt, wenn man ihn behutsam mit einer Gabel prüft.

Unterdessen in einer großen Schüssel Brotkrumen und ½ Tasse Olivenöl so lange miteinander verschlagen und vermischen, bis das Brot alles Öl aufgesaugt hat. Beiseite stellen.

Den Klippfisch gründlich abtropfen lassen. Wenn er genügend abgekühlt ist, daß man ihn anfassen kann, Haut und Gräten entfernen. Dann den Fisch mit den Fingern oder einer Gabel fein zerpflücken und in eine Rührschüssel geben. *Cilantro,* gehackte Petersilie, Minze, Paprika, Salz, Pfeffer und die Brotmischung hinzufügen und mit einem Löffel kräftig rühren, bis alle Zutaten gut vermengt sind. Mit angefeuchteten Händen die Masse zu 6 flachen, runden Frikadellen von etwa 9 cm Durchmesser und 1½ cm Höhe formen.

In einer schweren Pfanne von 30 cm Durchmesser das restliche Olivenöl bei mäßiger Temperatur erhitzen, bis sich ein leichter Rauch bildet. Knoblauch hineingeben und unter häufigem Rühren 2 bis 3 Minuten anbraten bis er goldbraun ist. Dann herausnehmen und wegtun. Die Fischfrikadellen in das mit Knoblauch gewürzte Öl geben und bei mäßiger Hitze etwa 3 Minuten auf beiden Seiten braten, wobei man sie vorsichtig mit einem Metallspachtel wendet. Wenn sie auf jeder Seite goldbraun sind, auf eine vorgewärmte Platte legen, mit Petersilienstielen garnieren und sogleich servieren. Traditionsgemäß wird jede Frikadelle vor dem Anrichten mit einem frisch pochierten Ei bedeckt.

Für 3 bis 6 Personen

500 g Klippfisch
2 Tassen grobe, trockene Weißbrotkrumen (vom Meterbrot), ohne Kruste
¾ Tasse Olivenöl
¼ Tasse feingehackter *cilantro,* ersatzweise glatte Petersilie
1 EL feingehackte krause Petersilie
½ TL feingehackte frische Minze
2 EL Delikateßpaprika
1 TL Salz
⅛ TL frisch gemahlener schwarzer Pfeffer
2 Knoblauchzehen, geschält und der Länge nach halbiert
6 Stiele Petersilie
6 frisch pochierte Eier (nach Belieben)

Trouxa de Vitela
MARINIERTER KALBSBRATEN MIT ROTEN ZWIEBELN

Für die Marinade ¾ des Olivenöls, Essig, Zwiebel, Knoblauch, Petersilie, Chillies, Salz und Pfeffer in einer kleinen Schüssel gut verrühren. Den Kalbsbraten in eine tiefe Schüssel legen, in der er bequem Platz hat, und die Marinade dazugießen. Das Fleisch mit einem großen Löffel so lange darin wenden, bis es auf allen Seiten gut angefeuchtet ist. 4 Stunden bei Zimmertemperatur oder 8 Stunden im Kühlschrank marinieren und während dieser Zeit zwei- bis dreimal wenden.

Den Ofen auf 225° vorheizen. Das Fleisch aus der Marinade nehmen, von anhaftenden Zwiebel- oder Gewürzteilchen befreien und auf einen Einsatz in einen flachen Bratentopf legen. Die Marinade in einen kleinen Kochtopf geben und beiseite stellen. Das Fleisch auf dem mittleren Einschub des Ofens 20 Minuten lang braten. Dann mit etwa 1 EL Olivenöl begießen und die Hitze auf 175° verringern. Mit dem restlichen Öl noch weitere zwei- bis dreimal begießen und 1½ Stunden lang braten, bzw. bis das Kalbfleisch weich ist.

Dann die aufgehobene Marinade bei starker Hitze zum Kochen bringen, auf niedrige Temperatur schalten und 5 Minuten sanft kochen lassen. Zum Anrichten den Braten in ½ cm dicke Scheiben schneiden, dekorativ auf einer großen, vorgewärmten Platte anordnen und die siedende Marinade darübergießen. Sofort servieren.

Für 6 bis 8 Personen

¼ l Olivenöl
⅓ Tasse Weißweinessig
1 große rote Zwiebel, geschält und feingehackt
½ TL feingehackter Knoblauch
2 EL feingehackte Petersilie
¼ TL zerriebene getrocknete Chillies oder Cayennepfeffer
2 TL Salz
½ TL frisch gemahlener schwarzer Pfeffer
Ein Kalbsbraten (1,5 bis 2 kg) ohne Knochen, möglichst Keule oder Hüfte, gut verschnürt

Uma Salada Portuguêsa
GEMISCHTER GRÜNER SALAT

Für 2 Personen

¼ Tasse Olivenöl
¼ Tasse frischer Zitronensaft
Salz, möglichst grobkörnig
Frisch gemahlener schwarzer Pfeffer
1 Kopfsalat sowie
  2 bis 3 Blätter Eskariol, in kleine Stücke geschnitten
1 Bund Brunnenkresse
1 große Tomate, in dünne Scheiben geschnitten
1 große rote Zwiebel, in dünne Scheiben geschnitten und in Ringe zerlegt
8 reife Oliven (nach Belieben)

Mit einem Schneebesen oder einer Gabel Olivenöl und Zitronensaft schlagen, bis sie gut vermischt sind. Mit reichlich Salz und einer Prise Pfeffer würzen.

Salat und Brunnenkresse behutsam in der Sauce schwenken und dekorativ in einem großen, gekühlten Servierteller anordnen. Die Tomatenscheiben leicht überlappend darüberlegen und die Zwiebelringe (und eventuell Oliven) über die Tomaten verteilen. Sofort auftragen.

Bife à Portuguêsa
PORTUGIESISCHES STEAK

Für 4 Personen

4 große geschälte Knoblauchzehen, 2 mit dem Messer zerdrückt, 2 der Länge nach halbiert
1 EL Rotweinessig
1 TL Salz
Frisch gemahlener schwarzer Pfeffer
4 Filetsteaks, 2 cm dick geschnitten
2 EL Olivenöl
30 g Butter
1 großes Lorbeerblatt, zerrieben
8 dünne Scheiben *presunto*-Schinken oder anderer magerer Räucherschinken
¼ Tasse trockener Rotwein
1 TL frischer Zitronensaft
2 TL feingehackte Petersilie
1 Zitrone, in Achtel geschnitten

Den Ofen auf 125° vorwärmen. Den zerdrückten Knoblauch, Essig, Salz und eine Prise Pfeffer in einem Mörser mit einem Stößel oder in einer Schüssel mit dem Rücken eines Löffels zu einer glatten Paste zerreiben. Mit der Hand die Masse auf den Steaks verstreichen und auf beiden Seiten fest in das Fleisch eindrücken.

In einer schweren Pfanne von 25 bis 30 cm Durchmesser die Butter mit dem Olivenöl bei mäßiger Hitze zerlassen. Wenn sich der Schaum gelegt hat, die Knoblauchhälften und das Lorbeerblatt hineingeben und unter ständigem Rühren 1 Minute braten. Dann mit einem Schaumlöffel herausheben und wegtun. Die Steaks in die Pfanne geben und auf jeder Seite 2 bis 3 Minuten braten, wobei man sie mit einer Zange wendet und die Temperatur so reguliert, daß sie schnell und gleichmäßig bräunen, ohne anzubrennen. Die Steaks sollten schön braun, aber innen noch rosa sein.

Die Steaks in einzelne Backformen oder tiefe Teller legen und im Ofen warm stellen. Die Schinkenscheiben in das in der Pfanne befindliche Fett geben und bei starker Hitze 1 bis 2 Minuten unter häufigem Wenden braten.

Mit der Zange auf jedes Steak 2 Scheiben Schinken legen. Bis auf eine dünne Schicht alles Fett aus der Pfanne abgießen. Wein und Zitronensaft hinzufügen und bei großer Hitze zum Kochen bringen, wobei man den an der Pfanne haftenden Bratensatz mit hineinrührt. Die Sauce über die Steaks gießen, mit Petersilie bestreuen und jede Portion mit Zitronenspalten garnieren. Sofort anrichten. Als Beilage zu *bife à portuguêsa* reicht man gewöhnlich Bratkartoffeln *(Register der Rezepte),* die sorgfältig rings um den Rand der einzelnen Servierteller angeordnet werden.

Rojoes Cominho
GESCHMORTES SCHWEINEFLEISCH MIT KÜMMEL

Für 4 Personen

1 kg mageres Schweinefleisch ohne Knochen, in 2½ cm große Würfel geschnitten
15 g Schmalz
¾ Tasse trockener Weißwein
1½ TL gemahlene Kümmelkörner
½ TL feingehackter Knoblauch
1 TL Salz
Frisch gemahlener schwarzer Pfeffer
5 dünne Zitronenscheiben, geviertelt
2 EL feingehackter frischer *cilantro*, ersatzweise glatte Petersilie

Die Fleischwürfel mit Küchenkrepp gründlich abtrocknen. In einer schweren Pfanne von 25 bis 30 cm Durchmesser das Schmalz bei starker Hitze zerlassen, bis es brutzelt. Die Fleischwürfel hinzufügen und unter häufigem Wenden braten, wobei man die Hitze so einstellt, daß sie auf allen Seiten gleichmäßig bräunen, ohne anzubrennen. ½ Tasse Wein, Kümmel, Knoblauch, Salz und reichlich Pfeffer hineinrühren. Zum Kochen bringen, dann die Pfanne zudecken, auf niedrige Hitze schalten und etwa 25 Minuten schwach kochen lassen, bis das Fleisch weich ist und nachgibt, wenn man es mit der Spitze eines scharfen kleinen Messers prüft. Den restlichen Wein und die Zitronenscheiben hinzufügen und bei starker Hitze unter ständigem Wenden des Fleisches und der Zitronenscheiben kochen, bis die Sauce leicht eindickt. Den *Cilantro* hineinrühren und abschmecken.

Die Mischung in die Mitte einer großen, vorgewärmten Platte geben und eventuell mit portugiesischen Bratkartoffeln *(Register der Rezepte)* umgeben.

Reife Oliven, Zitronensaft und grobkörniges Salz verleihen diesem portugiesischen grünen Salat ein ausgeprägt herbes Aroma.

Für 4 Personen

Eine bratfertige Ente (2,5 bis 3 kg)
1 große Knoblauchzehe, geschält und mit der Messerklinge zerdrückt
Salz
Frisch gemahlener schwarzer Pfeffer
2 Zitronen
200 g ungekochter Reis
30 g Schmalz
125 g portugiesische *linguiça*, ersatzweise *chorizo* oder andere knoblauchhaltige geräucherte harte Schweinewurst
1 mittelgroße Mohrrübe, geputzt und feingehackt
1 mittelgroße Zwiebel, feingehackt
125 g *presunto*-Schinken, ersatzweise *serrano* oder anderer magerer Räucherschinken, in ¼ cm dünne Scheiben und in 2½ cm große Stücke geschnitten
2 EL frischer Zitronensaft
8 EL feingehackte Petersilie

Arroz de Pato de Braga
GEBRATENE ENTE MIT SCHINKENREIS

Den Ofen auf 225° vorwärmen. Die Ente mit Küchenkrepp gründlich abtrocknen. Den Vogel innen und außen mit der zerdrückten Knoblauchzehe einreiben, dann die Höhlung mit reichlich Salz und einer Prise Pfeffer bestreuen.

Mit einem kleinen scharfen Messer oder einem Gemüseschäler mit drehbarer Klinge die Schale von einer Zitrone schälen, ohne die bittere weiße Innenhaut darunter zu entfernen. Die Schale in die Bauchhöhle der Ente legen und die Öffnung mit Holzspießchen gut verschließen oder mit einem dicken weißen Faden zusammennähen.

Die Halshaut mit einem Holzspieß am Rücken der Ente befestigen und den Vogel bratfertig herrichten. Die geschälte Zitrone quer halbieren und mit der Schnittfläche die Haut der Ente einreiben.

Die Ente mit der Brustseite nach oben auf einen Einsatz in einen flachen, offenen Bratentopf legen. Auf dem mittleren Einschub im Ofen 20 Minuten braten, oder bis die Ente zu bräunen beginnt. Dann die Temperatur auf 175° reduzieren und die Ente noch weitere 1½ Stunden lang braten. Begießen ist unnötig.

Um zu prüfen, ob die Ente gar ist, mit der Spitze eines scharfen kleinen Messers in einen Entenschenkel stechen. Der Saft muß blaßgelb heraustreten; wenn er noch rosa gefärbt ist, muß die Ente weitere 5 bis 10 Minuten lang braten.

Während die Ente gart, 2 l Wasser in einem schweren, 3 bis 4 l fassenden Topf bei starker Hitze zum Kochen bringen. Den Reis so langsam hineinschütten, daß das Wasser weiterkocht. Auf mäßige Hitze schalten und den Reis unbedeckt etwa 15 Minuten kochen lassen, bis die Körner weich sind, aber den Zähnen noch leichten Widerstand leisten. Den Reis in einem Durchschlag abtropfen lassen.

Die Wurst in eine Pfanne von 20 bis 25 cm Durchmesser legen und an zwei oder drei Stellen mit der Spitze eines scharfen kleinen Messers anstechen. Die Pfanne mit genügend kaltem Wasser auffüllen, um die Wurst vollständig zu bedecken.

Das Ganze bei starker Hitze zum Kochen bringen. Auf niedrige Hitze schalten und unbedeckt 5 Minuten schwach kochen. Die Wurst auf Küchenkrepp abtropfen lassen und in etwa ¼ cm dicke Scheiben schneiden.

In einer schweren Pfanne von 30 cm Durchmesser das Schmalz bei großer Hitze zerlassen, bis es brutzelt. Die Wurst hineingeben und unter häufigem Rühren 3 bis 4 Minuten braten. Auf niedriges Feuer stellen, die Mohrrübe und die Zwiebel hinzufügen und unter häufigem Rühren etwa 5 Minuten schmoren, bis sie weich, aber nicht braun sind.

Jetzt kann man den in Stücke geschnittenen Schinken hinzufügen und 2 bis 3 Minuten lang weitererhitzen. Mit einer Gabel den Reis, Zitronensaft und 6 EL Petersilie hineinrühren. Abschmecken, beiseite stellen und zudecken, damit sich die Wärme hält.

Die Ente auf eine Platte legen und mit einem großen Löffel soviel Fett wie möglich von dem im Bratentopf befindlichen Bratensaft abschöpfen. ⅛ l Wasser in den Bratentopf gießen und bei starker Hitze zum Kochen bringen, wobei man den am Topf haftenden Bratensatz und kleine Bratenrückstände von den Seiten des Topfes abkratzt und untermengt. Unter häufigem Rühren lebhaft kochen lassen, bis die Flüssigkeit leicht eindickt und auf etwa ¼ Tasse reduziert ist. Abschmecken.

Zum Servieren die Reismischung gleichmäßig auf dem Boden einer großen, flachen Kasserolle oder auf einer tiefen, vorgewärmten Platte verteilen.

Die Ente in Portionsstücke tranchieren und die Stücke dekorativ mit der Haut nach oben auf dem Reis anordnen. Den eingekochten Bratensaft über die Ente löffeln, die restlichen 2 EL Petersilie darüberstreuen und die Kasserolle mit der übriggebliebenen, der Länge nach in Achtel geschnittenen Zitrone garnieren. Die Ente und den Reis sofort in der Kasserolle anrichten.

Paprikaschoten, Schweinefleisch und Zitronen verbinden sich äußerst harmonisch in *lombo de porco com pimentos vermelhos doces*.

Lombo de Porco com Pimentos Vermelhos Doces
SCHWEINEKOTELETTS MIT PAPRIKASCHOTEN

Knoblauch, Salz und Pfeffer in einem Mörser mit einem Stößel oder mit dem Rücken eines großen Löffels zu einer glatten Paste zerdrücken. Die Masse leicht auf den Fleischscheiben verstreichen, das Fleisch in eine Schüssel geben und mit einem Löffel wenden. Fest zudecken und bei Zimmertemperatur 2 bis 3 Stunden oder im Kühlschrank 6 Stunden einziehen lassen, wobei man das Fleisch in der Schüssel gelegentlich umwendet.

In einer schweren Pfanne von 25 bis 30 cm Durchmesser das Schmalz bei großer Hitze zerlassen. Das Fleisch (falls nötig, in zwei oder drei Arbeitsgängen) braten, wobei man die Scheiben mit einer Zange wendet und die Hitze so einstellt, daß sie rasch und gleichmäßig auf beiden Seiten bräunen, ohne anzubrennen. Wenn sie braun sind, auf einen Teller legen.

Die Paprikaschoten (nicht die Pimientos) in das in der Pfanne verbliebene Fett geben und unter häufigem Rühren etwa 5 Minuten schmoren, bis sie mit dem Fett gut überzogen, aber nicht braun sind. Die Paprikaschoten auf den Teller zu dem Fleisch legen. Bis auf eine dünne Schicht alles Fett aus der Pfanne abgießen und den Wein und die Hühnerbrühe hinzufügen. Bei starker Hitze zum Kochen bringen und den am Boden und an den Seiten der Pfanne haftenden Bratensatz darunterrühren.

Fleisch und Paprikaschoten in die Pfanne zurückgeben, fest zudecken und auf niedrige Hitze schalten. Etwa 20 Minuten schwach schmoren, dann – falls verwendet – die Pimientos hinzugeben und 5 Minuten weiter schmoren, bis das Fleisch weich ist und nachgibt, wenn man es mit der Spitze eines scharfen kleinen Messers einsticht.

Mit einem Schaumlöffel das Fleisch und die Paprikaschoten auf eine tiefe, vorgewärmte Platte legen. Die in der Pfanne befindliche Schmorbrühe bei starker Hitze zum Kochen bringen und unter ständigem Rühren lebhaft weiterkochen lassen, bis sie leicht eindickt. Abschmecken, dann die Sauce über das Fleisch gießen. Mit Zitronenspalten garniert servieren.

Für 4 bis 6 Personen

1 EL feingehackter Knoblauch
1 TL Salz, möglichst grobkörnig
½ TL frisch gemahlener schwarzer Pfeffer
1 kg Schweinekoteletts ohne Knochen, in ½ cm dicke Scheiben geschnitten
60 g Schmalz
4 mittelgroße rote Paprikaschoten, Rippen und Kerne entfernt, der Länge nach in 1 cm dicke Streifen geschnitten, oder entsprechende Menge Pimientos aus der Dose, in 1 cm dicke Streifen geschnitten
¼ l trockener Weißwein
⅛ l Hühnerbrühe
1 Zitrone, der Länge nach in Achtel geschnitten

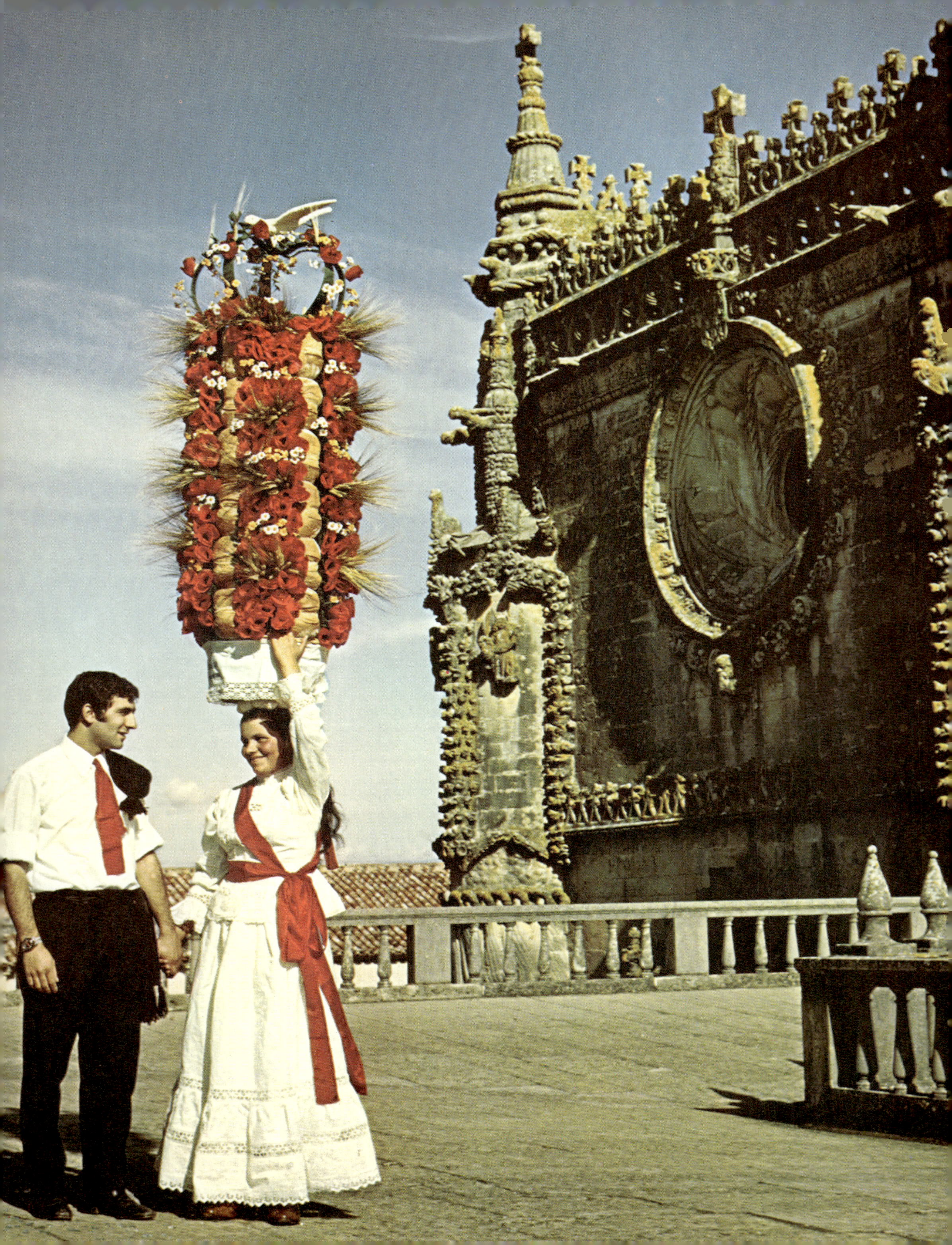

IX

Lissabon und der sanfte Süden

Ich gelangte auf meiner generell in südlicher Richtung verlaufenden Reise durch Portugal nach Lissabon auf einem Umweg, der mich durch die Stadt Tomar führte. Tomar mit seinen kontrastierenden Bauten ist ein reizender Ort; hier findet das Fest der *tabuleiros* statt. Wörtlich bedeutet *tabuleiro* Tablett; in diesem Fall meint der Begriff eine hohe Krone aus Brot, die mit Weizenähren und bunten Papierblumen geschmückt ist. In Fortführung eines heidnischen Brauchs werden die *tabuleiros* durch die Straßen getragen. Einst galt dieser Ritus der Göttin Ceres als Dank für eine gute Ernte, im Christentum wandelte er sich schließlich zu einem Dankopfer an den Heiligen Geist für die Erfüllung von Bitten; heute dient er wie in römischer Zeit der Feier eines Erntefestes.

Dieses alte und bezaubernde Fest erfordert eine Vorbereitungsdauer von beinahe vier Monaten und findet alle zwei Jahre statt. Aus den 15 Kirchengemeinden der Nachbarschaft und den zwei Kirchengemeinden von Tomar werden Jungfrauen im blühenden Alter ausgewählt. Ihre Kronen, die *tabuleiros,* werden kunstvoll mit der Hand gearbeitet; jede wiegt mehr als 15 Kilogramm und muß größer sein als die Trägerin. Am Festtag ziehen die jungen Mädchen mit ihren wuchtigen Brotkronen durch die Stadt, vom Bräutigam, Bruder oder Vater begleitet, der ihnen hilft, die Balance zu halten, wenn der Wind die Last zum Schwanken bringt. Am Umzug beteiligen sich Musikkapellen, Soldaten, Fahnenträger und Dudelsackpfeifer, Trommler, Ochsen mit vergoldeten Hörnern und kleine Jungen mit grünen Strümpfen, die Weinkarren fahren. Die Knaben stärken die jungen Mädchen gelegentlich mit einem Schluck Wein, wenn ihre Kräfte versagen. Am Abend werden nach der Wahl der 17 schönsten *tabuleiros* die Ochsen geschlachtet; die Menschen versammeln sich vor der aus dem 15. Jahrhundert stammenden Kirche Johannes' des Täufers zur feierlichen Segnung von Brot, Fleisch und Wein. Anderntags treten die armen Einwohner von Tomar an, um Gaben von der gesegneten Nahrung in Empfang

Vor dem reichverzierten Christuskloster rückt ein hübsches Mädchen aus Tomar ihren *tabuleiro* zurecht, die Krone aus Brotlaiben, Weizenähren und Papierblumen, die einem der bedeutendsten portugiesischen Feste den Namen gegeben hat. Ihr Verlobter, der ihr beim Aufsetzen und Tragen des wuchtigen Kopfschmucks hilft, hält ihre Hand, während sie sich anschicken, an einem Umzug durch die Straßen von Tomar teilzunehmen.

Fortsetzung Seite 180

Dem Meer
entrissene Schätze

Die Portugiesen sind Erben einer auf die Phönizier zurückgehenden Seefahrtstradition. Phönizische Seeleute setzten zuerst um 1100 v. Chr. ihren Fuß auf iberische Gestade und bereiteten über die Zeiten hinweg den Boden für so kühne Entdeckernaturen wie Vasco da Gama und Magalhães. Jeden Sommer erwacht die Tradition in der Stadt Nazaré an der Atlantikküste, 100 Kilometer nördlich von Lissabon, zu neuem Leben. Hier rudern die Fischer morgens in farbenfrohen Booten, deren hochgeschwungener Bug auf phönizische Herkunft weist, durch die wilde Brandung am gefährlichen Lido von Nazaré vorbei, um einen Tag lang im stürmischen Ozean zu fischen. Andere Fischer aus Nazaré fahren morgens ein riesiges Netz aus und holen es mühselig gegen Abend ein. Dann zeigt sich, was der Fischzug von Nazaré erbracht hat: ein Dutzend verschiedener Arten köstlicher Meerestiere – darunter Steinbutt, Schwertfisch, Brasse und Seehecht. Die Frauen von Nazaré tragen den Meeresschatz aus Netz und Booten an Land *(folgende Seiten)*, um ihn zu säubern, zu kochen oder zu verkaufen.

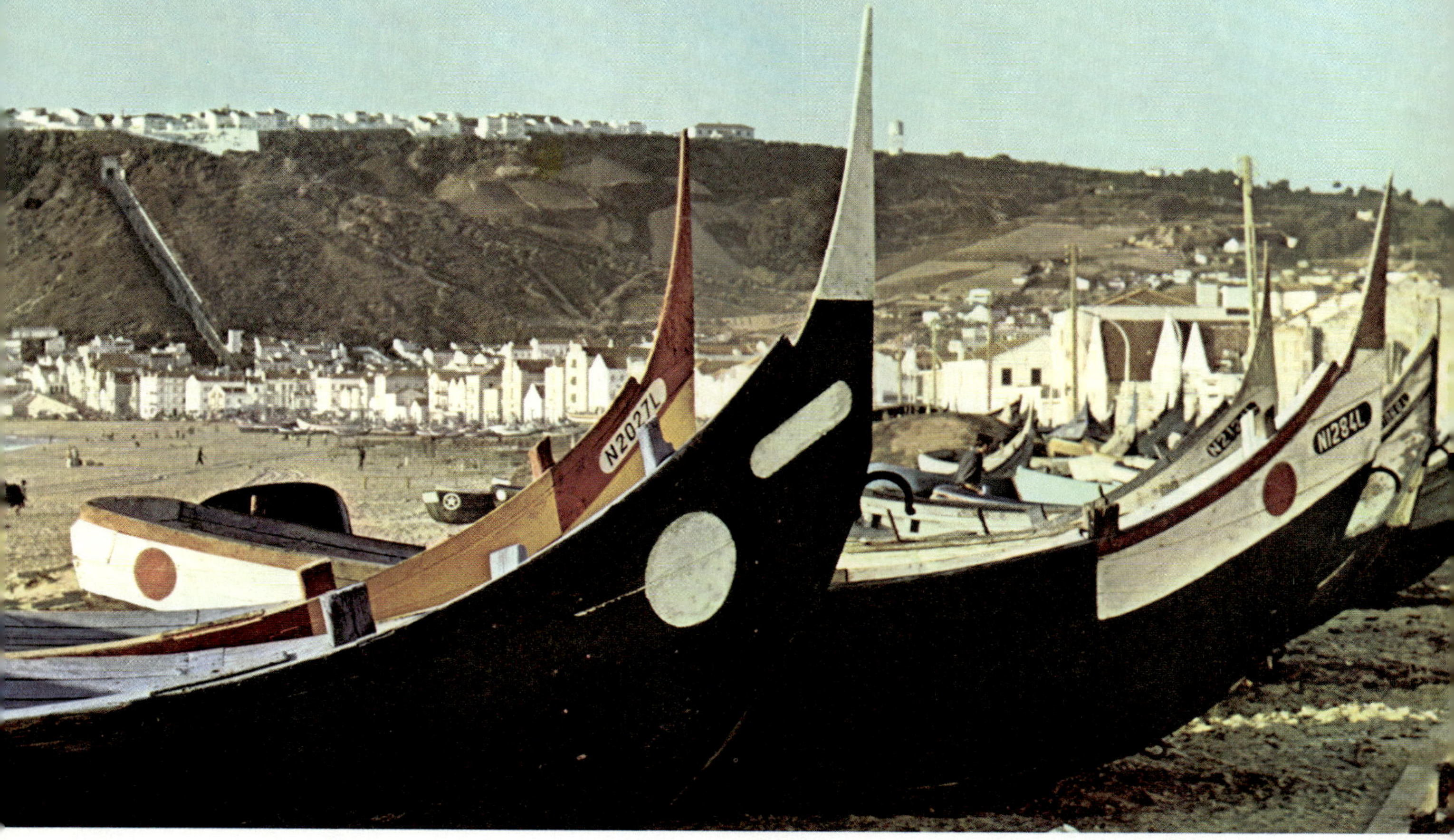
N2027L
N1284L

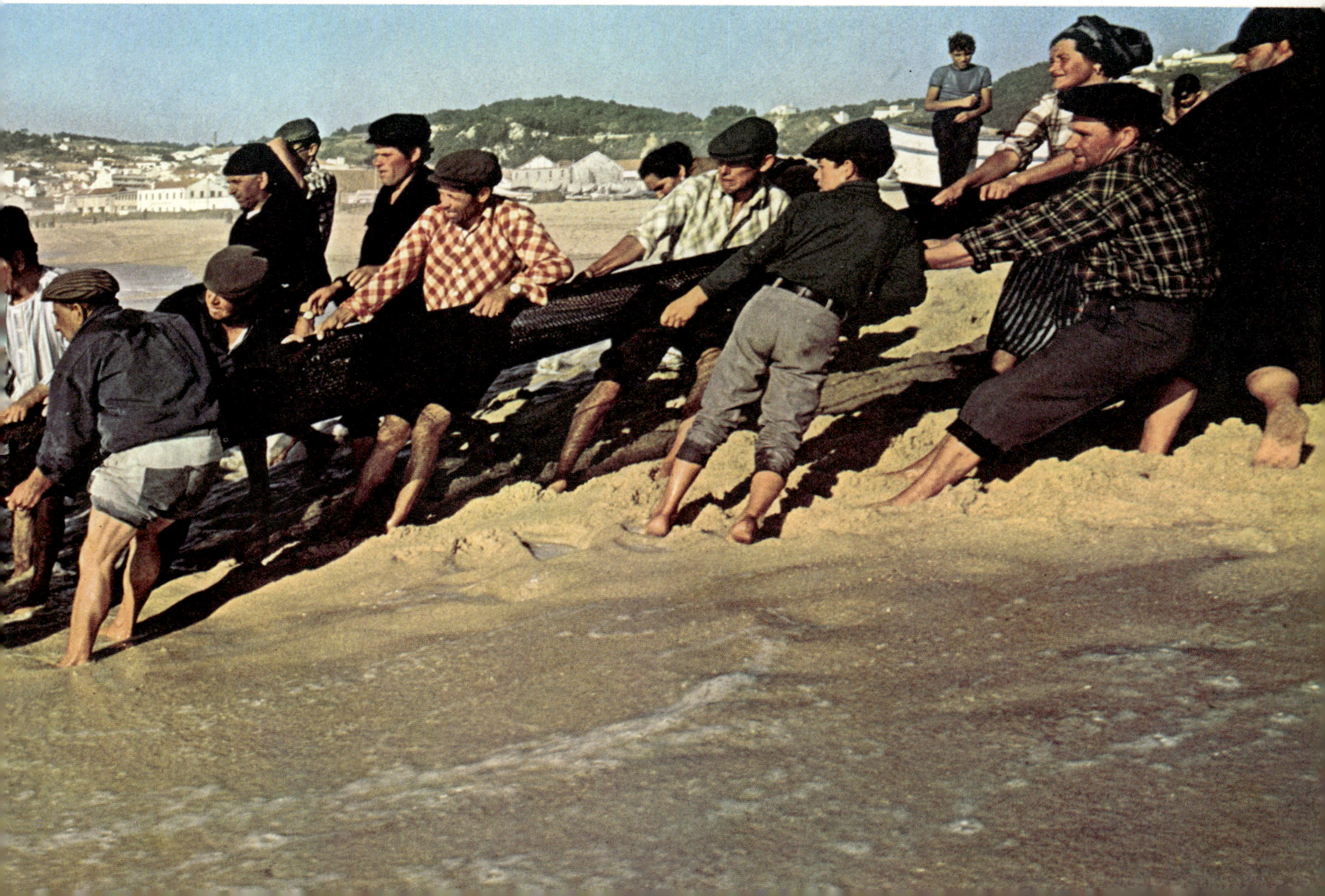

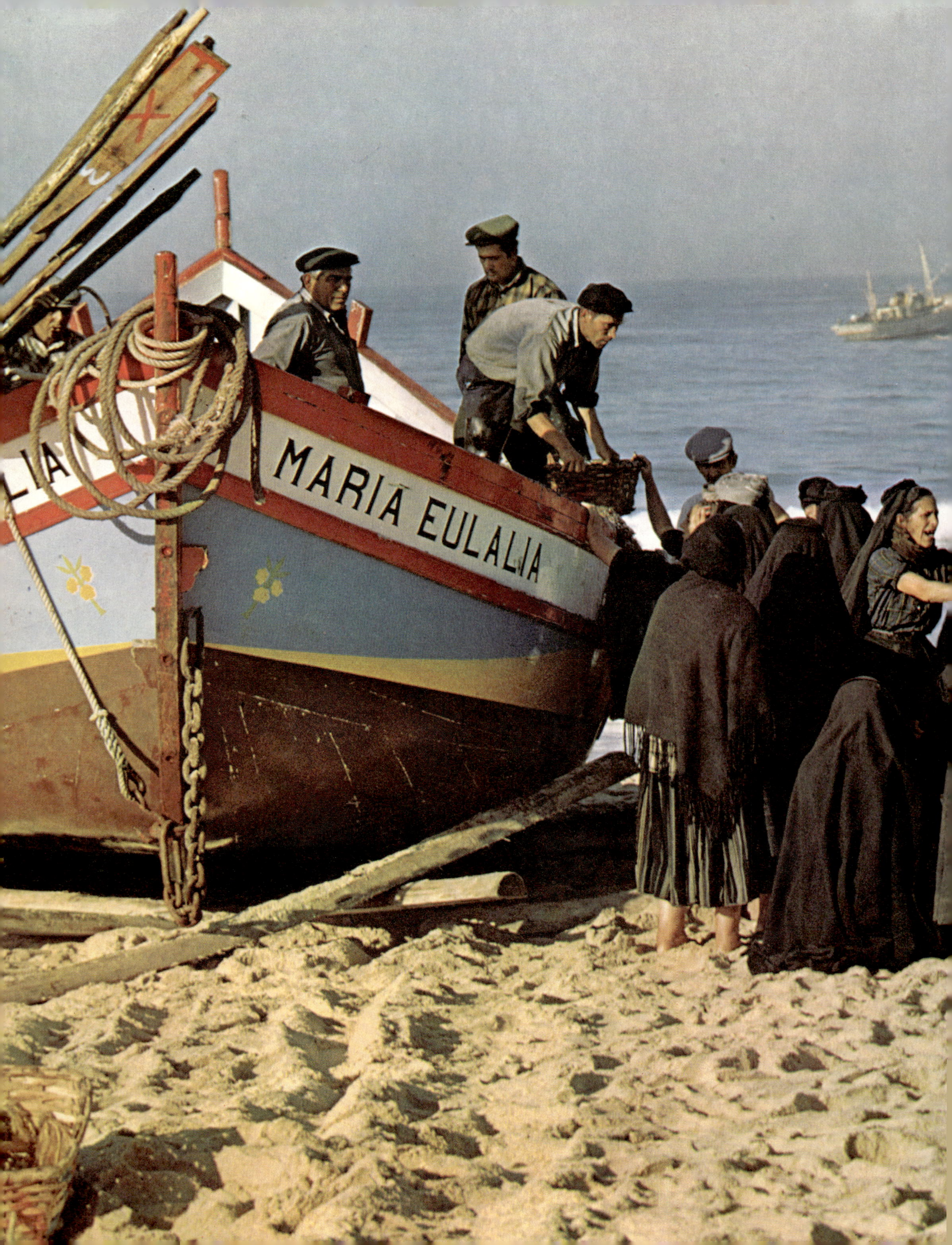
MARIA EULALIA
LIA

Barfuß und in Schals und lange Röcke gehüllt, tragen die Frauen von Nazaré die gefangenen Fische über den Strand.

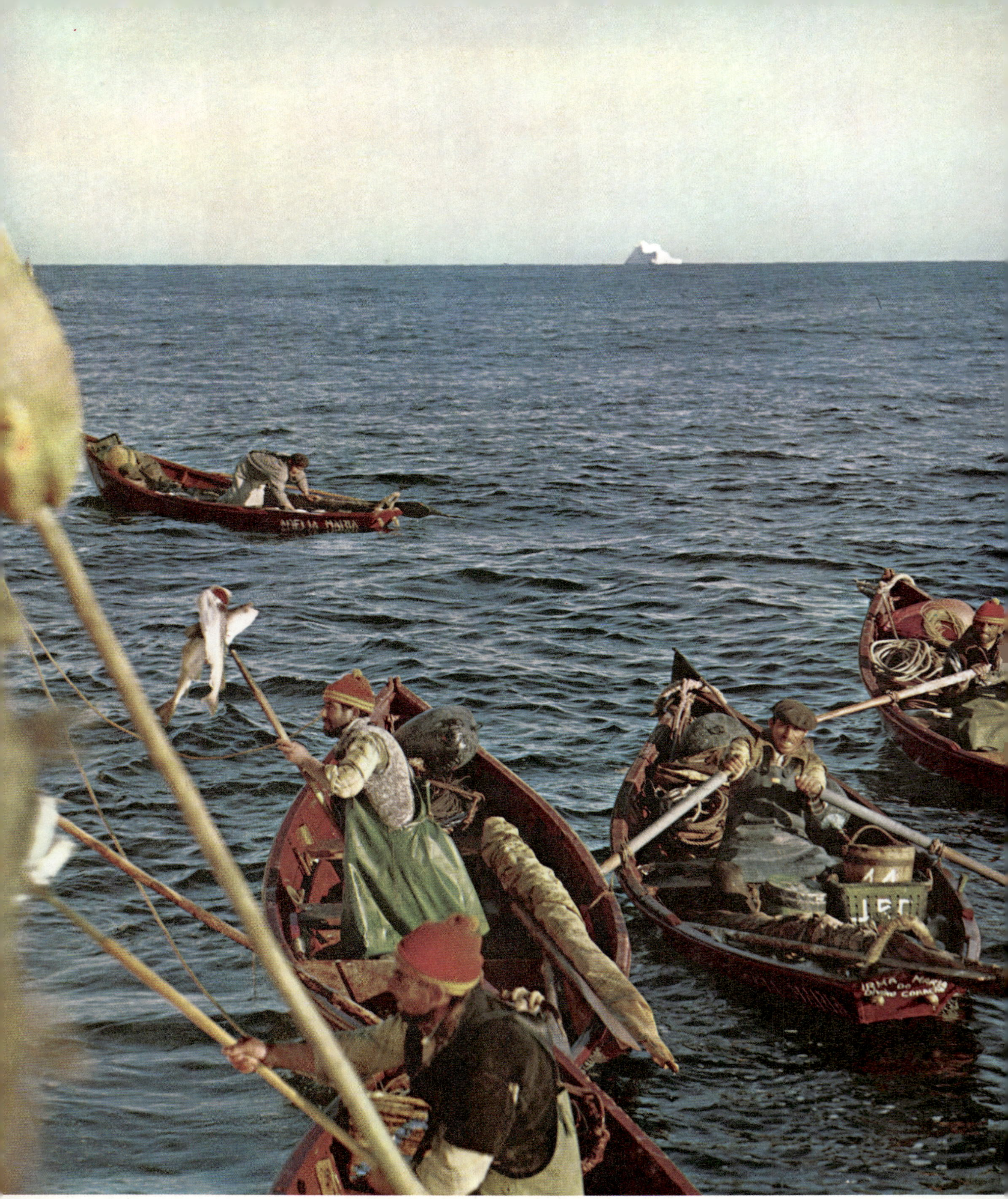

Ein schwer errungener Fang von fernen Fischgründen

Seit vier Jahrhunderten läuft jedes Jahr eine portugiesische Fischerflotte von Lissabon zu den 4500 Kilometer entfernten Neufundlandbänken aus, den eisbergreichen Fischgründen vor der Küste Neufundlands. An Deck der Schiffe stehen Dorys bereit, kleine Ruderboote, mit denen die Männer allein ausfahren, um Kabeljau zu fangen. Wenn die Einmannboote voll sind, wird der Kabeljau zum Einsalzen und Lagern zu den Mutterschiffen geschafft. Nach einer Fangzeit von 6 Monaten bringen die Portugiesen ihre gesalzene Fracht nach Portugal zurück, wo sie in Verarbeitungsbetrieben wie dem unten abgebildeten Werk bei Lissabon an der Sonne getrocknet wird. Später verwandelt sich der eingesalzene, gedörrte Kabeljau (Klippfisch) durch die Zauberkunst der portugiesischen Küche zu einer Delikatesse mit vielen Variationen.

zu nehmen; jede Familie erhält ein bis zwei Pfund Fleisch und einen Liter Wein sowie Brotlaibe aus den *tabuleiros*. Die Menschen nehmen diese Gaben mit dem Ernst und der Würde entgegen, die einem althergebrachten Brauch geziemen. Das Fest endet mit Eselwagenrennen, Stierkämpfen, Tanz und schließlich Feuerwerk, das die hohen Gebäude aus grauem Stein von Tomar flackernd erhellt.

Auf meiner Fahrt nach Süden folgte ich der Linie der Halbinsel Peniche und kam durch die vielbesuchten Städte Cascais und Estoril, die wie in Pastell gezeichnete Bühnendekorationen über dem wildbewegten Wasser stehen. In Cascais hielt ich an, um mir die Fischauktion anzusehen. Auf dem Fußboden des Auktionsraumes lagen in Reihen übereinandergestapelte Kisten mit Seefischen aller Art, die in Farben von blassem Silber und Rosa schillerten, wie ich sie noch nie erblickt hatte. Lange Fische, die wie aus der Scheide gezogene Krummsäbel aussahen, lagen neben Kisten mit zitternden Nadeln. Angelaufene Silbersterne waren über Berge durcheinandergemischter rosa Tintenfische gehäuft, glanzlose, silbrige Kraken und flimmernde Heringsschwärme zu rechteckigen, flachen Schichten angeordnet. Der Zementboden war glitschig, von Schuppen versilbert, und Kisten mit Hummer und Spinnenkrabben rutschten geschwind darüber hinweg. Über allem dröhnte die Stimme des Auktionators, der seine Preise in monotonem Singsang ausrief, bis irgend jemand „meins" schrie oder mit einer Handbewegung oder einer Wendung des Kopfes anzeigte, daß er die betreffende Kiste gekauft habe.

Ich verließ das Auktionsgebäude und ging durch die klare, dunstfreie Luft des Hafens in ein kleines Restaurant, um frischen Hummer zu essen. Der Koch trat heraus und fragte, wie ich ihn zubereitet wünschte – gekocht oder gegrillt, mit oder ohne eine Sauce, die er *môlho à espanhola* nannte, spanische Sauce. Ich sagte, ich würde ihn gern gekocht probieren mit etwas Sauce dazu. Als dann der Hummer erschien, dampfte er noch; er war in Meerwasser mit ein wenig Seetang, ein paar frischen Kräutern und einer halben Zitrone gekocht und hatte jenen metallenen Meeresgeschmack, der nur den frischesten Krustentieren eigen ist, wenn sie eben vorher aus dem Topf kommen. Dazu gab es einen leichten, trockenen Weißwein des Hauses und eine Schale mit *môlho à espanhola*, eben jener roten, auf einer Grundlage von Öl, Tomaten, Knoblauch, Zwiebeln und Pimiento bereiteten Sauce, die in Spanien *salsa portuguesa* und im Baskenland *salsa americana* heißt. Jeder schiebt einem anderen die Verantwortung für sie zu, und jedes Land beschuldigt die anderen, daß sie sie gebrauchen, um den „natürlichen" Geschmack guter Speisen zu verfälschen. In Wirklichkeit ist sie, in bescheidener Menge verwendet, erstaunlich gut – besonders als heiße Beigabe zu frischen Krustentieren. Ich tauchte die Enden einiger Hummerstücke in die dicke Sauce und war von dem Ergebnis sehr angetan; es schmeckte scharf und leicht säuerlich, dabei aber sanft – ein guter Kontrast zu dem frischen Meeresaroma.

Von Cascais fuhr ich die Küste herunter an den stillen alten Häusern und lauten neuen Hotels des Seebads Estoril vorbei und machte einen kleinen Abstecher über Sintra, das mit seinem unvermittelt üppigen Grün und seinem reichverzierten Mauerwerk zu den schönsten Städten Portugals gehört. Im späten diesigen Herbstnachmittagslicht erreichte ich dann Lissabon, als die Stadt wie eine Luftspiegelung in wallenden Dunstschleiern verblaßte. Lissabon – das sich in einem Kleid aus pastellfarbigem Stein, vom gewundenen Lauf des Tejo in grüne Falten gelegt, wogend, hängend und vorspringend durch sieben Hügel zieht – zählt zu den reizvollsten Hauptstädten der Welt und zu denen, die in jüngster Zeit am konsequentesten übersehen wurden. Das legendäre Gestade, auf das Odysseus seinen Fuß setzte, bildete später die Spitze eines auf Gewürze gegründeten Imperiums und gehörte zu den reichsten Städten der westlichen Welt. Außer Gewürzen strömten Kaschmir und Seide, Elfenbein und Porzellan, Perlen, Perlmutter und andere exotische Schätze aus Indien, Afrika und Amerika wie von einem Magnet angezogen in diesen Hafen.

Bacalhau à Gomes de Sá, ein Klippfischgericht, ist mit Eiern, Oliven und Petersilie garniert *(Register der Rezepte).*

Heute spiegelt sich die Fülle des Reichtums in dem steinernen Gewimmel der Klöster und Kirchen, die in dem von König Manuel I. zu Anfang des 16. Jahrhunderts eingeführten und nach ihm benannten Manuelstil erbaut sind. Die Pracht dieser Architektur ist das einzig verbliebene Zeugnis der gebieterischen Stadt, in der alle Arbeit von Sklaven verrichtet wurde und Lieblingssklaven in Seide und Federschmuck ihren Herren zu Fuß durch die wogenden, windungsreichen Steinstraßen zu Eßlokalen folgten, die wie verschwiegene Höhlen in den Hügelabhängen versteckt lagen.

Durch Lissabon zu schlendern, ist jederzeit ein Genuß. Nachts in der dunstigen Herbstdunkelheit hören Sie das Echo Ihrer Schritte auf den Straßen, die im Widerschein des Himmels aufleuchten. Die Gebäude scheinen sich an vielen abwechslungsreich gemischten Straßen zueinander zu neigen, vom engen Maurenviertel Alfama bis zu den breiten, eleganten neueren Promenaden und den lärmenden Geschäftsgegenden der Innenstadt. Sie werden entdecken, daß Lissabon keine Ausnahme von der für Speiselokale geltenden Landesregel macht: Die mit viktorianischer Eleganz überladen ausgestatteten Restaurants servieren größtenteils das übliche europäische Essen; wenn Sie jedoch die echt portugiesische Küche kennenlernen wollen, suchen Sie sich die einfachste, kleinste, sauberste Höhle in der dunkelsten Mauer aus, wo trübes Licht und Wolken von Dampf sich über vielen köstlichen Gerichten ausbreiten. Kehren Sie in eine dieser *tascas* ein, und probieren Sie gebratenes, in saftige Stücke aufgeschnittenes Huhn. Bestreichen Sie es leicht mit einer dunkelroten Sauce aus einem kleinen Keramikfäßchen, das auf dem Tisch steht. Sie heißt *piri-piri* und enthält äußerst scharfe kleine Chillies aus Angola, die kleingehackt und in Olivenöl eingeweicht werden.

Gehen Sie am späten Abend, um ungefähr 11 Uhr oder danach, in eine der geräumigen, mit Spiegelwänden ausgestatteten *cervejarias*, Biersäle, die sich auf Schalen- und Krustentiere, die täglich von der Küste hereingebracht werden, spezialisieren. Gegen 11.30 oder 12 Uhr werden Sie keinen leeren Platz mehr finden, denn die Lissabonner strömen in Scharen herbei, um hier ihr goldgelbes schäumendes Bier und ihren Teller voll Schalentiere zu essen. Sie können sich vor die Schaufenster der *cervejarias* stellen, bevor Sie hineingehen, und Ihre Wahl treffen. Blaßgrüne lebende Hummer gleiten in Schichten, übereinander festgebunden, dahin; Sie sehen Kaskaden von Muscheln jeder Größe, von glänzendschwarzen Miesmuscheln und anderen Mollusken, von Garnelen, die so klein sind, daß Sie glauben, Sie brauchten eine Pinzette, um sie herauszuschälen. Neben ihnen liegen riesige Krabben, und zu ihnen gesellen sich Pilgermuscheln, korallenfarbene Junghummer und der rosenrote *lagostim*, der den in Spanien gefangenen *langostinos* gleicht. Sogar schwarze Uferschnecken gibt es hier.

Wenn Sie drinnen einen Tisch finden, bestellen Sie sich ein Glas Bier und einen Teller mit *búsios*, den Uferschnecken, die eine schwarze Muschelschale von etwa 7 bis 10 Zentimeter Breite haben. Der Kellner wird Ihnen einen ganzen Teller voll bringen, zusammen mit einem flachen Stück Holz, das wie ein Hackblock aussieht, und einer langen, dünnen Gabel. Wenn Sie mit der Gabel aus dem spiralig gewundenen, tiefen Schneckenhaus soviel wie möglich herausgeholt haben, schlagen Sie das spitz zulaufende Ende der Schale ein paarmal kräftig auf das Holz, bis sich der Schwanz der Schnecke löst und sichtbar wird. *Búsios* haben einen gehaltvollen Meeresbodengeschmack und riechen nach Seetang und Salzwasser. Sie zählen zu den besten portugiesischen Schalentieren überhaupt und passen ausgezeichnet zu dem kühlen, sanften Malzgeschmack, der dem portugiesischen Bier eigen ist.

Noch später, gegen 1 oder 2 Uhr morgens, drängt das Volk von Lissabon in die *fado*-Häuser in den alten Vierteln, der Alfama und dem Bairro Alto, um eine Flasche Rotwein, Würstchen vom Grill und dazu eine Stunde lang Lissabonner Gesang zu genießen. Die Musik ist *fado* (das Wort bedeutet Schicksal), ein Lissabonner Produkt, das Ausländer zugleich lieben und hassen. Es heißt, daß es seinen Ursprung in den Liedern heimwehkranker

Gäste des Restaurants Monte-Mar in Guincho, 40 Kilometer nördlich von Lissabon, können sich ein Hummergericht mit Reis und einer mit Weinbrand und Likör abgeschmeckten Sauce (*Vordergrund*) oder gekochten Hummer (*dahinter*) bestellen. Für beide Speisen wählen sie den Hummer aus einer vergitterten Grotte (*gegenüber*). Hier sehen wir einen Jungen, der gerade eine Languste fängt.

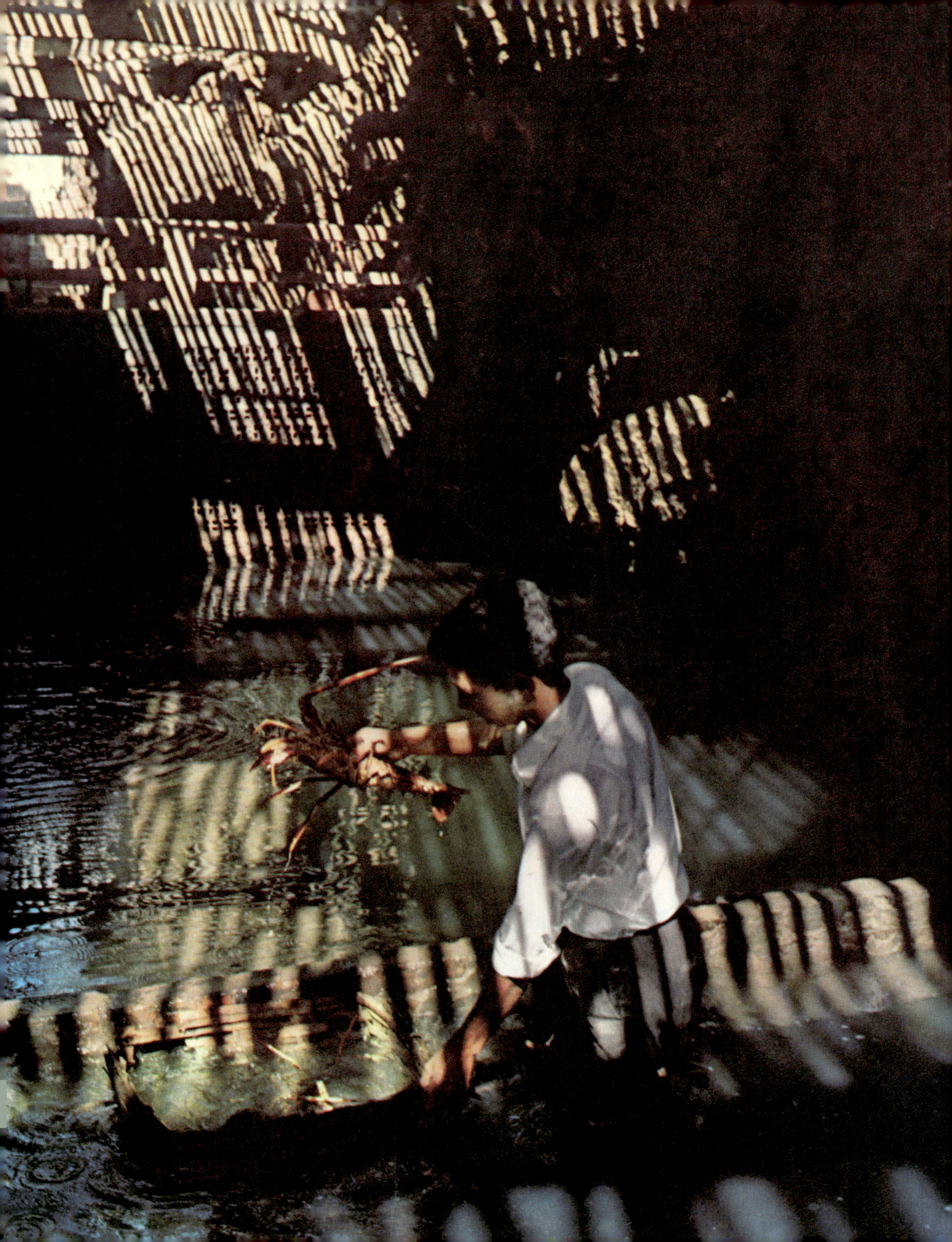

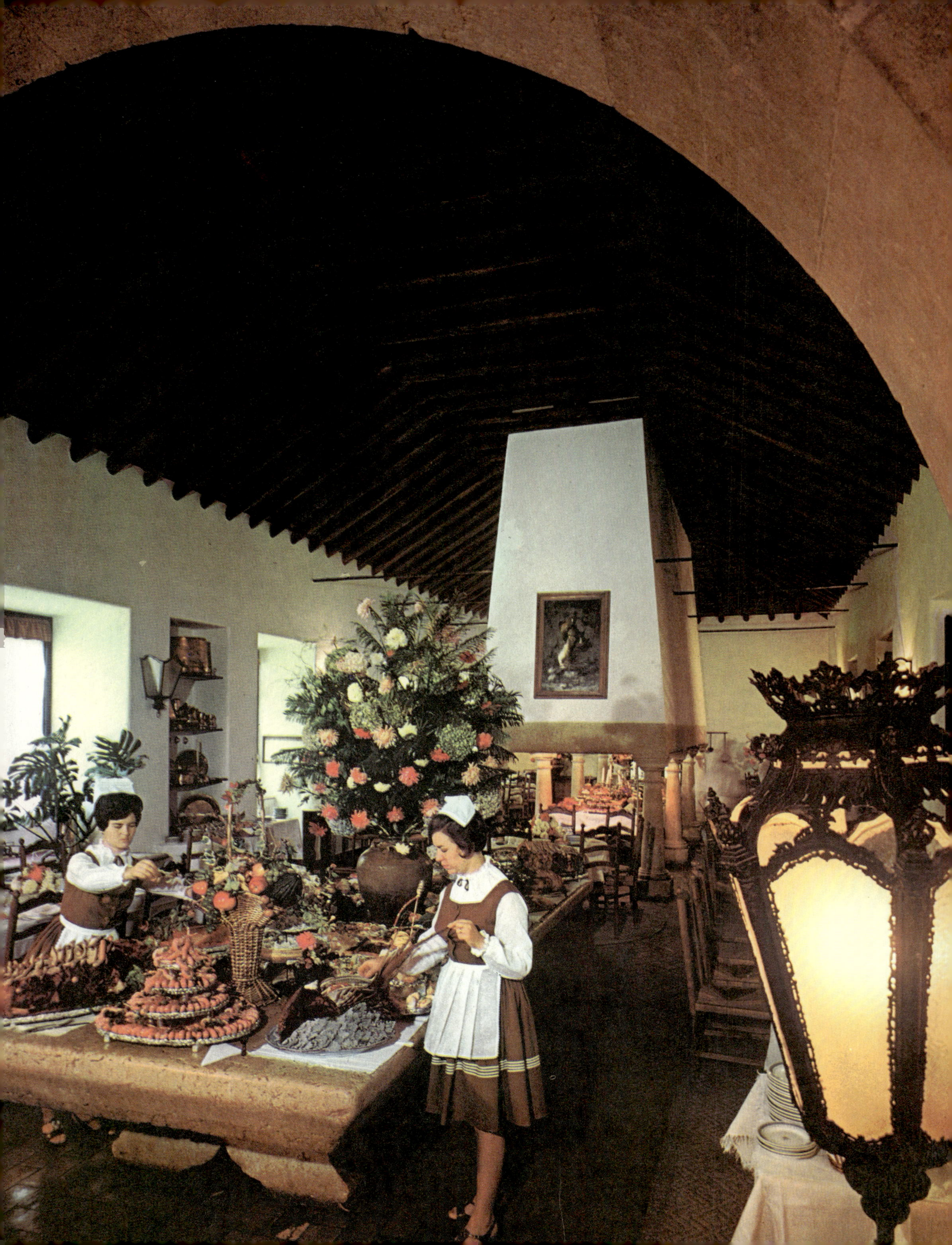

portugiesischer Matrosen hat, deren Schiffe auf der Suche nach Gewürzen monate- oder jahrelang fern der portugiesischen Küste unterwegs waren. Viele *fados* preisen Lissabon und Portugal im trauervollen Tonfall eines Sängers, der die Hoffnung, sein Land lebend wiederzusehen, aufgegeben hat; andere Lieder erzählen von verlorener Liebe und gebrochenem Herzen, und wieder andere sind von untergründiger Komik und in ihrer schuldbewußten Wehklage beinah rauh, wie jemand, der bei einer Beerdigung einen Witz zu erzählen versucht. *Fado* wird zuweilen irrtümlich mit spanischem Flamenco-Gesang verglichen; die einzige Gemeinsamkeit, die ihn mit dieser Musik verbindet, besteht in dem Mißbrauch, dem er in „typischen", von Touristen heimgesuchten Nachtlokalen ausgesetzt ist, die von allen möglichen Leuten besucht werden, nur nicht von denen, die ihn wirklich lieben. Der die Eingeweide zerreißende Schmerz und die versengende, visionäre Ekstase des Flamenco ist dem ganz und gar portugiesischen *fado,* der sich lyrisch und wehmütig gibt, fremd.

In einem *fado*-Haus sitzen Sie an einen kleinen Tisch in einem dunklen, rauchigen Raum bei trübem Licht und flackerndem Kerzenschein, der auf die *azulejos* (Kacheln) an der Wand unruhige Schatten wirft und sich in dunklen Ecken verliert. Eine Kellnerin wird Ihnen einen sehr kleinen Holzkohlengrill und ein Stück nicht zu stark nach Knoblauch riechender *linguiça* oder *chouriço* auf einem Spieß bringen. Sie grillen die brennendscharfe Wurst, verzehren sie langsam in noch brutzelnden Häppchen und spülen sie mit dunklem, trockenem, starkem Rotwein herunter, der im Kerzenlicht wie geschmolzener Granat leuchtet. Eine Gitarre läßt einen schnellen, traurigen Ton erklingen, und dann steigt, von Dunkelheit umschlossen, der Klang eines *fado* empor und fällt zu einer Klage in Moll ab – ein langer, strahlender Schrei, der über die Wände rauscht, das kleine Haus erfüllt und in den Köpfen der Zuhörer verklingt. Ein Passant schlendert von der Straße herein, kippt ein Glas Wein oder Weinbrand herunter, stellt sich hin, um seinen eigenen Lieblings-*fado* zu singen, nimmt noch einen Schluck und geht wieder. Im Lauf der Nacht füllt sich der kleine Raum mit dem Rauch von schwarzem Tabak, den Gerüchen von Wein und Wurst und der heftigen Trauer des Gesangs.

Bestimmt werden Sie in Lissabon Kaffee probieren wollen, denn hier treffen die köstlichsten Sorten aus Angola, Moçambique und anderen portugiesischen Besitzungen mit den besten frisch gemahlenen Qualitäten aus Brasilien, dem Orient und anderen Gegenden der Welt zusammen. Vielleicht wollen Sie wie die Portugiesen Ihre eigene Mischung brauen. Die dortigen Läden führen das reichhaltigste Sortiment an Kaffeearomen, das sich finden läßt. Selbst ein durchschnittliches Geschäft bietet eine Auswahl von 15 oder 20 reinen Sorten und ebenso vielen Standardmischungen. Sie können Kaffeebohnen kaufen oder sich vom Ladeninhaber verschiedene Arten in dieselbe Tüte mahlen lassen.

Vielleicht möchten Sie auch eines der vielen Kaffeehäuser der Stadt besuchen und sich dort an dem Gebräu und *pudim flan (Register der Rezepte)* gütlich tun. Dieser Karamelpudding ist eine portugiesische Nationalsüßspeise und zusammen mit Kaffee der vollkommene Nachtisch. Er kann einfach sein oder zusätzlich das Aroma eines süßen Likörs enthalten. Wie die Portugiesen ihn auch zubereiten, falsch machen können sie es nicht.

Nachmittags füllen sich die Kaffeehäuser von Lissabon mit Frauen, die hier andere Frauen treffen, um zu klatschen, und mit Männern, die hier Frauen zu jener stillen Tasse Kaffee einladen, die den Anlaß gibt zu allem Klatsch. Kaffeehäuser sind Stätten hochgezogener Augenbrauen und leidenschaftlicher Blicke, stillvergnügten Lachens und kleiner Stelldicheins. Gehen Sie allein hinein, und der große Raum mit seinen alten Silberspiegeln und seiner viktorianischen Pracht scheint sich unmerklich auf Sie einzustellen. Stimmen und Augen nehmen mit gleichsam gedämpftem Einverständnis von Ihnen Kenntnis, während Sie sich an einen Tisch setzen. Ein Kellner mit weißer Fliege bringt Ihnen Kaffee oder, wenn Sie das vorziehen, Tee mit Angola-Zucker und *pudim flan* oder einer Platte mit ver-

Ein üppiges Hochzeitsmahl wird in der geräumigen *Cozinha Velha (gegenüber),* einem exklusiven Restaurant bei Lissabon hergerichtet, dessen Name, Alte Küche, auf seine ehemalige Funktion als königliche Küche im Palast Queluz anspielt. Auf dem großen Tisch befinden sich im Vordergrund ein Kalbsrücken *(links),* ein Tafelaufsatz mit gekochten *langostinos,* einer Art Kaisergranat *(Mitte),* und ein gebratener Fasan auf einem Nest aus Zinerarien-Blättern *(rechts).* Der gewaltige Strauß in der Mitte des Anrichtetisches besteht aus Hortensien, Nelken, Rosen und Kamelienblättern.

Fortsetzung Seite 188

Ein gebratenes Zicklein präsentiert sich mit Papierrüschen und einer Garnierung aus Orangenscheiben und Brunnenkresse.

Ein edles Mahl in erlesener Umgebung

Wenn zu den Gästen ein Marquis und eine Marquise, ein Graf und eine Gräfin zählen – wie auf der rechts abgebildeten Abendgesellschaft in Lissabon –, weicht die gewohnte Einfachheit portugiesischen Essens der Eleganz. Der Gastgeber und die Gastgeberin – Alfredo Roquette *(ganz rechts)* und seine Frau *(Gesicht zur Kamera links)* – bewirteten in ihrem einst zu einem königlichen Palast gehörenden Speisezimmer aus dem 16. Jahrhundert ihre Gäste mit einem Gericht, das bei festlichen Gelegenheiten oft auf den Tisch kommt: *cabrito* (ganzes gebratenes Zicklein). Sie reichten auch *lampreia de ovos (unten)*, eine Eigelb-Süßspeise in Gestalt eines Neunauges, das auf Eigelbfäden ruht.

Lampreia de ovos, Eier-Neunauge – eine Phantasienachspeise, die diesem Fisch, dem in Portugal hochgeschätzten Flußneunauge, nachgebildet ist – besteht aus einer Eigelbmasse, die man in Sirup garziehen und dann abkühlen läßt. Sie wird mit Zuckerguß, kandierten Kirschen (als Augen) und einer kandierten Birne (als Zunge) dekoriert und zum Schluß auf ein Nest aus Eigelbfäden gesetzt.

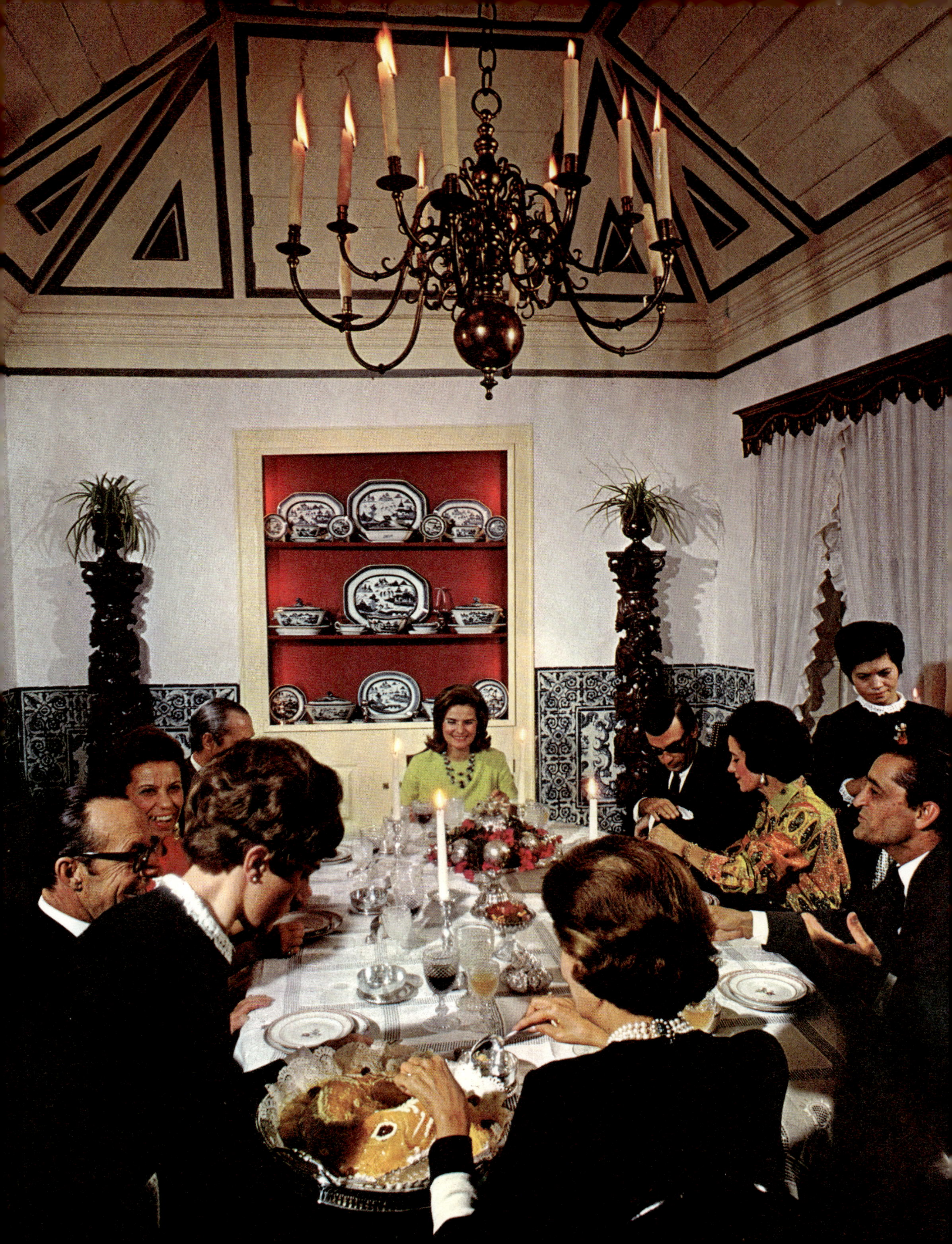

schiedenen Sorten Gebäck – weich und sahnig innen oder bröcklig, aus Blätterteig, Krokant oder mit einer Glasur überzogen –, jedes auf einer kleinen Papierserviette. Wenn Sie bezahlen wollen, werden die leeren Deckchen zusammengezählt und auf die Rechnung übertragen. Der Kaffee ist kräftig, von gewissermaßen verborgener Tiefe, nußähnlicher Bitterkeit und einem geheimnisvoll-intensiven Aroma, denn viele verschiedene Bohnen sind in die Mischung eingegangen. Wahrscheinlich haben Sie noch nie einen so guten Kaffee getrunken, und keine Tasse Kaffee außerhalb Portugals wird sich je mit seinem vollen Geschmack messen können. Ein oder zwei kleine süße, sanfte Kuchen werden sein Aroma ausgleichen, und bevor Sie gehen, können Sie sich eine Zigarette anzünden, sich zurücklehnen und den nächsten, der hereinkommt, beobachten, genau wie Sie beim Eintreten beobachtet wurden.

Als ich das letztemal in Portugal war, reiste ich Allerheiligen, am 1. November, aus Lissabon ab. Ich wollte abwarten, wie dieser Tag – das bekannteste Datum des Jahres in Lissabon und Gedenktag eines unvergeßlichen Ereignisses – hier verläuft. 1755 war Allerheiligen so etwas wie ein Tag der Buße für ein Jahr leichtsinniger Vergnügungen. An jenem Morgen um 10 Uhr befanden sich die meisten Menschen in den vielen Kirchen Lissabons; das Hochamt hatte gerade begonnen. Als das dröhnende Gepolter einsetzte, blieb keine Zeit mehr zum Nachdenken: In einem rasenden 6-Minuten-Inferno gerieten Kirchen ins Wanken, stürzten ein, schwammen Kerzenflammen brennend an Wandteppichen hinauf. Die Erde wogte und barst unter fallenden Gebäuden und ausgespienen Steinen, der Fluß schäumte durch die Trümmer – ein Vorgeschmack der unmittelbar nachfolgenden Seebebenwelle, die durch eines der furchtbarsten Erdbeben der überlieferten Geschichte aus dem Meeresbett geschleudert wurde.

Erlesene, kunstvoll geformte Süßigkeiten wie das hier gezeigte Konfekt kennzeichnen die portugiesische Küche, speziell in der Provinz Algarve, wo es Mandeln im Überfluß gibt. Die Süßigkeiten – in Form von Früchten, Gemüse und Fischen – werden aus einer gefärbten Zucker-Mandel-Masse hergestellt, die *maçapão* (Marzipan) heißt.

Der Morgen dieses Allerheiligentages 200 Jahre später war still, wie er wohl auch damals gewesen sein mag. Wieder drängten sich die Menschen beim Hochamt in den Kirchen. In Lissabon ist Allerheiligen ein Tag des Gedenkens der Verstorbenen, die nicht nur in der Erinnerung der Lebenden, sondern auch in vielen schriftlichen Zeugnissen der Menschheitsgeschichte weiterwirken. Friedhöfe verwandeln sich in Blumengärten; Denkmäler werden mit Blüten geschmückt. An den Straßen in der Umgebung der Kirchen stehen Händler, die Kerzen, Blumen und Süßigkeiten verkaufen. Die Menschenmengen in den Kirchen knien, beten und scheinen zu warten. Ein gedämpftes, untergründiges Raunen breitet sich aus, das sich verliert, sobald Sie ihm zuhören – wie Wind, der durch Gras streicht. Sie stellen sich vor, wie es geklungen haben muß, als das erste tiefe, rumpelnde Geräusch wie ein Protest der Erde selbst unter der wispernden Hülle des Gebets einsetzte. Jetzt ist die Erde still, und die gebetet haben, erheben sich mühselig und schlurfen ans Ende der steinkühlen Kirchenschiffe, wo durch die Schlitze der Eingänge das Sonnenlicht bricht. Die Kirchentüren werden weit geöffnet, und die leuchtende Sonne dringt warm herein. Unglück blieb aus. Die Menschen strömen dankbar in die hellen Straßen, und die Stille weicht nun lauten Rufen und Gelächter. Ich kaufte mir ein Mandeltörtchen und einen Beutel mit Krokantkonfekt, das *broas dos santos*, „Heiligenkuchen" heißt, von einer Frau in Schwarz, die vor der sonnenbeschienenen Kirche stand. Die Menschen trugen Feiertagskleidung, gerüstet für Schrecken oder Fröhlichkeit, angezogen für alles, was da kommen mochte; sie drängten sich um die alte Frau wie die Wellen des Lebens um das Mahnmal des Todes. Sie verkaufte ihre Süßigkeiten schnell und lächelte über das ganze Gesicht – ein Netzwerk von Myriaden nach oben verlaufender Runzeln –, nur ihre Augen lächelten nicht. Ihr Gebäck war gehaltvoll, und die Heiligenkuchen wandelten sich auf der Zunge zu einem süßen, weichen Puder.

Ich stieg in meinen Wagen und fuhr von Lissabon nach Süden mit dem Puderzuckergeschmack im Mund und der Erinnerung an die wellige, ausgebreitete Stadt und ihren Fluß in meinem Sinn. Vor mir, als ob sie mich aus der Windschutzscheibe anstarrten, sah ich die Augen der Frau mit ihrem schwarzen, harten Glitzern und ihrem wilden, ernsten Glühen.

Die Straße, die südwärts nach Baixo Alentejo führt (was „unten jenseits des Tejo" heißt), wird von Korkeichen gesäumt, die im Frühling abgerindet werden und dann ein leuchtendes Orange zeigen, das sich allmählich zu Rostrot abschwächt. Die Färbung bleibt, bis den Bäumen eine neue „Haut" wächst, die nach sieben Jahren wieder abgeschält wird. Die Korkeichenwälder mit ihren rostroten Stämmen und grünen Kronen gleichen Markierungen in einem Zeichentrickfilm, zwischen denen Grasflächen und die blutroten Tupfen des Mohns auftauchen. Dahinter gehen Reisfelder in eine wogende Hügellandschaft über, in der dunkelrote, mit Geißblatt bewachsene Häuser wie Klümpchen zwischen grünen, duftenden Pinienwäldern verstreut liegen. Bald stößt die Straße wieder ans Meer, und Sie setzen Ihre Fahrt fort, zu Ihrer Rechten den Ozean und links die verschlungenen Hügel, so weit Ihr Auge reicht. Halten Sie in Setúbal, einem der bedeutendsten Industriezentren und Fischereihäfen Portugals. Hier kaufen Sie sich vielleicht eine Schachtel Orangenkekse, die bittersüß bis sehr süß sind, sich gut kauen lassen und nach dem Orangenöl der Schale duften. Essen Sie sie, während Sie über den Marktplatz von Setúbal schlendern und an Ständen mit reifen, prallen Ananas von den Azoren und bauchigen Bananen von den kapverdischen Inseln vorbeispazieren; Sie werden Stände voll von kleingeschnittenem Kohl sehen neben anderen mit Kuhfüßen, die man für Eintopfgerichte verwendet. In den Fischständen finden Sie Auslagen mit vielerlei frischen Fischköpfen für Kunden, die sich die Rümpfe nicht leisten können, aber aus dem, was für sie erschwinglich ist, einen hervorragenden dicken Fischeintopf zu machen verstehen. Frisches Obst glänzt in der Sonne, und außerhalb des Marktgeländes hält ein Mann mit einer Schiebkarre an, um eine Ladung Mohrrüben mit einer leuchtend-

Fortsetzung Seite 192

Die Zeit scheint stillzustehen in Vila Viçosa, Portugal, wo ein städtischer Arbeiter Chrysanthemen aufstellt.

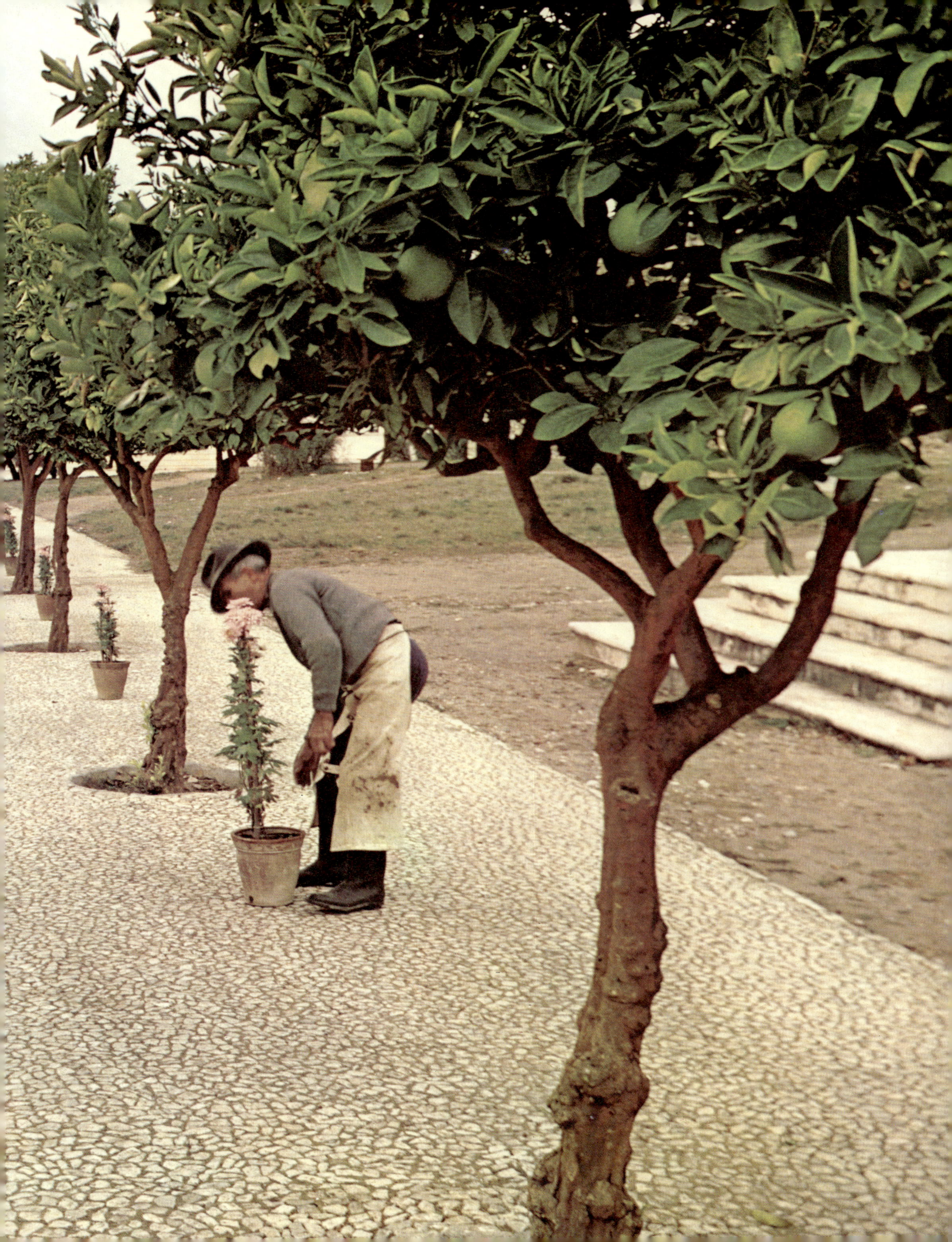

Schinkenstückchen, Wurst und Tomaten verleihen Muscheln *na cataplana (Register der Rezepte)* Farbe und Aroma.

roten Gießkanne zu besprengen. Wieder in Ihrem Wagen, fahren Sie langsam aus der Stadt heraus; Sie kommen an Palmen vorbei, an Häusern, die von purpurroter Bougainvillea überwuchert sind, und Spalieren, auf denen orangefarbene, rote und weiße Blumen lasten. Wenn Sie der ins Landesinnere führenden Straße folgen, einem gepflasterten Weg, der einen stumpfen Glanz annimmt, gelangen Sie durch Eichenwälder und Weizenfelder zu den riesigen Anbaugebieten von Baixo Alentejo, wo es zum Teil sehr gutes Essen gibt.

Für zwei Gerichte aus Baixo Alentejo habe ich eine besondere Vorliebe; beide ißt man am besten auf einem Bauernhof oder in einem Gasthaus am Wege. Halten Sie bei einer leuchtend weißgekalkten Bauernküche und bitten Sie um eine Schale *sopa à alentejana (Register der Rezepte)*, eine herrliche Suppe, die mit Brot gemacht wird. Dies ist das Land des Weizens, wie Sie an den wogenden Feldern erkennen können, die das lange weiße Bauernhaus umgeben. Alentejo-Brot ist nahrhaft und staubfarben und findet in oder zu jedem Essen Verwendung. Sie haben schon die dicken Brotsuppen, die *açordas* heißen, gekostet; diese nun enthält noch mehr Brot, Schweinefleisch, Knoblauch und Ei – wie ein gehaltvoller Brei, den spanischen *migas,* der aus Brotstückchen bestehenden Speise, verwandt, aber von größerem Nährwert. Sie bildet den schönsten Kompromiß zwischen einer dicken und einer dünnen Suppe, ähnlich wie die spanische Knoblauchsuppe, doch mit einer zusätzlichen Würze versehen, die sie in ein anderes Gericht verwandelt. Diese Aromabeimischung liefert natürlich gehackter frischer *cilantro*, ein der Petersilie ähnliches Gewächs, das in der dunklen Brühe zu zerschmelzen und ihren Geschmack zu verändern scheint. Selbst der aufsteigende Dampf entwickelt sich zu einer üppigen Kräuterduftwolke. Haben Sie erst einmal *sopa à alentejana* probiert, sind Sie überzeugt, daß es sich dieses Geschmacks wegen lohnt, Ihren eigenen *cilantro* zu ziehen.

Sie können der Suppe das zweite der großartigen Gerichte dieser Provinz folgen lassen, *porco com amêijoas à alentejana,* Schweinefleisch à la Alentejo *(Register der Rezepte),* das Schweinefleisch und Muscheln in sich vereinigt. Die Portugiesen aus Alentejo haben die Spanier aus Kastilien noch um einen Punkt in der Erfindung eines Gerichts geschlagen, das nicht nur ein, sondern zwei von den jüdischen und maurischen Ernährungsvorschriften verurteilte Grundbestandteile enthält. Wie der Madrider *cocido* diente vermutlich auch diese Schwein-Schalentier-Kombination ursprünglich als Beweis für den christlichen Glaubenseifer des Essers. Das moderne Ergebnis ist eine eigenartige Geschmacksmischung; die portugiesischen Köche verstehen sich mit bemerkenswerter Fähigkeit darauf, anscheinend alles miteinander zu verbinden und dabei immer einen Vorsprung zu behalten. Das von Eicheln und Trüffeln genährte Alentejo-Jungschwein, das in Weißwein mit Lorbeerblatt, Paprika, Salz und Pfeffer mariniert wird, ist lieblich und zart. Man fügt ihm Pimientos, Zwiebeln, Tomaten und die frischen, kleinen, würzigen Muscheln dieser Gegend bei, bestreut es mit Kräutern und richtet es mit Zitronenscheiben an, die man während des Essens über dem Fleisch auspreßt. Ein verführerisches Gericht, das womöglich mehr Menschen zum Christentum bekehrt hat als die Inquisition.

Unterhalb von Baixo Alentejo liegt Algarve, Portugals südlichste Provinz. Wie das spanische Andalusien ist Algarve Portugals Land der Mauren. Es ist ein Garten mit üppiger Vegetation, dessen eine ganze Seite das Meer begrenzt und den jedes Jahr eine Schaumwoge weißer Blüten überschwemmt, die sich über das Land ergießt, um sich mit der See zu vereinigen. Um dieses Blütenmeer hat sich eine Sage gebildet, die von einem Maurenprinzen erzählt, der eine skandinavische Prinzessin heiratete und sie hierherbrachte. Während des ersten warmen Winters verzehrte sie vor Heimweh nach ihrer schneereichen Heimat; in Algarve gibt sich der Winter nicht zu erkennen, und die Augen der Prinzessin brannten vor Sehnsucht nach der Weiße des Schnees. Sie spürte, daß sie ersticken würde. Um sie zu retten, ließ der Maurenprinz Algarve über und über mit Mandelbäumen bepflanzen; jeden Januar hüllen die dichten weißen Mandelblüten die Erde ein und leuchten wie Schnee unter einem warmen Winterhimmel.

Auch Feigen wachsen hier in Hülle und Fülle; die Früchte werden getrocknet und zu vielerlei Gestalten geformt, von kleinen Feigenfischen bis zu großen Feigentruthähnen mit Mandelschnäbeln und Rosinenaugen. Die Feigen aus Algarve schmecken vorzüglich mit einer Füllung aus gerösteten Mandeln und mit Zimt und Zucker. Sie sind nicht zu süß und knirschen köstlich beim Kauen. Ihr trockener, fast rauchiger Geschmack paßt sehr gut zu den zartsüßen Mandeln oder – ohne diese – zu einem Glas Madeira, dem von der gleichnamigen Insel stammenden Dessertwein.

Im Mai – wenn sich die Blätter der Mandel-, Feigen- und silbrigen Olivenbäume im ersten heißen Hauch vor Beginn des Sommers regen – verwandelt sich das Weiß von Algarve in ein vielfach abgestuftes Grün. Die Scharen der Winterbesucher reisen nun ab, nur um von Sommertouristen abgelöst zu werden, die an die blendendweißen Strände strömen.

Fischen ist in Algarve eine Lebensform. Seebarsch, Meeräsche, Seehecht, Seezunge und Hummer, Muscheln und andere Schalentiere werden lebend direkt aus den Netzen herangeschafft, um in einer *cataplana,* einem für Algarve typischen Kochtopf, der das einfachste Gericht zu einer angenehmen Überraschung macht, bereitet zu werden. Die *cataplana* ist ein Metallbehälter mit schwerem Deckel. Sie ähnelt in der Form einer Muschel und scheint nahezu alle Speisen, die es gibt, im Geschmack zu verbessern und zu intensivieren – von Krustentieren und Fischen bis zum Lamm und Zicklein. Um das *cataplana*-Gericht zuzubereiten, das mir am besten gefällt – *amêijoas na cataplana (Register der Rezepte)* –, erhitzen die Leute in Algarve etwas Öl, bis es siedend heiß ist, und fügen Zwiebeln, getrocknete, scharfe rote Pfefferschoten und Paprika bei. Dann geben sie Knoblauch und Wurst, *linguiça* oder *chouriço,* Tomaten und gehackte Petersilie hinzu, lassen zum Schluß ein paar Handvoll frische Muscheln hineingleiten und setzen den Deckel darauf. Die *cataplana* wird erst geöffnet, wenn sie auf den Tisch kommt; dann entweicht der Dampf wie aus einer Spalte im Meeresgrund, beladen mit dem Duft frischer Gemüse und Kräuter, dem sich der Geruch von Jod und Schalentieren, die sich gerade geöffnet haben, beimischt.

Von Algarve ist es nicht weit bis zur spanischen Grenze und dem Ende einer Portugalreise auf Umwegen. Die Straße führt an der Küste entlang nach Osten durch rosa und weiße Städte mit Schornsteinen in der Form maurischer Minarette, an grünen Feldern vorbei, die zu büschelartig wachsenden Kügelchen, den roten Beerenfrüchten, *medronhos,* des Erdbeerbaums aufsteigen und sich wieder neigen zu weißen Sandstränden und dem blauen, brausenden Meer. Es empfiehlt sich, auf dem Wege in der kleinen Küstenstadt Olhão einen Aufenthalt einzulegen. Jeden Sommer machen die Fischer von Algarve Jagd auf die zum Laichen ziehenden Thunfische; sie greifen die riesigen Fisch mit Keulen und zerrissenen Netzen an und springen zuweilen ins Wasser, um ihn mit bloßen Händen in einer blutigen Schlacht, die der „Stierkampf des Meeres" genannt wird, zu bekämpfen. Thunfischsteaks – mit Knoblauch und gehackter Minze zubereitet und mit dem goldenen, nußartigen Algarvewein Afonso III. genossen – schmecken hier in jedem kleinen Hafenrestaurant vortrefflich.

Fahren Sie dann zur Küstenhauptstraße zurück, und halten Sie sich weiterhin in östlicher Richtung. Die Sonne steht hinter ihnen, sie trifft Ihre Schultern. Gegen Abend müßten Sie die letzte Stadt erreichen, Vila Real de Santo Antonio, die am Guadiana, Spaniens südlicher Grenze, liegt. Nehmen Sie ein oder zwei Glas Afonso III. und ein paar Oliven zu sich, und wandern Sie durch die nach Fisch riechenden Dunstschwaden der Hafenarbeiterkneipen. Lassen Sie sich an einem Tisch im Freien zu einem Curry-Gericht mit Fisch und Krustentieren nieder, in dem sich die köstlichsten Stücke des Fangs versammeln, den Ozean und Fluß an diesem Tag gewährten und dem sich der Geschmack von Zitronensaft und Wein, Gelbwurz und scharfem, gehacktem grünen *cilantro* verbindet. Es gibt in ganz Portugal kein Küstengericht, das sich mit seinem vielschichtigen, exotischen Aroma messen kann.

Die Schärfe durchdringt Ihren Kopf, und Sie essen langsam und beobachten unterdessen, wie die Schatten über das flache, strömende Wasser des Flusses schneiden, das wie Sirup im letzten, flüssigen Sonnenlicht glänzt. Die Küchengerüche werden allmählich schwächer. Von irgendwoher unter dem dunkelnden Wasser vor Ihnen weht ein lichtdurchlässiges, wie ein Sonnenschirm geformtes Geschöpf der Meere, Portugiesische Galeere genannt, in Schrägrichtung zierlich an die Oberfläche des Flusses, um ein wenig Abendluft zu schöpfen. Es zieht seine langen, nesselnden Bündel eleganter, perlenschnurförmiger Tentakeln an die Oberfläche, sinkt dann wieder mit verführerischer Grazie in sie zurück, einer Kurtisane gleich, die sich mit einem tiefen Knicks in ihren edelsteinbesetzten Röcken verbirgt. Noch eine zarte Galeere, das einzige Lebewesen in Sichtweite, erscheint weiter drüben an der Mündung des Abendflusses, und zwei andere schweben an der Stelle empor, wo die sterbende Sonne das stille Wasser berührt das langsam zwischen Spanien und Portugal in das offene Meer hineingleitet. Dann senken sich Schweigen und Dunkelheit auf den Fluß, während droben das unterschiedliche Grau der vorbeiziehenden Wolken beide Länder in einem Licht vereint: Tiefes Aschgrau und ein Grau so schattig wie Schiefer lodern zu brennendem Korallenrot zusammen wie zwei sich mischende Hochofenflammen oder wie ein letzter Feuersee über der schlafenden Erde der Iberischen Halbinsel.

KAPITEL IX REZEPTE

Escabeche
PIKANTER MARINIERTER FISCH

In einer schweren Pfanne von 25 bis 30 cm Durchmesser ⅓ Tasse Olivenöl bei mäßiger Temperatur erhitzen, bis sich ein leichter Rauch bildet. Die Fischfilets hineingeben und auf jeder Seite 4 bis 5 Minuten braten, wobei man sie mit einem großen Spachtel wendet. Wenn sie goldbraun sind, zum Abtropfen und Abkühlen auf Küchenkrepp legen.

In einer sauberen Pfanne von 25 bis 30 cm Durchmesser die restliche ¾ Tasse Olivenöl bei mäßiger Temperatur erhitzen, bis sich ein leichter Rauch bildet. Die Zwiebelringe hineintun und unter häufigem Rühren braten, bis sie weich und glasig, aber noch nicht braun sind. Mohrrüben, Essig, Lorbeerblätter, Knoblauch, Salz, zerriebene Chillies und Pfeffer hinzufügen und weitere 5 Minuten unter gelegentlichem Umrühren schmoren. Abschmecken.

Etwa ¼ l der heißen Marinade in einer Schüssel aus Glas oder Emaille von etwa 15 cm Durchmesser und 10 cm Höhe gleichmäßig verteilen. Die Hälfte der Fischfilets darauflegen, mit etwa ¼ l Marinade übergießen, den restlichen Fisch dazugeben und die restliche Marinade darübergießen.

Fest mit Alu- oder Plastikfolie bedecken und mindestens 2 Tage im Kühlschrank marinieren. Den *escabeche* in der Marinadeschüssel anrichten.

Für 4 bis 6 Personen als Hauptgang oder für 6 bis 8 Personen als Vorgericht

⅓ Tasse und ¾ Tasse Olivenöl
1 kg Heilbutt, in etwa 2 cm dicke Filets geschnitten
2 große Zwiebeln, in ¼ cm dicke Scheiben geschnitten und in Ringe zerlegt
4 mittelgroße Mohrrüben, geputzt und grobgerieben
¼ l heller Weinessig
2 große Lorbeerblätter, zerrieben
2 TL feingehackter Knoblauch
2 TL Salz
¼ TL zerriebene getrocknete Chillies oder Cayennepfeffer
¼ TL frisch gemahlener schwarzer Pfeffer

Bacalhau à Gomes de Sà
KLIPPFISCH MIT KARTOFFELN

Einen Tag vorher den Klippfisch in eine Schüssel aus Glas, Emaille oder rostfreiem Stahl legen. Mit kaltem Wasser bedecken und mindestens 12 Stunden einweichen. Das Wasser drei- bis viermal auswechseln.

Den Ofen auf 100° vorwärmen. Mit einem Tortenpinsel Boden und Seiten einer Kasserolle von 20 cm Durchmesser und 10 cm Höhe mit 1 EL Olivenöl bestreichen. Die Kartoffeln in einen Topf mit leicht gesalzenem, kochendem Wasser geben, das sie vollständig bedeckt. Lebhaft kochen lassen, bis sie weich sind, aber nicht zerfallen. Die Kartoffeln abgießen, pellen und in ½ cm dicke Scheiben schneiden. Beiseite stellen.

Den Klippfisch aus dem Einweichwasser nehmen, unter kaltem Wasser abspülen, in einen Topf geben und so viel Wasser auffüllen, daß es 2 bis 3 cm über dem Fisch steht. Bei starker Hitze zum Kochen bringen. (Das Wasser abschmecken. Wenn es zu salzig erscheint, abgießen, frisches Wasser nachfüllen und wieder zum Kochen bringen.) Auf niedrige Hitze schalten und unbedeckt 20 Minuten schwach kochen, bis der Fisch leicht zerfällt, wenn man ihn behutsam mit einer Gabel prüft. Gründlich abtropfen lassen. Mit einem kleinen Messer Haut und Gräten entfernen und den Fisch in grobe Flocken zerlegen. Beiseite stellen.

In einer schweren Pfanne von 25 bis 30 cm Durchmesser ⅛ l Öl bei mäßiger Temperatur erhitzen, bis sich ein leichter Rauch bildet. Zwiebelringe hineingeben. Unter häufigem Rühren etwa 5 Minuten, bis sie weich und glasig, aber nicht braun sind, schmoren. Knoblauch hineinrühren und die Pfanne vom Feuer nehmen.

Nun die Hälfte der Kartoffeln in der Kasserolle verteilen, mit der Hälfte des Fisches und dann mit der Hälfte der Zwiebeln bedecken. Mit dem Rest der Kartoffeln, des Fisches und der Zwiebeln schichtweise in der gleichen Reihenfolge verfahren und zum Schluß ⅛ l Öl darübergießen. In der Mitte des Ofens etwa 20 Minuten backen, bis die oberste Schicht leicht gebräunt ist. Mit Oliven und Eischeiben garnieren und mit Petersilie bestreuen. Den *bacalhau* in der Kasserolle anrichten. Öl- und Essigfläschchen und eine Pfeffermühle oder eine Schale mit frisch gemahlenem schwarzen Pfeffer auf den Tisch stellen.

Für 4 bis 6 Personen

750 g Klippfisch
1 EL und ¼ l Olivenöl
1 kg mittelgroße Kartoffeln
300 g mittelgroße Zwiebeln, quer in ¼ cm dicke Scheiben geschnitten und in Ringe zerlegt
½ TL feingehackter Knoblauch
18 bis 20 entsteinte schwarze Oliven
5 hartgekochte Eier, quer in ½ cm dicke Scheiben geschnitten
2 EL feingehackte Petersilie

Für 4 Personen

¼ l trockener Weißwein
¼ Tasse Weißweinessig
1½ TL feingehackter Knoblauch
1 mittelgroßes Lorbeerblatt, zerrieben
4 Gewürznelken
1 TL Bohnenkraut, zerrieben
1 TL Majoran, zerrieben
1 TL Salz
½ TL frisch gemahlener schwarzer Pfeffer
1 kg mageres Schweinefleisch ohne Knochen, in 1 cm dicke Scheiben und in Streifen von 4 cm Länge und 1 cm Breite geschnitten
75 g Schmalz
3 Scheiben Weißbrot ohne Kruste, diagonal in 4 Dreiecke geschnitten
1 Orange, in Achtel geschnitten

Für 8 Personen

250 g getrocknete Kichererbsen (*garbanzos*)
1,5 kg Rindfleisch (Hüfte oder Blume)
Ein geräucherter Schinkenknochen (ca. 500 g)
Salz
4 l Wasser
1 große Zwiebel, geschält und geviertelt
250 g *linguiça*, ersatzweise *chorizo* oder andere knoblauchhaltige geräucherte harte Schweinewurst
Ein junges Huhn (750 g bis 1 kg), in 6 bis 8 Portionen zerteilt
600 g mittelgroße Kartoffeln, geschält und halbiert
600 g mittelgroße Süßkartoffeln, ersatzweise Kohlrüben, geschält und halbiert
3 mittelgroße weiße Rüben, geschält und der Länge nach geviertelt
4 mittelgroße Mohrrüben, geputzt und der Länge nach halbiert
1 mittelgroßer Weißkohl, der Länge nach halbiert, der Strunk entfernt, in Achtel geschnitten
4 Tassen grobgehacktes Kraut von weißen Rüben, ersatzweise Blätter von Blumenkohl
1 Tasse ungekochter Reis (Rundkorn)
Frisch gemahlener schwarzer Pfeffer
2 EL feingehackte Petersilie

Porco com Vinho e Alhos
GESCHMORTES SCHWEINEFLEISCH IN WEINMARINADE

Wein, Essig, Knoblauch, Lorbeerblatt, Gewürznelken, Bohnenkraut, Majoran, Salz und Pfeffer in eine große Schüssel geben. Die Schweinefleischstreifen in der Marinade wenden, bis sie gut angefeuchtet sind. Mindestens 4 Stunden bei Zimmertemperatur oder 8 Stunden im Kühlschrank marinieren und von Zeit zu Zeit umwenden.

Das Fleisch aus der Marinade nehmen und mit Küchenkrepp gründlich abtrocknen. Die Marinade aufheben. In einer schweren Pfanne von 25 bis 30 cm Durchmesser 15 g Schmalz bei mäßiger Hitze zerlassen, bis es brutzelt. Das Schweinefleisch hineingeben und anbraten, wobei man die Streifen mit einer Zange wendet und die Hitze so reguliert, daß sie rasch und gleichmäßig bräunen, ohne anzubrennen. Bis auf eine dünne Schicht alles Fett aus der Pfanne abgießen und ⅛ l von der Marinade hinzufügen. Bei starker Hitze aufkochen lassen und unterdessen den an der Pfanne haftenden Bratensatz abkratzen und daruntermischen. Auf niedrige Temperatur schalten, fest zudecken und 30 Minuten schwach schmoren lassen, oder bis das Fleisch weich ist, wenn man es mit der Spitze eines scharfen kleinen Messers prüft.

Unterdessen in einer anderen Pfanne von 25 bis 30 cm Durchmesser die restlichen 60 g Schmalz bei mäßiger Flamme erhitzen, bis es brutzelt. Die Brotdreiecke hineingeben und auf beiden Seiten gut bräunen. Auf Küchenkrepp abtropfen lassen.

Zum Anrichten die Gewürznelken herausnehmen und das Fleisch und die Sauce auf eine vorgewärmte Platte geben. Mit dem Brot und den Orangenschnitten garnieren.

Cozido à Portuguêsa
FLEISCH- UND GEMÜSEEINTOPF

Einen Tag vorher die Kichererbsen in einem Sieb unter fließendem Wasser kalt waschen, dann in einen Topf oder eine Schüssel geben und mit so viel Wasser auffüllen, daß es etwa 3 cm über den Erbsen steht. Bei Zimmertemperatur mindestens 12 Stunden einweichen.

Rindfleisch, Schinkenknochen und 1 TL Salz in einen schweren, 8 bis 10 l fassenden Topf geben. So viel Wasser auffüllen, daß es 2 bis 3 cm über dem Fleisch steht. Bei starker Hitze zum Kochen bringen und unterdessen den aufsteigenden Schaum abschöpfen. Auf niedrige Temperatur schalten, die Zwiebel hinzufügen, den Topf halb zudecken und 2 Stunden leise kochen lassen. Die abgetropften Kichererbsen dazugeben. Halb bedeckt 1 Stunde schwach weiterkochen lassen. Das Fleisch sollte immer von der Flüssigkeit bedeckt sein. Falls nötig, kochendes Wasser nachgießen.

Unterdessen die Würste in eine kleine Pfanne geben und mit der Spitze eines Messers an zwei oder drei Stellen in sie hineinstechen. Genügend Wasser einfüllen, um sie vollständig zu bedecken, und bei starker Hitze zum Kochen bringen. Dann auf niedrige Flamme stellen und unbedeckt 5 Minuten ziehen lassen. Auf Küchenkrepp abtropfen.

Mit einer Schöpfkelle ½ l von der Fleischbrühe in einen schweren, 1 bis 1½ l fassenden Kochtopf füllen und beiseite stellen. Wurst, Huhn, Kartoffeln, weiße Rüben und Mohrrüben in die Kasserolle geben, zudecken und 40 Minuten schwach kochen lassen. Kohl und Rübenkraut hinzufügen und weitere 20 bis 30 Minuten sieden, bis das Fleisch und die Gemüse weich sind.

Unterdessen den zurückbehaltenen ½ l Brühe bei großer Hitze aufkochen lassen. Unter ständigem Rühren den Reis hineinschütten, 1 TL Salz hinzufügen und auf niedrige Temperatur schalten. Fest zudecken und 20 Minuten kochen, bzw. bis der Reis die Brühe fast ganz aufgesaugt hat. Nach Geschmack mehr Salz und Pfeffer hinzufügen.

Zum Anrichten Huhn und Fleisch auf ein Tranchierbrett legen. Mit einem scharfen kleinen Messer Haut und Knochen des Huhns entfernen und alles Fleisch vom Schinkenknochen lösen. Das Rindfleisch und die Würste in ½ cm dicke Scheiben schneiden. Fleisch und Gemüse auf einer vorgewärmten Platte anordnen und mit ein paar Löffeln Brühe übergießen. Mit Petersilie bestreuen und mit dem Reis als Beilage anrichten. (Die Brühe als ersten Gang servieren oder aufheben und für andere Suppen wie *sopa de panela, Register der Rezepte,* verwenden.)

Massa Sovada
SÜSSES PORTUGIESISCHES BROT

	Für 2 runde Brotlaibe von 25 cm Durchmesser
	2 Pakete Trockenhefe
	1 Prise und 225 g Zucker
	¼ Tasse lauwarmes Wasser (zwischen 42° und 46°)
	750 bis 900 g Mehl
	1 TL Salz
	¼ l lauwarme Milch (zwischen 42° und 46°)
	3 Eier
	125 g Butter, in kleine Flöckchen geschnitten
	2 EL weiche Butter
	1 Ei, leicht geschlagen

Die Hefe und 1 Prise Zucker in ¼ Tasse lauwarmes Wasser streuen. 2 bis 3 Minuten stehen lassen, dann verrühren, um die Hefe völlig aufzulösen. Die Tasse 8 bis 10 Minuten an einen warmen, vor Zugluft geschützten Platz stellen (vielleicht in einen abgeschalteten Backofen), bzw. bis sich die Mischung verdoppelt hat.

225 g Zucker, 600 g Mehl und das Salz in eine tiefe Rührschüssel schütten. In die Mitte eine Vertiefung machen und Hefemischung, Milch sowie Eier einfüllen. Mit einem großen Löffel behutsam umrühren, dann kräftig schlagen, bis alle Zutaten gut vermischt sind. Die Butterflöckchen und danach bis zu 300 g weiteres Mehl in kleinen Portionen dazugeben, bis der Teig zu einer weichen Kugel zusammengefaßt werden kann. Wenn sich der Teig nur schwer rühren läßt, das Mehl mit der Hand hineinarbeiten.

Den Teig auf ein leicht bemehltes Brett legen und mit dem Handballen mehrmals flachpressen und nach vorn durchdrücken. Zurückschlagen und 15 Minuten auf diese Weise mit dem Auskneten fortfahren, bis der Teig glatt und elastisch ist.

Den Teig zu einer Kugel formen und in eine große, leicht ausgebutterte Schüssel legen. Die Oberfläche mit Mehl bestäuben, mit einem Handtuch bedecken und 45 Minuten bis zu 1 Stunde an einen warmen, vor Zugluft geschützten Platz stellen, bis sich sein Volumen verdoppelt hat.

Mit einem Tortenpinsel Boden und Seiten zweier Auflauf- oder Tortenformen von 25 cm Durchmesser mit 2 EL weicher Butter bestreichen. Den Teig einmal mit der Faust flachschlagen, dann auf ein leicht bemehltes Brett legen und 10 Minuten ruhen lassen. Den Teig in Hälften teilen und die Hälften zu abgeflachten runden Laiben von etwa 20 cm Durchmesser formen. In die Backformen legen und an einem warmen Platz etwa 40 Minuten gehen lassen.

Den Ofen auf 175° vorwärmen. Mit einem Tortenpinsel die beiden Laibe oben mit dem geschlagenen Ei bestreichen. Auf dem mittleren Einschub ungefähr 1 Stunde lang backen, oder bis die Kruste goldbraun ist. Zum Abkühlen auf Kuchengitter setzen.

ANMERKUNG: Derselbe Teig wird oft zu Schnecken *(caracois)* oder Zöpfen *(trança à tricana)* geformt. Um *caracois* zu machen, den Teig halbieren und jeden Teil zu einem langen Strang von etwa 3½ cm Durchmesser rollen. Jeden Strang in konzentrischen Kreisen in eine flache Backform von 25 cm Durchmesser legen, bis der Boden der Form vollständig ausgefüllt ist. Die Laibe 40 Minuten gehen lassen und mit geschlagenem Ei bepinseln. Vor dem Backen in die Mitte ein paar Rosinen setzen.

Für *trança à tricana* nach dem ersten Auskneten vorsichtig 50 g Korinthen unter den Teig mischen. Den Teig 1 Stunde gehen lassen. Dann flachschlagen, 10 Minuten ruhen lassen und halbieren. Jede Hälfte zu drei Strängen von 35 cm Länge rollen. Drei Stränge nebeneinanderlegen und behutsam zu einem dicken Zopf flechten. Die Enden leicht nach unten umschlagen, so daß ein glatter Abschluß entsteht. Mit dem zweiten Zopf ebenso verfahren, dann die Laibe auf ausgebutterte Backbleche legen und 40 Minuten gehen lassen. Die Zöpfe mit geschlagenem Ei bepinseln und mit 100 g Zucker (möglichst Hagelzucker) bestreuen, bevor man sie in den Backofen schiebt.

Für 4 Personen als Hauptgang,
für 6 Personen als Vorgericht

250 g *linguiça*, ersatzweise *chorizo* oder andere knoblauchhaltige geräucherte harte Schweinewurst
⅛ l Olivenöl
4 mittelgroße Zwiebeln, in dünne Scheiben geschnitten
1 TL Edelsüßpaprika
¼ TL zerriebene getrocknete Chillies oder Cayennepfeffer
Frisch gemahlener schwarzer Pfeffer
125 g feingewürfelter *presunto*-Schinken, ersatzweise anderer magerer Räucherschinken
250 g mittelgroße Tomaten, geschält, entkernt und grobgehackt
(siehe huevos a la flamenca, Seite 16)
½ Tasse feingehackte Petersilie
⅛ l trockener Weißwein
1 EL feingehackter Knoblauch
2 kleine Lorbeerblätter, zerrieben
36 hartschalige Herzmuscheln, gewaschen und gründlich abgebürstet, ersatzweise Miesmuscheln

Für 4 Personen

⅜ l trockener Weißwein
1 EL Rosenpaprika
2½ TL Salz
Frisch gemahlener schwarzer Pfeffer
2 Knoblauchzehen, halbiert
1 kleines Lorbeerblatt
1 kg mageres Schweinefleisch ohne Knochen, in 3 cm große Würfel geschnitten
50 g Schmalz
2 mittelgroße Zwiebeln, in dünne Scheiben geschnitten
1 große rote Paprikaschote, Rippen und Kerne entfernt, der Länge nach in 1 cm breite Streifen geschnitten, oder ⅓ Tasse Pimientos aus der Dose, in 1 cm breite Streifen geschnitten
2 TL feingehackter Knoblauch
250 g mittelgroße Tomaten, geschält, entkernt und feingehackt
(siehe huevos a la flamenca, Seite 16)
⅛ TL zerriebene getrocknete Chillies oder Cayennepfeffer
2 Dutzend kleine hartschalige Herzmuscheln, gewaschen und gründlich abgebürstet, ersatzweise Miesmuscheln
¼ Tasse feingehackter frischer *cilantro*, ersatzweise glatte Petersilie
1 Zitrone, in 6 oder 8 Spalten geschnitten

Amêijoas na Cataplana
PIKANTE MUSCHELN MIT WURST UND SCHINKEN

Mit einem scharfen kleinen Messer die Haut von den Würsten abziehen. Das Fleisch in nicht zu kleine Stückchen zerteilen und in ein Sieb geben. Das Sieb in einen Topf mit kochendem Wasser tauchen und 1 Minute sprudelnd kochen lassen. Dann das Wurstfleisch zum Abtropfen auf eine doppelte Lage Küchenkrepp legen.

In einer schweren Pfanne von 30 cm Durchmesser oder in einer Kasserolle ähnlicher Größe das Olivenöl bei mäßiger Temperatur erhitzen, bis sich ein leichter Rauch bildet. Die Zwiebeln hineingeben und unter häufigem Rühren 5 Minuten anbraten, bis sie weich und glasig, aber nicht braun sind. Paprika, zerriebene Chillies und 1 kräftige Prise schwarzen Pfeffer hinzufügen und 1 bis 2 Minuten schmoren. Dann das Wurstfleisch, Schinken, Tomaten, Petersilie, Wein, Knoblauch und Lorbeerblätter dazugeben und bei starker Hitze unter ständigem Rühren kochen, bis fast alle Flüssigkeit im Topf verdampft ist.

Die Muscheln mit der Schließmuskelseite nach unten auf die Fleisch- und Tomatenmischung legen, den Topf fest zudecken und bei mäßiger Hitze ungefähr 10 Minuten kochen, bis sich die Schalen öffnen. Muscheln, die geschlossen bleiben, wegwerfen. Zum Anrichten auf vorgewärmte Suppenteller geben und die Sauce darübergießen.

ANMERKUNG: Dieses Gericht ist nach der portugiesischen *cataplana*, einer Metallkasserolle in Form einer Muschel, benannt.

Porco com Amêijoas à Alentejana
MARINIERTES SCHWEINEFLEISCH MIT MUSCHELN

In einer großen Schüssel Wein, Paprika, 1½ TL Salz und ¼ TL schwarzen Pfeffer gründlich durchmischen. Die halbierten Knoblauchzehen, das Lorbeerblatt und dann die Schweinefleischwürfel hinzufügen. Das Fleisch in der Marinade umwenden, bis die Stücke gleichmäßig damit bedeckt sind. 3 Stunden bei Zimmertemperatur oder 6 Stunden im Kühlschrank marinieren, wobei man das Fleisch gelegentlich wendet, damit es gut angefeuchtet bleibt.

Das Fleisch in einem feinen Sieb über einer Schüssel abtropfen lassen und mit Küchenkrepp gründlich abtrocknen. Knoblauch und Lorbeerblatt entfernen, die Marinade jedoch aufheben. In einer schweren Pfanne von 25 bis 30 cm Durchmesser 20 g Schmalz bei starker Hitze zerlassen, bis es brutzelt. Das Schweinefleisch hineingeben und häufig wenden, wobei man die Hitze so reguliert, daß das Fleisch rasch und gleichmäßig bräunt, ohne anzubrennen. Mit einem Schaumlöffel die Fleischwürfel in eine Schüssel legen. Die Marinade in die Pfanne gießen und bei starker Hitze zum Kochen bringen. Unterdessen den an der Pfanne haftenden Bratsatz untermengen. Unbedeckt sprudelnd kochen lassen, bis die Marinade auf ¼ l eingedickt ist, dann über das Fleisch gießen und beiseite stellen.

In einer schweren, 6 bis 8 l fassenden Kasserolle das restliche Schmalz bei mäßiger Hitze zerlassen, bis es brutzelt. Zwiebeln und Paprikaschote (nicht die Pimientos) hineingeben und unter häufigem Rühren 5 Minuten schmoren, bis sie weich, aber nicht braun sind. Den gehackten Knoblauch, die Tomaten, die zerriebenen Chillies, den restlichen TL Salz sowie 1 Prise Pfeffer hinzufügen. Unter ständigem Rühren 3 bis 4 Minuten schwach kochen lassen.

Anschließend die Muscheln mit der Schließmuskelseite nach unten auf der Tomatensauce verteilen, die Kasserolle fest zudecken und bei starker Hitze etwa 10 Minuten kochen, bis sich die Schalen öffnen. (Muscheln, die geschlossen bleiben, wegwerfen.) Das Fleisch mit der Marinadensauce und – falls verwendet – die Pimientos hineinrühren und 5 Minuten ziehen lassen, bis das Fleisch durchwärmt ist. Dann das Gericht mit *cilantro* bestreuen und mit Zitronenspalten garnieren. Sofort in der Kasserolle anrichten.

Iscas
LEBER MIT ROTWEINSAUCE

In einer Schüssel oder Backform aus Glas, Emaille oder rostfreiem Stahl Wein, Essig, Knoblauch, Lorbeerblatt, Salz und 1 Prise Pfeffer verrühren. Die Leberscheiben hineingeben und mit einem Löffel wenden, bis sie gleichmäßig mit der Beize bedeckt sind. Bei Zimmertemperatur 2 Stunden lang marinieren.

In einer schweren Pfanne von 25 bis 30 cm Durchmesser das Olivenöl bei mäßiger Temperatur erhitzen, bis sich ein leichter Rauch bildet. Den Speck dazugeben und unter ständigem Rühren goldbraun und knusprig braten. Auf einer doppelten Lage Küchenkrepp abtropfen lassen. Die Marinade aufheben.

Das in der Pfanne verbliebene Fett erhitzen, bis es brutzelt. Die Leber hineingeben und auf beiden Seiten 2 Minuten anbraten, wobei man die Hitze so einstellt, daß die Scheiben rasch und gleichmäßig bräunen, ohne anzubrennen. Die Leber auf eine vorgewärmte Platte legen. Schnell die Marinade in die Pfanne gießen und bei starker Hitze unbedeckt kochen lassen, bis sie auf etwa die Hälfte verkocht ist. Währenddessen den an der Pfanne haftenden Bratensatz hineinrühren. Abschmecken. Die Speckwürfel über der Leber verteilen, die Sauce darübergießen und das Ganze mit Petersilie bestreuen. Sofort servieren. Als Beilage portugiesische Bratkartoffeln *(Register der Rezepte)* reichen.

Für 4 Personen

¾ Tasse trockener Rotwein
2 EL Rotweinessig
1 TL feingehackter Knoblauch
½ zerriebenes Lorbeerblatt
½ TL Salz
Frisch gemahlener schwarzer Pfeffer
500 g Kalbs- oder Rinderleber, in ¼ cm dicke Scheiben geschnitten
3 EL Olivenöl
3 Scheiben Speck, grobgehackt
2 EL feingehackte Petersilie

Toucinho de Céu
MANDELKUCHEN „HIMMELSSPECK"

Den Ofen auf 175° vorwärmen. Mit einem Kuchenpinsel Boden und Seiten einer Springform von 20 cm Durchmesser mit der Butter bestreichen. Dann 30 g Zucker darüberstreuen und die Form von einer Seite zur anderen kippen, damit sich der Zucker gleichmäßig über den Boden und die Wandung verteilt. Die Form umdrehen und überflüssigen Zucker kräftig abklopfen.

Die Mandeln auf einem Backblech verteilen und in der Mitte des Ofens 10 Minuten rösten, oder bis sie sich leicht verfärben. Aus dem Ofen nehmen und die Temperatur auf 200° erhöhen. 50 g der Mandeln beiseite stellen, den Rest in einer Nußmühle mahlen oder in einem Mörser mit einem Stößel zerreiben.

450 g Zucker und das Wasser in einem schweren, 1 bis 1½ l fassenden Topf bei mäßiger Hitze zum Kochen bringen. Rühren, bis sich der Zucker auflöst. Die gemahlenen Mandeln hineingeben und unter ständigem Rühren etwa 5 Minuten auf dem Feuer lassen, bis die Mischung aufkocht und durchsichtig wird. Den Sirup zum schnelleren Abkühlen in eine Schüssel oder einen anderen Topf umgießen und beiseite stellen, bis er lauwarm ist.

In einem schweren, 3 bis 4 l fassenden Kochtopf die Eigelbe mit einem Schneebesen, Handrührgerät oder einer elektrischen Küchenmaschine schlagen, bis sie blaßgelb und dick sind. Die lauwarme Mandelmischung unter ständigem Schlagen langsam dazugießen, bis die Masse dick und kühl ist. Mandelextrakt, Zimt und Zitronenschale hinzufügen und den Topf auf niedrigste Flamme stellen. Etwa 15 Minuten ständig rühren, bis die Mischung sich zu einer Creme verdickt, die den Löffel schwer überzieht. Die Mischung darf auf keinen Fall zum Kochen kommen, sonst gerinnt sie.

Die Mischung in die Springform gießen und die Oberfläche gleichmäßig mit den restlichen 30 g Zucker bestreuen. Auf dem mittleren Einschub 15 bis 20 Minuten backen, bis der Kuchen fest ist. Dann aus dem Ofen nehmen und 10 Minuten auskühlen lassen, bevor man ihn aus der Form löst. Warm oder auf Zimmertemperatur abgekühlt servieren und direkt vor dem Anrichten mit etwas Zucker bestreuen und mit den beiseite gestellten gerösteten Mandeln dekorieren.

Für 1 Kuchen von 20 cm Durchmesser

30 g weiche Butter
60 g und 450 g Zucker
400 g ganze blanchierte Mandeln
9 EL Wasser
8 Eigelb
1½ TL Mandelextrakt
1 TL Zimt
1 TL feingeriebene Zitronenschale (von ungespritzten Zitronen)

Ovos Moles
EIGELB-ZUCKERGUSS

Für etwa 1½ Tassen

275 g Zucker
⅓ Tasse kaltes Wasser
10 Eigelb

Den Zucker und das Wasser in einen 1 bis 1½ l fassenden Topf geben. Unter ständigem Rühren bei mäßiger Temperatur erhitzen, bis der Zucker vollständig aufgelöst ist. Wenn der Sirup zu kochen beginnt und durchsichtig wird, den Topf vom Feuer nehmen und auf Zimmertemperatur abkühlen lassen.

Unterdessen in einem schweren, 2 bis 3 l fassenden Kochtopf die Eigelbe mit einem Schneebesen, Handrührgerät oder einer elektrischen Küchenmaschine schlagen, bis sie dick und blaßgelb sind. Ohne mit der Rührbewegung nachzulassen, langsam den Sirup dazugießen. Den Topf auf niedrigste Flamme stellen und die Mischung mit einem großen Holzlöffel 10 Minuten gleichmäßig bearbeiten, bis sie sich zu einer glatten Creme verdickt, die den Löffel schwer überzieht. Die Temperatur der Mischung darf auf keinen Fall die Nähe des Siedepunktes erreichen, sonst gerinnt sie. Durch ein feines Sieb in eine Schüssel streichen und auf Zimmertemperatur abkühlen lassen. Der Zuckerguß dickt während des Auskühlens noch weiter ein.

ANMERKUNG: In Portugal wird *ovos moles* nicht nur als Zuckerguß für Kuchen verwendet, sondern auch als Nachspeise in Dessertschalen gereicht.

Bôlo de Amêndoa à Algarvia
MANDELSCHICHTKUCHEN

Für einen flachen Schichtkuchen

30 g weiche Butter
20 g Mehl
6 Eiweiß
6 Eigelb
1 Prise Salz
175 g Zucker
300 g ganze blanchierte Mandeln
1 TL Mandelextrakt
Ovos moles (oben)

Den Ofen auf 175° vorwärmen. Mit einem Kuchenpinsel Boden und Seiten eines Backblechs mit 15 g der weichen Butter bestreichen. Das Blech mit einem langen Streifen Wachspapier auslegen, wobei das Papier etwa 5 cm über die Schmalseiten des Blechs herausragen soll. Das Papier mit der restlichen Butter bepinseln, dann mit 20 g Mehl bestreuen und die Form von einer Seite zur anderen kippen, damit sich das Mehl gleichmäßig verteilt. Nun das Blech umdrehen und überflüssiges Mehl kräftig abklopfen.

Die Mandeln auf ein anderes Backblech legen und in der Mitte des Ofens etwa 10 Minuten rösten, bis sie sich leicht verfärben. 50 g Mandeln beiseite stellen. Den Rest in einer Nußmühle zermahlen oder in einem Mörser mit einem Stößel zerreiben.

In einer großen Rührschüssel Eiweiß und Salz mit einem Schneebesen, einem Handrührgerät oder einer elektrischen Küchenmaschine schlagen, bis es steif genug ist, um an dem Rührgerät hängenzubleiben. In einer anderen Schüssel mit demselben Gerät Eigelb und Zucker verquirlen, bis die Mischung dick genug ist, um sich in einem langsam zerfließenden Band von dem hochgehobenen Schneebesen zu lösen. Dann die gemahlenen Mandeln und 1 TL Mandelextrakt unter die geschlagenen Eigelbe rühren.

Etwa ein Viertel des Eischnees unter das Eigelb heben, diese Mischung über den restlichen Eischnee gießen und mit einem Gummispachtel locker, ohne zu rühren, unterziehen. Den Eierteig auf das Blech füllen, mit einem Spachtel bis in die Ecken verteilen und glattstreichen.

Auf dem mittleren Einschub 15 bis 20 Minuten backen, bzw. bis der Kuchen goldgelb ist und sich von den Seiten des Blechs zu lösen beginnt. Aus dem Ofen nehmen und 2 bis 3 Minuten abkühlen lassen. Dann vorsichtig auf ein frisches Wachspapier stürzen. Die Papierschicht über dem Kuchen behutsam abziehen und den Kuchen vor dem Glasieren auf Zimmertemperatur abkühlen lassen.

Zum Anrichten die Kanten mit einem scharfen langen Messer abschneiden und den Kuchen quer in vier gleichgroße Scheiben schneiden. Eine Kuchenscheibe auf einen Servierteller legen und mit einem Metallspachtel oder einem Messer gleichmäßig mit ¼ Tasse *ovos-moles*-Zuckerguß bestreichen. Eine zweite Scheibe darüberlegen, mit einer weiteren ¼ Tasse Zuckerguß bestreichen und auf dieselbe Weise mit den beiden letzten Scheiben verfahren. Auf die letzte Kuchenschicht und über die Seiten des

Kuchens den Rest *ovos moles* verteilen. Die 50 g ganze Mandeln dekorativ in zwei parallel verlaufenden Reihen der Länge nach auf dem Kuchen anordnen. Sofort auftragen oder bei Zimmertemperatur 2 bis 3 Stunden lang stehenlassen, damit der Kuchen den Zuckerguß aufsaugen kann.

Figos Recheados
GEFÜLLTE FEIGEN

Für 12 Portionen

75 g ganze blanchierte Mandeln
12 große getrocknete Feigen
15 g halbbittere geriebene Borkenschokolade

Den Ofen auf 175° vorwärmen. Die Mandeln auf ein Backblech legen und in der Mitte des Ofens etwa 10 Minuten rösten, bis sie sich leicht verfärben. 12 Mandeln beiseite legen und den Rest in einer Nußmühle zermahlen oder in einem Mörser mit einem Stößel zerreiben.

Mit einer Schere oder einem kleinen Messer die Fruchtstiele der Feigen abschneiden. Dann mit dem Finger oder mit dem Stiel eines kleinen Löffels am Stielansatz eine Vertiefung von 1 cm machen. Die gemahlenen Mandeln mit der Schokolade vermischen und 1 TL der Mischung in jede Feige füllen. Die Öffnungen fest zusammendrücken. Die Feigen mit der Stielseite nach oben auf ein ungefettetes Backblech legen und im mittleren Einschub des Ofens 5 Minuten backen. Die Feigen mit einer Zange umdrehen und weitere 5 Minuten backen.

Jeweils 1 geröstete Mandel behutsam, aber fest in die Öffnung jeder Feige drücken und sofort oder auf Zimmertemperatur abgekühlt anrichten. *Figos recheados* werden traditionsgemäß nach dem Abendessen mit Portwein serviert.

Pôrto Pudim Flan
PORTUGIESISCHER KARAMELPUDDING

Für 12 Personen

⅜ l süße Sahne
⅜ l Milch
150 g Zucker
6 Eigelb
2 TL Portwein

Den Ofen auf 175° vorwärmen. In einem schweren, 1 bis 1½ l fassenden Topf Sahne und Milch bei starker Temperatur erhitzen, bis sich am Rand des Topfes kleine Blasen bilden. Von der Kochstelle nehmen. In einem kleinen, schweren Topf oder einer Pfanne den Zucker zu Karamel brennen, indem man ihn bei mäßiger Hitze so lange rührt, bis er schmilzt und goldgelb ist. Sofort die heiße Milch und Sahne in einem dünnen Strahl unter dauerndem Rühren in den Karamel gießen. Weiterrühren, bis sich der Karamel völlig aufgelöst hat.

Mit einem Schneebesen, einem Handrührgerät oder einer elektrischen Küchenmaschine die Eigelbe schlagen, bis sie gut vermengt sind. Dann die Sahne-Mischung unter ständigem Rühren mit einem Löffel langsam dazugießen. Den Portwein hineinrühren und die Mischung durch ein feines Sieb in 12 feuerfeste Porzellan-, Glas- oder Puddingformen füllen. Die Formen in einem großen Bräter auf den mittleren Einschub der Backröhre stellen und kochendes Wasser bis zur halben Höhe der Formen eingießen. 40 Minuten backen, bzw. bis ein Messer, das man in die Mitte des Puddings sticht, beim Herausziehen keine Rückstände aufweist. Auf Zimmertemperatur abkühlen lassen, dann mindestens 3 Stunden, bis der Pudding völlig erkaltet ist, in den Kühlschrank stellen.

Um den Pudding aus der Form zu stürzen, fährt man mit einem scharfen Messer an der Seitenwand entlang und taucht den Boden der Form kurz in heißes Wasser. Abtrocknen und einen gekühlten Servierteller umgekehrt über jede Puddingform legen, Form und Teller fest zusammenhalten und schnell umdrehen. Leicht mit dem Teller auf den Tisch klopfen; der Pudding sollte ohne weiteres herausgleiten. In Portugal wird der Pudding zuweilen mit einer Blüte garniert.

ANHANG

Register der Rezepte: Deutsch

ANMERKUNG: Der Buchstabe R vor einer Seitenzahl bezieht sich auf das Rezeptbuch. Größe, Gewicht und Material der Kochgeräte werden in den Rezepten vermerkt, da sie die Zubereitung beeinflussen.

Suppen

Bohnensuppe mit Wurst (spanisch)	141;	R10
Gekräuterte Knoblauchsuppe mit pochierten Eiern (portugiesisch)		R3
Gemüsesuppe mit Fleisch (spanisch)	142;	R11
Gemüsesuppe mit Kartoffeln und Wurst (portugiesisch)	166;	R12
Gemüsesuppe mit Knoblauch (spanisch)		R9
Hühnerbrühe mit Zitrone und Minze (portugiesisch)	166;	R7
Kalte Gemüsesuppe (spanisch)	64;	R5
Kichererbsensuppe mit Klippfisch (spanisch)		R6
Knoblauchsuppe (spanisch)	40;	R2
Knoblauchsuppe mit Kichererbsen, Minze und Croutons (portugiesisch)		R8
„Viertelstunden"-Suppe mit Meerestieren, Schinken und Reis (spanisch)	81;	R4

Meerestiere

Gebackener Brassen mit Kartoffeln (spanisch)	124;	R18
Gebackener Klippfisch mit Schinken und Tomaten (portugiesisch)		R18
Gebackener Seehecht mit Kartoffelscheiben und Tomatensauce (spanisch)		R22
Gefüllter Tintenfisch in eigener Tinte (spanisch)		R37
Hechtfilets mit Tomaten- und Mandelsauce (spanisch)	99;	R23
Hummersalat (spanisch)	98;	R26
Katalonischer Krustentiereintopf (spanisch)	100;	R24
Klippfisch mit Eiern und gebackenen Kartoffeln (portugiesisch)		R17
Klippfisch mit Kartoffeln (portugiesisch)	195;	R15
Klippfisch mit Kichererbsen und hartgekochten Eiern (portugiesisch)		R16
Klippfisch mit Tomaten, Zwiebeln und Knoblauch (spanisch)		R13
Klippfischfrikadellen mit frischen Kräutern (portugiesisch)	167;	R14
Marinierte gebackene Forellen mit Rotwein und Kräutern (spanisch)	122;	R31
Meeresfrüchte in gewürzter Tomatensauce (spanisch)		R28
Meerestiereintopf (spanisch)		R34
Muscheln in Weißwein mit Knoblauch, Zwiebeln und Tomaten (spanisch)	67;	R27
Pikante Muscheln mit Wurst und Schinken (portugiesisch)	198;	R25
Pikanter marinierter Fisch (portugiesisch)	195;	R19
Pollack in Grüner Sauce (spanisch)		R20
Safranreis mit Meerestieren und Huhn (spanisch)	82;	R32
Seehecht mit Tomatensauce (spanisch)	143;	R21
Taschenkrebse mit Sherry und Weinbrand (spanisch)		R30
Thunfischfilets mit Kartoffeln (spanisch)		R29
Tintenfisch in seiner Tinte (spanisch)	121;	R35

Fleischgerichte

Fleisch- und Gemüseeintopf (portugiesisch)	196;	R55
Gebratene Kalbsnieren in Sherrysauce (spanisch)	64;	R42
Gebratene Lammkeule mit Minze (portugiesisch)		R49
Gemischter Fleischtopf (spanisch)	40;	R56
Geschmortes Kaninchen in Weißwein mit Schokolade (spanisch)		R51
Geschmortes Schweinefleisch in Weinmarinade (portugiesisch)	196;	R45
Geschmortes Schweinefleisch mit Kümmel (portugiesisch)	168;	R46
Kalbsschnitzel in Sherrysauce (spanisch)	65;	R40
Kaldauneneintopf mit Fleischeinlage (portugiesisch)		R52
Kaldauneneintopf mit Kalbshachsen, Schinken und Würsten (spanisch)		R53
Kaninchen mit Reis in der Kasserolle (spanisch)		R50
Lammfrikassee (spanisch)		R47
Lammkoteletts und Würste in Tomatensauce (spanisch)		R48
Leber mit Rotweinsauce (portugiesisch)	199;	R38
Marinierter Kalbsbraten mit roten Zwiebeln (portugiesisch)	167;	R41
Mariniertes Schweinefleisch mit Muscheln (portugiesisch)	198;	R44
Portugiesisches Steak (portugiesisch)	168;	R39
Schweinekoteletts mit Paprikaschoten (portugiesisch)	171;	R43
Schweinekoteletts mit Tomatensauce (spanisch)		R46

Geflügel und Federwild

Gebratene Ente mit Schinkenreis (portugiesisch)	170;	R64
Gebratenes Huhn mit Paprikaschoten, Tomaten und Oliven (spanisch)	123;	R58
Geschmorte Rebhühner in Weißwein (spanisch)	41;	R66
Geschmorte Tauben mit Schokoladensauce (spanisch)	122;	R63
Geschmortes Huhn in Weißweinsauce mit Mandeln (spanisch)	41;	R62
Huhn mit Safranreis und Erbsen (spanisch)	81;	R59
Pastete mit Hühnerfüllung (spanisch)	140;	R60

Eiergerichte

Erbsen nach portugiesischer Art (portugiesisch)	14;	R69
Kartoffelomelett mit Zwiebeln (spanisch)	141;	R67
Spiegeleier im Gemüsebett (spanisch)	16;	R68

Gemüse, Reis, Salate und Saucen

Bohnen mit Wurst und Minze (spanisch)	100;	R72
Fritierter Blumenkohl mit Knoblauch und Essigsauce (spanisch)		R70
Gefülltes Gemüse (spanisch)		R74
Gemischter Gemüsetopf (spanisch)		R76
Gemischter grüner Salat (portugiesisch)	168;	R78
Grüne Bohnen in Tomatensauce (spanisch)	43;	R71
Kartoffeln in Petersiliensauce (spanisch)	125;	R73
Knoblauchmayonnaise (spanisch)	98;	R78
Mandel- und Cayennepfeffersauce (spanisch)	98;	R79
Portugiesische Bratkartoffeln (spanisch)	166;	R73
Safranreis (spanisch)	83;	R74
Schmorgemüse (spanisch)	43;	R77
Spinat mit Pinienkernen und Mandeln (spanisch)		R71

Brote, Spritzkuchen und Gebäck

Anisplätzchen (spanisch)		R85
Löffelbiskuits (spanisch)		R86
Nußbrot mit kandierten Früchten (portugiesisch)		R80
Portugiesisches Maisbrot (portugiesisch)	14;	R83
Spanische Fettkuchen (spanisch)	42;	R84
Süßes Portugiesisches Brot (portugiesisch)	197;	R82
Zimtküchlein (spanisch)		R84

Nachspeisen und Getränke

Apfelpastete mit Minze (spanisch)	143;	R96
Bananenbeignets (spanisch)		R102
Baskische Wein-„Limonade" (spanisch)	125;	R104
Biskuitrolle mit Rumcremefüllung (spanisch)	66;	R94
Cremespeise (spanisch)	125;	R90
Cremetörtchen (portugiesisch)		R90
Eiercremeschnitten in Sirup (portugiesisch)		R95
Eigelb-Zuckerguß (portugiesisch)	200;	R98
Feigenkonfekt mit Mandeln (portugiesisch)		R102
Gebratene Puddingwürfel (spanisch)	43;	R92
Gefüllte Feigen (portugiesisch)	201;	R103
Karamelpudding mit Orangen (spanisch)		R88
Mandelschichtkuchen (portugiesisch)	200;	R98
Mandelkuchen „Himmelsspeck" (portugiesisch)	199;	R100
Mokkaschichtkuchen mit Rum (spanisch)		R96
Portugiesischer Karamelpudding (spanisch)	201;	R89
Reispudding (portugiesisch)		R101
Rotweinbowle (spanisch)	66;	R104
Rumcremefüllung (spanisch)	66;	R94
Süße Eierkuchen mit Sirup (portugiesisch)		R87
Süße Käsetörtchen (portugiesisch)		R92

Register der Rezepte: Spanisch und Portugiesisch

Suppen

Caldo gallego (spanisch)	142;	R11
Caldo verde (portugiesisch)	166;	R12
Canja (portugiesisch)	166;	R7
Fabada asturiana (spanisch)	141;	R10
Gazpacho (spanisch)	64;	R5
Potaje de vigilia (spanisch)		R6
Sopa à alentejana (portugiesisch)		R3
Sopa al cuarto de hora (spanisch)	81;	R4
Sopa de ajo (spanisch)	40;	R2
Sopa de panela (portugiesisch)		R8
Sopa juliana (spanisch)		R9

Meerestiere

Almejas a la marinera (spanisch)	67;	R27
Amêijoas na cataplana (portugiesisch)	198;	R25
Bacalao al ajo arriero (spanisch)		R13
Bacalhau à Gomes de Sá (portugiesisch)	195;	R15
Bacalhau dourado (portugiesisch)		R17
Bacalhau Trás-os-Montes (portugiesisch)		R18
Besugo al horno (spanisch)	124;	R18
Bolinhos de bacalhau (portugiesisch)	167;	R14
Calamares en su tinta (spanisch)	121;	R35
Calamares rellenos en su tinta (spanisch)		R37
Caldeirada (portugiesisch)		R34
Changurro (spanisch)		R30
Escabeche (portugiesisch)	195;	R19
Mariscos a la Costa Brava (spanisch)		R28
Marmita-kua (spanisch)		R29
Meia desfeita de bacalhau (portugiesisch)		R16
Merluza a la gallega (spanisch)	143;	R21
Merluza al horno (spanisch)		R22
Merluza marinera (spanisch)	99;	R23
Mero en salsa verde (spanisch)		R20
Paella (spanisch)	82;	R32
Salpicón de mariscos (spanisch)	98;	R26
Truchas a la navarra (spanisch)	122;	R31
Zarzuela de mariscos (spanisch)	100;	R24

Fleischgerichte

Arroz con costra		R50
Bife à portuguêsa (portugiesisch)	168;	R39
Callos a la madrileña (spanisch)		R53
Chuletas de cordero a la navarra (spanisch)		R48
Cochifrito (spanisch)		R47
Cocido madrileño (spanisch)	40;	R56
Conejo a la ampurdanesa (spanisch)		R51
Cordeiro à transmontana (portugiesisch)		R49
Cozido à portuguêsa (portugiesisch)	196;	R55
Iscas (portugiesisch)	199;	R38
Lombo de porco com pimentos vermelhos doces (portugies.)	171;	R43
Lomo de cerdo a la zaragozana (spanisch)		R46
Porco com amêijoas à alentejana (portugiesisch)	198;	R44
Porco com vinho e alhos (portugiesisch)	196;	R45
Riñones al Jerez (spanisch)	64;	R42
Rojões cominho (portugiesisch)	168;	R46
Ternera a la sevillana (spanisch)	65;	R40
Tripas à moda do Pôrto (portugiesisch)		R52
Trouxa de vitela (portugiesisch)	167;	R41

Geflügel und Federwild

Arroz con pollo (spanisch)	81;	R59
Arroz de pato de Braga (portugiesisch)	170;	R64
Empanada gallega (spanisch)	140;	R60
Perdices estofadas (spanisch)	41;	R66
Pichones estofados (spanisch)	122;	R63
Pollo a la chilindrón (spanisch)	123;	R58
Pollo en pepitoria (spanisch)	41;	R62

Eiergerichte

Ervilhas guisadas à portuguêsa (portugiesisch)	14;	R69
Huevos a la flamenca (spanisch)	16;	R68
Tortilla de patata (spanisch)	141;	R67

Gemüse, Reis, Salate und Saucen

Ali-oli (spanisch)	98;	R78
Arroz con azafrán (spanisch)	83;	R74
Batatas à portuguêsa (portugiesisch)	166;	R73
Coliflor al ajo arriero (spanisch)		R70
Espinacas con piñones y almendras (spanisch)		R71
Habas a la catalana (spanisch)	100;	R72
Judías verdes con salsa de tomate (spanisch)	43;	R71
Legumbres rellenas		R74
Menestra de legumbres (spanisch)		R76
Patatas en salsa verde (spanisch)	125;	R73
Pisto manchego (spanisch)	43;	R77
Romescu (spanisch)	98;	R79
Uma salada portuguêsa (portugiesisch)	168;	R78

Brote, Spritzkuchen und Gebäck

Bizcocho genovesa (spanisch)		R86
Bôlo Rei (portugiesisch)		R80
Broa (portugiesisch)	14;	R83
Churros madrileños (spanisch)	42;	R84
Mantecadas de Astorga (spanisch)		R84
Massa sovada (portugiesisch)	197;	R82
Tortas de aceite (spanisch)		R85

Nachspeisen und Getränke

Arroz doce (portugiesisch)		R101
Bôlo de amêndoa à algarvia (portugiesisch)	200;	R98
Bombons de figos (portugiesisch)		R102
Buñuelos de plátano (spanisch)		R102
Brazo de gitano (spanisch)	66;	R94
Crema pastelera al ron (spanisch)	66;	R94
Fatias da China (portugiesisch)		R95
Figos recheados (portugiesisch)	201;	R103
Flan de naranja (spanisch)		R88
Leche frita (spanisch)	43;	R92
Limonada (spanisch)	125;	R90
Natillas (spanisch)	125;	R90
Ovos moles (portugiesisch)	200;	R98
Papos de anjo (portugiesisch)		R87
Pastéis de nata (portugiesisch)		R90
Pastel de manzana (spanisch)	143;	R96
Pôrto pudim flan (portugiesisch)	201;	R89
Queijadas de Évora (portugiesisch)		R92
Sangría (spanisch)	66;	R104
Torta moca (spanisch)		R96
Toucinho do céu (portugiesisch)	199;	R100

Allgemeines Register

Kursiv gesetzte Seitenangaben beziehen sich auf Abbildungen.

Aal, 70, 91, 115–116, 132, 153
Açorda (Brotsuppe), 150, 192
Adafina, 23
Afrika, 11, 180; Nord-, 23, 45
Agut d'Avignon, Restaurant in Barcelona, 94
Ajo blanco con uvas (weißer Knoblauch mit Trauben), 47
Alava, Provinz, *Karte 13*, 107
Algarve, Provinz, *Karte 13*; Beschreibung, 193; Konfekt, *188*
Algeciras, Spanien, *Karte 13*, 52
Alhambra, Palast, 61
Alentejo-Brot, 192
Alicante, Provinz, *Karte 13*, 69, 70, 78, 88; Hauptstadt, 77
Ali-oli, 87; Herkunft, 78; Variationen, 78–79; Zubereitung, 78
Allerheiligenfest in Lissabon, 188–189
Almería, Spanien, *Karte 13*, 61, 88
Almuerzo. Siehe Zweites Frühstück
Altamira, Höhlen von, Nordspanien, 35
Altkastilien, Provinz, 11, *Karte 13*, 35, 36, 37, 78; Beschreibung, 12, 19–20
Amarante, Portugal, *Karte 13*, 152
Amêijoas na cataplana (Muscheln in der *cataplana*), *192*, 193–194
Andalusien, 11, *Karte 13*, 37, 53, 57, 58, 61, 70, 193; Beschreibung, 12, 45–46; Eßgewohnheiten der Bevölkerung, 49–50; Klima, 45, 46; leichte Kost, 45, 49, 52, 53
Angulas (Aale), 115–116
Anis, 50, 51, 115, 155
Äpfel, *88–89*
Apfelwein, in Asturien, 129
Aragonien, 11, *Karte 13*, 78, 85; Beschreibung, 12, 103, 104–105
Architektur, 145; Avila, Stadtmauer, *38–39;* Manuelstil, 182; maurischer Stil, *44*, 45, 61; romanischer Stil, *132, 133*.
Arévalo, Spanien, *Karte 13*, 35
Arroz blanco con mejillones (weißer Reis mit Muscheln), 120
Asturien, *Karte 13*, 120, *130*, 131, 132; Essen, 128–129; Keltisches Erbe, 127–128
Atlantischer Ozean, 8, *9*, *Karte 13*, 52, 132, 135, 138, 145
Austern, 49, 55, 128, 136
Aveiro, Portugal, *Karte 13*, 152, 153; Kloster, *151*
Avila, Spanien, *Karte 13*, *38–39*
Azoren, 189

Bacalao al ajo arriero (Klippfisch mit Knoblauch), 117, 120
Bacalao a la vizcaína (Klippfisch mit Gemüse, Schweinefleisch, Eiern und Mandeln), 117, 120
Bacalao al pil-pil (Klippfisch in Öl und Knoblauch), *108, 109*, 117, 120
Bacalhau à Gomes de Sá (Klippfisch mit Eiern, Oliven und Petersilie garniert), *181*
Backen im Fettbad, in Andalusien, 48–49, 51
Baixo Alentejo, Provinz, *Karte 13*, 189, 192, 193
Balearen, 70, 79
Bananen, *88–89*, 189
Barcelona, Spanien, *Karte 13*, 85, 86, *88–89, 93;* Beschreibung, 90, 94; Ernährung, 90–91, *92–93*, 94–95; Klima, 94, 95; Sardinenfischerei, *92–93;* Studentenbars, 91
Bars und Lokale, *144, 145;* Corrillo de Ayala in Madrid, 27; El Gran Corrillo in Madrid, *26;* Studentenbars in Barcelona, 91
Baskische Provinzen, *Karte 13, 102*, 103, 107, 110; Beschreibung, 12, 103, 105, 120; Bevölkerung, 103, 104, *106*, 107; Ernährung, 12, 103, *108, 109;* Gastronomische Gesellschaften, 108, 111–112, 115, *118–119;* Geschichte, 107; Kleidung, 107; Rezeptwettbewerbe, 120; Sprache, 103, 107; Tanz, 115. *Siehe auch* Alava; Guipúzcoa; Vizcaya
Bayona, Spanien, 8, *Karte 13*, 129
Beeren: Erdbeeren, 28, *88*, 90; *medronhos* (Früchte des Erdbeerbaums), 194
Beira Alta, Provinz, *Karte 13*, 153
Beira Baixa, Provinz, *Karte 13*, 154, 156, 157
Beira Litoral, Provinz, *Karte 13*, 152
Bermeo, Spanien, *110*
Besugo. Siehe Brasse
Bier, 91, 155; Biersäle, 182
Bife à Portuguêsa (scharf gewürztes Filetsteak), 156
Bilbao, Spanien, *Karte 13*, 108, *109*
Biskaya, Golf von, 8, 12, *Karte 13*, 107, 108, 115, 129, 135
Blanes, Spanien, *Karte 13*, 86
Blumen, 45, 46, *184*, 189; Orangenblütenduft, 79
Blumenkohl, *36*
Bocadillo (mit Kalbfleisch belegtes Brötchen), 8

Bodega del Riojano, Restaurant in Santander, 112, *113*
Bohnen, 49, 96, 112; grüne, 72; Saubohnen und Wursteintopf, 128–129; Saubohnen mit Wurst und Minze, 95; weiße Bohnen, 75; weiße Bohnen-, Rübenkraut- und Kartoffelsuppe mit Schweinefleisch, 133–134, *142*
Bolinhos de bacalhau (Klippfischfrikadellen), 161–162, *162–163*
Botifarra (Wurst), 24, 96; mit weißen Bohnen, 96
Brasilien, 11,
Brasse, *110, 124*, 174; mit Rotkohl, 28
Braten, 12, 38. *Siehe auch* Lamm, Schweinefleisch, Ziegen
Bretagne, 128
Broa (Maisbrot), 146
Broas dos santos (Heiligenkuchen), 189
Brot, 22–23, 46, 47, 94, 104, 112, *113*, 162, *172*, 173; Backen, *154;* Garnierung, *48;* im Fettbad gebacken, 104; Suppe, 150, 192
Brühe (Bouillon), 21–22, 133, 134, *142;* grüne Brühe, 146–147, *153;* Hühnerbouillon, 156, *164*
Bulerías. Siehe Tanz
Bullabesa (Fischeintopf), 91
Búsios (Uferschnecken), 182

Cabrito (gebratenes Zicklein), *186–187*
Cádiz: Golf von, 52; Provinz, *Karte 13*, 24, 47, 48, 53, 55
Cafés. *Siehe* Bars und Lokale
Calamares en su tinta (Tintenfisch in seiner Tinte), 117
Caldeirada (Eintopf von Fischen und Krustentieren), 152–153
Caldereta asturiana (Eintopf von Meerestieren), 129, 132
Caldo gallego (Suppe aus Bohnen, Rübenkraut und Kartoffeln), 133, 134, *142*
Caldo verde (Kohlsuppe mit Kartoffeln), *153*, 161–162
Callos a la madrileña (Kaldauneneintopf), 32
Camembert, Käse, 161
Camões, 154
Canja (Hühnersuppe), 156, *164*
Casa Cándido, Hotel in Segovia, 36–37

Cascais, Portugal, 180
Castellón de la Plana, Provinz, Spanien, *Karte 13*, 69, 80
Castelo Branco, Portugal, 157
Cayennepfeffer, 87
Cena. Siehe Madrid, die fünf offiziellen Mahlzeiten
Cervantes, Miguel de, 11. *Siehe auch* Don Quijote
Cervejarias (Biersäle), 182
Chacolí. Siehe Txaboli
Changurro (Krebsfleisch mit Weinbrand flambiert), 111–112
Chãos, Portugal, *147*
Chateau Madrid, Restaurant in New York, *57*
Chateo, 29. *Siehe auch* Tapas; Vorspeisen
Chiclana de la Frontera, Spanien, 43
Chilindrón. Siehe Saucen
Chipirones. Siehe Calamares
Chorizo. Wurst (spanische), 21, *22*, 49, *72*, 112, 135; Herstellung, 37, *62–63*
Chouriço, Wurst (portugiesische), *147*, 185
Churro (Spritzkuchen), 24, 32, 51
Cigalas (Schalentier), 70–71, *84*, 85, 91
Ciudad Real, Spanien, *Karte 13*, 32
Cochifrito (Lammfrikassee), 105
Cochinillo asado (gebratenes Spanferkel), 34
Cocido, 11, 24, 35, 46, 112; Gänge, 21–23, 24; *madrileño*, 11, 21, *22*, *23*, 24, 63, 193; regionale Variationen, 11, 24–25, 133; dazugehörige Weine, 23
Cognac, 30
Coimbra, Portugal, *Karte 13*, 153, 156; Universitätsstudenten, 153–155
Comida (Mittagessen), 70, 78. *Siehe auch* Madrid, die fünf offiziellen Mahlzeiten
Conimbriga, Portugal, 156
Consuegra, Spanien, *36*
Córdoba, Spanien, *Karte 13*, 61
Corrillo de Ayala, Bar in Madrid, 27
Cortados rellenos de cidra (Kürbistörtchen), 50
Costa Brava, Spanien, *Karte 13*, 80, 86, 87
Cozinha Velha, Restaurant bei Lissabon, *184*, 185
Crema catalana (Pudding), 96
Cremespeise, baskische, 112

204

Cullera, Spanien, *Karte* 13, 79, 80
Curry, 146, 147; Fische und Krustentiere, 194

Da Gama, Vasco, 10–11, 147, 174
„Dame von Elche", Skulptur, *76*
Danza prima. Siehe Tanz
Datteln, *88–89*
Desayuno. Siehe Frühstück; Madrid, die fünf offiziellen Mahlzeiten
Don Quijote, 11, 12, 19, 28
Douro Litoral, Provinz, *Karte* 13, 146, *147,* 151

Eiche, immergrüne, 63
Eier, 12, *15, 21,* 111, 135, 150, 162, *163;* Garnierung, *42, 47, 48, 181;* Gebäck, 160; Spiegelei mit Gemüse und Wurst, *15,* 16, *17,* 49; Süße Eierspeisen, 50–51, *151,* 152, 153, *186, 187. Siehe auch* Omelett
Eintopf, 11; Bohnen 128–129; Fisch, 91; Huhn, 56; Kaldaunen, 32; Kichererbsen, *119;* Krustentiere, *84,* 85, 86, 100, *101;* Meerestiere, 129, 132, 153; Neunauge, 147; *Siehe auch Cocido; Olla podrida*
El Canari de la Garriga, Restaurant in Barcelona, *84,* 85
El Gran Corrillo, Bar in Madrid, 26
El Puerto de Santa María, Spanien, *Karte* 13, 53
El Rocío, Spanien, *Karte* 13; Wallfahrt nach, 52, 53–56, 60
Empanada (Pastete), 132, 133, *137*
Ente, 61, 150
Entenmuscheln, 136–137
Entremeses. Siehe Vorspeisen
Erbsen, 16, *17,* 49, *72;* mit Eiern, Wurst und Koriander, *15*
Erdbeeren, 28, *88,* 90
Ervilhas guisadas à portuguêsa (Erbsen, Eier, Wurst und Koriander), *15*
Escalibada (gegrilltes Mischgemüse), 96
Essig: Sauce zu Wildbret, 165; Weinessig, 46, 47
Estoril, Portugal, *Karte* 13, 180
Estragon, 50
Euskera (Sprache der Basken), 107
Extremadura, 12, *Karte* 13, 37

Fabada asturiana (Wurst- und Bohneneintopf), 128–129
Fado (Volkslied), 145; Lokale, *144,* 182, 185
Fasan, *184,* 185

Faves a la catalana (Saubohnen mit Wurst), 95
Feibleman, Peter, 13, 30, *31*
Feigen, *88–89,* 146, *160,* 193
Feste: in Amarante, 152; baskische, 115–117; Erntefest, Tomar, *172, 173–180; Fallas de San José,* 80; Fischerfest, Cullera, 79–80; Karwoche in Sevilla, 50–51; in Nordwestspanien, 127–128; in Portugal, 173; in Sanlúcar de Barrameda, 51–52; San Fermín Pamplona, 105; Stierkampf, *148–149;* Wallfahrt nach El Rocío, 52, 53–56, 60; Wallfahrtsjahrmarkt in Viana do Castelo, 150. *Siehe auch* Allerheiligenfest
Finisterre (Galicien, Spanien), 132
Fino, Wein, 49
Fisch, *9,* 12, 33, 52, 70, *84,* 85, 87, *92,* 108, 117, 129, 136, 152, 189; Auktion, 52–53, 180; Backen im Fettbad, 48–49; Konservierung, 25, *179;* mit Krustentieren und Curry, 194; mit Reis, 78. *Siehe auch* die einzelnen Fischarten
Fischfang, 110, 136, 137, 138, 162; Algarve, 193, 194; Fest in Cullera, 79–80; Nazaré, *174–177;* Neufundlandbänke, *178,* 179; Sardinen, *92;* Thunfisch, 194; Tintenfisch, 117
Flamenco: Lied, 51, 52; Tanz, 12, 52, *57,* 119
Fleisch, *160;* Braten, 35–36, 38; Huhn-, Fleisch- und Gemüseeintopf, *22–23;* Pastete, 132, *137. Siehe auch* Rindfleisch; Wild usw.
Flüsse: Ebro, 104; Guadalquivir, 45, 50, 51, 53, 54; Guadiana, 194; Lima, 150; Miño, 138, 147; Mondego, 153, 155; Tejo, 180, 189
Flußbarsch, 35
Flußneunauge, 147; Phantasienachspeise, *186; Siehe auch* Lamprete
Foie gras (Gänseleberpastete), 30
Forelle, 136; mit Schinkenfüllung, 106–107; mit Wein und Kräutern mariniert und gebacken, 105
Franco, Generalissimo, 85
Frankreich, 78, 79, 80, 85, 128, 146
Frühstück, 24–25, 70, 156, 160; Gebäck, 133, 138, *139. Siehe auch Churro;* Zweites Frühstück

Galicien, 11, *Karte* 13, 24, 120, *126,* 127, 128, 129, 132–135, 137, 142, 146, 147; Beschreibung, 12, 127–128; Keltisches Erbe,

127–128; Klima und Geographie, 127, 133
Garnelen, 45, 54, 70, 72, 80, 136
Garnierungen: Eier, *42, 47, 48, 181;* von *gazpacho, 47, 48;* Pfefferschoten, *108;* Zitrone *164*
Gastronomische Gesellschaften: Beschreibung, 108, 111–112, *118–119;* Gänge, 112, 115
Gazpacho, 12, *48,* 55, 60; Alter, 47; Garnierungen, 47, *48;* Herkunft des Namens, 46; verschiedene Arten, 47–48; Zubereitung, 46–48
Gebäck, 29, *44,* 45, 80, *114,* 115, *116,* 133, 138, *139,* 153, 155, 188; Fleisch und Gemüse, 70; Huhn, *137;* Karwoche, 50–51; Kürbis, 50; Läden, 80, *114,* 115, *116;* Mandeln, 133, 138, *139,* 189; Weihnachten, 115. *Siehe auch Empanada;* Süßigkeiten
Gebirge: Höhlen, *130;* Guadarrama, 29; Pyrenäen, 12, *102,* 103; Sierra de Aralar, *106;* Sierra de Gredos, 20; Sierra de Guadelupe, 20; Sierra Morena, 20, 54; Sierra Nevada, 61
Geflügel. *Siehe* Ente; Huhn; Rebhuhn; Taube
Gemüse, 14, 28, 35, 42, 74, 146; Fleisch- und Huhneintopf, *22–23;* geschmort, 35, *42;* in Katalonien, 86, 87, 95, 96. *Siehe auch* die einzelnen Gemüse
Getränke: im heißen Klima, 46; Karwoche, 50. *Siehe auch* die einzelnen Namen
Gewürze: 10–11, 180, 182; in der portugiesischen Küche, 146. *Siehe auch* Iberische Halbinsel
Gibraltar, Straße von, *Karte* 13, 52
Giralda, Turm, *44,* 45
Goldbrasse, *124*
Granada, Spanien, *Karte* 13, 57, 61
Guadalquivir. *Siehe* Flüsse
Guadarrama. *Siehe* Gebirge
Guadiana. *Siehe* Flüsse
Guipúzcoa, Provinz, *Karte* 13, 106, 108, 120
Gure-Etxea, Restaurant in Madrid, 120
Guria, Restaurant in Bilbao, 108, *109*
Gurken, 46; als Garnierung, 47, *48*

Hase, 50
Heinrich der Seefahrer, Prinz, 151
Hemingway, Ernest, 105
Hojaldre (Blätterteig), 132
Honig, 95

Hors d'oeuvres. *Siehe* Vorspeisen
Hotels: Casa Cándido, 36–37; Parador Nacional Conde de Gondomar, 8, *9*
Huelva, Provinz, *Karte* 13, 53, 54, 55
Huesca, Provinz, *Karte* 13, 88, 105
Huevos a la flamenca (Spiegeleier mit Gemüse und Wurst), 14, 16, *17,* 49
Huhn, 22, 23, 72, 74, 75, 123, 137; gebraten, 95; geschmort mit Gemüse, 103, *123;* Hühnereintopf mit Weißwein, 56; Huhn-, Fleisch- und Gemüseeintopf, *22–23;* Suppe, 156, *164;* im Tontopf, *30–31*
Hummer, 8, *9,* 72, 136, 137, 138, 180, *182–183;* Salat, 87; Sauce, 180. *Siehe auch Cigala; Langosta*

Iberische Halbinsel (Pyrenäenhalbinsel), 8, *Karte* 13; Essen, 10–12, 145–146; Gastfreundschaft, 8–10; Geographie, 8, 11; Herkunft der Bevölkerung, 11; regionale Unterschiede, 12. *Siehe auch* Portugal; Spanien
Idiázabal, Käse, 107
Indien, 11, 147, 180
Inquisition, 23
Isidorus, hl., 28

Jabugo, Spanien, *Karte* 13, 54, *62–63*
Jagd, 12, 90, 160, 163. *Siehe auch* Wildschwein
Jakobus, hl. Apostel, 132, 136, 138
Jerez de la Frontera, Spanien, *Karte* 13, 47; Sherry, 53, *58, 59*

Kabeljau (Klippfisch), 28, *108,* 132, 146, 162, *181;* baskische Gerichte, 117, 120; Fang, 117, *178,* 179; Frikadellen, *162–163;* mit Gemüse, Eiern und Petersilie garniert, *181;* in Öl und Knoblauch geschmort, *108–109,* 120; mit Tomaten, Zwiebeln, Knoblauch, 120; Verarbeitung, *179;* Zubereitungsmethoden, 120, 162
Kaffee, 10, 49, 50, 155, 185, 188; Cafés, 185; nach dem Dessert, 28
Kalbfleisch, 21, *22, 23,* 112; Kotelett, 110, 119; Nieren in Sherry, 50, *65;* Rücken, *184,* 185; Steak, 155; Zunge, 105
Kalbsbrieschen, nach Zigeunerart, 50

Kaldaunen: Eintopf, 151; in Tomatensauce, 32
Kanarische Inseln, 11, 88
Kaninchen, 72, *74–75;* Pastete, 105
Kapverdische Inseln, Afrika, 189
Käse, 95, 108, *109,* 112, 134, *160;* aus Burgos, 28; *Indiázabal, 107;* Manchego, 34; *Queso de Cabrales, 130–131; Reifung, 130–131,* 157, 161; *Serra,* 156, 161
Kartoffeln, 10, 80, 135, 146; Chips, 58, *59;* in der Kasserolle mit Klippfisch, Zwiebeln und Oliven, *181;* Omelett, 8, 60; Suppe mit Kohl, *153;* Suppe mit Schweinefleisch, Rübenkraut und Bohnen, 133, 134, *142*
Kasserollen: Eier und Gemüse, *15, 17,* 49; Fleisch, 21; Gemüse, 21; Hase und Gemüse, 50; Kaldaunen und Bohnen, 151; Klippfisch, mit Eiern, Oliven und Petersilie garniert, *181;* Reis und Ente, 150
Katalonien, 11, *Karte* 13, 96, 103; Beschreibung, 12, 85–86; Bevölkerung, 85, 104; Sprache, 85; Weingärten, 86
Kichererbsen: im *cocido,* 22, 23, 24; Eintopf, *119*
Kirchen, *68,* 188; Johannes' des Täufers in Tomar, 173; Kathedrale von Barcelona, 96, *97;* Kathedrale von Santiago de Compostela, 132, 133, 138, *139;* Wettstreit der Bruderschaften in der Karwoche, 51
Klima: Einfluß auf das Kochen, 11, 46–47, 50, 128
Klöster: Aveiro, Portugal, *151;* Christuskloster, Tomar, *172,* 173; San Leandro, Sevilla, 50
Knoblauch, 12, 46, 47, 74, *108, 112, 120,* 150; Knoblauch-Öl, 78–79; und Brotsuppe, *192;* Suppe, 21, 25; mit Weintrauben, 47
Kochbuch: frühes katalonisches, 85
Kohl, *112,* 146; Kohl- und Kartoffelsuppe, *153,* 161–162; Rotkohl, 28
Kokotxas (Seehechtkehle), 112
Kolumbus, Christoph, 11, 55
Koriander, *15,* 146, *162*
Korkeichen, 189
Kotelett: vom Kalb, *110, 119*
Krabben, 58, *72,* 136, 153
Krake, 154, 180
Kräuter, 36. *Siehe auch* einzelne Arten

Krebstiere, 8, *9,* 49, 136, 152; Krebsfleisch mit Weinbrand, 111
Krustentiere, 8, *9,* 12, 49, 50, 52, *72,* 117, 132, 138, 150, 152, 182; und Curryfisch, 194; Eintopf, *84,* 85, 86, *101. Siehe auch* die einzelnen Arten
Kuchen: beim Amarante-Fest, 152; Biskuitkuchen, 153; aus Eiern, 160; „Heiligenkuchen", 189; in der Karwoche, 51; Orangenkekse, 189; Torte des hl. Jakobus, 138, *139;* überzuckerte, 154
Küchen, *153, 162;* Kochen im Freien, 70
Kümmel, 151, 153; Sauce, 23
Kürbistörtchen, 50

*L*achas (langhaarige Schafe), *106,* 107, 112
Lachs, 136
Lacón con grelos (geräucherte Schweineschulter mit Rübenkraut, 134, *142*
La Coruña, Spanien, *Karte* 13, 135, 138
La Mancha, *Karte* 13, 19, 35, 42
Lamm, 38; Frikassee, 105; Milchlammbraten, 35, 37, 38
Lampreia de ovos (Eigelbsüßspeise in Form eines Neunauges), *186*
Lamprete (Neunauge), 132–133; Eintopf, 147; Süßspeise, *186. Siehe auch* Flußneunauge
Langosta (Languste), 76, *84,* 85
Langostino (Krustentier des Mittelmeeres), 49, 70, 86, 87, 91, 129, 136, 182, *184,* 185
La prueba (Wurstgericht), 37
La Puerta de Moros (Restaurant in Madrid), 30, *31*
Las onces. Siehe Madrid, die fünf offiziellen Mahlzeiten
Lenteja (immergrünes Unkraut), 88
León, Provinz, 11, *Karte* 13, 35
Lérida, Provinz, *Karte* 13, 85
Levante, spanische, 12, *Karte* 13, 61, 80; Beschreibung, 69; Essen, 69, 76, 77–78; Gastfreundschaft, 76. *Siehe auch* Alicante; Castellón de la Plana; Murcia, Valencia
Lieder: *fado,* 145, 182, 185; flamenco, 51, 52, 185
Linguiça, Wurst, 147, 185
Linsengericht, 28
Lissabon, Portugal, *Karte* 13, 145, 159, 165, 173, 174, 179; Abendgesellschaft, *186–187;* Beschreibung, 180, 182, 185, 188–189
Lombarda de San Isidro (Rotkohlgericht), 28
Lombo de porco com pimentos vermelhos doces (Schweinefleisch mit Zitronen und Paprikaschoten), *171*
Longaniza, Wurst, 128
Lorbeerblatt, 136, 151

*M*acapao. *Siehe* Marzipan
Madeira, Inseln, Portugal, 146, 193
Madeira, Dessertwein, 146, 193
Madrid, Spanien, 6, *Karte* 13, 27, *34,* 88; Essen, 20–24; fünf offizielle Mahlzeiten, 24–29
Magalhães, Fernão de, 11, 174
Mahón, Baleareninsel Menorca, 78–79
Mais, 128, *129,* 135, 146, 147; Brot, 129, 135, 146, 147; Speicher, *128, 129*
Málaga, Provinz, *Karte* 13, 24, 47, 48, 52, 61
Mandeln, 12, 160, 188; in *gazpacho,* 47, 55; Mandelbaumsage, 193; Torte, 138, *139. Siehe auch* Marzipan
Manuel I., König von Portugal, 182
Manzanilla, Wein, 52, 53, 112
Maria II., Königin von Portugal, 158
Markknochen, *22,* 23
Märkte: Barcelona, *88–89;* Setúbal, 189; Sonntagsmarkt, *126, 127;* Valencia, 72, *73. Siehe auch* Feste
Marzipan, 51, *114,* 115, *116*
Mauren, 61, 105, 127, 182; Einfluß, 23, 50
Mayonnaise, 47, 79
Medina Sidonia, Herzogin von, 30, *31,* 53–54, 56
Meerbarbe, 70, 136
Meerestiere, 8, *9,* 12, *84,* 85, 91, *101,* 128, 136; von der Costa Brava 86–87; Eintopf, 129, 132, 153; Fülle und Vielfalt, 12, 49, 162; Grillgericht, 91; mit Reis, 80. *Siehe auch* Fisch, Krustentiere; Namen der einzelnen Tiere
Mehl, 49, 115
Melonen, *88–89,* 90
Menorca, Balearen, 79
Merienda, 78. *Siehe auch* Madrid, die fünf offiziellen Mahlzeiten
Merluza. Siehe Seehecht
Mezquita, Moschee, 61

Miesmuscheln, 8, *9,* 61, *72, 84,* 85, 136, 153; mit Reis, 120
Migas. Siehe Brot
Minho, Provinz, *Karte* 13, 146
Minze, 24; *Garnierung, 164;* Sauce, 23
Mittagessen. *Siehe comida*
Moçambique, Afrika, 11, 185
Monte-Mar, Restaurant am Strand von Guincho, Portugal, *182–183*
Morcelas oces de Aranca, 151
Morcilla, Wurst, 32
Moslems: in Andalusien, 45, 46; Gebäckrezepte, 50
Muñeira. Siehe Tanz
Murcia, Provinz, *Karte* 13, 70, 88; Beschreibung, 69; Landwirtschaft, 69
Muscheln, 8, *9,* 49, *72, 84,* 85, 136, 152, 153, *192,* 193–194
Muskat, 129

*N*achtisch, 28, 96, 108, 133, 138, *139,* 160, 185, *186;* Karwoche, 50–51; Käse, 108, *109;* Obst, 78, 90. *Siehe auch* Gebäck; Süßigkeiten
Natillas (Cremespeise), 112
Navarra, Provinz, *Karte* 13, 103, 107; Beschreibung, 105; Geschichte, 105
Nazaré, Portugal, *Karte* 13, *174–177*
Nécoras (Krebse), 136
Neukastilien, Provinz, *Karte* 13, 19, 33, 35, 37, 78; Beschreibung, 12, 20
Normandie, 128
Nüsse, 146, *160. Siehe auch* Mandeln; Walnüsse

*O*bst, *88–89,* 90, 115, 152, *160,* 189; Bowle (Sangría), 60, *67*
Ochsen, *126, 127,* 135, *147,* 152, 165, 173
Olhão, Portugal, 194
Oliven: Bäume, *32–33,* 37, 70, 153; grüne, *123;* mit Klippfisch, Kartoffeln und Zwiebeln, *181;* Öl, 12, 32, 42, 47, 72, 74, 78–79, *108,* 146; schwarze, *59, 123, 169*
Olla podrida (Fleisch- und Gemüseeintopf), *112, 113;* Abwandlungen, 11; Herkunft, 23
Omelett, 70, 95, 135; aus Kartoffeln, 8, 60
Orangen, *88–89;* Bäume, *190–191;* Blüten, 69; Garnierung, *186;* Kekse, 189; Valencia, 79
Orense, Provinz, *Karte* 13, 132

Oviedo, Spanien, *Karte* 13, 88
Ovos moles (Zucker-Eigelb-Mischung), *151*, 153

Paella, 10, 12, 63; im Freien zubereitet, *74–75;* Herkunft, 76–77; Pfanne, *73,* 76; verschiedene Abwandlungen, 77; Zubereitung und Eßweise, *72,* 76, 82
Palencia, Provinz, 119
Pamplona, Spanien, *Karte* 13, 105
Pantortillas de Reinosa (Gebäck aus Reinosa), 115
Papos de anjo („Engelsbrüste", Kuchen), 160
Paprika, 129
Paprikaschoten, *17, 42,* 46, 47, 49, 60, 69, 70, *123, 137;* als Garnierung, 47, *48;* Schälen, 16; mit Schweinefleisch, *171;* mit Tomaten, 70
Parador Nacional Conde de Gondomar (Hotel bei Bayona), 8, *9*
Parillada de pescado (Meerestiere und Fisch vom Grill), 91
Pasta (Brotteig), 132
Pastete. *Siehe* Gebäck
Peniche, Halbinsel, Portugal, 180
Percebes (Entenmuscheln), 136–137
Petersilie, 12, *17,* 129, 153; als Garnierung, *108, 163, 181*
Peterskirche, 132
Petrus, hl., 132
Pfefferkörner, 129
Pfefferschoten, 47, 103, *120,* 129, 132; als Garnierung, *108*
Picknick: *paella-*, *74–75;* nach Stierkämpfen, *149*
Pilgermuscheln, 133; gebacken, 136; Schalen, 133
Pilze, Sammeln, 90
Pimiento, 16, 47, 49, *65,* 120
Piri-piri (scharfe Pfeffersauce), 182
Pisto manchego (geschmortes Gemüse), 35, *42*
Pollo a la chilindrón (Huhn mit Gemüse), 103–104, *123*
Pollo puerta de moros (Huhn im Tontopf), *30–31*
Polyp, 8, *9,* 91, 136
Porco com améijoas à alentejana (Schweinefleisch mit Muscheln), 193
Porree, *112*
Port-Bou, Spanien, *Karte* 13, 86
Porto, Portugal, *Karte* 13; Beschreibung, 151, 152
Portugal, *Karte* 13; Beschreibung, 13, 145, 146; Essen, 7, 10–12, 145, 152, 188–189; Fischereiwesen, *174–179;* Geschichte, 11–12, 145; Landwirtschaft, 146, *147;* Stierkampf, *148,* 149, 150; Temperament der Bevölkerung, 127, 145, 165; Unterschiede zu Spanien, 150; Volkslieder, 145
Portwein, 146, 151, 152; mit Süßigkeiten, 153
Potaje de titos (Kichererbseneintopf), 119
Pudim flan (Karamelpudding), 185
Pudding: Karamel, 28, 185; katalanischer, 96
Pyrenäen. *Siehe* Gebirge

Queso de Cabrales, Käse, 130–131

Rape (Fisch), 91
Rebhuhn, 8, 90
Reinosa, Spanien, *114,* 115, 116, *120*
Reis, 12, *65,* 69, 71, 146, 151, *160;* Anbau, *68,* 69; mit Miesmuscheln, 120; in *paella, 72, 74–75,* 76; Vielzahl von Gerichten, 70, 77; mit Wildbret, 150. *Siehe auch* Safran
Restaurants, 70, 90, 91, 94, 150, 180; Agut d'Avignon, Barcelona, 94; Bodega del Riojano, Santander, 112, *113;* Chateau Madrid, New York, *57; Cozinha Velha,* bei Lissabon, *184,* 185; El Canari de la Garriga, Barcelona, *84,* 85; Gure-Etxea, Madrid, 120; Guria, Bilbao, 108, *109;* La Puerta de Moros, Madrid, 30, *31;* Monte-Mar, Guincho, *182–183;* Rio Grande, Sevilla, 48; Valentín, Madrid, 22, 23. *Siehe auch Tascas*
Ribatejo, Provinz, Portugal, *148–149*
Ribero, Wein, 132, 133
Rindfleisch, *22, 23;* Stierfleisch, 95
Riñones al Jerez (Kalbsnieren in Sherry), 65
Río Grande, Restaurant in Sevilla, 48
Roncal-Tal, Spanien, 105
Rosalwein, 138
Rübenkraut, 135, *142,* 160; Bohnen- und Kartoffelsuppe, 133, 134, *142;* mit Schweineschulter, 133–134

Safran, 61, 65, 69–70, 71, *72, 74, 75,* 76
Salat, 25, 86, 87, *160;* Chicorée, 95; Eskariol- und Oliven-, 50; grüner, *169,* Hummer-, 87; zur *paella,* 76;
Sancho Panza, 19
Sangre de Toro, Wein, 96
Sangría, 60, 67
Sanlúcar de Barrameda, Spanien, *Karte* 13, 47, 51–53, 54, 55, 61
San Sebastián, Spanien, *Karte* 13, 103, 108
Santa Ana, Schloß, Spanien, 56
Santander, Provinz, *Karte* 13, 112, 115
Santiago de Compostela, Spanien, *Karte* 13, *126,* 127, 132, 133, 138, *139*
Saragossa, Provinz, *Karte* 13, 103; Hauptstadt, 103, 104
Sardinen, 8, *9,* 60, 61, 92, 132, 136, *149;* Fang, *92–93*
Saucen, 12, 103–106; Béchamel, 29; *chilindrón,* 103–104; zu *cocido madrileño,* 23; Grüne, 112; Knoblauch-Öl, 78–79; *piri-piri,* 182; *romescu,* 87; Sherry, 65; *sofrito,* 14, *16, 17,* 21, 71; zu Wild, 165
Schafe, *38–39, 106, 158,* 161; Käse aus Schafsmilch, *107,* 108, *109,* 112, *130–131, 157,* 158, 161
Schinken, *22, 23,* 49, 63, *112,* 128, *192;* Forelle gefüllt mit, 106–107; geräuchert, *153; presunto,* 150; *serrano,* 54
Schnecken, 70, 96, 150, 182
Schokolade, 25, 70, 105
Schweinefleisch, *22, 23,* 24, 47, *112,* 128, 129, 132, 134, *171;* gebratenes Spanferkel, *34,* 35–37, 153. geräucherte Schulter, 133, 134, *142;* Lende mit Paprikaschoten, *171;* mit Muscheln, 193; *Siehe auch* Speck, Wurst
Schwertfisch, 174
Seehecht, 28, 70, 112, 136, 174
Seezunge, 8, 49, 136, 153
Segovia, Spanien, *Karte* 13, 36, 37
Setúbal, Portugal, *Karte* 13, 189
Sevilla, Spanien, 6, *Karte* 13, 37, 44, 45, 52; Beschreibung, 45–50; Karwochenfest, 50–51; leichte Kost, 45–51
Sherry, 49, 50, 53, *58–59;* Beliebtheit, 57, 58; Kalbsnieren in, 50, *65*
Sierra. *Siehe* Gebirge
Sintra, Portugal, *Karte* 13, 180
Sofrito, 14, *16, 17,* 21; Zubereitung, 71
Spanien, *Karte* 13; Essen, 7, 10–12, 119; Geschichte, 11–12; Regionale Küchen, 11–12; Schutzheiliger, 138
Spargel, 16, *17,* 49; wildwachsender, *37*
Speck, *112,* 128
Speicher, *128,* 129
Spritzkuchen. *Siehe Churro*
Steinbutt, 174
Stier: Fleisch, 95; Hetze, 56, 105, *148,* 149; Kämpfe in Portugal, 119, *148–149,* 150; Schwänze, 61
Strabo (griechischer Geograph), 129
Studentenhäuser, in Coimbra, Portugal, 153–154
Suppe: Bohnen-, Rübenkraut- und Kartoffel-, 133, 134, *142;* Brot-, 192; *Caldo verde,* 146–147, *153;* Fisch-, 53; Hühner-, 156, *164;* kalte Gemüse-, 46–48; Knoblauch-, *21,* 25, 47; *sopa à alentejana,* 193
Süßigkeiten und Süßspeisen, *44–45,* 50–51, 80, *116,* 138, *139, 151,* 152, *186, 188,* 189; Läden, *114, 116,* 153. *Siehe auch* Gebäck; Marzipan; *Turrón*

Tabuleiro-Fest, Portugal, *172,* 173, 180
Tanz, 119, 150; baskischer, 115; *bulerías,* 52; *danza prima,* 127; *flamenco,* 12, 52, *57; muñeira,* 127; *pericote,* 127; *sardana,* 12, 96, *97; sevillanas,* 54; *vaqueira,* 127
Tapas, *26–27,* 29, 32, 50, 58, *59.* *Siehe auch* Vorspeisen
Tarragona, Provinz, *Karte* 13, 85
Tarta de Santiago (Torte des hl. Jakobus), 133, 138, *139*
Tascas, 155–156, *182*
Taube, in Schokoladensauce, 105
Tee, 155, 185
Thunfisch, 194
Thymian, 30, 35, 78, 153
Tintenfisch, 50, 72, 136, 150, 153; in eigener Tinte (*Calamares en su tinta*), 117; Zubereitung, *121*
Toledo, Spanien, *Karte* 13, 32
Tomar, Portugal, *Karte* 13, 165, *172,* 173, 180
Tomaten, *42,* 46, 47, *48, 74–75, 112, 192;* Garnierung, 48; mit Paprikaschoten, 70
Torres, Weingarten, Katalonien, 95–96
Tortas de aceite, 50
Tortilla de patatas (Kartoffelomelett), 60
Tossa, Spanien, *Karte* 13, 86
Trás-os-Montes e Alto Douro, Provinz, *Karte* 13, 146, 152
Turrón (Nougatmasse), 78
Txakoli, Weißwein, 108, *109,* 117

Utensilien: *cataplana*, *192*, 193–194; *paella*-Pfanne, *73*, *74*; Tontopf, *30–31*

Vale Feitoso, Gut in Portugal, *154*, 156, *157*, *158–159*, *160*, *162*
Valencia, Provinz, 12, *Karte* 13, 69, 79–80, 88; Hauptstadt, 69, 72, *73*, *74*, 77, 80
Valentín, Restaurant in Madrid, *22*, *23*
Vanille, 146
Venedig, 90
Venezuela, 146
Vergil, 78
Viana do Castelo, Portugal, *Karte* 13, 150
Vila Franca de Xira, Portugal, *148–149*
Vila Real de Santo Antonio, Portugal, 194

Vila Viçosa, Portugal, *190–191*
Vinhos verdes (grüne Weine), 147
Vizcaya, Provinz, *Karte* 13, 107
Vorspeisen, 20, 21, 25, *26–27*, 108, 115. Siehe auch *Chateo*; *Tapas*

Wachtel, 156
Walnüsse, 152, 160; und Feigen, 152
Weihnachten: Süßigkeiten, 78, *114*, 115
Wein, 8, 91, 95–96, *118*, 119; Anbau, 95–96, 152; roter, *23*, *67*, 94, 112, *113*, 131, 132, 134, *160*; Rotwein mit Kabeljau, 163; mit Vorspeisen, 27, 29, 50, 52; Weißwein, *23*, *46*, 49, 53, 108, *109*, 136. *Siehe auch* die einzelnen Namen
Weinbrand, 50, *67*, 96; Krebsfleisch flambiert mit, 111–112. *Siehe auch Anís*; Cognac

Weingärten, 53, 86, 88, 95–96, 152
Weintrauben, 47, *88–89*, 90, 147, 152
Wildbret, 28, 90, 91, 163–164; Vielzahl, 32, 158; Wildschutzpark Coto Doñana, 55–56. *Siehe auch* Ente; Fasan; Hase; Kaninchen; Rebhuhn; Wachtel; Wildschwein
Wildschwein, 35; frühe Eberdarstellungen und Sagen, 152; Jagd, 33–35; Kreuzung mit Hausschweinen, 35
Windbeutel, 51
Windmühle, *18*, 19
Wurst, *15*, *22*, *23*, 37, 50, 128, *142*, *192*; asturische, 128; Fabrik, *62–63*; mit Bohnensuppe, 128–129; mit Saubohnen, 95. *Siehe auch Botifarra*; *Chorizo*; *Chouriço*; *Linguiça*; *Longaniza*; *Morcilla*

X*ató* (Katalanischer Salat), 95

Y*emas de San Leandro* (Konfekt), *44*, 50–51

Z*arzuela*, 86, *101*; *de mariscos*, 84, 85, 86
Ziegen, 158, *159*; gebratenes Zicklein, 160, *186*; Ziegenmilchkäse, 95, *130–131*, 158
Zinerarie, Blätter der, *184*, 185
Zitronen, *88–89*, 136, *169*, *171*; Garnierung, *164*
Zweites Frühstück, 25, 135, 161
Zwiebeln, 10, 27, 28, *42*, 47, *48*, 112, *123*, 129, *137*, *169*; Garnierung, *48*; Klippfischgericht, *181*
Zucchini, *42*

Quellennachweis der Abbildungen und Danksagungen

Bilder von links nach rechts sind durch Kommata, solche von oben nach unten durch Gedankenstriche getrennt.

Photos von Dmitri Kessel auf den Seiten 21, 22, 23, 26, 27 (unten), 34, 37, 38, 39, 44, 48, 62, 63, 67, 68, 73, 74, 75, 88 (links), 93, 102, 106, 107.

Alle anderen Photos von Brian Seed, außer:
Einband – Fred Eng. 4 – Ken Heyman – Pierre Boulat, Leonard Wesney – Charles Phillips, Tom Moulin. 13 – Karte von Gloria du Bouchet. 15 – Fred Eng. – 16, 17 – Arie deZanger. 35 – Aus *Prehistoric Cave Paintings* von Max Raphael, Bollingen Series IV, Pantheon Books, © 1945 by the Bollingen Series, Old Dominion Foundation, Washington, D.C. 42 – Arie deZanger. 52 – Vincent J. R. Kehoe, mit Genehmigung des Staatlichen Spanischen Fremdenverkehrsbüros. 57 – Marvin Newman. 58, 59 – Arie deZanger. 65 – Arie deZanger. 72 – Arie deZanger. 76 – Arie deZanger. 101 – Arie deZanger. 121 – Zeichnung von Matt Greene. 123 – Arie deZanger. 124 – Fred Eng. 164, 169, 171 – Fred Eng. 178 – Dante Vacchi. 181, 192 – Fred Eng.

Die Herausgeber dieses Buches danken folgenden Personen und Institutionen: Antonio Alonso, stellvertretender Direktor für Public Relations beim Staatlichen Spanischen Fremdenverkehrsbüro; Robert de Bragança Chanler; Country Floors, Inc.; Heyward Associates, Inc.; Fred Leighton Mexican Imports, Ltd.; Pater Juan Maguanagoicoechea; Ralph Peck, Direktor für Public Relations beim Staatlichen Spanischen Fremdenverkehrsbüro; Professor Gregory Rabassa vom Queens College, N.Y.; The Rastro; Stern's Department Store; Treasures from Portugal; Ramiro Valadão, Direktor der Casa de Portugal; Joaquim G. de Vasconcellos, Reise- und Informationsdienst der Casa de Portugal; Carmen Villanueva beim spanischen Konsulat (alle in *New York*); Marie Joaquina Roquete, Lissabon *(Portugal)*; Juan Agudo, Küchenchef, Hotel Fenix, Madrid; Rafael Aguirre, Generalsekretär des Reisebüros, San Sebastián; Restaurant Artxanda, Bermeo; Restaurant Asesino, Santiago de Compostela; Rafael Abella Bermejo, Madrid; Co- operativa Sanchez Romero Carvajal, Jabugo; Avelina del Río, Madrid; Milagros Balganon de Diaz-Canabate, Madrid; Felix Fernandez, Restaurant Valentín, Madrid; Sabina Fernandez, Cabrales; Hotel Fuentebravia, Puerto de Santa María; Sociedad Gaztelupe, San Sebastián; José Antonio Lopez de Letona, Zweiter Generaldirektor für Tourismus, Madrid; Hauke B. Pattist, Oviedo; Eugenio Fontanedra Perez, Canduela; José María Pidal, Präsident des Reisebüros, San Sebastián; Hostal de los Reyes Católicos, Santiago de Compostela; Andres Rodriguez, Restaurant La Argentina, Madrid; Manuel Ferrand Rodriguez, Sevilla; Casa Vejo (Bäckerei), Reinosa (alle in *Spanien*).

Folgende Werke wurden bei der Abfassung dieses Buches benutzt: *The Classic Cooking of Spain* von Jeannette Aguilar; *Spain and Portugal* von Karl Baedeker; *Culinária Portuguêsa* von António Maria de Oliveira Bello; *Spain* von Yves Bottineau; *The Face of Spain* von Gerald Brenan; *The Selective Traveller in Portugal* von Ann Bridge und Susan Lowndes; *Portugal* von Roy Campbell; *Santiago and the Rías Bajas* von J. Costa Clavell; *Image of Spain* by James Cleugh; *Your Guide to Portugal* von Douglas Clyne; *Your Holiday in Portugal* von Gordon Cooper; *The Home Book of Spanish Cookery* von Marina Pereyra de Aznar und Nina Froud; *Guía Gastronomica de España* von Luis Antonio de Vega; *Spain's Magic Coast* von Nina Epton; *Itinerarios por las Cocinas y las Bodegas de Castilla* von Julio Escobar; *Portugal, Madeira, Azores*, Hachette World Guides; *Spain*, Hachette World Guides; *A History of Spain* von Harold Livermore; *Tratado de Cocina* von Miss Culinaria; *Your Guide to the Costa Blanca* von Christopher Moore; *Northern Spain*, A Blue Guide, hrsg. von L. Russell Muirhead; *Southern Spain*, A Blue Guide, hrsg. von L. Russell Muirhead; *The Spanish Cookbook* von Barbara Norman; *La Cocina Completa* (11. Aufl.) von Marquesa de Parabere; *This Is Spain* von Richard Pattee; *Guía del Buen Comer Español* von Dionisio Perez; *Rice, Spice and Bitter Oranges* von Lila Perl; *Tratado de Cocina* von Pilar Navarro Rubio; *Introducing Spain* von Cedric Salter; *A Taste of Portugal* von Shirley Sarvis; *Cocina Regional Española* von der Seccion Femenina der spanischen Regierung; *Portugal and Madeira* von Sacheverell Sitwell; *Spain* von Sacheverell Sitwell; *Portugal's Other Kingdom, the Algarve* von Dan Stanislawski; *Cozinha Regional Portuguêsa* von Maria O. C. Valente; *The Flavor of Spain* von Myra Waldo; *A Geography of Spain and Portugal* von Ruth Way; *The Cambridge Iruña Cookbook of Spanish and Basque Dishes* von Josefina Yanguas.

Druck und Bindung: Graficromo, S.A. Córdoba-Spanien